Historia De El Real Monasterio De Poblet: Ilustrada Con Dissertaciones Curiosas Sobre La Antiguedad De Su Fundacion, Catalogo De Abades, Y Memorias Chronologicas De Sus Goviernos, Con Las De Papas, Reyes, Y Abades Generales De Cistèr Tocantes A...

José Finestres y de Monsalvo

Nabu Public Domain Reprints:

You are holding a reproduction of an original work published before 1923 that is in the public domain in the United States of America, and possibly other countries. You may freely copy and distribute this work as no entity (individual or corporate) has a copyright on the body of the work. This book may contain prior copyright references, and library stamps (as most of these works were scanned from library copies). These have been scanned and retained as part of the historical artifact.

This book may have occasional imperfections such as missing or blurred pages, poor pictures, errant marks, etc. that were either part of the original artifact, or were introduced by the scanning process. We believe this work is culturally important, and despite the imperfections, have elected to bring it back into print as part of our continuing commitment to the preservation of printed works worldwide. We appreciate your understanding of the imperfections in the preservation process, and hope you enjoy this valuable book.

BIBLIOTHECA
REGIA
MONACENSIS

A LA SOBERANA REYNA

DE CIELO, Y TIERRA MARIA SANTISSIMA, MADRE PATRONA, Y TITULAR DE TODA LA SAGRADA

ORDEN DE CISTER.

SEÑORA.

SI por sola su natural inclinacion corren presurosos à el Mar los arroyuelos à ofrecerle aquel su corto devido tributo; si la tierra bronca y adusta corresponde à el Sol con flores y frutos, en reconocimiento de sus benevolas influencias; y si el Hijo racional, por solo su discurso, agencia demostraciones, con que publicar el justo agradecimiento à la Madre: què mucho, que yo

Hijo

Hijo Vuestro Cisterciense, aunque indigno, deseoso de satisfacer à tan indispensable deuda, os consagre segunda vez este corto caudal de mis Estudios? Què mucho (por decirlo menos mal) que prosiga en restituiros este fruto de mis desvelos en demostracion de mi devida gratitud?

Al salir à luz consagrado à Vuestra Soberana Proteccion el Tomo primero de la Historia de Vuestro Real Monasterio de Poblet, haciendo patente à el publico la Antiguedad de su Fundacion, y dando tal qual entretenimiento á los Curiosos con la Descripcion de el Monasterio; sale tambien este Tomo segundo, que contiene la serie de los Abades Perpetuos, que en el discurso de la primera Centuria presidieron à su propria Iglesia, y la memoria de otros Hijos de Poblet, que governaron las Estrañas. Y si el reconocimiento de mi obligacion no deja arbitrio à la voluntad para escoger otro amparo, y pone como de justicia à Vuestras Sagradas plantas aquel Volumen, porque trata de un Monasterio por tantos titulos Vuestro, y justamente constituido bajo de vuestra Proteccion, assi por lo general de Cisterciense, como por lo particular de Poblet (1): Por la misma razon devo presentaros este Tomo segundo, que refiere los Abades y Monges, que florecieron en la primera Centuria

(1) Menolog. Cisterciense ad diem 26. Januar. *Ego Ordinem istum (ait Maria ad Albericum) usque in finem sæculi protegam, atque defendam.*

turia infignes en Nobleza, letras, y virtudes, y diftinguidos en la devocion à Vueftro Santifsimo Nombre, como, entre otros, aquellos dos Jovenes vueftros devotos, que iluftraron la Abadia de el Beato Don Arnaldo de Amalrich, y .efte grande Prelado, que fiendo ya Abad de Cifter, è Inquifidor General contra los Albigenfes, fe efmerò en defender Vueftro Honor con entrañable amor, y fervorofo zelo: como tambien otros Hijos de Poblet, que hicieron patente la devocion à Vueftro Patronato en los Reynos de Aragon, Valencia, y Mallorca, dedicandoos las tres Abadias de *Piedra*, *Benifazà*, y el *Real*; y otros, que promovidos à las Iglefias Cathedrales de Narbona, Aix, Huefca, Elna, Segorbe, y Lerida, dilataron en todas aquellas Diocefis vueftros cultos. Porque Libro, que nos acuerda tantos Hijos de Vueftro Monafterio de Poblet, que fobre el derecho comun de Ciftercienfes, añadieron el particular de fingularifsimos Devotos Vueftros, quien duda, que fe tiene vinculado como de jufticia Vueftro Patrocinio?

Por efte motivo conduce profundo mi refpeto à Vueftras Soberanas Plantas eftos mis Efcritos; y aunque tan defaliñados, efpero, que fiendo tal Vueftra Piedad para con los hombres, que los obfequios mifmos que os tributan en cumplimiento de fu obligacion, os empeñan de nuevo à continuar Vueftros piadofos influjos, admitirèis con benignidad

dad este indicio de mi profunda veneracion. No dejo, Señora, de reconocer la pequeñèz de la Ofrenda, pero espero que la Voluntad de el servicio recompensarà parte de su cortedad: porque como el afecto es de tan noble condicion, que grangea estimacion à las cosas (2), no el ser grande es el quilate que valora la dadiva, sino el amor con que se ofrece (3). Que por esto suele un mismo reverente obsequio à la mas alta soberania, obligarla à que admita con igual estimacion à la humilde Corderilla, que el Pobre le tributa, que à el soberbio Toro que el Rico le sacrifica. (4)

Hæc facit ut veniat pauper quoque gratus ad aras
Et placeat caso non nimis agna bove.

Por lo que me animo à suplicaros, admitais con agrado esta Historia, atendiendo à la gran Devocion que os representa de Vuestros Hijos de Poblet, y à los meritos de vuestro devotissimo el Abad CUYAS manos la encaminan à Vuestras Plantas, y no à la inutilidad de el Siervo, que os la consagra. (5) Y porque à el mismo tiempo que devo confesarme Siervo inutil, (6) no puedo dejar de reconocerme Hijo Vuestro por Cisterciense, aunque indigno; sabiendo que el Altissimo os constituyò benig-

---

(2) S. Ambros. lib. 2. Officior. *Affectus pretium rebus imponit.*
(3) Juxta illud: *In donis tantùm est inspiciendus amor.*
(4) Ovid. lib. 3. de Ponto, Eleg. 4.
(5) Seneca de Benef. lib. 2. *Gratus etiam si à servo suo beneficium accipiat, existimat non à quo, sed quid accipit.*
(6) *Servi inutiles sumus,* Lucæ 17, vers. 10.

nignissima Protectora de todos (7), espero que tambien lo seréis de quien os lo ruega de lo intimo de su corazon

El más minimo de Vuestros Hijos
Cistercienses

Jaymo Finestres.

---

(7) S. Bern. Serm. de Assumpt. *Eandem benignissimam Protectricem nostram vobis repositam esse certa fide tenere debetis.*

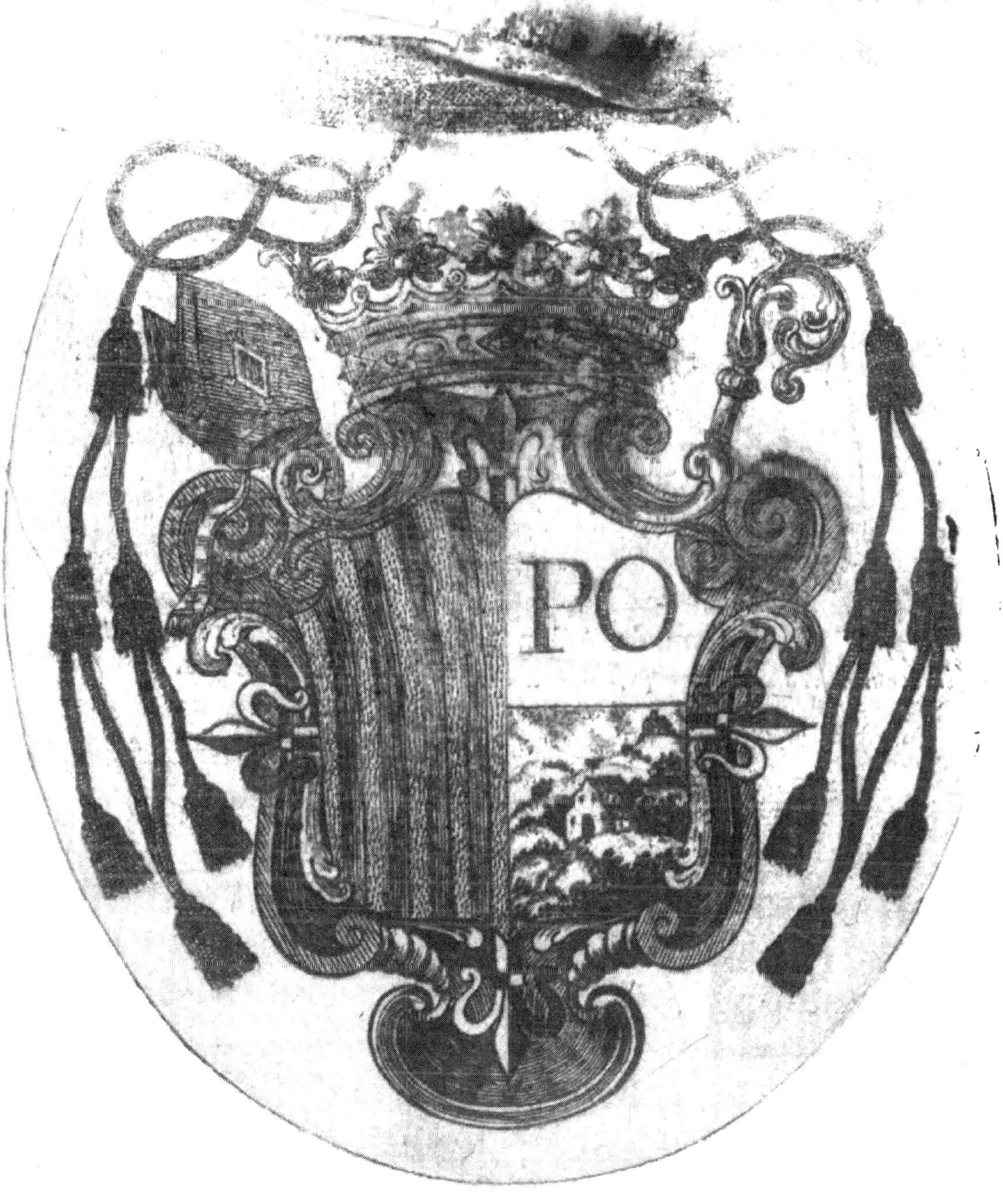
PO

AL MUY ILUSTRE Y Rmo SEñOR
DON MIGUEL CUYÁS,

MAESTRO EN S. THEOLOGIA, ABAD DE el Real Monasterio de Poblet, de el Consejo de su Magestad, y su Limosnero Mayor en los Reynos de la Corona de Aragon, Prior de S. Vicente Martyr fuera los muros de la Ciudad de Valencia, Señor de las Quadras de Tamarite en Aragon, de las Baronías llamadas el Abadiato, Prenafeta, Garrigas, Segarra, Urgèl, y Algerri en Cataluña, y de los Lugares de Quarte, y Aldaya en Valencia &c. Vicario General de la Congregacion Cisterciense de los Reynos de la Corona de Aragon, y Navarra &c.

MVY ILVSTRE Y REVERENDISSIMO SEÑOR:

OTRA vez solicito la poderosa mano de V.S.Rma. para ofrecer à los pies de Maria Señora nuestra este corto caudal de mis Estudios. Sirvióse V.S.R. de favorecer mis deseos, permitiendome consagrar à aquella Celestial Princesa por mano de V.S.R. el Tomo primero de la Historia de este su Real Monasterio de Poblet, que contiene su Fundacion, Descripcion, y algunas

gunas de sus muchas Grandezas; y si por ser este el argumento, me dejò sin arbitrio de solicitar otra mano que la de V.S.R. para levantar à las Sagradas Plantas de Maria aquel Volumen; con igual ò mayor motivo devo presentar por mano de V.S.R. este Tomo segundo, que al descrivir la serie de Abades, que en el discurso de la primera Centuria de Poblet presidieron à su propria Iglesia, y de otros que governaron las estrañas, està acordando à V.S.R. las acciones memorables de sus mas antiguos Predecessores, ò para imitarlas, ò para extederlas.

A esse fin dirige profundo mi respeto à manos de V.S.R. esta memoria de Hijos Ilustrissimos de Poblet, que ha continuado mi estudio persuadido de la obligacion; porque, como lo es en los Hijos el aplaudir con justas alabanzas à sus Padres (Laudemus Viros gloriosos, & Parentes nostros. Ecclesiast. 44.) y en los Subditos el hacer digna memoria de sus Prelados (Mementote Præpositorum vestrorum. ad Hebr. 13. v. 7.) unos, y otros se me representaron acreedores à este mi trabajo, aun al reconocer, que por estar sus noticias tan embueltas entre confusas tinieblas necessitavan de mas poderoso influjo, que las restituyesse à la luz (reddite ad lucem quos caliginantes tenebræ possidebant. Cassiodor. lib. 11. Variar. Epist. 40.) Esta lograra, aunque muy remissa en estos mis Escritos, Obra que havria salido con la deseada perfeccion, si yo huviesse tenido tanto acierto en escrivirla, como en encaminarla.

No dudo, que haviendo V. S. R. comenzado à franquearme sus dignaciones, prosiga hasta darles el complemento deseado; porque no es dable en la nobilissima Indole de V. S. R. dejar de admitir una humilde y reverente Suplica, cuyo blanco es dirigir por mano de V. S. R. à la alta proteccion de Maria estos mis Escritos; y espero me dispensarà la honra de acceptar este, aunque pequeño, obsequio, siquiera por ser Holocausto, que ofrece mi rendida veneracion al Sagrado Iman atractivo de la innata devocion de V. S. R. CUYAS glorias prospere, y aumente la Divina Magestad, como se lo suplica

De V. S. Rma.
rendido Hijo, y Siervo

Jayme Finestres.

APROBACION DE EL Rmo. P. D. PABLO BATLLES, y Viò, Monge Benito Cisterciense de el Real Monasterio de Poblet, Ex-Comissario Visitador de el Real Monasterio de el Real en el Reyno de Mallorca, y Ex Abad de el Real Monasterio de Escarpe en el Principado de Cataluña &c.

ACertadamente escriviò el tres veces Tulio, y profundissimo Tertuliano (1), que assi como algunas veces es pesadissima la carga de los trabajos, por lo que molesta; es tambien en no pocas ocasiones intolerable el peso de los favores, por lo que abruma. Por semejante juzgo al que se digna hacerme el muy Ilustre, y Rmo. Señor Don Isidoro Poblador, Maestro jubilado en Sagrada Theologia, Abad de el Real Monasterio de Rueda, en el Reyno de Aragon, y Vicario General de la inclyta Congregacion Cisterciense por los Reynos de la Corona de Aragon, y Navarra &c. mandandome el oficio de Censor para este segundo Tomo de la *Historia de Poblet, ilustrada con Dissertaciones curiosas; Descripcion de los Abades Perpetuos, y Progressos que tuvo Poblet desde su primera Fundacion*: Su Autor el Rmo. P. Maestro D. Jayme Finestres y de Monsalvo &c. Y ciertamente es el peso de el favor intolerable; porque teniendo à la vista mi constante insuficiencia, podia sin reparo juzgar, que peso de magnitud tan elevada, pedia ombros mas atlantes que el mio.

Pero como, segun mi dulce Bernardo (2), à impulso y mandato superior, primero ha de ser el obedecer, que el replicar (bien que en la puntual execucion de mandato tan dulce, ha de quedarse mi obediencia sin merito) repitirè con la mayor ingenuidad lo que dige en la Censura de el primer Tomo de la Historia de Poblet; que este segundo Tomo de la Historia de Poblet es tambien todo una admiracion, yà por lo sabio y magistral de el referir, como y mas por ilustrarse con el bellissimo candor de la verdad, que para dàr à la Historia el lucimiento mas hermoso, ha sabido hallar el Autor con infatigable desvelo, sacudiendo el polvo de papeles infelizmente sepultados en el Archivo, para desterrar clasicos errores, que engendra-

(1) Tertul. de Pallio. *Bonorum quorumdam, sicut & malorum, intollerabilis est magnitudo.*

(2) Bernard. de inter. dom. *Verus obediens mandatum non præcrastinat, sed statim parat manus operi.*

draron necios Manuscritos, y tal vez, inadvertidos los Anales. Y no es de estrañar semejante conato à la verdad, en la grandeza de el ingenio de el Autor, quando, segun el grande Agustino, y Aristoteles (3) es noble propriedad de el ingenioso, el amor y conato al seguimiento de lo verdadero.

Por lo que se grangea la presente Historia, à mi corta comprehension, aquel aplauso tan singular, que respeto de las partes de el mundo se grangeò dignamente la luz. Pues si las partes de el mundo necesitaron de el apoyo de la luz, para merecer los aplausos de Dios, la luz por sì sola se llevò los primeros abonos divinos, en calificacion de sus constantes bellos primores. (4)

Luz es, pues, de verdades la presente Historia (que luz de verdades ha de ser la Historia, en dictamen de el Principe de la eloquencia) (5); y siendo toda luz de verdades la presente Historia, por sì sola, sin ningun apoyo, ni aun contrariedad, es su mayor y mas digna aprobacion: en cuyo hermosissimo teatro han de ser los lucimientos y acciones heroicas de los Prelados muertos, impulsos vigorosos, que exciten y alienten à los Prelados vivos.

Apodò un grande ingenio à la verdad, de *Sol* (6); y con razon, porque al modo de este Planeta luciente, sale de entre nubes y eclypses de errores la verdad triunfante, sin que jamàs se llegue, como el Sol, à sepultar, que no sea para renacer.

La verdad de esta presente Historia en la serie de algunos Abades Perpetuos, y en la memoria de sus acciones y lucimientos peregrinos, es constante que ha padecido eclyses, muchissimos años; pero ya, gracias à Dios, à estudiosos desvelos de este sabio eloquente Historiador, si se llegò infelizmente à sepultar, fuè solamente como en el Sol la luz, para gloriosamente renacer.

El error la derribò à tierra; pero de la misma tierra, aun mejor que Anteon, se levanta mas gloriosa, al ayre de esta docta pluma (7); pudiendo aun añadir para mas excelente gloria de el Autor, que en la presente Historia de Poblet, es su docta pluma, como en otra parte, la insigne Vara de Aaron; pues si en

levan-

---

(3) August. de Doctr. Christ. cap. 11. *Bonorum ingeniorum est verum amare.* Aristot. 8. Topic. cap. 5. *Verum ingenium in eo est, ut possit verum rectè sequi.*

(4) Genes. cap. 1.

(5) Cic. lib. 2. de Orat. *Lux veritatis, magistra vita.*

(6) Joan. Palacio lib. 34. de Imperat. cap. 3.

(7) Psalm. 84. n. 12. *Veritas de terra orta est.*

levantando Aaron la Vara de la verdad, se disipava instantaneamente toda mentira y error (8): saliendo à publica luz, como lo merece, la pluma de este sabio Historiador, han de disiparse los errores de celebres noticias, que inadvertidamente divulgaron muchas doctas plumas.

Y si dijo Euripides con discrecion, que era la mas rica prenda de un hombre grande, la verdad (9): bien puedo decir à vista de esta Historia de Poblet, que entre muchas constantes prendas de el Autor, es, entre todas la mas sobresaliente la verdad; la que siempre habla con tanto ayre en qualquier assunto, que si ofende à los aduladores y lisongeros, enamora à los discretos y entendidos: y por lo mismo no estrañara yo sus persecuciones en las indignas aulas de la lisonja y adulacion, quando contempla, avergonzado mi respeto, sentenciada à ignominiosa muerte de Cruz à la misma verdad. (10)

Y si tambien dijo Seneca (11), que à ninguno favoreciò tanto la fortuna, llenandole de todos sus bienes, que no le negarà la pieza mejor, qual es un amigo fiel; grande à toda luz es la fortuna de el Monasterio de Poblet; pues entre tantas grandezas con que se corona, sin comparacion; reluce en sus observantes religiosos Claustros, no solamente un amigo, sino un sabio Maestro, hijo siempre tan fiel, que en todo habla ingenuamente verdad.

Supuesta, pues, la inalterable firmeza de la presente Historia, por el ingenio y sabiduria con que se ordena, y por el esplendor de la verdad con que se ilustra; pocas seràn las voces que encuentre la Retorica de suficiente dignidad para la mas cabal articulacion de los grandes elogios, que se merecen tan sabios escritos. Solamente usarà mi patente cortedad las que usava el Sapientissimo Salomon (12), quando formava su pluma en sus libros, una breve estampa de la sabiduria de los doctos. *Que à si*

sa-

(8) Exod. cap.7. n.12. *Projeceruntque singuli virgas suas, quæ versæ sunt in Dracones; sed devoravit Virga Aaron virgas eorum.*

(9) Euripid. *Res pulchra, lingua cui sit fides.*

(10) Joan. cap.19. n.15. *Crucifixe eum.* Joan. cap.14. num.6. *Ego sum veritas.*

(11) Seneca lib.6. de Benef. cap.29. *Neminem tam alte secunda posuerunt, ut non illi eo magis amicus desit, quod nihil absit.*

(12) Ecclesiast. cap.39. n.14. & 12. *Sapientiam ejus enarrabunt gentes. Collaudabunt multi sapientiam ejus, & usque in saeculum non delebitur.*

sabiduria enfalzaràn las gentes. Que muchos aplaudiràn de fu doctrina los efplendores, vinculandofe perpetuidades; porque fabiduria, que ha fabido primorofamente lucirfe tanto en la Hiftoria, como en la Cathedra, fiendo tan diftantes entre fi los rumbos de la Cathedra, y de la Hiftoria, dignifsima es de efta fingularifsima alabanza.

Y fi, como dijo el docto Beroaldo (13) en las enarraciones de Titolivio, debemos mucho à los Chroniftas, que con el fudor de fus tareas nos dejaron en los caracteres de la Hiftoria, eftables los cafos, y facciones de el mundo: Mucho debè el Real Monafterio de Poblet, à tan grande, fabio Hiftoriador; quando en fus fieles efcritos nos deja eftables fus grandezas en fus acertados progreffos: fiendo aun, como diò à entender Ennodio al grande Theodorico (14), uno de fus mayores intereffes, hallar quien efcriva las acciones y glorias de los paffados, para confervar fiempre brillantes fus efplendores; pues como dijo ingeniofamente Horacio (15), la pluma de quien efcrive prohibe el morir de olvido à quien acaba; por no llegar jamàs à fepultàrfe fus encomios, facandolos à luz continuamente los efcritos.

Y en la realidad què fuera de el grande Alejandro, de los Romanos, y los Griegos, fi las plumas de los Hiftoriadores no huvieffen immortalizado fus hazañas? Sin dificultad huvieran muerto dos veces: una en el proprio sèr, otra en el olvido fatal, fin mas culpa que la defgracia de no tener quien perpetuara fus proezas en la Hiftoria. Y padecieran innegablemente femejante infelicidad los Abades Perpetuos de el Real Monafterio de Poblet, fi à eftudios de el prefente Hiftoriador no fe colocaffen fus efplendores en las iflas de la immortalidad: logrando afsi con obfequio tal el prefente Hiftoriador, iguales celebridades que el Monafterio de Poblet; porque quien à otros celebra, à fi proprio fe celebra; que es lo proprio con que alentava el docto Ariftoteles al famofo Protogenes (16), à que fe fatigaffe en retratar con fu pincel dieftro las empreffas y victorias de Alejandro; porque no

(13) Beroald. in Enarr. Titolivii. *Plurimum profectò Hiftoricis debere nos, non poffumus inficiari, quorum labore ac induftria effectum eft, ut omnium ætatum, omnium gentium, omniumque populorum res geftæ, omnia præclara facinora fcirentur à nobis.*

(14) Ennod. ad Theodor. *Ne fenefcat operum claritudo, advocanda funt linguarum exercitia.*

(15) Horat. 4. Oda 9. *Dignum laude virum, mufa vetat mori.*

(16) Lin. Hift. lib. 35. cap. 10.

no menos celebraria la fama la deftreza de fu pincèl, que la efpada de Alejandro, y fu valor.

Con efto ofrece efte fabio Autor, como hijo, la mas preciofa dadiva à Poblet, fu grande Madre, dadiva digna de la mas grata remuneracion, por confervar fu memoria y fama con gloriofa immortalidad; porque, como dijo el ingeniofo Ovidio (17); fi todo fe defvanece, fi los edificios fe arruinan, fi los goviernos fe acaban, folamente dura la fama, que los Efcritos de los doctos divulgan.

Y fi Alejandro Magno, en medio de fer fus profperidades, fingular affombro, reconociò à Achiles por mas dichofo, por haver fido celebrado con el grande Poema de Homero (18): bien puede levantarfe la dicha de el Real Monafterio de Poblet à fuperior esfera, quando un hijo proprio, y tan fabio Maeftro, eterniza fus lucimientos y grandezas con la pluma.

Remitiendofe, pues, ahora en un todo mi refpeto à la Cenfura que dì de el primer Tomo; concluyo la prefente Cenfura con el Maximo Doctor de la Iglefia, diciendo, que en efta Hiftoria difcreta nada he leido con medianìa; porque leccion de mediano eftudio no la fufre tan gallardo ingenio; y fi bien tal vez la agudeza parece ardua, pero es con el logro de la deftreza equeftre, que confifte en correr velòz, y parar feguro. (19)

Y finalmente es Hiftoria efta, que en folo el nombre de el Autor lleva la recomendacion mas cabal; de cuyas relevantes prendas, y fobrefalientes meritos tengo yo dado teftimonio en mi Aprobacion de fus primeros Efcritos: y ahora con motivos nuevos y gravifsimos, pudiera, y debiera dilatarfe la pluma en fus elogios; à no fer precifo el fufpenderla, por complacer à fu modeftia y agrado, con harto fentimiento de la verdad, y de mi cariño. Y afsi por cumplir con la ley de Cenfor, que me impone nueftro Reverendifsimo Padre Vicario General, digo, que en efta prefente Hiftoria no hay cofa contra nueftra Santa Fè, buenas coftumbres, y Regalìas de fu Mageftad, fino que merece, fin exageracion, que faliendo de las margenes eftrechas de Poblet, vaya corriendo como otro Rio Nilo, por medio de el molde,

(17) Ovid. lib. 4. de Pont. Eleg. 8. *Tabida confumit ferrum, lapidemque vetuftas: fcripta ferunt annos.*

(18) Plutarc. in Alexand.

(19) Hieron. adverfus Pelag. *Non quod aliquid federis in hac fententia fit, fed quod ubique hyperbolice tranfeas, & magna fecteris.*

de, à fertilizar los ingenios de todo el Orbe Historico, y Literario.

Nilus ut ÆGYPTUM, stagnantibus alluit undis.
Tu MUNDUM, ingenii fonte (JACOBE) riga.

Este es mi sentir. Salvo meliori. Poblet, Febrero 28. de 1752.

Fr. Pablo Batlles.

APROBACION DE EL R. P. D. PEDRO ESCOLA, Monge Cisterciense de el Real Monasterio de Poblet, Cathedratico de Artes en el Insigne y Real Colegio de San Bernardo de Huesca &c.

DE orden, y comission de el muy Ilustre, y Rmo. Señor el Maestro Don Isidoro Poblador, Abad de el Real Monasterio de Rueda, y Vicario General de la Congregacion Cisterciense de la Corona de Aragon, y Navarra &c. he visto el Libro intitulado: *Historia de el Real Monasterio de Poblet, ilustrada con Dissertaciones curiosas, Tomo II.* compuesto por el Rmo. P. Maestro Don Jayme Finestres y de Monsalvo, Monge Cisterciense de dicho Real Monasterio, Cathedratico que fuè de Artes, y Theologia en los insignes Colegios de Huesca, y de Cervera, y en este Retor, y Regente de Estudios, hoy Maestro actual de el numero de la Congregacion Cisterciense de los Reynos de la Corona de Aragon, y Navarra, Examinador Synodal de los Obispados de Lerida, Gerona, y Solsona &c. Para satisfacer brevemente à la Comission, ò encargo, devo decir: que nuestro Historiador insigne, en este segundo Tomo hace à todas luces patente lo que es propriamente Historia, por lo que mira al estilo, y à la verdad, ciñendose tan exactamente al estilo de ella, que, si bien se repara, nunca le verèis andar mendigando palabras encarecidas, y lustrosas, tocando las puertas agenas de el Panegyrico; antes bien por mas que algunas materias de su Historia hayan sido de por sì grandes, elevadas, è ilustres, ha sabido, con su arte y primor reducirlas à una pura, sencilla, pero nada ingrata, si muy sabrosa y apetecible narracion historica: Observando aquella diferencia,

cia tan dificil de observar, que entre los estilos de la Oracion, y de la Historia señaló Plinio, *lib. 4. epist. 8. ibi*: *Habent quidem oratio, & historia multa communia, sed plura diversa, in his, quæ communia videntur: narrat sanè illa: narrat hæc; sed aliter: huic pleraque communia, & sordida, & ex medio petita; illi omnia recondita, & splendida, & excelsa.* El estilo historico, y oratorio en muchas cosas, al parecer comunes à uno y à otro, tiene por las obligaciones aparte sus diferencias. Porque el Historico contentase hablar de las cosas, como ellas passaron, busca como ahorrar trabajo para alcanzar su noticia, huye afectacion de palabras, y desea estè patente à todos su inteligencia; que de lo contrario es hacer violencia al estilo historico, estrañandole, como de el proprio lenguage, para subirle al Panegirico, y encarecido, que tiene como por idioma proprio, el ser mas levantado y lustroso. De aqui la mas advertida critica de Luciano, que sabia como havian de guardarse los fueros de la Historia, hace burla de aquella, que queriendose remontar en el estilo, con las alas postizas de la eloquencia, viene à convertirse con tan vistoso plumage, en la màs elegante Oracion Panegirica: añadiendo estas palabras para el desengaño: *Unum opus est historia, & unum finis, utilitas, quæ ex sola veritate conciliatur.* Lucian *in lib. de stylo.* Si nuestro Autor en su Historia llegò al unico fin de ella, que ha de ser el provecho conciliado de sola la verdad; digo, lo que dijo en su Introduccion como obligado el mismo, teniendo presente la sentencia de Estrabonio: *Historiæ finis est veritas.* Strabon. *lib. 2. Geograph.* que la verdad era el unico fin, que llevava en su trabajosa Historia. Y que llegò à alcanzarla, no serà temeridad el juzgarlo, con vèr solamente à nuestro Autor, bolver y rebolver tantas veces à nuestro Archivo. De suerte, que por esta parte, bien puede nuestro Author aclamarse el Mabillòn de nuestro Archivo. No quiero vaya por dicho el elogio, hasta que se haya leìdo tanto Archivo, y tanto Caxòn, como cita en su Historia, hasta que à buenos ojos se haya registrado el Catalogo Chronologico de Abades, Obispos, y Arzobispos, à todos patente en las paredes de nuestro Claustro, y hasta que finalmente se haya hecho revista de las efigies, y retratos de Obispos, y Arzobispos, con sus correspondientes targetas, en nuestro primoroso Capitulo. Por lo que no haviendo reparado cosa, que se oponga à nuestra Santa Fè, y buenas costumbres, soy de parecer salga à la luz publica este segundo Tomo. *Salvo semper &c.* Poblet y Marzo 6 de 1752.

Fr. Pedro Escolà.

LICEN-

LICENCIA DE LA ORDEN.

NOS el Maestro Don Isidoro Poblador, Maestro en Sagrada Theologia, Abad, por su Magestad (que Dios guarde) de el Real Monasterio de Nuestra Señora de Rueda, Vicario General de la Congregacion Cistercienfe en los Reynos de la Corona de Aragon, y Navarra, de el Consejo de su Magestad &c. Por el tenor de las presentes damos licencia al P. D. Jayme Finestres, Maestro en Sagrada Theologia, y Monge de nuestro Real Monasterio de Poblet, en el Principado de Cataluña, paraque, havidas las licencias necessarias, pueda imprimir un Libro, intitulado: *Historia de el Real Monasterio de Poblet &c. Tomo II.* por quanto, por especial orden y comission nuestra, le han visto y examinado Personas doctas de nuestra Religion, y de su parecer se puede conceder dicha Licencia. En fee de lo qual mandamos despachar las presentes, firmadas de nuestra mano, selladas con el Sello de nuestro Oficio, y referendadas por nuestro infrascripto Secretario. Dat. en nuestro Real Monasterio de Rueda à 12. de Marzo de 1752.

El Maestro Fr. Isidoro Poblador,
Abad de Rueda, y Vicario General.

Lugar del Se✠llo.

De mandato de el muy Ilustre y Rmo.
Sr. Abad, Vicario General.
Fr. *Miguel Galve, y Tharin, Secretario.*

APROBACION DE D. MANUEL JOVEN Y TRIGO,
Doctor en Sagrada Theologia, y Cathedratico de Escoto Jubilado en la Real, y Pontificia Univerfidad de Cervera, Canonigo de la Santa Iglefia de Barcelona &c.

DE comifsion de el Iluftre Señor Don Jofeph de Urien, Dean de la Santa Iglefia de Solfona, Vicario General, y Oficial de el Ilmo.y Rmo.Señor Don Fr. Jofeph de Mefquia, Ex-General de todo el Real, y Militar Orden de Nueftra Señora de la Merced, Redempcion de Cautivos, Obifpo de Solfona, de el Confejo de S. Mag. &c. he vifto el Libro intitulado: *Hiftoria de el Real Monafterio de Poblet, iluftrada con Differtaciones curiofas &c.* Tomo fegundo, compuefto por el Rmo. P. Maeftro Don Fr. Jayme Fineftres y de Monfalvo, Monge Cifterciense de dicho Real Monafterio, Cathedratico que fuè de Artes, y Theologia en los infignes Colegios de Huefca, y de Cervera, y en efte Retor, y Regente de Eftudios, hoy Maeftro actual de el numero de la Congregacion Cifterciense de los Reynos de la Corona de Aragon y Navarra, Examinador Synodal de los Obifpados de Lerida, y Solfona &c. y en cumplimiento de mi encargo debo decir, que me parece fer efta Obra digna no menos de la religiofa piedad, que de el excelente ingenio de el Autor; porque pudiendo èfte dàr à luz Volumenes de mas levantados titulos, y Obras de mas fublimes affumptos, fin mas trabajo, que trasladar al papel la copia de fu felectifsima erudicion, recogida con la incanfable aplicacion de un ingenio grande en la dilatada, y condecorada carrera de fus eftudios; fin embargo ha tenido por mejor, como buen hijo, facrificar al honor de fu buena Madre quanta gloria podia con razon prometerfe de femejante empreffa; y ha querido antes emplear fus altos talentos, y utilifsimos afanos en averiguar, recoger, ordenar, y perpetuizar las muy apreciables, y muy gloriofas memorias de fu egemplarifsimo, y antiquifsimo Real Monafterio. Bien que no ha dejado de dar en efto mifmo à los Eruditos el mas calificado teftimonio de fu fingularifsima deftreza, y literatura; pues en un tiempo de tan fevera critica fobre todo punto de hiftoria, no sè yo fi huviera parecido mayor empeño ihiftrar con algun nuevo efcrito, por mas que de exquifita doctrina y arte, otra de las mas remontadas facultades, que el refcatar de la tiranìa de el olvido, y defembolver de entre las ruinas

de

de la Antigüedad la serie de memorables successos, de que fue testigo un siglo entero, y un siglo tan distante en todo de el nuestro. Y como salga el Autor de empeño de tanta dificultad, no he de decirlo yo; no porque no entienda desde luego, que lo hace con un modo dignissimo de su nombre, y de el aplauso de los Sabios; sino porque mejor de lo que podria yo explicarlo, lo evidencia su misma pluma en todo el contexto de la Obra; à la qual si me remito, no hago en ello sino procurar à los demàs el muy singular gusto, y particular enseñanza, de que me ha servido su leccion. Aunque para no poder dudar de la preciosidad de este escrito, nadie necesitarà de otro argumento, que de el solo nombre de el Autor; pues se ha ganado, y tiene en la Republica literaria tales creditos el esclarecido nombre de Finestres, y de Monsalvo, que son por demàs otras recomendaciones y elogios, para prometerse con la mayor certeza dentro de su cuerpo el buen estilo, el delecto de las noticias, su buen orden, su solidèz, y un total acierto. *Finestres*, y de Monsalvo, quiere ya decir en el entender de quantos le conocen sin ninguna preocupacion Doctissimo, Eruditissimo, Eloquentissimo; tales son todos, los que unidos por naturaleza con el Autor con el estrecho vinculo de Hermandad, llevan su mismo nombre, y desempeñan con èl aquella su gloriosa, pero bien fundada, y bien merecida interpretacion. Tal es un Cathedratico Jubilado en la de Prima de Leyes de la Real Universidad de Cervera, immortal gloria de el mismo Real Estudio, y cuyos exquisitos escritos, muchos, y varios, han sido, y son buscados, y estimados de los Doctos, aun entre las Naciones estrangeras. Tales son dos Canonigos de las Iglesias de Lerida, y Gerona, los que fueron à ilustrar, despues de largos años de Cathedra de Canones en la misma Real Universidad. Tales son otros, que en distintos Ordenes Religiosos, con sus sobresalientes prendas, y pericia de diferentes Facultades, han acreditado siempre aquella tan honorifica significacion de el nombre de Finestres y de Monsalvo. Era corta esfera nuestro siglo para tan grande esplendor de Hermanos, capaces todos de ilustrar otros muchos: por esso con mucha razon el Autor buscò mas ancho campo para su ingenio, y con nobles progressos retrocediò à los ya passados siglos, para irlos ilustrando todos uno por uno. El que en este Tomo se propuso para empleo glorioso de sus luces, lo deja à la verdad tan ilustrado, que merece sin duda alguna el mayor agradecimiento de su Real Monasterio, à cuyo honor se dirigiò el trabajo; la estimacion de los Sabios, à cuyo buen gusto se templò su artificio; y la licencia que solicita para darle à la luz publica, por no haver en toda la Obra cosa alguna, que se oponga à nuestra Santa Fè, ni à las buenas costumbres. Assi lo siento. *Salvo meliori &c.* Cervera, y Febrero 7. de 1753.

Don Manuel Joven y Trigo.

Cælsonæ die 10. Februarii 1753.
Quantum ad nos pertinet, Imprimatur,
De Urien *Vic. Gen. & Off.*

CENSURA DE DON ANDRES DE SIMON PONTERO, *de el Consejo de S. Mag. su Oìdor de la Real Audiencia de Cataluña, y Consultor de el Tribunal de el Breve, &c.*

M. P. S.

HE visto el Tomo segundo de la Historia de Poblet, y Catalogo de sus Abades, compuesto por el P. M. D. Fr. Jayme Finestres, Monge de dicho Monasterio, y despues de haver sacado à luz el mismo Autor la de su Fundacion, en que manifestò las noticias de su Antiguedad, sepultadas en las tinieblas de el olvido, y que pintò con tan vivos colores las sumptuosas fabricas de aquella Real Ilustre Casa; quando deviera descansar en el puerto, y decirnos con Ovid. *de remed. amor.*

Hoc opus exegi: fessæ date serta carinæ:
Contigimus portum, quò mihi cursus erat.

Veo que no admite descanso, antes bien que afana de nuevo en apurar, descubrir, y publicar las grandezas de su Monasterio en este segundo Tomo, en que ademàs de referir los acontecimientos primitivos de su Fundacion, y gran parte de los sucessos, y Abadias prohijadas de Poblet, y los Varones Ilustres, que ha tenido, grangea, y dà aplausos de su fama, como dijo Alciato *Emblem.* 132.

Fama

Fama viros animo infignes praclaraque gefta,
Profequitur, toto mandat, & orbe legi.

Recuerda la ferie de los Abades que florecieron en fu primer Centuria, combinada chronologicamente con la de los Papas, Generales de el Ciftèr, y de los Reyes de Aragon, acomodando las cofas à los tiempos, y eftos à aquellas, que es el mayor trabajo de la Hiftoria.

Temporibus res quafque fuis, & tempora rebus
Inferit; hiftoriæ maximus ifte labor.

Yo confieffo, que vifto el nombre de el Autor, quife reducir mi Cenfura à la de Jacobo Pirzo, in Pet. Apian.

Præfliterat non plura loqui, deincepfque filere;
Nam fatis Auctoris dicere nomen erat.

Pero para cumplir con mi encargo, paffo à decir, que efta Obra me parece bien trabajada, curiofa, de varia leccion, y fingular eftudio; la Hiftoria muy verdadera; fundada en Autores graves, razones folidas, y en Efcrituras autenticas, por medio de las quales defcubre el Autor muchas cofas particulares, ignoradas, ò invertidas hafta el prefente; calidades todas, que no pueden menos de dàr lucimiento à efte Libro en el Orbe literario. Ario Lufitano.

Ifte liber Phœbo fimilis fulgebit in Orbe
Altior illuftrans quæ latuere diù.

Y aunque parezca ajuftada à Monafterios de el Cifter la doctrina de efte Libro, fin duda ferà utilifsima à todos los que defean perfeccionarfe en el egercicio de las virtudes, porque à el leer en efta Obra los egemplares que recuerda, fe animaràn à obrar en lo futuro con memoria, è imitacion de los egemplos paffados, como dijo Cafsiod. lib. 5. var. epift. 44.

Inftructus enim animus redditur in futuris,
Quando præteritorum commovetur exemplis.

Y concluyo mi Cenfura con la de Salviano, epift. 8.

Opus arte nobile, rebus grande, eruditione elegans, ftylo
Infigne, veritate clarum, nec à fuo Auctore alienum.

Y juzgo que fe le deve dàr el permiffo que pretende. *Salvo femper &c.* Matarò 17. de Febrero 1753.

Don Andres de Simon Pontero.

LICEN-

LICENCIA DE EL CONSEJO.

DON Juan de Peñuelas, Secretario de Camara de el Rey nuestro Señor, y de Govierno de el Consejo, por lo tocante à los Reynos de la Corona de Aragon. Certifico que por los Señores de èl se ha concedido licencia al P. D. Jayme Finestres, Monge Benedictino en su Real Monasterio de Poblet, paraque por una vez pueda imprimir, y vender la Historia de aquel Monasterio, dividida en diversos Tomos, con que la dicha Impression se haga por el Original, y que antes que se venda, se trayga al Consejo junto con èl, y Certificacion de el Corrector de estarlo conforme à èl, paraque se tasse el precio à que se ha de vender, guardando en su Impression lo dispuesto por Leyes, y Pracmaticas de estos Reynos. Y paraque conste, doy esta Certificacion en Madrid à 24. de Marzo de 1753.

Don Juan de Peñuelas.

FEE DE ERRATAS.

Pag. 1. Introduc. not. marg. (2) *vitiaque*, lee *vitiataque*. P. 2. not. marg. 2. *disidia*, lee *desidiâ*. P. 4. lin. ult. *intentè*, lee *intentè*. Ibid. not. marg. (7) *graviter*, lee *gravitate*. P. 29. lin. 6. Tradicion, lee Traslacion. P. 30. lin. 23. ofrecer, lee ofrecerse. P. 47. lin. 17. *con tener*, lee *contener*. P. 48. lin. 33. Cerdeña, lee Cerdaña. Pag. 57. lin. 9. *de S. Lucio*, lee *de Lucio*. P. 65. lin. 5. 1163. lee 1173. P. 68. lin. 8. Moribundo, l. Morimundo. P. 74. lin. 15. *Agustin en*, lee *Agustin (13) en*. P. 89. lin. 18. *mutavan*, lee *immutavan*. P. 99. lin. 5. *Arzobispado*, lee *Arzobispo*. P. 106. lin. 26. *de*, lee *de que*. P. 112. lin. 30. *Diss. 4*. lee *Diss. 6*. P. 115. lin. 7. *à*, lee *à la*. P. 119. lin. 7. Cestellfollit, lee Castellfollit. P. 139. lin. 13. *n. 21*. lee *n. 18*. P. 141. lin. 14. *de este*, lee *à este*. P. 142. lin. 11. *n. 19*. lee *n. 18*. P. 197. lin. 20. *de dicho*, lee *el dicho*. P. 214. lin. 16. *suceder*, lee *ser*. P. 216. lin. 13. Hija de Poblet, lee Hija Poblet. P. 224. lin. ult. *passo*, lee *passo*. Pag. 227. lin. 10. Badasors, lee Bujadors. Ibid. lin. 13. *quitese como se dijo arriba n. 5*. P. 259. lin. 22. *Obispo*, lee *Arzobispo*. Ibid. lin. 26. *año*, lee *engaño*. P. 262. lin. 14. *en Poblet*, lee *à Poblet*. P. 274. lin. 22. *con el*, lee *en el*. P. 279. lin. 21. *enteramente*, lee *enormemente*. P. 280. lin. 25. *escriviria*, lee *escrivia*. P. 299. lin. 2. *n. 12*. lee *n. 13*. P. 301. lin. 4. Ballester, lee

lee *Belleftar*. P. 315. n. 85. lin. 1. *falta*, lee *faltava*. Ibid. lin. 2. 1752. lee 1652. P. 324. titulo lin. 4. *por electo*, lee *por el electo*. P. 334. lin. 7. *Religiosos*, lee *Religioso*. P. 342. lin. 7. *expressa*, lee *expresse*. Ibid. lin. 11. *motivo, parece*, lee *motivo para admitir tan larga vacante, parece*. Pag. 348. lin. 16. *que cada*, lee *que de cada*. Ibid. lin. 22. *las*, lee *los*. P. 363. lin. 22. *yo historiar*, lee *yo al historiar*. P. 390. lin. 21. año 1237. lee 1232. P. 400. lin. 22. año 1252. lee 1253.

Este segundo Tomo de la Obra, intitulada: *Historia de Poblet*, de que es Autor el R. P. Maestro Don Jayme Finestres y de Monsalvo, Monge de dicho Monasterio, corresponde con estas Erratas à su Original. Madrid 16. de Agosto de 1753.

Lic. Manuel Licardo de Rivera,
Corrector General por S. M.

TASSA.

Don Juan de Peñuelas, Secretario de Camara de el Rey N. Sr. y de Govierno de el Consejo por lo tocante à los Reynos de la Corona de Aragon. Certifico, que haviendose visto por los Señores de èl el Tomo II. de el Libro intitulado: *Historia de el Real Monasterio de Poblet*, que con su licencia ha sido impresso, le tassaron à seis maravedìs cada pliego, el qual parece tiene cincuenta y quatro, que à dicho respeto monta trecientos y veinte quatro maravedis de vellòn, à cuyo precio y no mas, mandaron se vendiesse; y que esta Certificacion se ponga al principio de cada Libro, paraque se sepa el precio à que se ha de vender. Y paraque conste, la doy en Madrid à 18. de Agosto de 1753.

Don Juan de Peñuelas.

A EL QUE LEYERE.

DOS cosas quiero prevenirte. La primera, que como el largo Catalogo de todos los Abades Perpetuos, y los progressos, que en sus respectivos Goviernos tuvo el Real Monasterio de Poblet, que van historiados en este Libro II. havian de llenar un Volumen muy grande; y saliendo à luz la Obra repartida en Tomos de quarto, vendrian à ser notabilissimamente desiguales, me ha parecido mas acertado dividir la materia de el Libro II. en diversos Tomos, que comprehendan todas las Abadias Perpetuas desde el año 1151. hasta el de 1623. en que comenzaron los Quadrienales, descriviendo en este Tomo II. (Parte primera de el Libro segundo de la Historia) la serie de los Abades de la primera Centuria, que governaron hasta el año 1251. y continuar en el Tomo III. (Parte II. de el mismo Libro II.) las demàs Centurias de Abades Perpetuos hasta el año 1623. en que comenzaron los Quadrienales. La segunda prevencion es, que luego se darà à la prensa el dicho Tomo III. Sirva esto de Prologo: que lo demàs yà va advertido en la Introduccion.

PROTESTA DE EL AUTOR.

Obedeciendo à los Decretos Pontificios, y Bulas Apostolicas, particularmente de la Santidad de Urbano VIII. de los años 1625, y 1634. y à los Decretos de el Santo Tribunal de la Inquisicion: protesto que à las virtudes, excelencias, y voces de Santidad, que en este Tomo atribuyere, à Personas de uno, y otro sexo, no pretendo, ni es mi intencion de que se les dè mas feè, que la puramente humana, ni que sean entendidas en otro sentido, que el permitido por la Santa Iglesia Catolica, à cuyo juicio, censura, y correccion sugeto este, y todos mis Escritos.

El Maestro Jayme Finestres.

TABLA
DE LAS
DISSERTACIONES
QUE CONTIENE
ESTE TOMO.

Introduccion.   pag. 1.
Centuria I. *Abades Perpetuos de Poblet.*   pag. 12.
Dissertacion I. *De los primeros Abades de Poblet Don Estevan, y Don Vidal ignorados de los Chronistas.* pag. 13.
Dissert. II. *De los Abades Tercero, y Quarto Don Geraldo, y Don Grimoaldo.*   pag. 27.
Dissert. III. *De el Quinto Abad de Poblet Don Estevan de San Martin, Obispo de Huesca.*   pag. 41.
Dissert. IV. *De el Sexto Abad Don Hugon.*   pag. 57.
Apendice *à la Dissertacion IV. Vida de San Bernardo de Alcira, Monge de Poblet, y de sus Hermanas Maria, y Gracia Martyres.*   pag. 74.
Dissert. V. *De los Abades Septimo, Octavo, y Nono, Don Estevan Droc, Don Pedro de Talladell, y Don Estevan IV. de este nombre.*   pag. 100.
Dissert. VI. *de el Abad X. de Poblet Don Pedro de Massaneto.*   pag. 121.

Apen-

TABLA.

Apendice à la Differt. VI. Fundacion de el Monafterio de Piedra hijo de Poblet. pag. 139.

Differt. VII. de los Abades XI. y XII. Don Arnaldo de Amalrich, Arzobifpo de Narbona, y Don Pedro de Concabella. pag. 177.

Differt. VIII. de el Abad XIII. de Poblet Don Pedro de Curtacans. pag. 199.

Differt. IX. de los Abades XIV. y XV. Don Arnaldo de Filella, y Don Ramon de Oftalrich, Obifpos de Elna. pag. 218.

Differt. X. de los Abades XVI. y XVII. Don Ramon de Cervera, y Don Arnaldo de Gallard, Arzobifpo de Aqs. pag. 239.

Differt. XI. de el Abad XVIII. de Poblet Don Vidal de Alguayre. pag. 255.

Apendice à la Differt. XI. Fundacion de el Monafterio de Benifazà hijo de Poblet. pag. 268.

Differt. XII. de el Abad XIX. Don Semeno, Obifpo de Segorbe, y Albarracin. pag. 324.

Differt. XIII. de los Abades XX. y XXI. Don Ramon de Siscar, Obifpo de Lerida, y Don Ramon Donato. pag. 340.

Apendice à la Differt. XIII. Fundacion de el Monafterio de la Real de Mallorca hijo de Poblet. pag. 357.

Differt. XIV. de los Abades XXII. XXIII. y XXIV. Don Vidal III. de efte nombre, Don Domingo de Semeno, y Don Berenguer de Caftellots. pag. 386.

Apendice de las Efcrituras Reales, y Apoftolicas, pertenecientes à la Hiftoria de el Real Monafterio de Santa Maria de Poblet. pag. 405.

TABLA.
SERIE DE LOS PAPAS, ABADES
Generales de Cistèr, Abades de Poblet, y Reyes de Aragon, que governaron en tiempo de la primera Centuria de Poblet.

PAPAS.

Eugenio III. electo año 1146. governò la Silla Apostolica hasta el año 1153.   dissert.1.num.1.
Anastasio IV. electo año 1153.   dissert.2.n.2.
Adriano IV. año 1154.   dissert.2.n.12.
Alejandro III. año 1159.   dissert.2.n.23.
Lucio III. año 1181.   dissert.4.n.26.
Vrbano III. año 1185.   dissert.5.n.9.
Gregorio VIII. año 1187.   dissert.5.n.21.
Clemente III. año 1188.   dissert.5.n.21.
Celestino III. año 1191.   dissert.6.n.6.
Inocencio III. año 1198.   dissert.7.n.11.
Honorio III. año 1216.   dissert.9.n.14.
Gregorio IX. año 1227.   dissert.11.n.5.
Celestino IV. año 1241.   dissert.13.n.10.
Innocencio IV. año 1243.   dissert.13.n.10.

ABADES DE CISTER.

SAN Gozevino electo año 1151.   dissert.1.n.10.
S. Lamberto año 1155.   dissert.2.n.17.
S. Fastrado año 1161.   dissert.3.n.10.
S. Gilberto año 1161.   dissert.3.n.18.
S. Alejandro año 1166.   dissert.4.n.5.
S. Guilielmo año 1175.   dissert.4.n.19.
Beato Pedro año 1179.   dissert.4.n.19.
B. Bernardo año 1183.   dissert.5.n.6.
B.Gui-

TABLA.

B. Guillen II. año 1184.	differt. 5. n. 6.
B. Pedro II. año 1186.	differt. 5. n. 20.
B. Guidon año 1187.	differt. 5. n. 20.
B. Guidon II. año 1190.	differt. 6. n. 32.
B. Arnaldo de Amalrich año 1202.	differt. 7. n. 18.
B. Arnaldo II. año 1212.	differt. 8. n. 19.
B. Conrado año 1217.	differt. 9. n. 16.
B. Gualtero año 1219.	differt. 9. n. 26.
B. Jayme año 1223.	differt. 9. n. 26.
B. Guillen III. año 1227.	differt. 10. n. 5.
S. Bonifacio año 1237.	differt. 13. n. 1.

ABADES DE POBLET.

DON Estevàn año 1151.	differt. 1. n. 2.
D. Vidal año 1152.	differt. 1. n. 11.
D. Geraldo año 1153.	differt. 2. n. 3.
D. Grimoaldo año 1154.	diff. 2. n. 14.
D. Estevan II. de San Martin año 1160.	differt. 3. n. 2.
D. Hugon año 1166.	differt. 4. n. 2.
D. Estevan III. Droc año 1181.	differt. 5. n. 1.
D. Pedro de Talladell año 1185.	differt. 5. n. 14.
D. Estevan IV. año 1188.	differt. 5. n. 26.
D. Pedro II. de Maſſanet año 1190.	differt. 6. n. 2.
D. Arnaldo de Amalrich año 1196.	differt. 7. n. 3.
D. Pedro III. de Concabella año 1198.	differt. 7. n. 19.
D. Pedro IV. de Curtacans año 1204.	differt. 8. n. 3.
D. Arnaldo II. de Filella año 1215.	differt. 9. n. 4.
D. Ramon de Oſtalrich año 1221.	differt. 9. n. 18.
D. Ramon II. de Cervera año 1224.	differt. 10. v. 2.
D. Arnaldo III. de Gallard año 1229.	diff. 10. n. 9.
D. Vidal II. de Alguayre año 1232.	diff. 11. n. 3.
D. Simon, ò Semeno año 1236.	differt. 12. n. 4.
D. Ramon III. de Siſcar año 1237.	differt. 13. n. 4.

D. Ra-

TABLA.

D. Ramon IV. Donato año 1238.   *dissert*. 13. n. 14.
D. Vidal III. año 1241.   *dissert*. 14. n. 2.
D. Domingo de Semeno año 1243.   *dissert*. 14. n. 5.
D. Berenguer de Castellots año 1246.   *dissert*. 14. n. 8.

REYES DE ARAGON.

DON Ramon Berenguer IV. de este nombre, Conde de Barcelona, Principe de Aragon, Fundador de este Real Monasterio de Poblet, governò el Reyno desde el año 1137. hasta el de 1162.   *dissert*. 1. n. 10.

Su Hijo el Rey Don Alonso II. de Aragon, y I. entre los Condes de Barcelona, año 1162. hasta 1196.   *dissert*. 3. n. 12.

D. Pedro II. de Aragon, y I. en Cataluña, hijo de el dicho Rey Don Alonso, año 1196. hasta 1213.   *dissert*. 7. n. 4.

D. Jayme, llamado el Conquistador, hijo de el referido Rey Don Pedro, año 1213. hasta 1276.   *dissert*. 9. n. 12.

HISTORIA
DE EL
REAL MONASTERIO DE POBLET,
ILUSTRADA CON DISSERTACIONES CURIOSAS.

LIBRO II.
DE LOS ABADES PERPETVOS, Y *Progreſſos, que ha tenido el Real Monaſterio de Poblet, deſde ſu Fundacion, haſta el año 1623.*

INTRODUCCION.

MUCHOS de los Eſcritores de las Sagradas Religiones, mirando con ogeriza à los dos valientes Enemigos de la Antiguedad, el tiempo, y ella miſma, los quales con lenta muerte van conſumiendo haſta las grandezas mas dignas de la immortalidad, (1) procuraron rebatir ſus inſultos con dejar alguna

---

(1) Pub. Ovid. Naſ. lib. 15. Metamorphoſ.
Tempus edax rerum, tuque invidioſa vetuſtas
Omnia deſtruitis, vitiaque dentibus ævi
Paulatim lenta conſumitis omnia morte.

guna general noticia afsi de los Prelados, como de otros Sugetos que florecieron refpectivamente en fus Ordenes. Loable diligencia, fi la practican bien los primeros que la emprenden: mas fi defcuydados introducen algunos yerros en fus noticias, en vez de derribar à los Enemigos, levantan otro contrario, y forman contra los Succeffores liga tan poderofa, que apenas baftan à deshacerla los mas vigilantes Efcritores.

2 Prefupongo, Letor difcreto, que yà eftàs enterado de lo que dige en mi Libro Primero de la Fundacion de Poblet, que la opinion tan corriente entre los Autores, que tratan de la Fundacion de efte Real Monafterio de Poblet, afirmandola en el año 1153. fe originò de el error, que hafta hoy fe lee en todos los manufcritos antiguos de nueftros Notadores Domefticos, los quales al ordenar el Catalogo de los Abades, ahora fueffe por culpable defcuydo en inquirir las verdaderas noticias concernientes al affumpto, (2) ahora fueffe por no haverlas bufcado por fu proprio camino, (3) ahora fueffe porque aun con toda fu diligencia, no tuvieron la fortuna de encontrarlas; (4) no hicieron memoria alguna de los dos primeros Abades Don Eftevan, y Don Vidal, que lo fueron en los años 1151. y 1152. fegun quedò demonftrado en dicho *Lib. 1. Differt. 19. y 20.* y fe manifeftarà otra vez en fu proprio lugar, fino que comenzaron la ferie de los Abades de Poblet por fu tercero Abad Don Geraldo con
nom-

(2) S Bernard. epift. 77. feu tract. ad Hugon. de S. Victor. cap. 1. *Multa profectò fcienda nefciuntur, aut fciendi incuria, aut difcendi difsidia, aut verecundia inquirendi. Et quidem hujufmodi ignorantia non habet excufationem.*

(3) Lactan. Firmian. Inftitut. lib. 3. *Numquam poteft inveftigari, quod non per viam fuam quæritur.*

(4) Melchior Canus Epifcopus Canarien. lib. 11. de locis Theolog. cap. 6. *Codices ejufmodi non femper hominum diligentia obveniunt, fed fortuna.*

INTRODVCCIÓN.

nombre de primero. Y como èste obtenia la Dignidad en dicho año 1153. como se convence abajo *Dissert. 2. num. 3.* afirmaron consiguientemente en el mismo año la Fundacion de el Monasterio.

3 Fuera de esto se descubre en dichos Manuscritos tal trastorno en la Chronologia, que à algunos Abades assignan la Abadia años antes, que comenzassen à obtenerla, y à otros se la continuan despues de haver fallecido. De otros, que ò renunciaron la Abadia, ò de ella fueron promovidos à otra Dignidad, por no haver alcanzado essa noticia, afirman haver muerto al tiempo que hallan que obtenia la Abadia el Successor: omitiendo no solamente à los dos primeros, sino tambien à otros intermedios en adelante; y atribuyendo à un Abad las Donaciones, y Privilegios de los Serenissimos Reyes, y Sumos Pontifices otorgados à otro, sin atender à la Chronologia de los Reynados de dichos Papas, y Monarcas, que ò yà havian fallecido, ò no havian aun comenzado su govierno al tiempo en que refieren haverse otorgado al Abad el Privilegio.

4 Verdad es, que estando yà demonstrada en el Libro primero la Fundacion de este Real Monasterio de Poblet año 1151. à mas tardar, contra la opinion corriente de las Historias; ningun cuydado podian darme las equivocaciones de los referidos manuscritos; porque no haviendo èstos salido à la publicidad, no pueden servir de tropiezo à los Letores. Pero reparando, que mas ha de un siglo, que corre la serie de Abades de Poblet impressa casi con las mismas equivocaciones de dichos Manuscritos, se me hace inexcusable al emprender el trabajo de historiar en este segundo Libro la serie de Abades, y Progressos de sus Goviernos, corregir en ella los descuydos de los otros.

5 La serie, que digo, impressa, es la que diò à luz por los años de 1642. el Doctissimo Analista de Cistèr, Illustrissimo Obispo de Badajòz, Reformador General de la

Ob-

Obſervancia Ciſtercienſe de Eſpaña, eminente Eſcritor en todas materias, Cathedratico de Prima, y Maeſtro de los que mas juſtamente ha venerado la Univerſidad de Salamanca, y en fin Fr. Angel Manrique, (5) Autor bien conocido por ſus muchas Obras, acreedoras todas de immortales aplauſos. Mas como en el diſcurſo de ſu Lectura, y luego deſde el principio advertì algunas coſas, que contradicen à las verdaderas noticias, aſsi de la Fundacion, como de los Abades, y ſuceſſos de Poblet, certificadas por Inſtrumentos autenticos de eſte Archivo: me pareciò ocurrir con eſta mi Hiſtoria al peligro de quedar ofuſcada la verdad con el gran reſplandor que arroja de sì la doctrina de tan acreditado Autor. Pues devo preſumir razonablemente, que ſi no ſe ocurrieſſe con la opoſicion, havia de correr gran rieſgo, no ſolo para la indiſcreta credulidad de aquellos, que tienen por verdadero todo lo que vèn impreſſo, como de cierta Perſona de ſu tiempo lo refiere el Iluſtriſsimo Obiſpo de Canaria, (6) ſino tambien para el diſcreto juicio de los Eruditos, entre los quales, por ſer propoſicion de Autor tan calificado, havia de grangearſe el credito, que con razon tienen todas ſus Obras, ſino ſe hicieſſe demonſtracion de lo contrario.

6   Juzgo tambien ſer eſte motivo ſuficiente, paraque aun los mas apaſsionados al Iluſtriſsimo Manrique no ſe dèn por reſentidos, de que yo, perſuadido de la Maxima de Tertuliano, (7) que deven redarguirſe algunas falſedades, paraque no las acredite de verdaderos ſuceſſos la gravedad de ſus Autores, intentè convencer las equivocacio-

---

(5)   Fr. Angel Manrique *tom. 2. Annal. Ciſter. in Append. pag. 34.*
(6)   Fr. Melchior Canus, lib. 9. de locis Theolog. cap. 6. ibi: *Ætas noſtra Sacerdotem vidit, cui perſuaſiſsimum eſſet, nihil omninò eſſe falſum, quod ſemel typis fuiſſet excuſſum.*
(7)   Tertullian. adverſus Valent. cap. 6. ibi: *Multa ſunt digna revinci, ne graviter adoremur.*

ciones de el doctiſsimo Chroniſta, à fin de eſtablecer la verdad. Y mas ſi ſe conſidera, que el Autor, aunque doctiſsimo, no ſolo no tue documento alguno, para probar lo que refiere, ſino que de ſu miſmo eſtilo ſe deja conocer, que lo eſcriviò ſin noticia alguna de los Inſtrumentos de nueſtro Archivo, y con ſola la de los Manuſcritos, que ſin duda devieron de ſubminiſtrarle los Monges de eſte Real Monaſterio de Poblet año 1609. en ocaſion que, ſegun afirma èl miſmo, (8) eſtuvo en eſta Real Caſa, y ſe puede inferir de el cotejo entre uno y otro Catalogo. Con que haviendo tomado de los Manuſcritos la mayor parte de las noticias, por juzgar prudentemente, que ſus Autores como Domeſticos havrian averiguado exactamente la verdad, vino à tropezar incauto en muchos de ſus errores.

7 Fuera de que ningun hombre ſabio ſe dà por ofendido de que por eſtablecer la verdad, ſe le repruebe alguna opinion, que en buſca de ella tuvo por ſegura, antes bien eſtima qualquiera trabajo, que ſe tome para convencerla, conforme al dictamen de San Aguſtin, (9) el qual eſcriviendo al Obiſpo Fortunaciano, advierte, que no devemos deferir à los eſcritos de los Autores, aunque Catolicos, y doctos, como ſi fueran Eſcrituras Canonicas, ſino que podemos, ſalvo el devido honor y reverencia, reprobar todo lo que hallàremos en ellos contrario à la verdad, que otros Autores, ò noſotros miſmos huvieremos deſcubierto: proteſtando, que èl aſsi lo practica en los eſcritos de los otros, y que aſsi quiere que lo hagan los que leyeren los ſuyos. Aſsi que teniendo licencia qualquiera deſeoſo de eſtablecer la verdad, de examinar la que contiene una opinion, y aun de reprobarla, ſi hallare

ſer

---

(8) Manrique in Append. ad Tom. 2. Annal. Ciſterc. pag. 45.
(9) S. Auguſtin. relat. Can. Neque 10. diſt. 9. Facit etiam Can. Negare 4. & Can. Ego ſolis 5. eadem diſt.

ser en contrario: no es mucho, que haviendo yo averiguado ser falsa la de haver sido Don Gerardo el primer Abad de Poblet, y assi de otros passages, que refiere el Ilustrissimo Manrique, emprenda el redarguirla, mostrando claramente el desengaño en Escrituras autenticas, y otras legitimas probanzas.

8 Comenzaron esta empressa dos Monges de esta Real Casa de los mas doctos que la ilustraron en el siglo presente, ordenando un Catalogo de dichos Abades, en que corrigieron algunas equivocaciones de aquel insigne Analista, originadas de haver deferido à nuestros Notadores Domesmesticos, y Escritores estraños; y aunque comenzaron la serie por los dos primeros Abades Don Estevan, y Don Vidal, y añadieron algunos intermedios, que olvidaron los antiguos Notadores Domesticos, y el Ilustrissimo Fr. Angel Manrique: pero salieron sus Catalogos tan discordes, y poco seguros, que llegan à discrepar entre sì hasta en el punto principal. Uno y otro se engañaron en diferentes sucessos que refieren, y por no haver puesto la devida diligencia en averiguar los años de govierno de cada Abad en particular, se descuydaron algunas veces en la Chronologia.

9 Para corregir pues, los errores, que hasta hoy han corrido en el Catalogo de Abades de Poblet, para emendar el trastorno de la Chronologia, y para discernir los Goviernos de cada Abad en particular, he resuelto formar un Memorial de todos, diciendo de ellos, y de otros Monges de Poblet, que florecieron en sus respectivos tiempos lo que con certeza pudiere descubrir. No dejo de considerar, que es empeño improporcionado à mis fuerzas (10) el historiar obras tan heroicas, como las que hicieron nuestros Antepassados, que solo devieran descri-
virlas

(10) Ovid. lib. 4. de Tristibus eleg 10.
Majus erat nostris viribus illud onus.

virlas sus mismos esplendores, y venerarlas nuestro silencio. Mas quando estamos tan lastimados de vèr, que nuestros Mayores han puesto en olvido tan memorables sucessos, fiados tal vez en que su grandeza seria Escritura perpetua en los Anales de la fama: fuera incidir en el mismo delito, si experimentando nosotros el desengaño en la voracidad de el tiempo, las passaramos tambien en silencio.

10 Esta consideracion pudo vencer las dificultades de la empressa, y me persuadiò, ò la devocion, ò el impulso proponer à la posteridad los hechos de nuestros Antepassados, assi para darles vida con nuestra memoria, (11) como para recibirla de ellos con su egemplo; pues el recordar à nuestra tibieza el fervor de sus virtudes, nos servirà de guia para emprender el camino de la perfeccion. Porque como se fortalecen los animos de los Hijos al acordarles los triunfos de sus Padres, (12) no hay medio tan eficàz y poderoso para excitar à vivir bien, y perfectamente, como los egemplos de nuestros gloriosos Predecessores. (13) Busquè las noticias necessarias al assunto; y como no hay cosa tan ardua, que no la consiga el hombre con su trabajo, (14) y una diligente aplicacion, y estudio, viene à descubrir con el tiempo lo que pudo el olvido ocultarnos en muchos siglos, (15) aunque se perdieron

mu-

(11) Cicer. orat. 50. Philip. 9. ibi: *Vita enim mortuorum in memoria vivorum est posita.*

(12) S. Bernard. serm. 54. in Cantica, ibi: *Armantur enim filiorum animi, dum Patrum recensentur triumphi.*

(13) Virg. Æneid. 2.
Sis memor, & te animo repetentem exempla tuorum.
Et Pater Æneas, & Avunculus excitet Hector.

(14) Horat. lib. 1. Carmin. Ode 3.
Perrupit Acheronta Herculeus labor:
Nil mortalibus arduum est.

(15) Diogen. Laert. lib. 6. cap. 1. ibi: *Nihil est tam arduum, quin studii assiduitate investigari possit.*

muchas noticias, sin embargo he descubierto no pocas con la inspeccion de Bulas Pontificias, Privilegios Reales, y otras Donaciones, y Escrituras autenticas de nuestro Archivo, y con mendigar à veces à los Escritores estraños las noticias, que nos recatearon por su incuria nuestros Domesticos.

11 Y por ser la verdad la que deve tener la primacia en qualquiera Historia, (16) he procurado averiguarla por las personas, por los lugares, por los tiempos, y por monumentos fidedignos, de modo, que ni imputàra à los estraños las faltas, que tal vez incurrieron los nuestros, ni à estos les atribuyera alabanzas agenas, ò añadiera algo à la verdadera gloria, por donde pudiera lo demàs bolverse sospechoso. Porque no soy de el genio de aquellos Escritores, que fingen à su arbitrio, à fin de ilustrar à los Sugetos de quien escriven. (17) Y por esso produzgo à algunos Abades con solo el nombre de Pila, sin el apellido de su casa, porque no los hallè nombrados de otra manera en los Instrumentos, que prueven su Abadia, ni pude encontrar sus apellidos, ù otro distintivo en algunas memorias, ò manuscritos: estimando mas que la Obra parezca macilenta y desaliñada, que llenarla de sueños de cabeza enferma, y de acaecimientos inciertos. (18)

12 No me detengo en narrar las Vidas de los Abades, ni de los Monges, que en tiempo de sus respectivos goviernos florecieron en santidad y letras, porque para esto serian menester muchos Volumenes. Solamente procuro ajustar la serie de los tiempos que los Abades governaron;

---

(16) Card. Baron. in Prolog. ad tom. 1. Annal. ibi: *In historiis ipsa veritas primum sibi vendicat locum.*
(17) Manrique Prologo ad tom. 2. Annal. Cisterc.
(18) Ferdin. Vghell. Prologo ad tom. 1. Italiæ Sacræ, ibi: *Adeo litavimus veritati, ut macilentum, jejunumque opus videri maluerimus, quàm ægri capitis somniis, incertisque eventibus illud implere.*

ron; y para aſſegurarla mejor, digo de camino los Papas, que preſidieron à la Igleſia univerſal, los Abades de Ciſtèr, que governaron la Orden, y los Reyes que reynaron en Aragon en vida de cada uno de los Abades de Poblet, por la mucha trabazòn, y engace, que tuvieron ſiempre unos con otros, y para afianzar la narracion en aquella puntualidad de tiempo: deſvaneciendo en ſus lugares las equivocaciones, que haſta hoy ſe han padecido, aſsi en el numero de Abades, como en los años de ſus fallecimientos, eſtableciendo la verdad con el indiſputable teſtimonio de Eſcrituras autenticas. (19)

13 Y porque no ſiempre ſe halla Inſtrumento, que convenza en todos los meſes de el año el Govierno de el Abad, de quien ſe trata, no le cuento el mando con total exactitud, ſino ſolamente deſde el mes en que lo hallo nombrado en la Eſcritura, haſta el mes, ò el año, en que ſe halla durar aun en la Abadìa. Ni porque dege de encontrarlo en cierto mes de el año, afirmo en èl ſu muerte, renunciacion, ò promocion à otra Dignidad, ſino que lo refiero al tiempo, que media entre el ultimo, que ſe demueſtra ſer Abad, haſta el primero que ſe demueſtra ſerlo yà el Suceſſor, paraque de eſte modo ſalga con toda veracidad la Hiſtoria, que es el unico fin, que, como devo, (20) llevo en eſte mi trabajo. Sin embargo, por no ſer moleſto à mis Letores con demaſiadas citas de Inſtrumentos, ſolo acotarè los preciſos, eſto es, el mas antiguo, que denotàre, que al tiempo de ſu data obtenia yà la Abadìa; y el mas moderno, que indicàre durar todavia en ella el Abad, de quien ſe fuere tratando, omitiendo las citas de Inſtrumentos de tiempo intermedio, aun al referir las Donaciones hechas en tiempo de aquella Abadìa.

B Y

(19) Caſsiodor. lib.12. variar. Epiſt.21. ibi: *Indiſputabile teſtimonium vox antiqua chartarum.*

(20) Strabon. lib.2. Geograph. ibi: *Hiſtoriæ finis eſt veritas.*

14 Y porque tal vez causaria novedad la cuenta de años, que llevo en este mi Catalogo; advierto, que no obstante que se estila comunmente en las Historias llevar la cuenta de años vulgares, ò civiles, computados desde el dia primero de Enero, hasta el 31. de Deciembre: Yo devo en esta Obra contar por años de Encarnacion de el Señor computados con rigor desde el dia 25. de Marzo, tres meses despues de entrado el año de el Nacimiento, hasta el 24. de el Marzo proximo venidero, segun se tratò de proposito, en mi *Libro primero de la Fundacion de Poblet, Dissertacion* 15. devo, como dige, seguir aquella cuenta hasta el año 1350. de Christo, en que cessaron los años de Encarnacion, y comenzaron à usarse los de el Nacimiento, para proceder con claridad, y evitar equivocaciones. La razon es, porque como he de escrivir el Govierno de los Abades, y la duracion en sus Abadias, conforme à las noticias sacadas de los Instrumentos de nuestro Archivo, los quales hasta dicho año de 1350. estàn calendadas por los años de la Encarnacion, computados con el rigor que dige, en cuya cuenta los meses de Enero, Febrero, y hasta el dia 24. de Marzo, vienen à ser los tres meses ultimos de el año; si no siguiessemos este computo, andariamos entre confusiones, y expuestos al peligro de caer en los mismos yerros y equivocaciones, que se experimenta haver incurrido nuestros Escritores Domesticos en la assignacion de algunas Abadias.

15 Paraque se vea quan necessaria es la dicha advertencia, anticipo aqui la noticia, que de Escritura autentica de nuestro Archivo de data de 4. de las Calendas de Setiembre (que es à 29. de Agosto) de el año 1154. de la Encarnacion, (que alegamos abajo *Centur.* 1. *Dissert.* 2. *n.* 10.) consta que en dicho dia era Abad de Poblet Don Gerardo, que es el tercero en la serie de los Abades, como se verà à su tiempo: Y sin embargo por otra Escritura

(que

(que tambien và citada alli mismo *Differt.2. num.11.*) de data de 8. de las Calendas de Marzo (que es à 23. de Febrero) de el mismo año 1154. de la Encarnacion, consta que en dicho dia se hallava en la Abadìa Don Grimoardo, que es el quarto en la serie, y successor immediato de Don Gerardo: lo qual se yà se vè que no puede verificarse en el computo de años vulgares, ò civiles, en que el mes de Febrero de el año 1154. precede al mes de Agosto de el mismo año, por ser cosa llana, que el Abad successor no puede obtener la Abadìa antes que su Predecessor, sino solamente en la cuenta rigurosa de los años de Encarnacion, en la qual el mes de Agosto antecede al de Febrero de el mismo año, cómo es notorio. La qual advertencia quan provechosa haya sido, lo demostrarà la experiencia en muchissimos otros egemplares, q iràn ocurriendo en el discurso de la Historia. Si à alguno pareciere superflua essa prevencion, sepa, que la juzgò necessaria para los Letores de su Catalogo de Maestres el Rmo. P. M. Fr. Mariano Ribera, celebre Chronista de la Merced. (21)

16 Advierto finalmente, que he dividido por Centurias el Catalogo de Abades Perpetuos, paraque se perciban con mas distincion los acontecimientos, los Sugetos que obtuvieron la Abadìa de Poblet, los que fueron promovidos à otras Dignidades, los que florecieron en prendas memorables, los servicios y obsequios, que hicieron nuestros Monges à los Reyes, y Pontifices, y los premios, que de mano de estos recibieron en cada una de las Centurias, desde la Fundacion de el Monasterio, hasta el año 1623. en que muerto el Abad perpetuo Don Simon Trilla, y erigida desde el de 1617. la Congregacion Cisterciense de los Monasterios de la Corona de Aragon, y Navarra, por Breve de el Papa Paulo V. sucedieron los Abades quadrienales, como verèmos en el Libro Tercero.

---

(21) Ribera *Milicia Mercenar. part.1. §.69. num.19.*

CENTURIA I.

DE LOS ABADES PERPETUOS, QUE TUVO el Real Monasterio de Santa Maria de Poblet desde el año 1151. hasta el de 1251.

AUNQUE no parece que un Catalogo de Prelados, y otros Sugetos insignes sea por lo general materia capàz de disputas: sin embargo, como no todos los Manuscritos Domesticos concuerdan en el numero de Abades, ni el tiempo, que cada uno de ellos duró en su Abadiato; y demàs à mas no solamente dichos Catalogos manuscritos, sino tambien el que diò à luz el Ilustrissimo Fr. Angel Manrique, contienen algunas cosas, que por contrarias à la verdad, devo emendar en este: me ha parecido devia tambien distribuìr la materia por Dissertaciones, como hice en el Libro primero de la Fundacion de el Monasterio. En todas las Centurias tuvo esta Real Casa diversos Sugetos insignes en Nobleza, Letras, y Santidad: que no podia dejar de producir este fruto, arbol que plantò Dios de su mano, Monasterio, cuya Fundacion mereciò ser favorecida de el Cielo con luces y resplandores, pronostico de sus grandezas. Pero con especialidad se descubren en la presente de el año 1151. hasta el de 1251. que por ser la immediata à sus principios, en que se mantenia en su rigurosa observácia el fervor de la Orden, se viò el Convento tan ennoblecido, no solo de Cavalleros particulares, y Señores de Lugares, sino

hasta

hasta de Reales Infantes, que despreciaron las grandezas de el siglo, por vestir el humilde Habito de Poblet. Y florecieron tantos Sugetos en todo genero de prendas, que no pudiendo estar oculto su resplandor, llegaron à ilustrar los Reynos de Aragon, Valencia, y Mallorca, con la ereccion de nuevas Abadìas Cistercienses, Hijas todas de esta Populetana Familia, al mismo tiempo que otros, sin poder resistirlo, eran trasladados de los Claustros, à los Obispados, como lo verà el curioso Letor en sus proprios lugares.

DISSERTACION I.

DE LOS DOS PRIMEROS ABADES DE POBLET, olvidados de los Autores. Don Estevan Abad I. y Fundador de el Monasterio: Donacion que le hizo el Conde de Barcelona, Principe de Aragon: Muerte de el Abad de Cister San Raynardo, y eleccion de San Gozevino: Muerte de el Abad de Poblet Don Estevan, y eleccion de Don Vidàl: Bula de el Papa Eugenio III. Desengaño de la existencia de los dichos dos Abades de Poblet antes de el tiempo, que señalan los Chronistas à la Fundacion de el Monasterio.

1 COMO para la prueba y convencimiento, de que este Real Monasterio de Poblet fuè fundado antes de el tiempo, que à su Fundacion señalan comunmente los Historiadores, ha sido necessario romper diversas veces el hilo de la Historia, haciendo algunos extravios y digressiones à proposito de lo que se iva tratando; podria ser que los menos eruditos, haviendose divertido en semejantes ocasiones, hayan dejado de percibir con distincion lo que contiene la Historia de la

Fun-

Fundación de dicho Real Monasterio. Para reparar, pues, el daño, que pudo haver en este particular, me ha parecido seria de provecho hacer un discurso seguido de ella, escogiendo de todo lo que en las Dissertaciones antecedentes se dijo, lo mas essencial, refiriendolo llanamente, y sin controversias. Y por si alguno quisiere vèr tratado con mas extension lo mismo que aqui se refiere recopilado, irè citando à la margen los lugares en donde tratò de proposito aquella materia.

2 Tomando, pues, la Historia desde su primer principio, digo: Que en la Conca de Barberà, Diocesi de Tarragona, hay un Termino, que los Moros llamavan *Lardeta*, distante poco mas de dos quartos de camino de la Villa de la Espluga de Francoli, y casi dos horas de el Lugar de Valclara. Por los años de 1120. de Christo, que dominavan aun los Moros en aquella Comarca, vivia en dicho Termino, ò partida de *Lardetà*, retirado en una humilde Choza, ò Hermita un Siervo de Dios llamado *Poblet*, (1) de el qual tomò despues el nombre este Real Monasterio, (2) haciendo penitencia, y empleandose en christianos y devotos egercicios.

3 Sucediò, que haciendo correrias por aquellos contornos los Arabes de aquella Comarca, cuyo Alcalifa, Rey, ò Regulo tenia su Corte en el enriscado Castillo de Ciurana, encontraron con el dicho Hermitaño, y averiguado que era Christiano, lo llevaron preso, y maniatado al Castillo, presentandolo al Rey: el qual, despues de haverle persuadido, que dejasse la Ley de Christo, y abrazasse la Secta de Mahoma; viendo que el Siervo de Dios abominava semejante impiedad, mandò encarcerarlo en una estrecha y obscura mazmorra, esperando, que à fin de librarse de aquellos trabajos, y de otros que le amenazaban, se reduciria à su Ley.

4 Quan-

(1) *Lib.*I, *Dissert.*6, n.1.   (2) *Lib.*I. *Dissert.* II. *num.* 5. y 7.

4 Quando penſaron el dia ſiguiente hacer burla de el pobre Cautivo, hallaron que faltava de la carcel; y buſcandole por todas partes, lo hallaron muy ſoſſegado en la Hermita, à donde lo havia Dios milagroſamente reſtituìdo. Prendieronlo, y llevaron haſta tres veces, y otras tantas fuè reſtituido milagroſamente à ſu Hermita. (3) Lo qual advertido por aquel Rey, conociò, aunque Barbaro, que Dios ayudava à ſu Siervo, y que era por demàs el perſeguirle: con que, trocando los rigores en agaſajos, no ſolo le permitiò que vivieſſe conforme à la Ley de Chriſto, ſino que de mas à mas le concediò aquel territorio, que llamavan *Lardeta* con donacion autentica, por los años de Chriſto 1120. (5) mandando à ſus Vaſſallos, que no le ofendieſſen, ni inquietaſſen.

5 Aſſegurado con eſta Donacion el Hermitaño Poblet, ſe adelantò tanto en los exercicios de perfeccion, que atraìdos de la fama de ſu virtud, ſe le agregaron dos ò tres Compañeros: (6) los quales como deſpues algunos años adelante padecieſſen inquietudes, y vexaciones por los Moros Vaſſallos del Rey de Lerida, alcanzarò de eſte una Confirmacion de el Privilegio, ò Donacion, que tan liberalmente les havia hecho el Rey de Ciurana: (7) La qual Confirmacion, ſegun la data, fuè expedida año 1130. de Chriſto. (8) Viendoſe los Siervos de Dios en el deſeado ſoſsiego de ſu vida heremitica, fabricaron entre la eſpeſura de los arboles de la dicha partida de *Lardeta*, una pequeña habitacion, conſtruyendo en ella ſu Oratorio, y Capilla, que dedicaron al Santo Salvador. (9)

6 Dentro pocos años ſucediò, que algunos Sabados, en llegando la noche, vieron bajar de el Cielo unas Luces ſobre la frondoſa alameda, que diſtava de la Hermita

coſa

(3) *Diſſert.*6. *num.*2. (4) *Diſſert.*6. *num.*3. (5) *Diſſert.*8. *nu.*8.
(6) *Diſſert.*9. *n.*1. (7) *Diſſert.*6. *num.*6. (8) *Diſſert.*9. *num.*8.
(9) *Diſſert.*9. *num.*1.

cosa de un quarto de camino àcia la parte de Oriente, y reparandolo en adelante con mas atencion, advirtieron, que se divisava una luz sola mas lejos de el Oriente, dos luces juntas à este mas cercanas, y en el espacio que mediava entre la una, y las dos luces, se descubrian tres juntas, tan brillantes, que parecian dominar à las otras. Comunicaron à los Comarcanos lo sucedido en los Sabados antecedentes, y fueron muchos los Christianos, que lograron vèr el mismo prodigio. (10) Y haviendo llegado la noticia de el portento à los oidos de el Serenissimo Conde de Barcelona, Principe de Aragon, informado este de la verdad, determinò para quando llegasse à conquistar de el poder de los Moros aquella Comarca, fundar en el proprio sitio donde se aparecian las luces alguna Iglesia, segun el estilo, que siempre observò su christianissimo zelo, de consagrar à Dios algunos Templos, en los distritos, que iva ganando à los Enemigos de el nombre de Christo. (11)

7 Conquistaron las valerosas Armas de el Conde, governadas por el Noble Ramon de Cervera, aquel Territorio de *Lardeta*, por los años 1148. de Christo, lo mas tarde, (12) quando cumpliendo su Alteza los deseos, que tenia yà de muchos años antes, de fundar en sus Estados algun Monasterio Cisterciense, por la mucha aficion, que professava à N. P. S. Bernardo, y à la Sagrada Religion de Cistèr, (13) embiò al Monasterio de Santa Maria de Fuen-Fria en la Diocesi Narbonense, por el conocimiento que tenia con aquellos Monges, (14) pidiendo Religiosos para formar el Convento de el Monasterio que deseava edificar; y haciendo yà en 18. de Enero de el año 1149. de la Encarnacion de el Señor al Venerable Don Sancho, Abad de dicho Monasterio de Fuen Fria, donacion de el Lugar de

Larde-

---

(10) *Dissert.9. num.2.* (11) *Dissert.3. num.6.* (12) *Dissertac.5. num.10.* (13) *Dissert.3. num.7.* (14) *Dissert.4. num.7.*

Lardeta (llamado entonces *Huerto de Poblet*, desde que lo posseyò el Hermitaño, por la Donacion que digimos le hizo el Rey Arabe) paraque en èl erigiesse Monasterio: (15) La qual Donacion ratificò despues su Altèza con Carta de 18. de Agosto de el año 1150. dirigida al mismo Abad, y Convento de Fuen-Fria, expressando en ella las confrontaciones, y terminos de dicho Lugar de Poblet. (16)

8   Con las sobredichas dos Cartas de Donacion de el Lugar, ò Huerto de Poblet, tuvo yà desde entonces el Abad, y Convento de Fuen-Fria titulo para erigir y fundar esta Abadia de Poblet: y deseando poner en execucion obra tan de el agrado de Dios, y de su SS. Madre, escogiò trece Monges de singular egemplo y santidad, entre los muchos que à la sazòn ilustravan aquel insigne Monasterio. De los quales al que le pareciò mas à proposito para la Prelacìa, llamado Estevan, lo nombrò Abad de el nuevo Monasterio de Poblet; y señalando à los doce restantes por subditos, que le prestassen la devida obediencia, y formassen Comunidad Cisterciense, los embiò à este Principado de Cataluña, y al Lugar destinado por el Serenissimo Conde de Barcelona en sus Cartas de Donacion.

9   Mientras se aguardaba la venida de los Monges Fundadores, mandò dicho Serenissimo Conde fabricar à sus expensas tres Iglesias en los puestos donde se havian aparecido las luces. La primera dedicò à Santa Catalina Virgen y Martyr. La segunda, al Protomartyr San Estevan; y la tercera (que prosiguiò despues el Serenissimo Señor Rey Don Alonso II. de Aragon su hijo) dedicò à Maria Santissima, bajo la invocacion de Santa Maria de Poblet, conforme al estilo de la Orden Cisterciense. (17)

C   I.

(15) *Dissert.* 12. *num.* 3. (16) *Dissert.* 12. *num.* 7. (17) *Lib.* 1. *Dissert.* 9. *num.* 5. y 8.

I.
DON ESTEVAN.
ABAD I. DE POBLET.

Año de Chrifto 1151.

10 NO fe puede faber con certeza el dia fijo, que llegaron los Monges de Fuen-Fria à efte Territorio à formar el Convento de el nuevo Monafterio de Poblet, porque no fe halla el acto de Fundacion; pero puede affegurarfe con toda certeza, que dentro de el efpacio de tiempo, que difcurre defde 18. de Agofto de 1150. hafta 6. de Mayo de 1151. llegaron los Fundadores al dicho Lugar, ò Hermita de Lardeta, que llamavan *Huerto de Poblet*, la qual franquearon liberalmente aquellos devotos Hermitaños, paraque de ella hicieffen Monafterio, lo que egecutaron los recien venidos Monges, mudando la invocacion de Santa Cruz, ò de el Santo Salvador, que tenia aquel Oratorio, en la de Santa Maria de la Humildad, (18) y por configuiente: Que governando la Univerfal Iglefia el Papa Eugenio III.: el Reyno de Aragon fu Sereniſsimo Principe Don Ramon Berenguer, Conde de Barcelona; y la Orden de Ciftèr fu Abad General San Raynardo, como fe dijo *Lib. 1. Differt.* 12. tuvo principio la Infigne y Real Abadia de Poblet, defde 18. de Agofto de 1150. hafta 6. de Mayo de 1151.

11 Dige *poderfe affegurar de cierto*; porque los Afcendientes de la Excelentifsima Cafa de Cardona otorgaron al Monafterio de Santa Maria de Poblet, y à todo el Convento de dicho Lugar, y à los Religiofos, que alli habitavan, cierta cantidad de fal para cada femana de el año, en Inftrumento calendado à 6. de Mayo de el año 14. de el Rey

(18) *Lib. 1. Differt. 9. num. 7. y 8.*

Rey Luis el Menor, (19) y como esta data à buena cuenta corresponde, à mas tardar, al de 1151. de Christo; (20) manifiesta evidentemente, que yà en 6. de Mayo de 1151. havian formado al Convento de Poblet los Monges, que con el Abad Don Estevan havian venido de Fuen-Fria: deviendo presuponerse que estava en dicho Convento el Abad que les presidia, y à quien ellos prestaban obediencia, por ser Constitucion de la Orden, que à qualquiera Fundacion de Monasterio se envien doce Monges con su Abad. (21)

12 No se sabe el apellido, ni de èl se tiene otra noticia, que la de su nombre de Pila, expressado en la Escritura de Donacion, que le otorgò en 18. de Agosto de 1151. el Conde de Barcelona, Principe de Aragon, copiada *Lib.*1. *Dissert.*19.*num.*4. Pero devemos creer, que seria Religioso de los mas egemplares, y de mayor opinion de santidad, como Sugeto, que, entre los muchos que con sus virtudes ilustravan al Monasterio de Fuen-Fria, escogiò el Abad Don Sancho, y tal vez N. P. S. Bernardo, para la primera Fundacion de Cistercienses en este Principado de Cataluña.

13 A pocos meses que residia Don Estevan en la Sede Abadial de Poblet, le pareciò muy conveniente el solicitar de el Serenissimo Conde de Barcelona, Principe de Aragon, una confirmacion de las Donaciones de el Lugar, ò Huerto de Poblet, que su Alteza havia otorgado al Abad de Fuen-Fria en los años de 1149. y 1150. ò una nueva Carta de Donacion de el mismo Lugar, donde se havia erigido la Abadia, dirigida al Abad y Convento de Poblet,

(19) *Lib.*1.*Dissert.* 14. *num.*4.
(20) *Lib.* 1. *Dissert.* 15. *num.*18.
(21) Manrique tom.1. Annal. Cisterc. anno 1134. cap.6. ibi: *Duodecim Monachi, cum Abbate tredecim, ad Cœnobia nova transmittantur.* Cap.12. Decret. Capit. Gener. de anno 1134.

blet, afsi para affegurar aquellas con la ratificacion Real, como para librar al Monafterio, en fuerza de el nuevo Real Defpacho, de qualefquiera difturbios, pleytos, y demandas. Y efperando à efte efecto ocafion de que el Principe eftuvieffe detenido en algun Lugar, fe la deparò el Cielo tan oportuna, como fuè el venir fu Alteza à la Ciudad mas vecina al Monafterio.

14 Reducido el Conde de Fox à la obediencia de el de Barcelona, Principe de Aragon, y foffegados con efto los Eftados de la Proenza, por el mes de Mayo de el año 1151. tomò fu Alteza el camino de Tarragona, para concertar lo que tocava al Obifpo de Tortofa, y à fu Cathedral, y à otras Iglefias à ella pertenecientes. (22) Y haviendofe hecho la eleccion de Obifpo de Tortofa en la Perfona de Don Gaufredo Abad de San Rufo, fuè confagrado en 1. de Agofto de dicho año, por el Arzobifpo Don Bernardo Tort, y por los Obifpos de Barcelona, Gerona, Vique, y Elna. Y luego à 5. de el proprio mes y año dotò el Principe al Obifpo, y à fu Cathedral, y demàs Iglefias de fu Obifpado tan magnificamente, como de tan Chriftiano Monarca fe podia efperar: hallandofe prefentes à tan piadofa demonftracion, no folamente los referidos Obifpos, fino tambien muchos Cavalleros principales, y entre ellos Don Guillen Ramon Dapifer, Don Ramon de Pujalt, Don Guillen de Caftelvel, Don Geraldo de Jorba, y Don Bernardo de Belloch, (23) que tambien afsiftieron al otorgar el Conde la Donacion al Abad Don Eftevan, como luego verèmos. En el mifmo mes de Agofto de 1151. el yà mencionado Arzobifpo de Tarragona, de confentimiento de el Papa Eugenio III. affenfo de los Sufraganeos; y voluntad de todo el Cabildo, hizo donacion y entrega de la Ciudad

(22) Hiftorias de Aragon comunmente.
(23) El Maeftro Fr. Francifco Diago *Hift. de los Condes de Barcelona, lib. 2. cap. 161.*

dad y Termino de Tarragona, al Conde de Barcelona, Principe de Aragon, à fin de reſtaurarla, expreſſando que ſe la dava en la forma, que el Conde Don Ramon Berenguer III. Padre de dicho Principe, la havia dado à San Olaguer. (24)

15 Es pues muy veriſimil, que hallandoſe el Conde, Principe de Aragon en la Ciudad de Tarragona, tan cercana al Monaſterio de Poblet, paſſaſſe à ella el Abad Don Eſtevan à ſuplicarle perſonalmente le otorgaſſe nueva Donacion, ò Confirmacion de las antecedentes, hechas por ſu Alteza al Abad de Fuen-Fria, y aun de las que ſe havian haſta entonces otorgado al Abad, y Convento de Poblet; como entre otras la que expreſſa de la Torre de Avingaña, que les hizo el Noble Geraldo de Jorba, de las quales ſin duda le hizo oſtenſion, ſegun lo indica el tenor de las clauſulas de el nuevo Real Deſpacho, copiado enteramente *Lib.1. Diſſert.19. num.4.*

16 Y aun podria decirſe con harta veriſimilitud, que el Sereniſsimo Conde de Barcelona, Principe de Aragon, deſembarazado yà de los negocios, que le movieron al viage à aquella Ciudad, que, ſegun las Hiſtorias, (25) havia concluìdo à 8. de Agoſto de 1151. quiſo venir à eſte ſu Monaſterio de Poblet, para ſatisfacer à la mucha devocion que le profeſſava, ò para favorecer con ſu Real preſencia à los Religioſos tan de ſu cariño, que los llama ſus Cohermanos, y aun quizà para acalorar en aquella ocaſion la Fabrica de el Monaſterio, como queda dicho arriba *num.*9. ſe eſtava edificando à ſus expenſas. Como quiera que fueſſe, lo que no admite duda, es: que al otorgar el Conde la mencionada Donacion, eſtava preſente el Abad

Don

---

(24) El M. Fr. Manuel Ribera *Milicia Mercenaria*, pag. 551. n.835. y pag. 508. num 4.

(25) El M. Fr. Franciſco Diago *en el lugar citado*. Stephan. Baluz. *in Append. ad Marc. Hiſpan.* tit.408. col.1314.

Don Eſtevan, ſegun aquellas palabras: *A vos Eſtevan Abad &c.* por la razon de que el pronombre demonſtrativo *Vos* ſolo ſuele aplicarſe à los preſentes, como dejò advertido el Iluſtriſsimo Fr. Angel Manrique. (26) Ni es menos cierto, que eſtavan preſentes al otorgamiento de el Conde el recien electo Obiſpo de Tortoſa, y los Grandes, que ſubſcriven al Inſtrumento, los quales eſtuvieron tambien con ſu Alteza al otorgar las Donaciones, que hizo en la Ciudad de Tarragona, como vimos arriba *num.* 14.

17 A principios de el año 1152. de la Encarnacion, eſto es, à ultimos de Marzo, eſtava en la Ciudad de Barcelona la Reyna Doña Petronila cercana al parto; y como tan agradecidos el Abad de Poblet, y ſu Convento al beneficio de ſu magnanimo Fundador, no ceſſavan de interponer con Dios ſus devotas oraciones, para alcanzar de ſu Divina Mageſtad el feliz alumbramiento de la Sereniſsima Señora Reyna ſu Eſpoſa. Llegò la hora à principios de el mes de Mayo, y diò à luz un Hijo, digno Suceſſor de los invictiſsimos Condes de Barcelona, y Sereniſsimos Reyes de Aragon. Por tan alegre nueva ſacrificaron à Dios el Abad, y Convento de Poblet las gracias, en catolicos, pios, devotos, y religioſos obſequios, con tan feſtivas demonſtraciones, como quien vaticinava de el recien nacido Real Infante, que no ſolo havia de continuar la aficion al Monaſterio de Poblet, como Fundacion de ſu Padre, ſino que havia de honrarlo con ſu Real preſencia en tiempo de ſu Reynado, y aun deſpues de gozar mejor Reyno, iluſtrarlo con ſu Real Cadaver. Poco tiempo viviò el Abad Don Eſtevan en la Sede Abadial, porque en el mes de Noviembre, (y aun tal vez en el Setiembre, como luego explicarèmos) de el año ſiguiente 1152. regìa el Suceſſor la Abadia de Poblet.

18 El Glorioſo San Raynardo, que de Monge de Claraval,

---

(26) Manrique *tom.* 2. *Annal. Ciſterc. anno* 1147. *cap.* 18. *n.* 1.

raval, y Discipulo de N. P. S. Bernardo, fuè promovido al Generalato de la Orden, y Abadia de Cistèr en el año 1133. despues de haver governado 18. años, lleno de meritos, y de dias, subiò à los Cielos año 1151. y acabando casi à la misma sazòn nuestro Abad Don Estevan su mortal carrera, subiò, como piadosamente se cree, à ser compañero en la Gloria de quien havia sido contèporaneo en la Abadia. Quedaron huerfanos los Monasterios de Cistèr, y de Poblet, pero se les restaurò en breve tan sensible perdida, con la eleccion de los Sucessores San Gozevino, y Don Vidàl. Dieron Sepultura al Abad Don Estevan en el Lugar de Lardeta, ò pequeño Monasterio de Poblet, donde estuvo como en deposito, hasta que pudiesse ser trasladado al nuevo y sumptuoso, que se estava edificando por el Conde de Barcelona, Principe de Aragon.

19 Trasladado à los Cielos San Raynardo, sucediò en la Dignidad San Gozevino, el qual, de Abad de el Monasterio de Bonaval de Viena, fuè electo Abad V. de Cistèr en el proprio año 1151. Obtuvo de los Papas Eugenio III. y Anastasio IV. insignes Privilegios para toda la Orden Cisterciense; de cuyo Instituto hallandose fundadas por el Mundo quinientas Iglesias, promulgò Ley que no se fundassen mas. Mandò à N. P. S. Bernardo yà difunto, que no obrasse mas milagros: y haviendo finalmente cumplido quatro años en la Prelacia General, durmiò santamente en el Señor al ultimo de Marzo de el año 1155. como lo refiere el Ilustrissimo Fr. Angel Manrique, de el qual sacamos la serie, y noticias de este, y demàs Abades Generales, que podrà vèr en èl mas extensamente el Letor curioso.

II.
DON VIDAL.
ABAD II. DE POBLET.

Año de Christo 1152.

20 NO se sabe el dia, ni el mes en que fuè elegido D. Vidal, Abad Segundo de Poblet, porque se ignora el en que falleciò su Predecessor Don Estevan. Pero por la Bula de el Papa Eugenio III. copiada *Lib.* 1. *Dissert.* 20. consta, que à 30. de Noviembre de el año 1152. era Abad de Poblet Don Vidàl; de quien se ignora tambien el apellido, por no encontrarse de èl otra noticia, ni memoria, que la de dicha Bula. Y aunque, en fuerza de ella, solo se puede assegurar, que al tiempo de su Data, obtenia Don Vidàl la Abadìa; pero se deve congeturar, que yà la gozava por lo menos cosa de dos meses antes, los quales forzosamente havian de haver corrido en solicitar, y obtener de su Santidad el Despacho, por mas que luego de electo lo huviesse procurado.

21 Atendiendo, pues, el recien electo Abad Don Vidàl, que su Predecessor havia assegurado al Monasterio de qualesquier demandas, pretensiones, y litigios con la nueva Donacion, ò Confirmacion de el Serenissimo Conde de Barcelona, Principe de Aragon; le parecio que devia, por razon de su oficio, solicitar un Rescripto Pontificio, que al passo que confirmasse todo lo hasta alli egecutado, recibiesse al Monasterio bajo la proteccion de la S. Sede Apostolica. Hizo, pues, ostension al Papa Eugenio III. de la mencionada Donacion de el Conde, otorgada à su Predecessor, y Convento de Poblet, suplicando se dignasse su Santidad aprobarla, y confirmarla, y tomar al Monasterio debajo de su amparo.

22 Quan afecto, y quan propicio fuè à la Orden de Cistèr el Papa Eugenio III. podria inferirse bastantemente de haver sido Monge de Claraval, Discipulo de N.P.S. Bernardo, y Abad de el Monasterio de los Santos Martyres Vicente y Anastasio: pero lo acredita sobre manera la demostracion tan nunca vista como digna de perpetua memoria, que hizo al Capitulo General de Cistèr año 1148. quando presidiendo el Abad General San Raynardo, assistiò el dicho Papa, depuesta la Magestad Pontificia, sentado entre los Abades de tan espectable Congresso; y la que hizo à favor de toda la Orden à 1. de Agosto de el año 1152. quando à peticion de San Gozevino, Abad V. de Cistèr, expidiò aquella tan celebre Bula, en que confirmò las Constituciones llamadas *Charta Charitatis*, insertandolas por entero en el cuerpo de la misma Bula, y concediendo à la Religion tantos Privilegios, Gracias, y Prerrogativas, como podrà leer en ella el curioso. (27)

23 Llegaron, pues, al Papa Eugenio III. las humildes suplicas de el Abad, y Convento de Poblet, à las quales inclinado el devoto Pontifice, concediò liberalmente la Bula de Proteccion, expedida à 30. de Noviembre de el proprio año 1152. que dejamos copiada *Lib.1. Dissert.*20. de la qual (fuera de lo que sobre ella digimos en el lugar citado) se dejan inferir dos cosas dignas de ponderacion. La una es, que conforme à la obligacion que tienen los Principes Eclesiasticos de amparar à las Religiones, y assistirlas con su patrocinio, el Papa, Suprema Cabeza de la Iglesia no solo las recibe debajo de su proteccion, y las pone immediatamente debajo de la Tiara de San Pedro, sino que lo mismo suele hacer con un Monasterio particular, quando llega à su noticia, que en èl se guarda una exacta observancia religiosa. Con que al decir el Papa en su Breve, que concede aquellas gracias al Abad, y Con-

ven-

───────────────
(27) Bullar.magn.veter. edit. *tom.*1. *fol.*61.

vento de Poblet, porque en aquel Lugar eſtàn dedicados al obſequio, y culto Divino, ſignificò, que la mucha Religion, y la ſingular Obſervancia, que florecia en el recien fundado Monaſterio de Poblet, havia movido el animo de ſu Beatitud à diſpenſar à los Religioſos tan inſignes prerogativas, gracias, y privilegios. La ſegunda coſa digna de ponderacion, es, que de el contexto de la Bula, ſe convence no ſolamente, que el año 1152. governava la Abadia de Poblet Don Vidàl, ſino que antes la havia regido el Abad Don Eſtevan; porque à eſte hizo el Conde la Donacion, de que habla el Sumo Pontifice.

24 Si el eſtudioſo hiciere reflexion ſobre lo que acabamos de advertir, quedarà deſengañado de que es indubitable la exiſtencia de los dos primeros Abades de Poblet Don Eſtevan, y Don Vidàl, expreſſados en dichos Real Deſpacho, y Bula Pontificia, por mas que el Iluſtriſsimo Analiſta de Ciſtèr los omitiò en ſu Catalogo. (28) Aſsi que haviendoſe engañado notoriamente, por haver ſeguido à los Manuſcritos antiguos de nueſtros Notadores Domeſticos, y à los Hiſtoriadores, que le precedieron, los quales comienzan la ſerie de los Abades por Don Geraldo año 1153. en ſeñalarlo tambien por primer Abad de Poblet, embiado de Fuen-Fria à formar el nuevo Monaſterio de Poblet en dicho año 1153. no puede ſu engaño, y omiſsion de los dos referidos Abades perjudicar à la verdad, ni prevalecer ſu autoridad à los Inſtrumentos autenticos tantas veces mencionados, ſiendo forzoſo el deferir à teſtigos tan calificados, como la Suprema Cabeza de la Igleſia, y el Conde de Barcelona, Principe de Aragon.

25 Recibieron el Abad Don Vidal, y Convento de Poblet el Deſpacho Pontificio con la mas profunda veneracion, celebrando con regocijo eſpiritual tan ſoberana

gra-

---

(28) Manrique *Tom.2. Annal. Ciſterc. ann.*1153. *cap.*18. *& in Append. tit. Series Abbatum Populetanorum.*

gracia: dandolas muy fervorofas à la Divina Mageſtad, por haverſe dignado aſſegurarles, por medio de los Reſcriptos Real, y Pontificio, la deſeada quietud y ſoſsiego de la vida monaſtica. Y en fin haviendo nueſtro Venerable Abad governado con la prudencia y zelo correſpondiente à ſu mucha virtud, deſcansò en la paz de el Señor antes de el dia 20. de Octubre, (y tal vez antes de el mes de Setiembre, como deſpues verèmos) de el año 1153.

DISSERTACION II.

MUERTE DE EL PAPA EUGENIO III.: DE SAN Bernardo Abad de Claravàl; y de Don Vidal Abad de Poblet: Eleccion de el Papa Anaſtaſio IV. y de Don Geraldo Abad III. de Poblet: Donaciones hechas al Monaſterio: Tranſlacion de el Convento: Muerte de el Papa Anaſtaſio IV., y Eleccion de Adriano IV.: Muerte de el Abad Don Gerardo, y Eleccion de Don Grimoardo, Abad IV. de Poblet: Muerte de el Abad de Ciſtèr San Gozevino, y Eleccion de San Lamberto, Abad IV. de Ciſtèr: Converſion de San Bernardo de Alzira: Muerte de el Abad Don Grimoardo: De el Papa Adriano IV., y Eleccion de Alexandro III.

1 TRISTE ſe oſtentò à la Religion Cisterciense, pero alegre al Cielo, y à los Angeles el año 1153. pues à 8. de Julio falleciò nueſtro muy Santo Padre Eugenio III.: à 20. de Agoſto ſu amado Maeſtro, y Doctor Melifluo San Bernardo, Abad de Claravàl; y à eſtos ſiguiò immediatamente nueſtro Venerable Abad Don Vidal en el mes de Agoſto, ò à prime-

ros de Setiembre, segun la comun Tradicion, que luego referirèmos: Los quales tres Santos Varones, al dejar con su ausencia justos sentimientos à la Vniversal Iglesia, à Claraval, y à Poblet, añadieron nuevos regozijos à los Angeles, y demàs Cortesanos de el Cielo.

2 Por muerte de el Papa Eugenio III. fuè electo à 9. de Julio de el año 1153. el Obispo Cardenal de S. Sabina, Conrado de Subura, natural de Roma, que, segun algunos, havia sido Monge de San Benito; y segun otros, Canonigo Regular de San Agustin, y Abad de San Rufo, y en el dia de su Coronacion, que fuè el 12. de el mismo mes de Julio, fuè llamado Anastasio IV.

III.
DON GERARDO.
ABAD III. DE POBLET.

Año de Christo 1153.

3 AL difunto Abad Don Vidàl sucediò Don Gerardo, ò Guerao; de el qual dijo un moderno Escritor Domestico, que obtenia yà la Abadia de Poblet à 30. de Noviembre de 1153. en fuerza de la Escritura, que tambien alegamos abajo *num.* 5. Mas yo afirmo con toda certeza, que nuestro Abad Don Gerardo sucediò al difunto Don Vidal, por lo menos, desde 13. de las Calendas de Noviembre, (que es à 20. de Octubre) de el año 1153. Y le convence Escritura Autentica de nuestro Archivo, que contiene una Donacion, que à èl, y à sus Sucessores otorgò el Noble Guillen de Cervera de cierto Honor, ò Possession en el Lugar llamado *Torres* en el Termino de Lerida: la qual Escritura, (que por ser prueva congetural de la Fundacion de el Monasterio anterior al tiempo que la señalan las Historias, dejamos yà copiada

Lib.

*Lib.*1. *Differt.*20. *num.*13. donde podrà leerla el curioso) concluye la asserta mayor antiguedad de Don Gerardo en la Abadia de Poblet.

4. La comun Tradicion supone, que el Abad Don Gerardo obtenia yà el Abadiato à 7. de Setiembre de el año 1153. pues à èl atribuye la Tradicion de el Convento, que se egecutò en dicho dia, como se dijo arriba *Lib.* 1. *Differt.* 11. Si en 7. de Setiembre era Abad de Poblet Don Vidàl, ò si lo era el Successor Don Gerardo, no encontramos Escritura autentica que lo declare; porque de el primero no tenemos otra noticia, que la expression de su nombre en la Bula copiada *Lib.* 1. *Differt.* 20. *num.* 1. y de el segundo no se descubre noticia anterior al dia 20. de Octubre de 1153. Y assi haviendose puesto en efecto la Traslacion à 7. de Setiembre de dicho año, igualmente podrà atribuirse al uno, que al otro: pero como ni la Translacion consta tampoco de Instrumento autentico, sino de sola Tradicion, y esta refiere, que el Abad Don Gerardo fuè el que con su Convento entrò en el Monasterio de Poblet, edificado en este sitio à 7. de Setiembre de 1153. devemos estar à ella. Mayormente quando aun aquellos Autores, que con total ignorancia de los Instrumentos otorgados en los años antecedentes 1151. y 1152. equivocaron la Fundacion de el Monasterio con la Traslacion de el Convento, afirmando, que el Monasterio de Poblet fuè fundado à 7. de Setiembre de 1153. todos especificaron tambien, que era su Abad Don Gerardo.

5. Era yà por aquellos tiempos tan grande la devocion de los Fieles à este Monasterio, que aun aquellas Personas, que por hallarse atadas con el vinculo de el Matrimonio, no podian ofrecerse para Religiosos, se dedicavan para Donados de el Convento, prometiendo con voto, ò juramento ambos Consortes, no solo el ser enterrados en Poblet, sino tambien obligar sus bienes, y personas

nas en fervicio de el Monafterio. Egemplo hallamos de efta devocion yà en el año en que vamos de 1153. pues haviendo los Nobles Confortes Geraldo de Jorba, y Saurina fu Muger hecho donacion al Monafterio de Poblet, de la Torre de Avingaña, con fu Heredad y pertinencias, fita entre Alcarràz, y Fraga, por lo menos en el año 1151. (fupuefto que de ella hizo mencion el Sereniſsimo Conde de Barcelona, Principe de Aragon, en el citado Real Defpacho de 18. de Agofto de aquel año, que fe copiò *Lib. 1. Diſſert. 19. num. 6.*) la confirmaron defpues en Efcritura de 30. de Noviembre de 1153. en la qual fe hacen Donados de Poblet, premetiendo enterrarfe en el Monafterio, y obligando, mientras vivieren, fus Perfonas, y bienes en fervicio de efta Real Cafa.

6 Por fer eftos Cavalleros los primeros, que confta haver hecho donacion de sì mifmos al Abad, y Convento de Poblet (cuyo egemplo figuieron en adelante muchifsimos otros, que tenian à grandifsima honra efta fervidumbre:) como tambien por fer los primeros, que confta haver fido acceptados de parte de el Monafterio, me ha parecido producir por entero las Eſcrituras de Donacion, y acceptacion, à fin de que la curiofidad de los Lectores fepa de una vez el eftilo de ofrecer los Devotos, y de acceptarlos efta Real Cafa en aquellos tiempos antiguos. La Efcritura autentica fe conferva en el Archivo, (1) y traducida de Latin en Caftellano, es como fe figue.

En nombre de Dios, y de fu Divina Clemencia. Yo Geraldo de Jorba, junto con mi Muger Saurina, y mis hijos por amor de Dios, y por las almas del Padre, y de la Madre, y de mis Parientes, y en remifsion de todos nueftros pecados, hago à tì Gerardo Abad de Poblet, y à todos tus Subditos en Chrifto, Monges, y Hermanos, fegun la Regla de San Benito, conforme à las Inftituciones de la Orden Cifterciense, efta Carta de Do-
na-

(1) Archivo de Poblet cajòn 53. intitulado *Lerida*, lig. 46.

nacion, paraque tengas, y posseas tu, y todos tus Sucessores, que en dicho Monasterio de Poblet sirvieren à Dios, y à su bienaventurada Madre la Virgen Maria, aquella Torre, que está entre Alcarràz, y Fraga sobre el Camino Real, que tambien se llama Torre de Avingaña; conviene à saber, con toda la Heredad, y pertenencias, que me competen; Y paraque la tengais libre, y franca en honor de Santa Maria de Poblet; hago esta se ✠ ñal por mi, y por mi Muger, y por todos mis hijos, de espontanea voluntad, y de mi propria mano. Y paraque este Donativo tenga mayor firmeza, me doy à mi mismo, à mi Muger, y à mis Hijos en vida, y en muerte à Dios, y à la Bienaventurada Santa Maria de Poblet, en vida para amar, y servir, y en muerte para la sepultura. Qualquiera pero que intentare romper este Donativo, ahora fuere estraño, ahora fuere de los mios, sea descomulgado para siempre. Hecha la Carta año de la Encarnacion del Señor 1153. el dia antes de las Calendas de Deciembre. = Y este el Sig✠no de Saurina. Sig✠no de Geraldo, hijo de Geraldo de Jorba. Sig✠no de Guillen de Alcarràz. Sig✠no de Bernardo de Pujalt. Sig✠no de Guillen de Cervera. Si✠no de Arnaldo de Montoliu. Sig✠no de el Maestro Pedro, que escrivió esta Carta, mandandolo el Señor Geraldo de Jorba.

7 Recibieron el Abad Don Gerardo, y el Prior Grimoaldo en nombre de todo el Convento de Poblet la expressada Donacion de los Nobles Don Geraldo de Jorba, Saurina su Muger, y sus Hijos, y los acceptaron en Donados de el Monasterio, otorgandoles Escritura de acceptacion, firmada de el Abad, Prior, y Suprior, y actuada por el mismo Escrivano, que actuó la de los Donadores. La qual, escrita en el dorso de el Instrumento de Donacion, y traducida de Latin, en Romance, es de el tenor siguiente.

En nombre de Dios, y de su Divina Clemencia. Yo Gerardo Abad de Poblet, junto con todo el Convento subdito mio en Chris-

to, te recibo Geraldo de Jorba, con tu Muger, y Hijos, assi en vida, como en muerte, paraque seas Hermano de todos los Monges de la Orden Cisterciense: digo paraque seas Hermano, y participante de todos los beneficios de nuestra Orden, en Vigilias, en Ayunos, en Oraciones, y Limosnas, en Missas, y Sacrificios, tu, y tu Muger, y tus Hijos. Demàs de esto establezco, que à ti, y à tu Muger, y à tus Hijos, siempre en vida mia, y de todos mis Successores, se os señale un Monge Sacerdote, que ruegue especialmente por ti, por tu Muger, y por tus Hijos. Al qual Monge Sacerdote estatuimos sea vestido contigo por ti, ò por tus Successores. Establecemos tambien hacer perpetuamente un Aniversario despues de tu muerte, y de tu Muger, y de tus Hijos en el Monasterio de Poblet, por todos vosotros, de el mismo modo que por los Hermanos, y Monges de nuestra Orden. Hecha la recepcion año de la Encarnacion del Señor 1153. Pero todo esto, y si demàs pudiessemos, deveriamos juntamente hacerlo, por la gran limosna, que à nosotros haveis hecho, dandonos la Torre llamada de Avingaña, de la qual se contiene el Privilegio de Donacion, dividido por A. B. C. en la otra parte de la Carta. De donde tambien el dia antes de las Calendas de Deciembre, dia en que se hizo la Carta, hago esta señal de mi propria mano Yo Geraldo Abad de Poblet ═ Sig✠no de Grimvaldo Prior de Poblet. ═ Sig✠no de Elias Suprior de Poblet. ═ Sig✠no de el Maestro Pedro, que escriviò esta Carta, mandandolo Gerardo, Abad de Poblet, con todo su Convento.

8 No puedo en este passo dejar de advertir à la curiosidad de mis Lectores una notable circunstancia, que descubro en las referidas Escrituras de Donacion, y Acceptacion. Ya sabe el erudito, que en tiempos antiguos, para mayor autenticidad de las Escrituras, y total seguridad de los contratos, solian escrivir el Instrumento original dos veces en un mismo pedazo de pergamino, poniendo entre las dos Escrituras de Instrumentos las letras mayusculas A. B. C. ù otras señales, de manera, que al dividirse los dos

Ori-

Originales escritos en la cara del pergamino, quedaba la parte superior de dichas letras, ò señales à la fin de el pergamino de el Original de arriba, y la parte inferior en el principio de el pergamino de el Original de abajo. Esta circunstancia pues se mira en las sobredichas Escrituras de Donacion, y Acceptacion. Porque la Carta de Donacion de los Señores de la Casa de Jorba escrita en la cara de el pergamino tiene à la fin de èl la parte superior de las letras mayusculas A.B.C. y al dorso correspondiente està escrita la Carta de Acceptacion de el Abad, y Convento de Poblet. Lo qual indica, que quando dividieron por medio el pergamino, como yà lo expressa el Abad Don Geraldo, llamando à la Escritura *Privilegio de Donacion*, dividido por A.B.C. quedaron divididas por medio dichas Letras, y quedò en nuestra Escritura la parte superior de ellas, y la parte inferior en la que se entregò à los Señores de la Casa de Jorba.

9 Diò fin à su mortalidad el Papa Anastasio IV. despues de haver presidido à la Iglesia universal un año, quatro meses, y veinte y quatro dias, à 3. de Deciembre de 1154. y luego fuè colocado en la Suprema Silla el Obispo Cardenal de Albania Nicolàs Brekspeare, natural de Ingalaterra, el qual, segun algunos Autores, fuè Canonigo Regular de San Agustin, y segun otros, Monge Cisterciense, y Abad de San Rufo, entrando à regir la Iglesia con nombre de Adriano IV.

10 Continuan las memorias de nuestro Abad Don Geraldo, hasta 29. de Agosto de el año 1154. pues consta de Escritura autentica de el Archivo, (2) que à èl, y al Convento de Poblet hizo donacion de cierta Viña, sita en el

---

(2) Archivo de Poblet, Cajon 36. intitulado *Castellserà*. Ligarza 24. ibi: *Dono &c. in manu Geraldi Abbatis, & Grimuardi Prioris vineam &c.* Et infra: *Factum anno 1154. Incarn. 4. Cal. Septembris.*

el Termino de Espallargues, el Noble Don Geraldo de Alentorn al hacerse Monge de Poblet en manos de Geraldo Abad, y Grimoaldo Prior, segun aquellas palabras de la margen, que traducidas en Castellano, dicen: *Doy &c. en mano de Gueraldo Abad, y Grimoaldo Prior, la Viña &c.* Y mas abajo: *Hecho en el año 1154. de la Encarnacion, à 4. de las Calendas de Setiembre.* Y presuponiendo, conforme à la Tradicion comun, que nuestro Abad Don Geraldo fuè el que à 7. de Setiembre de 1153. hizo la Translacion de el Convento al Monasterio entonces nuevamente edificado en este parage, donde hoy dia persevera; es consiguiente el afirmar, que despues de haver governado por lo menos 11. meses, que vàn desde dicho dia 7. de Setiembre, hasta el 29. de Agosto de el siguiente año 1154. muriò con no poca fama de Santidad en aquel intervalo de tiempo, que discurre desde 29. de Agosto de 1154. hasta 23. de Febrero de el mismo año de la Encarnacion, en que, como luego verèmos, se encuentra yà el Successor, y que fuè el primer Abad, que se enterrò en este Monasterio, al qual fueron despues trasladados sus Predecessores.

IV.
DON GRIMOALDO.

ABAD IV. DE POBLET.

Año de Christo 1154.

11 Muerto el Abad Don Geraldo, eligieron los Monges de Poblet por su Abad à Don Grimoaldo, Sugeto de singulares prendas, entre los muchos, que à la sazon ilustraban al Monasterio. Se ignora su apellido; pero se sabe con certeza, que en tiempo de su Predecessor fuè Prior de el Convento, como se viò arriba *num.* 7. y que empuñava el Baculo Abadial à 8. de las Calendas de

de Marzo, (que es à 23. de Febrero) de el año 1154. de la Encarnacion; porque à èl, y al Convento de Poblet otorgaron en dicho dia la Donacion de la Granja de Doldellops el Serenissimo Conde de Barcelona, Principe de Aragon, Roberto Principe de Tarragona, y Don Bernardo Tort, Arzobispo de aquella Metropolitana Iglesia, segun aquellas palabras de la Escritura de nuestro Archivo, (3) traducidas en Castellano: *Damos à Dios, y al Monasterio de Santa Maria de Poblet, y à ti Grimoaldo Abad de el mismo Lugar &c.* Y mas abajo: *Hecha la Carta à 8. de las Calendas de Marzo, año de la Encarnacion de el Señor 1154.* Y aqui no puedo menos de acordar à los Lectores, lo que notè de antes en la Introduccion n. 14. que demonstrandose (como se demuestra por este Instrumento) que à 23. de Febrero de 1154. obtenia la Abadia de Poblet Don Grimoaldo, y por la otra Escritura alegada en la presente *Dissert.* n. 10. que à 29. de Agosto de el proprio año la regìa aun Don Geraldo su immediato Antecessor, se concluye incontestablemente haverse de contar los años de la Encarnacion con el rigor que dige, comenzandolos en 25. de Marzo, tres meses despues de entrado el año de el Nacimiento de Christo, porque de otro modo tropezariamos à cada passo en manifiestas repugnancias.

12 Continuando nuestro Magnanimo Fundador sus liberalidades à favor de este su Monasterio de Poblet, lo heredò de cierto Honor, ò Possession en el Termino de Tortosa, en un Lugar llamado *Cherta*, por el mes de Marzo de el proprio año 1154. y à 14. de Enero de el siguiente 1155. le hizo donacion de el Huerto de *Bas*, en el Termino de Garcìa, con sus pertinencias, y de la agua para su rie-

_____

(3) Archivo de Poblet. Cajòn 7. intitulado *Valls*, Ligarza 1. ibi: *Damus Domino Deo, & Monasterio S. Mariæ de Poblet, & tibi Grimoardo ejusdem Loci Abbati &c.* Et infra: *Facta Charta 8. Calend. Martii, anno Domin. Incarn. 1154.*

riego, como es de vèr en el *Apendice*, *num.* 1. Y siguiendo el egemplo de los mencionados Principes de Aragon, y de Tarragona, se esmeraron yà à los principios de la Abadìa de Don Grimoaldo muchos devotos Cavalleros en aumentar la dote de el Monasterio. Pues pocos dias despues de la Donacion de Doldellops, conviene à saber en 5. de Marzo de el mismo año 1154. el Noble Pedro de Rajadell diò al Monasterio de Poblet un Huerto en el Termino de Tortosa. Y luego al dia siguiente 6. de Marzo, el Noble Guillen de Aymerich diò al dicho Abad, y Convento de Poblet, otro Huerto en el mismo Termino de Tortosa, y firmò la Escritura de Donacion, entre otros, Don Gaufrido ò Gaufredo, Obispo de aquella Ciudad. Y finalmente à 14. de el mismo mes y año, Berenguer de Piñol, y Hermesinda su muger, dieron al dicho Abad Don Grimoardo un Huerto sobre el Lugar de Benifallet, y los Donadores fueron admitidos à la Hermandad del Convento, como todo consta de Escrituras autenticas de nuestro Archivo.

13 No menos egemplares los Nobles Arnaldo de Senahuja, y Sancha su muger, à 16. de Febrero de el año 1155. dieron al Monasterio de Poblet una Casa, y Honor que tenian en la Ciudad de Lerida. Y mas adelante à 26. de Noviembre de el año 1158. Don Arnaldo de Artesa, (que despues se hizo Monge de Poblet) diò al Abad Don Grimoaldo un Huerto en el Termino de Albesa, como consta de Escritura autentica de el Archivo de esta Real Casa, (4) la qual acòto, porque, como expressa el nombre de el Abad Don Grimoaldo en aquellas palabras traducidas de Latin en Castellano: *Doy &c. en mano de Grimoardo Abad &c.* convence su duracion en la Abadia, hasta dicho tiempo, en aquellas otras: *Hizose esto à 6. de las Calendas*
de

─────────────

(4) Archivo de Poblet. Cajòn 51. intitulado *Albesa*, ligar. 1. ibi: *Dono &c. in manu Grimoardi Abbatis &c. Et infra: Factum est hoc 6. Cal. Decembris Dom. Incarnat. 1158.*

de Diciembre, año de la Encarnacion de el Señor 1158.

14 Sin embargo de no haverse encontrado hasta hoy Escritura posterior à esta, que manifieste la duracion de Don Grimoaldo en la Abadia de Poblet, refieren comunmente los manuscritos, y lo afirmò tambien el Ilustrissimo Fr. Angel Manrique, (5) que cumpliò en ella seis años, hasta el de 1160. en que se halla yà el Successor Don Estevan. Lo que puede afirmarse de cierto es, que governò hasta 26. de Noviembre de el año 1158. y que falleciò en el tiempo, que corre desde este dia, hasta el de 6. de Mayo de 1160. en cuyo intervalo comenzò tambien el Successor à regir la Abadia.

15 Fuè Don Grimoaldo igual en meritos à su Predecessor, pero mas ilustre en Hijos; porque, segun Tradicion continuada hasta nuestros tiempos, fuè quien vistiò el Habito de Poblet à nuestro Glorioso Hermano, y esclarecido Martyr San Bernardo de Alzira, y tuvo en su govierno el Monasterio notables acrecentamientos, assi en lo espiritual, como en lo temporal, conforme se irà manifestando por las noticias, que no obstante la mucha antiguedad, he descubierto en Escrituras autenticas de nuestro Archivo.

16 Las medras que tuvo en lo espiritual el Monasterio de Poblet en el govierno de el Abad Don Grimoaldo, se dejan inferir bastantemente de la milagrosa Conversion de el Principe Sarraceno Amete, hijo segundo de Almanzor, Rey, Alcalifa, ò Regulo de Carlet, el qual, haviendo por Divina disposicion llegado à este Monasterio, admirado de la Celestial conversacion de sus Santos Monges, atraido de el iman de las virtudes, y egemplar vida de todos ellos, obrando interiormente la Divina Gracia, se convirtiò à nuestra Santa Fè Catolica, y bautizado con nombre de Bernardo, por la devocion à nuestro Dulcissimo

─────────
(5) Manrique in Append. ad tom. 2. Annal. Cisterc. pag. 34. ibi: *Sexennio peracto in Præfecturâ sancte obdormivit anno* 1160.

mo Padre San Bernardo, vistiò el Habito de Poblet de mano de dicho Abad Don Grimoaldo, y llegò à ser Monge de tan admirables virtudes, y de tan encendida caridad, que logrò victorioso la Palma del Martyrio, como se refiere abajo en el fin de la *Dissert*. 4. donde, no obstante que se huvieren tocado incidentemente algunos passages de el Santo, pertenecientes à cada Abadia en particular, historiarèmos por entero su Vida, y Martyrio; yà que por ser tan proprio de nuestro argumento, no podemos escusarlo, por mas que la hayan escrito tantos Autores graves, y especialmente el Doctor Jayme Servera, Autor mas moderno, que, sin injuria de los demàs, la escriviò con abundante erudicion de Letras Divinas, y Humanas. (6)

17 Es tan justa, como universal la queja de los Autores Modernos, que escriven cosas antiguas, de que sus Antepassados las dejaron sepultadas en el silencio. O quantos Sugetos dignos de la immortalidad de la fama vistieron el Habito de Poblet en aquellos primeros años, que estàn hoy dia sepultados en el olvido, por no haver quedado su memoria en las Escrituras! Aun sobre el año, que vino à Poblet el yà nombrado Principe Sarraceno, que hoy dia llamamos San Bernardo de Carlet, ò San Bernardo de Alzira, hay tanta diversidad entre los Autores, que con vergonzosa variedad unos refieren su milagrosa Conversion año 1130. como Beuter, y Viciana, sin reparar, que tardò à fundarse el Monasterio de Poblet mas de veinte años: Otros, como el Maestro Gilbau, vienen à retardarla una Centuria, refiriendola al Reynado de Zaen Rey de Valencia; pues no haviendo tenido los Moros otro Rey Zaen, que el que entregò la Ciudad de Valencia al Rey Don Jayme el Conquistador, señalan la Conversion de el Santo, por lo menos el año 1229. Otros de nuestros Escritores Domesticos la señalan el año 1154. y otros en el

de

(6) Servera tom. Intitulado: *Las tres Purpuras de Alzira*.

de 1197. Los que la afirman en el año de 1154. añaden, que tomò el Santo Habito de manos de nuestro Abad Don Grimoaldo el dia 20. de Agosto, dia dedicado à N. P. S. Bernardo Abad de Claravàl. Pero es bien reparable la incompatibilidad de las circunstancias; porque si le diò el Habito el Abad Don Grimoaldo no pudo ser en 20. de Agosto de el año 1154. porque en este dia, y aun à 29. de el mismo mes de Agosto de 1154. continuava en la Abadia su antecessor Don Gerardo; como se demostrò arriba *num*. 10. Los que pretenden persuadir, que la Conversion de el Santo sucediò año 1197. (quizà con la indiscreta devocion de atribuir al Beato Don Arnaldo de Amalrich, que en aquel año obtenia la Abadia de Poblet, como verèmos en su lugar la gloria de tener por Hijo al Santo Martyr) cometen igual, ò mayor absurdo, anticipando el Martyrio, (que es constante entre los Autores de mejor nota haver sucedido desde los años 1180. hasta los de 1185.) à su Conversion, y Monacato.

18 La Tradicion admitida comunmente, refiere, que la Conversion de S. Bernardo de Alzira sucediò año 1156. y con ella se compone bien el que tomasse el Habito de manos de el Abad Don Grimoaldo à 20. de Agosto. Y à esta Tradicion devemos estar, por mas que el Noble Analista de Cataluña: Autor de el siglo presente (7) diga, que San Bernardo de Alzira se convirtiò año 1163. en que regìa la Abadia de Poblet Don Estevan de San Martin: porque sin duda que el dicho Escritor confundiò la noticia, que comunmente se refiere de haverlo el dicho Abad nombrado Dispensero de el Convento en el referido año 1163. con la de haver tomado el Habito de Monge de Poblet. Y aunque el Analista de Cataluña presume apoyar su relacion, con citar al de Cistèr en la sèrie de los Abades de

Po-

(7) Don Narciso Feliu de la Peña, *Anales de Cataluña* lib. 10. cap. 18.

Poblet: pero como este Ilustrissimo Chronista no dice que el Abad Don Estevan diò el Habito à San Bernardo de Alzira, sino que le nombrò Cillerero, como consta de sus palabras citadas à la margen: (8) vengo à congeturar, que el Analista Catalàn escriviò con algun descuydo la materia: y mas advirtiendo, que prosigue con la misma cita de el Señor Manrique, para afirmar, que los Cuerpos de San Bernardo de Alzira, y sus Hermanas se veneran en Poblet; quando no solo no puede entenderse tal noticia por las palabras de nuestro Chronista Cisterciense, (9) sino que antes bien, se expressa por ellas la de no hallarse en Poblet los Santos Cuerpos, como en efecto no estàn, sino solo Reliquias insignes, que se trageron acà en tiempo de el Abad Don Simon Trilla, como pudo leerlo en el ya citado Manrique. (10)

19 Fuè à gozar el premio de sus virtudes el quinto Abad de Cistèr San Gozevino año 1155. y le sucediò en la Prefectura de la Orden San Lamberto, desde la Abadia de Morimundo, que obtuvo despues de la de Clarafuente. En el mismo año recibiò Embajadores de el Emperador Federico, al qual admitiò en Hermano de la Orden. Escriviòle el Papa Adriano Quarto año 1156. Diò las Leyes de Cistèr à las Sagradas Milicias de Calatrava, y de San Juliàn de el Pereyro en el de 1158. Consultòle el dicho Emperador Federico sobre la Eleccion de el Papa Ale-

---

(8) Illustr. Fr. Angel. Manrique in Append. ad tom. 2. Annal. Cisterc. pag. 54. his verbis: *S. Bernardum Carletani Reguli filium diu probatum:::Cellerarium constituit.*

(9) Idem ibid. pag. 35. *Stephanus, dum Deo gratias refert pro Martyrum victoriis, quas saltem, divulgante fama, cognovit, Corpora abscondita potiùs, quàm humata, Sarracenorum metu, ad Populetum omisit reportare.*

(10) Idem ibid. pag. 45. *Sacras Reliquias SS. Martyrum Bernardi, atque Sororum, Crus sancti integrum, & Sororum frustra non modica ex Algezira religiosè reportat ad Populetum.*

Alejandro III. año 1160. y en el siguiente 1161. cansado de su mucha vegèz, renunciò la Prefectura, y se bolviò à Morimundo, donde poco despues acabò santamente su vida. Quatro años, ocho meses, y veinte y quatro dias presidiò en la Cathedra de San Pedro el Papa Adriano IV. el qual dando fin à su caduca mortalidad en primero de Setiembre de el año 1159. tuvo por Successor legitimo contra los Antipapas Victor IV. Pasqual III. y Calixto III. à Rolando Bandinelio, natural de Sena, Presbytero Cardenal de San Marcos, y Cancelario de la Santa Romana Iglesia, con nombre de Alejandro III. el qual favoreciò mucho à este Real Monasterio de Poblet, durante el govierno de los Abades Don Estevan, y Don Hugon, como veremos à su tiempo.

DISSERTACION III.

ELECCION DE D. ESTEVAN ABAD V. DE POBLET:
 Sus nobles Ascendientes: Donacion insigne que hizo el Conde de Barcelona Principe de Aragon: Renunciacion de San Lamberto, y eleccion de San Frastrado, Abad VII. de Cistèr: Donaciones al Monasterio de Poblet: Bula de el Papa Alejandro III. Muerte de el Conde de Barcelona, Principe de Aragon: Sucede su hijo el Rey Don Alonso II. en Aragon, y I. en Cataluña. Muerte de San Frastrado, y Eleccion de San Gilberto, Abad VIII. de Cistèr: Promocion de nuestro Abad Don Estevan al Obispado de Huesca: Sus hechos, y memorias.

F Ya

Y A desde los principios de la Fundacion de Poblet dispuso Dios, que huviesse en èl Sugetos de mucha Nobleza, Letras, y Santidad, paraque se conociesse que fuè obra suya, y arbol que plantò de su mano. Verdad, que si la acreditò en la Dissertacion antecedente la Conversion de San Bernardo de Alzira, atraìdo de las virtudes de el Abad D. Grimoardo, y demàs Monges de Poblet, no menos la dejaràn acreditada los acontecimientos de la Abadia de el Successor.

V.
DON ESTEVAN (II) DE SAN MARTI,

ABAD V. DE POBLET.

Año de Christo 1160.

2 Por concorde eleccion de los Monges sucediò en la Abadia de Poblet Don Estevan II. de este nombre, llamado de San Martin, de el qual duda el Ilustrisimo Analista de Cistèr, (1) si fuè de los doce Monges, que vinieron de la Casa Madre Fuen-Fria, ò de los que tomaron el Habito en la Casa-Hija Poblet. Yo, en atencion al Apellido de *San Martì*, que le dàn los Manuscritos Domesticos, soy de parecer, que fuè hijo de este Monasterio de Poblet, y descendiente de la Noble Familia Catalana de este nombre, assi apellidada de el Castillo de San Martin, segun la costumbre antigua, y aun de el tiempo de que tratamos.

3 Por ser este el primero de nuestros Abades, que hallamos con apellido derivado de Castillo, ù Lugar, no serà

fue-

___
(1) Illustr. Fr. Angel. Manrique *in Append. ad tom.* 2. *Annal. Cisterc.* pag. 34.

CENTVRIA I. DISSERT. III. 43

fuera de propofito, antes podrà fervir de alguna utilidad para en adelante dàr à los Lectores alguna noticia de como fe introdujo en algunas Familias nobles de Cataluña el tomar por apellido el nombre de el Lugar, ò Caftillo que poffeian. Supongo por cofa admitida entre los eftudiofos de Antiguedades, que por la entrada de los Moros en Cataluña no fe mudaron los nombres que antes tenian los Caftillos, porque aquellos Barbaros no refidieron fijos en Cataluña los años, que fe necefsitaban para femejantes mutaciones: de manera, que por mas que en los Reynos de Caftilla, Granada, Valencia, Andalucia, y Toledo, como poffeìdos por largo tiempo de los Sarracenos, quedaron muchos nombres de Pueblos, montes, y rios tan mudados, y alterados, que apenas puede atinarfe quales fueron fus nombres primitivos, por haver recibido nombres morifcos: pero en los Lugares de Afturias, Pirineos, y Cataluña no huvo efta corrupcion de nombres, fino que fi acafo fe variaron algo en el acento, ò cambio de letras, ò por falta, ò fobra de ellas, efto poco fe originò de la entrada de los Alemanes, y Francefes, como lo dejò advertido el Dr. Pedro Antonio Beuter. (2) Verdad, que fe comprueba plenamente por Efcrituras antiquifsimas de el Real Archivo de Barcelona, en las quales fe vèn los nombres Latinos antiguos de los Caftillos, y Lugares correfpondientes à los que hoy fe ufan, aunque con tal qual corrupcion en algunos, por añadidura de letras, y en otros por variacion en las fylabas; pero fiempre conformes fubftancialmente à los nombres hoy dia corrientes, como atestigua el P. M. Fr. Manuel Mariano Ribera, (3) haverlo bien examinado en dicho Archivo.

4 Efto fupuefto, digo, que los Cavalleros, y Familias nobles de Cataluña no dieron nombre à los Caftillos, antes

(2) Beuter *Chronica de Efpaña, lib. 2. cap. 15.*
(3) Ribera *Milicia Mercenaria, p. 1. reflex. 6. num. 45.*

tes bien estos lo dieron à aquellos. La razon es harto fuerte; porque en los tiempos de la Conquista de Cataluña no se usavan apellidos, sino solo el nombre de Pila, como afirma haverlo averiguado el citado Ribera en dicho Real Archivo, y especialmente en el Tomo primero de las Escrituras nuevamente especuladas *fol.* 110. donde leyò, que año 914. se hizo en presencia de los Condes Ramon, y Suñer, y de los Vizcondes Ermemiro, y Vifredo una general confession; y reconocimiento à favor de Emmona, Abadessa de el Monasterio de San Juan de sas Badessas, por mas de quinientas Personas habitantes en los Lugares de dicha Abadessa, y en ninguna de ellas se halla apellido, sino solamente el nombre de Pila. Pero queriendo despues evitar la confusion, que de aquello se originava, comenzaron à distinguirse unos de otros, añadiendo al proprio nombre de Pila, el de Padre, llamandose *Guillen de Pedro, Pedro de Bernardo &c.* que era lo mismo que decir Guillen hijo de Pedro, Pedro hijo de Bernardo; ò el de la Madre, como *Ramon de Sicarda, Berenguer de Arsenda,* que era lo mismo, que Ramon hijo de Sicarda, Berenguer hijo de Arsenda. Lo que tambien es constante en dicho Real Archivo en diferentes Escrituras sueltas en los Armarios en los dos Libros grandes de los Feudos Reales, y otros, segun atesta el citado Maestro Ribera. Haverse usado tambien en Aragon, poniendo el nombre de el Padre por patronimico, en esta forma: *Pedro Gonzalez, Gonzalo Gimenez,* q̃ era lo mismo que Pedro hijo de Gonzalo, Gonzalo hijo de Gimeno, lo afirma Geronymo de Blancas, (4) y haverse usado tambien en Castilla, lo escrive el Ilustrissimo Don Fr. Prudencio de Sandoval (5); de manera,

que

(4) Blancas *Aragon. Rerum Commentar. §. de antiquis nominibus,* pag. 407.
(5) Sandoval *Chronica de el Emperador Don Alonso VII.* pag. 88.

que el grande Investigador de los antiquissimos monumentos de la Casa de Cardona Bernardo Joseph Llobet, (6) llega à decir, que el nombrarse los Antiguos con dos nombres, añadiendo al proprio suyo, el que era proprio de sus Padres, tomandolo por patronimico, es cosa tan sabida y cierta, que no necesita de prueba.

5 Mas como aun con la añadidura de los nombres paternos à los proprios, no quedava evitada de el todo la equivocacion, que con el tiempo se iva experimentando; comenzaron diferentes Familias nobles à distinguirse unas de otras, por los apellidos, que tomavan de los Castillos, y Lugares, como refiere el yà citado M. Ribera, haverlo bien observado en los referidos Libros de Feudos. Assi que no solo los Magnates, ò Principales, que llamavan Descendientes de los nueve Barones, como Moncada, Pinòs, Mataplana, Cervellò, y otros, sino tambien otros Cavalleros menos antiguos, como Queralt, San Martin, Filella, Buccenit, Concabella, y otros semejantes, tomaron sus apellidos de los Castillos, que adquirieron. Esta Familia, pues, de *San Martin* era Catalana, assi apellidada de el Castillo de esse nombre, segun el citado Maestro Ribera (7). Y paraque conozcan los Lectores la calidad de el Linage, ò Familia de nuestro Abad D. Estevan de San Martin, les hago breve memoria de uno, ù otro de sus Parientes. Arnaldo Miron de San Martin año 1068. se hallò con el Conde de Barcelona Ramon Berenguer el viejo, al formar los Usages de Cataluña (8), y en el de 1089. hizo Concordia con el Conde de Barcelona Ramon Berenguer el III. por los Lugares, y Castillos de Olerdula, y Erempruñà,

(6) Llobet *Epitome de la Casa de Cardona M.S. cap.6. §.4.* Hallase en la Libreria de Poblet.
(7) Ribera *Mil. Mercen. pag.* 422. *num.*638.
(8) El M.Fr.Francisco Diago *Historia de los Condes de Barcelona lib.* 2. *cap.*58.

pruñà, (9) y viniendo al tiempo de que tratamos, Guillen de San Martin, junto con Don Ramon Folch, y Don Ramon de Moncada firmò por parte de el Serenissimo Señor Rey Don Alonso II. de Aragon, y I. de Cataluña año 1170. la Concordia, que hizo su Magestad con el Señor Rey de Castilla, (10) y entre otros Cavalleros, assistiò al dicho Señor Rey Don Alonso en Anglesola año 1173. al confirmar cierta Donacion à la S. Iglesia de Tarragona, la qual, dijo, hacia de consejo de los Barones de su Corte, que alli se subscrivian. (11) Y año 1183. se firmò en la Escritura, que otorgò el mismo Señor Rey Don Alonso en la Ciudad de Balbastro à este Monasterio de Poblet, como dirèmos abajo *Dissert. 5. num. 3.* Y omitiendo muchos otros Individuos de esta Familia, Ramon de San Martin, Señor de el Castillo, y Lugar de San Martin año 1188. hizo, y firmò omenage al dicho Señor Rey Don Alonso, por el Feudo de dicho Castillo. (12)

6 Como deudo, pues, de los sobredichos Cavalleros, el Abad Don Estevan de San Martin era no solamente Sugeto de gran calidad, sino tambien muy estimado de el Conde de Barcelona, Principe de Aragon, por los servicios, y fidelidad de sus nobles Ascendientes: Y en ocasion que se hallava Abad de Poblet el dicho Don Estevan de San Martin, quiso honrarlo el Serenissimo Principe, favoreciendo en tiempo de su govierno à este su Monasterio con un insigne Real Despacho (que se guarda, como los demàs, en nuestro Archivo, y và copiado abajo *Append. cap.*

(9) Archivo Real de Barcelona, citado por el P. M. Ribera *Mil. Mercen. pag. 423. num. 640.*

(10) Geronymo de Zurita *Anales de Aragon tom. 1. lib. 2. c. 28.*

(11) Archivo Real de Barcelona, citado por el M. Ribera *alli mismo, num. 639.*

(12) El mismo Archivo Real de Barcelona, citado *alli mismo num. 641.*

*cap.*1.*num.*2.) otorgado à 2. de las Nonas de Mayo de el año 1160. en el qual, fuera de confirmar al Monasterio todos los bienes, que à la sazòn posseìa, y adquiriesse en adelante, como lo havia otorgado en el año 1151. al otro Don Estevan, primer Abad de Poblet, y queda copiado *Lib.*1.*Dissert.*19.*n.*4. Concede tambien, entre otras muchas gracias, que pueda libremente apacentar, y abrevar todo el ganado en todos sus Dominios, y toma debajo de su Real amparo à las Personas, y bienes de el Monasterio.

7 Es de tanta estimacion este Real Privilegio, que deseando el Serenissimo Señor Rey Don Alonso II. de Aragon, y I. de Cataluña, hijo, y Successor de el referido Conde de Barcelona Principe de Aragon, favorecer al Abad Don Hugòn, y al Monasterio de Poblet, al cabo de diez años en el de 1170. expidiò su Real Privilegio de el mismo tenor que el presente : En fin por estar calendado à 6. de Mayo de 1160. y con tener expressamente el nombre de Don Estevan, Abad de Poblet, prueba concluyentemente, que por lo menos al tiempo de su Data governava la Abadia de Poblet el dicho Don Estevan de San Martin.

8 Por la renunciacion, que de la Suprema Silla de la Orden hizo el glorioso San Lamberto año 1161. fuè luego subrogado San Fastrado, dicho de Gaviauner, que à la sazòn se hallava Abad de Claraval; de el qual hicieron tanta estimacion el Papa Alejandro III. y el Rey de Francia Luis VII. llamado el Junior, que en su ultima enfermedad recibiò la Extrema-Uncion de manos de dicho Pontifice, en presencia de el referido Monarca ; y espirando santamente, fuè vista su Alma penetrar los Cielos año 1163.

9 Nuestro Abad Don Estevan, considerando, que no obstante la Bula de el Papa Eugenio III. que confirmò al Abad Don Vidal, y à todo el Convento de Poblet, lo que

te-

tenian año 1152. para fundo, y vivienda de los Religiosos, seria muy conveniente obtener nueva Confirmacion Pontificia de los bienes, que havia ido adquiriendo, y hasta entonces posseìa el Monasterio de Poblet: encaminò sus humildes suplicas el Papa Alexandro III. el qual inclinado benignamente à ellas, despachò su Bula con Data de los Idus de Agosto (que es à 13.) de el año 1162. de la Encarnacion, y el tercero de su Pontificado; en la qual fuera de conceder las Gracias, y la proteccion de la Santa Sede Apostolica, que les havia otorgado el Papa Eugenio III. año 1152. expressa por sus proprios nombres las possessiones, que yà entonces estava gozando el Monasterio, por devota liberalidad de los Bienechores, y estatuye algunas disposiciones para el mas acertado govierno de el Convento. La Bula se guarda autentica en el Archivo, y và copiada *Apend. cap. 2. n. 1.*

10 Passò à mejor Reyno nuestro magnanimo Fundador el Invictissimo Don Ramon Berenguer Conde de Barcelona Principe de Aragon, à 6. de Agosto de el año 1162. como se dijo en nuestro *Libro 1. Dissert. 4.* donde pueden verse algunas de sus muchas proezas. Dejò de su Esposa la Reyna Doña Petronila tres hijos, conviene à saber, D. Ramon Berenguèr, que le sucediò en el Reyno de Aragon, y Condado de Barcelona, con nombre de Don Alonso; Don Pedro, que fuè Conde de Cerdaña; y Don Sancho, que sucediò à su hermano en dicho Condado. Ordenò de palabra su Testamento en 4. de Agosto de dicho año 1162. en presencia de Don Guillen Ramon Dapifer, Don Alberto de Castelvel, y de el Mº. Guillen su Capellan, y disponiendo, que Don Ramon su Primogenito heredasse el Reyno de Aragon, y Condado de Barcelona, con todas las otras Tierras, y Señorios que posseìa: à Don Pedro dejò el Condado de Cerdeña, y otros Estados, paraque los tuviesse por el Infante Don Ramon su hermano mayor, y le reco-

conociesse Señorio en ellos, y le prestasse omenage, y le fuesse Vassallo, al qual en caso que muriesse, sucediesse su hermano Don Sancho. A los dos substituyò en la succession de el Reyno, y Principado, declarando, que en caso, que el mayor muriesse sin hijos de legitimo matrimonio, sucediesse el segundo, y muriendo tambien el segundo sin hijos, sucediesse el tercero.

11   A este su Real-Monasterio de Poblet lo dejò el Conde de Barcelona Principe de Aragon, obligado à una perenne gratitud, y reconocimiento de los muchos favores, que le dispensò en su Reynado: en que no solo le franqueò para fundo y vivienda de los Religiosos el Lugar, y Termino de Poblet, sino tambien el Honor de Cherta, el Huerto de Bas, y la Granja de Doldellops, concediendole de mas à mas, que el Ganado de el Monasterio pudiesse pacer libremente por todos sus Estados, y confirmandole todas las Donaciones hechas hasta entonces al Monasterio, y tomando todos sus bienes debajo de su Real amparo, como queda hasta aqui referido.

12   Sucediò, pues, en el Reyno de Aragon, y Condado de Barcelona el Infante Don Ramon Berenguer, hijo primogenito de el difunto Conde Principe de Aragon, y de la Reyna Doña Petronila, la qual persuadiò à su hijo dejasse el nombre de Ramon, y tomasse el de Don Alonso, y el titulo de Rey de Aragon, como en efecto yà se intitulò tal à 26. de Setiembre de dicho año 1162. en las vistas, que tuvo en Agreda con su Primo el Rey Don Fernando de Leon. El Rey fuè llamado Don Alonso II. de Aragon, y I. en Cataluña, y el primero de los Reyes, que tuvo juntos los dos Titulos de Rey de Aragon, y Conde de Barcelona. La Reyna Doña Petronilla se quedò en la Ciudad de Barcelona, en la qual, y en el Condado de Besalù, que le havia dejado el Principe su Esposo, moró lo mas del tiempo de su vida, que acabò en dicha Ciudad de Barcelona à

G   13.

13. de el mes de Octubre de el año 1173.

13 En el siguiente 1174. casò el Rey Don Alonso con la Serenissima Doña Sancha, Infanta de Castilla, hija de el Rey Don Alonso, llamado el Emperador, y de su muger Doña Rica, y en ella tuvo tres hijos; à Don Pedro, que fuè heredero de sus Reynos, à Don Alonso, que fuè Conde de Proenza, y à Don Fernando, que fuè Monge de este Real Monasterio de Poblet, y Abad de Montaragon, como veremos à su tiempo: Y tuvo assimismo quatro hijas à Doña Constanza, que casò primero con Emerico Rey de Ungria, y despues con el Emperador Don Fadrique, Rey de Sicilia, à Doña Eleonor, y Doña Sancha, que casaron con padre, y hijo, ambos Ramones, y Condes de Tolosa, y à Doña Dulcia, ò Aldonza, que fuè Religiosa de el Monasterio de Sigena, que havian fundado sus padres. Agregò à la Corona de Aragon el Estado de la Proenza, y Condado de Rossellòn, y lo reconocieron por Señor Soberano muchos Estados de Francia. Fuè por su loable vida, y costumbres, cognominado el *Casto*. Hizo muchas limosnas à Iglesias, y Monasterios, y como havia heredado de su padre la aficion à este de Poblet, lo aumentò, y ampliò con algunos edificios, y rentas: favoreciòle algunas veces con su Real presencia, y mas con la honra de destinarlo para Sepultura suya: egemplo que siguieron los mas de sus Descendientes Reyes de Aragon Condes de Barcelona, como se verà en el discurso de la Historia.

14 Subiò à gozar el galardòn de sus meritos el Glorioso San Frastrado, Abad Septimo de Cistèr año 1163. y luego fuè substituido en la Prefectura San Gilberto, llamado *el Magno*, desde la Abadia de Ursicampo: el qual, despues de haver defendido constantemente contra Enrique Rey de Ingalaterra al Invicto Martir S. Thomàs Cantuariense, à quien havia dado el Habito de Cistèr, cumplidos apenas tres años en la Silla General, durmiò en la paz de

el

el Señor año 1166.

15 No cessava la devocion de los Fieles de aumentar con sus Limosnas la Dote de el Monasterio de Poblet, durante el govierno de el Abad Don Estevan, como lo demostrò entre otros, año 1161. Berenguer Campairol, que en 24. de Junio concediò al dicho Abad, y Monasterio todo el derecho, que tenia en las tierras assi incultas, como de cultio, en el Termino de Sorboles, libre y franco para siempre; y no menos el Noble Arnaldo de Artesa, que les hizo Donacion de la mitad de un Huerto en el Termino de Albesa año 1162.

16 Los Nobles Consortes Guillen de Cervera, y Hermesinda su muger, resolvieron hacerse Donados de Poblet, à imitacion de los Nobles Gerardo de Jorba, y su muger Saurina, mencionados arriba *Dissert.* 2. *n.* 5.; Y haviendo hecho Donacion al Abad, y Convento de el Lugar de la Pobla de Servoles, con Escritura de 29. de Deciembre de el año 1163. la autorizò con su firma el Serenisimo Señor Rey Don Alonso, y entre otros testigos, subscriviò Hugòn de Poblet, deudo sin duda de el Santo Hermitaño. En 15. de las Calendas de Enero, (que es à 18. de Deciembre) de el siguiente año 1164. el Noble Pedro de Puigvert (de las mas ricas y emparentadas Familias de Cataluña) mandò enterrarse en el Monasterio, y le legò la Dominicatura de Piera, con las Decimas de Barberà, y sus Terminos.

17 Y en fin, omitiendo muchisimas Donaciones hechas al Monasterio de Poblet en el govierno de el Abad Don Estevan, por escusar la prolixidad, digo, que se halla memoria de su govierno hasta el dia 12. de Setiembre de el año 1165. en Escritura autentica de nuestro Archivo, en que Guillèn de Balaguer, y su muger Estefania le hicieron donacion de un Alodio, que posseìan à la Ribera de Farfaña, como es de vèr en las palabras de la margen,

(13)

(13) que bueltas en romance, dicen afsi: *Doy:::à Eftevan Abad de Poblet &c.* Y más abajo: *Hecha la Carta à 2. de los Idus de Setiembre, año de la Encarnacion de el Señor 1165.*

18 Difpone Dios por medio de fus Miniftros, que no eftèn efcondidas las luces de fus Siervos, fino patentes y defcubiertas à los hombres, paraque à vifta de fus egemplares virtudes, glorifiquen à la Divina Mageftad. (14) Atenta la de el Señor Rey Don Alonfo II. de Aragon à los ardientes rayos de Santidad, que efparcia nueftro Abad Don Eftevan de San Martin, cuyas prendas eftimava no menos que fu padre el Conde de Barcelona, Principe de Aragon, procurò emplearlas en el Obifpado de Huefca, vacante por muerte de el Obifpo Don Martin, paraque colocada tan luciente Antorcha fobre el Candelero de aquella Iglefia, comunicafse à todos el beneficio de fus luces (15). Fuè promovido à aquella Iluftrifsima Sede con efpeciales aclamaciones de aquel infigne Cabildo, y con alegres aplaufos de aquella Ciudad vencedora, dejando à efta Real Cafa de Poblet acrecentada notablemente de bienes, afsi efpirituales, como temporales. No he podido averiguar à punto fijo quando comenzò à prefidir à la Iglefia de Huefca, ni quando dejò vacante la de Poblet, porque no encontrè Efcritura pofterior à la fobre referida de 12. de Setiembre de 1165. que convenza durar nueftro Don Eftevan en la Abadìa, ni Efcritura anterior à la de el dia 20. de Junio de el figuiente 1166. (que cito al *num.fig.*) que

(13) Archivo de Poblet Caj. 45. intitulado *Torredà*, Ligarza 18. ibi: *Dono &c. Stephano ejufdem Loci Populeti Abbati. Et inferiùs: Facta Carta 2. Id. Septemb. anno Domin. Incarnat. 1166.*

(14) *Luceat lux veftra coram hominibus, & videant opera veftra bona, & glorificent Patrem veftrum, qui in Coelis eft.* Matth. cap. 5. v. 16.

(15) *Neque accendunt lucernam, & ponunt eam fub modio, fed fuper Candelabrum, ut luceat omnibus.* Matth. cap. 6. v. 15.

que demueſtre ſer Obiſpo de Hueſca. Pero como la Eſcritura, que produciremos abajo *Diſſert.*4. *num.*1.) en prueba de la Abadia de el Succeſſor Don Hugon, es tan à los principios de el dicho año 1166. ſe hace muy veriſimil, que antes de concluirſe el año 1165. eſtuvo yà Don Eſtevan de San Martin electo Obiſpo de Hueſca.

19 Algunas plauſibles noticias de nueſtro Obiſpo Don Eſtevan ha recogido mi diligencia. Entrevino con los Iluſtriſsimos Obiſpos de Zaragoza, Barcelona, Lerida, Tortoſa, y Vique, y con los Abades de Poblet, y Santas Cruces en el acto de Tranſaccion, en que Don Fortuño, Abad de Montaragon, y ſu Cabildo adjudicaron à Don Beltran Abad de el Monaſterio de Santa Maria de la Oliva de el Reyno de Navarra, la Igleſia de el Lugar de Carcaſtillo, bajo cierto cenſo annual; cuya Eſcritura fuè otorgada ante el Iluſtriſsimo Don Hugon de Cervellò, Arzobiſpo de Tarragona, à 20. de Junio de 1166. como podrà vèr el curioſo en nueſtro Analiſta Ciſtercienſe, (16) que la tranſcrive por entero. Hallòſe en la Ciudad de Zaragoza con el Rey Don Alonſo II. de Aragon año 1168. quando ſu Mageſtad confirmò à las Igleſias, Ciudades, Villas, y Lugares de Aragon los Privilegios concedidos por ſus Predeceſſores: (17) Y en el de 1172. quando el dicho Señor Rey, de conſejo de ſu hermano natural Don Berenguer, Abad de Montaragon, y electo Obiſpo de Tarazona, de nueſtro Obiſpo Don Eſtevan, y de otros Prelados, y Cavalleros, determinò el hacer guerra à los Moros de Valencia: (18) En el año 1177. fuè Juez junto con el dicho Señor Rey Don Alonſo, y Don Berenguer de Vilademuls, Arzobiſpo de Tarragona, en el Pleyto, que ſobre el Derecho de el

Caſ-

---

(16) Illuſtr. D. Fr. Angel. Manrique *tom.* 2. *Annal. Ciſterc. anno Chriſti* 1166. *cap.* 7. *n.* 3.

(17) Geronymo de Zurita *Anales de Aragon, lib.* 2. *cap.* 25.

(18) El miſmo Zurita *lib.* 2. *cap.* 32.

Castillo de Bagueria llevavan Don Bernardo de Bergua, Obispo de Barcelona de una parte; y el Noble Guillen de San Martin de otra, que en 9. de Marzo de dicho año 1177. se decidió à favor de el Obispo: (19) Y en el de 1179. asistió con el Arzobispo de Tarragona, y otros Obispos de España, al Concilio General Lateranense, que celebró el Papa Alejandro III. (20)

20 Leese la firma de nuestro Obispo de Huesca en Escrituras autenticas de diversos años. En el Testamento, que al hacerse Monge de Poblet otorgó Don Pedro de Queralt, Señor de Santa Coloma, y otros Lugares, à 3. de Marzo de el año 1166. se lee firmado nuestro Obispo immediatamente despues de el Otorgante, y antes de los Abades de Fuen-Fria, de Valdaura, y de Poblet (21): En la Donacion, que hizo el Serenissimo Señor Rey Don Alonso II. de Aragon à este Real Monasterio de Poblet año 1170. de la qual trataremos abajo *Dissert. 4. num.* 10: En otra, que otorgó el mismo Señor Rey Don Alonso al Monasterio de San Juan de la Peña año 1177. de el Priorato de San Vicente Martir fuera los muros de la Ciudad de Valencia (22): En el Privilegio, que el mismo Señor Rey concedió en el año 1180. al Monasterio de Santa Maria de Huerta de el Reyno de Castilla (23): Y finalmente en la Escritura de Donacion, que de la Granja de Servoles otorgó el Abad de Poblet Don Hugon à 28. de Octubre de el proprio año 1180. à nuestro Obispo Don Estevan, y al de Pamplona

(19) Steph. Baluzius *in Append. ad Marcam Hispanicam lib. 4. col.* 513.

(20) Idem Steph. Baluzius *in Append. ibid.*

(21) Archivo de Poblet Cajon 11. intitulado *Espluga*, Ligarza 46.

(22) Don Juan Briz Martinez *Historia de San Juan de la Peña, y Reyes de Aragon, lib.* 1. *cap.* 57.

(23) Illustr. D. Fr. Angel. Manrique *tom.* 2. *Annal. Cister. anno* 1180. *cap.* 5. *num.* 10.

plona Don Pedro de Paris; (24) en todas se lee la firma de nuestro Ilustrisimo Obispo de Huesca Don Estevan de San Martin. Sobre la muerte de nuestro Obispo, hay alguna diversidad entre los Historiadores. Yo soy de sentir, que falleció antes de concluirse el año 1180. ó muy à los principios de 1181. porque, no obstante que el Ilustrisimo Manrique (25) dice, que quando escrivia, no havia podido saber de el Cabildo de Huesca el año en que murió, y el Abad de Montaragon Don Martin Carrillo (26) en el Catalogo que escrivió de los Obispos de Huesca, no pone la memoria de el Successor Don Jayme, hasta el año 1184: Pero Francisco Diego de Aynza (27) assegura por Estatutos de aquella Iglesia, hechos por el Obispo Don Jayme, que ya presidia en ella este Prelado año 1181.

21 Entre los observantisimos Monges, que ilustraron esta Real Casa de Poblet en el govierno de nuestro Abad Don Estevan de S. Martin, resplandeció tanto el Principe Sarraceno, que como desde que tomó el nombre de Bernardo, y vistió el Santo Habito, fue siempre creciendo de dia en dia en todo genero de virtudes, era ya por los años 1163. la admiracion de todo el Convento. En atencion à sus elevadas perfecciones, refiere el citado Manrique, (28) que en el dicho año 1163. el Abad Don Estevan de San Martin lo nombró Cillerero, ò Bolsero de el Monas-

(24) Archivo de Poblet Cajòn 22. intitulado *Pobla de Cervoles*, Ligarza 19.
(25) Citat. Manrique *in serie Abbatum Populeti*, pag. 34.
(26) Carrillo *Vida de San Valero*, Titulo *Catalogo de los Obispos de Huesca*.
(27) Aynza *Historia de Huesca*, lib. 3. cap. 14.
(28) Manrique loco citato, ibi: Anno 1163. S. Bernardum Carletani Reguli filium diù probatum, neque solùm Sanctum inventum, sed prudentem, & providum, Cellerarium instituit::: cui ea cura incubuit non sine manifestis incrementis, miraculisque, usque ad annum 1178. Quo tandem &c.

nasterio, y que el Successor Don Hugon lo confirmò en aquel empleo, hasta el año 1178. Yo no me opongo al nombramiento de Bolsero, que de San Bernardo de Alzira hizo (segun Manrique) el Abad Don Estevan, por mas que en ninguna de las muchas Escrituras, que he reconocido, otorgadas desde dicho año 1163. hasta el de 1167. hallo firma de Bernardo Cillerero: porque tampoco le enquentro de Bolsero de otro nombre. Pero no puedo condecender con el Ilustrissimo Analista en la asserta duracion de San Bernardo en el empleo de Cillerero, hasta el año 1178. porque yà diez años antes en Escritura de 18. de Agosto de 1168. que contiene cierto convenio, que de orden del Serenissimo Señor Rey Don Alonso II. de Aragon hicieron los vecinos de el Mas llamado *den Pagès*, ò de Avellanes con el Monasterio de Poblet, señalando las confrontaciones de el Termino de Poblet con el de Prades, se firma Cillerero Pedro de Queraldo; y expressa la misma Escritura, (29) que assistieron à aquel acto por parte de Poblet el Abad Don Hugon, Bernardo de Portareal, Obrero, y Pedro de Queraldo Cillerero.

DISSER-

———

(29) Archivo de Poblet, Cajòn 26. intitulado *Prades*, Ligarza 1. his verbis: *Anno 1168. &. affuerunt de Populeto Domnus Hugo Abbas ejusdem Loci, & Bernardus de Portaregia Operarius, & Petrus de Queraldo Cellerarius &c.* Et ad finem sic: *Quod factum est 15. Cal. Septembris.*

DISSERTACION IV.

ELECCION DE D. HUGON ABAD VI. DE POBLET: Don Pedro de Queralt, Monge de Poblet: Muerte de San Gilberto, Abad VIII. de Cister, y Eleccion de San Alejandro: Donaciones hechas al Monasterio de Poblet por el Rey Don Alonso II. y otros Personages principales de Cataluña: Cartas de el Papa Alejandro III. à favor de el Monasterio: Muerte de el Abad Don Hugon: Errores corregidos por Escrituras autenticas: Muerte de el Papa Alejandro III. y Eleccion de San Lucio III. Martyrio de San Bernardo de Alzira.

VACANTE la Abadìa de Poblet, por la promocion de el Abad Don Estevan de San Martin, unanimes los Monges eligieron en Abad à Don Hugon, de quien aunque se ignora el apellido, se hallan no pocas noticias, que manifiestan ser Sugeto de grandes prendas, y no menos favorecido de el Rey, y de el Papa, que su Predecessor. Consta, que obtenia yà la Abadìa de Poblet, à 4. de las Calendas de Mayo (que es à 28. de Abril) de el año 1166. de Instrumento autentico de el Archivo, (1) que contiene la Donacion, que en dicho dia le otorgò Don Bernardo de Anglesola (Estirpe Nobilissima de los nueve Barones de Cataluña, y Ascendientes de tantos Grandes de España, como ha havido de esta Excelentissima Casa) de un Huerto, y sitio para

─────────
(1) Archivo de Poblet, Cajòn 35. intitulado *Barbens*, Ligarza 2. ibi: *Tibi Hugoni Abbati ejusdem Loci*. Et infra: *Facta Carta 4. Cal. Maii, anno 1166.*

para fabricar una Casa en el Termino de Barbens, segun las palabras de la margen, traducidas en Castellano: *A si Hugon Abad de el mismo Lugar*: y mas adelante: *Hecha la Carta à 4. de las Calendas de Mayo año 1166.* Luego à 20. de Junio de el mismo año se halló nuestro Abad Don Hugon, con el Obispo de Huesca Don Estevan de San Martin, su antecessor en la Abadìa, y con otros Obispos en aquel acto de Transaccion, que digimos arriba *Dissert. 3. num. 19.*

VI.
DON HUGON,

ABAD VI. DE POBLET.

Año de Christo 1166.

2 Fuè su govierno muy memorable, assi por lo que se ilustrava por la Dignidad de su Antecessor, como por los auges, que iva adquiriendo el Monasterio, y mas por la gran fama de Santidad, que desde la Conversion de San Bernardo de Alzira, se iva divulgando de el Abad, y Monges de Poblet: de manera, que apenas havia cumplido Don Hugon un año de Abadia, quando el Noble Don Pedro de Queralt, Señor de Santa Coloma, y otros Lugares, resolviò dejar el siglo, y tomò el Habito de Poblet, legando al dicho Abad, y Monasterio unas Viñas, y un Molino, que tenia en la Espluga de Francolì, en el Testamento, que antes de professar, otorgò à 3. de Marzo de el año 1166. en presencia, y en manos de nuestro Obispo Don Estevan de San Martin, y de los Abades Don Vidal de Fuen-Fria, Don Pedro de Valdaura, y Don Hugon de Poblet, como queda yà dicho arriba *Dissert. 3. num. 19.*

3 Los Acreedores de dicho Don Pedro de Queralt, lue-

luego que supieron que havia tomado el Habito en este Real Monasterio, comenzaron à molestarlo con pleytos, y demandas sobre las deudas, que el dicho Don Pedro havia contraido en el siglo, amenazando molestar gravissimamente, y prendar al Monasterio. Pero haviendolo este representado al Rey Don Alonso, como tan inclinado el Serenissimo Monarca à favorecer à Poblet, despachó luego un Real Mandato à todos sus Vassallos, de que nadie se atreviesse en adelante à exigir al Monasterio cosa alguna, con el pretexto de dichas deudas, bajo la pena de su Real indignacion, *Append. cap. 1. n. 3.* y con esta Real providencia, quedò el Monasterio de Poblet en pacifica possession de todos los bienes, que el dicho Don Pedro de Queralt le havia legado en su Testamento.

4. El Abad Don Hugòn pagò este mismo año 1166. à Don Ramon de Torroja cien Morabatines, que le devia, conforme à la Disposicion, que Don Pedro de Puigvert havia hecho en su Testamento año 1164. y el dicho Don Ramon de Torroja, en Escritura firmada à 4. de las Nonas de Marzo de dicho año 1166. no solo confiessa haver recibido los dichos cien Morabatines, sino que tambien promete hacer que el Monasterio possea pacificamente el Legado de dicho Don Pedro de Puigvert, y asigna para seguridad de lo prometido su Condamina de Torroja cerca de Apiera.

5. Apenas havia governado tres años la Orden de Cistèr el glorioso San Gilberto, Abad VIII. de aquel Ilustrissimo Monasterio, con los creditos correspondientes à su eminente Santidad, quando se lo llevò Dios à la eterna Bienaventuranza en 17. de Octubre de 1166. y sucediò en la Prefectura San Alejandro, el qual antes havia sido Abad de Claraval, y de Gran Selva. En el de 1168. lo embiò con Embajada el Papa Alejandro III. al Emperador Federico, al qual persuadiò, que obedeciesse al verdadero Pontifice,

tifice Alejandro, despues de muerto el Antipapa Victor III. año 1170. Finalmente haviendo dejado reconciliados à los dos Enriques de Ingalaterra, padre, y hijo, que estavan entre sì muy opuestos, y presidido nueve años en la Suprema Silla de la Orden, lleno de meritos y de dias, durmiò santamente en el Señor año 1175.

6 Continuaron en aumentar los bienes de el Monasterio de Poblet en tiempo de el Abad Don Hugon los mas principales Personages de Cataluña. Y porque seria cosa muy prolija referir todas las Donaciones, que aun las mas principales Casas hicieron al Monasterio, irè entresacando una ù otra de los Sugetos de mayor graduacion. El Noble Don Ramon de Cervera, descendiente de los nueve Barones de Cataluña, y Bienechor tan antiguo de Poblet, que yà antes de su Fundacion comenzò à favorecerle, como vimos *Lib.1. Dissert.5. num.9.* diò à nuestro Abad Don Hugon, y al Convento de Poblet en franco alodio todo el dominio, y derechos, que tenia en el Molino, y Agua de la Espluga de Francolì, como tambien licencia para arrancar, y llevar piedras y rocas de el Termino de dicho Lugar, siempre que fuesse menester para la Fabrica de el Monasterio, y de sus Oficinas, en Escritura de 3. de Marzo de 1166; y haviendo dispuesto despues en su Testamento à 14. de Julio de 1172. ser sepultado en el Monasterio de Poblet, y legado la mitad de el Cudòz; agradecidos el Abad, y Convento à tan recomendables beneficios, le hicieron por los años de 1188. el Entierro con tal pompa, que de ella hacen plausible mencion las Historias. (2)

7 Don Guillen de Anglesola (de cuyo Linage yà se hizo mencion arriba *num.* 1.) al disponer su Testamento año 1174. legò al Monasterio de Poblet el derecho, que tenia sobre ciertas Viñas de Tarrega. Y Guillen de Alcarràz

(2) Mossen Pedro Miguel Carbonell *Croniques de España, lib.* 1. *fol.* 50.

CENTURIA I. DISSERT. IV. 61

estáz, hijo de Geraldo de Jorba (Casas emparentadas con la Excelentissima de Cardona) mandò ser sepultado en Poblet, y le hizo donacion de la Torre llamada den Ferràn año 1176. Don Ponce Vizconde de Cabrera mandò tambien sepultarse en el Monasterio año 1177. y le legò la Torre de Orens, con Vassallage, y Terminos, y mil Morabatines. Los Condes de Ampurias Don Ponce de Hugon, y Doña Jusiana su madre año 1173. otorgaron al Monasterio de Poblet Privilegio de que tuviesse libremente en el Mar, y Estanque de Castellòn de Ampurias una Barca, y todos los arreos de pescar, y que pudiesse alli perpetuamente à su alvedrio mandar pescar, sin que ninguno le haga estorvo, ni contradiccion. Y despues año 1205. lo confirmò el Conde Don Hugòn, hijo de los dichos Condes.

8 La Condesa de Tarragona, y sus hijos, à 9. de Julio de el año 1168. dieron al Monasterio de Poblet una Casa sita debajo de el Castillo de la Ciudad en franco alodio, paraque quando los Religiosos fuessen à Tarragona, tuviessen habitacion propria: Y en el mes de Deciembre de el mismo año le hicieron donacion de todo el dominio, que tenian en el Termino de Riudoms, con solo la condicion, de que el Abad, y Convento de Poblet los admitiessen à la Hermandad: que à tan grande honra tenian entonces los Condes, y Señores de Vassallos el ser Hermanos de Poblet. Y paraque no solo tuviessen los Monges de Poblet habitacion propria en Tarragona, sino tambien pudiessen celebrar en ella los Divinos Oficios: el Ilustrissimo Don Guillen de Torroja, su Arzobispo, y Legado de la Santa Sede Apostolica, de voluntad y consentimiento de los Capitulares de Tarragona, hizo donacion al Monasterio de Poblet de cierto parage, llamado antiguamente la Iglesia de San Pedro, sito debajo de las murallas de dicha Ciudad, paraque en èl pudiessen edificar Casa, y Oratorio, otorgando de ello Escritura en el mes de Marzo de 1173.

1173. que firmaron el Ilustrisimo Arzobispo, Ramon Propofito, Geraldo Dean, Lucas Presbytero y Canonigo, Ponce Presbytero y Canonigo, y Juan Camarero de dicha Santa Iglesia.

9 Quanto excede la Magestad Real à la grandeza de los Cavalleros sus Vassallos; tanto mas grandes fueron los bienes, que el Monasterio de Poblet mereciò por este tiempo à la magnanimidad de el Serenisimo Señor Rey Don Alonso II. de Aragon. Revelaronsele año 1170. los Moros, que havian quedado sus Vassallos en las Montañas de Prades, y acudiendo el Rey con sus Huestes puntual, para que no se engrossaran, es muy verisimil, que lo acompañó nuestro Abad Don Hugon en esta empresa, por ser la guerra tan vecina al Monasterio. Entraron las Tropas Reales por aquellos empinados montes, y haviendo vencido à los Enemigos, los castigò el Rey con quitarles los Lugares, y sacarlos de estos Reynos. (3)

10 Quiso agradecido remunerar la lealtad de el Abad, y à 1. de Junio de el mismo año 1170. le concediò aquel insigne Privilegio, de que los Ganados de el Monasterio pudiessen pacer libremente por todos los dominios de su Magestad, y passar por qualesquiera de sus tierras sin contradiccion alguna, mandando asimismo, que nadie se atreva à entrar con violencia en las Granjas, ni Cabañas de el Monasterio, y tomando debajo de su Real amparo assi las Personas, como los bienes de el Convento: Gracia que otorgò al mismo tenor, de la que diez años antes en el de 1160. havia concedido su padre el Conde de Barcelona, Principe de Aragon, al Abad Don Estevan de San Martin su Predecessor, como digimos arriba *Dissertacion 3. num.6.*

11 Para ocurrir tal vez à los gastos, que causò la referida expedicion de el año 1170. y aun la Conquista de algu-

(3) Geronymo de Zurita *Anales de Aragon lib.2. cap.30.*

algunos Pueblos de Aragon, y el assedio de la Villa de Caspe, que emprendiò, y consiguiò el Rey Don Alonso en el de 1168. (4) havia su Magestad empeñado en 300. Morabatines la Villa de Vimbodì, vecina al Monasterio de Poblet. Deseoso, pues, nuestro Abad Don Hugon de hacer un fiel servicio à su Magestad, redimiò la dicha Villa, pagando por el Rey los trecientos Morabatines; y passando luego à la Ciudad de Barcelona, donde se hallava el Rey D. Alonso en el mes de Junio de 1172. al entregar la Villa yà desempeñada à su Magestad, le hizo el Rey entera y perpetua donacion de ella en libre y franco alodio en Escritura de data de 27. de Junio de 1172. la qual, por expressar la fineza de haverla el Monasterio desempeñado, y hacer memoria de ser esta Real Casa Fundacion de su Serenissimo Padre el Conde de Barcelona, Principe de Aragon, deveria aqui copiarla, sino temiera el ser prolijo; mas podrà leerla el curioso en el *Append. cap. 1. n. 4.*

12 No menos favorecia à este Real Monasterio de Poblet el Papa Alejandro III. en tiempo de nuestro Abad D. Hugon; pues sobre la gracia de haverlo tomado debajo de el amparo de la Sede Apostolica año 1162. como yà vimos arriba *Dissert. 3. num. 8.* nueve años despues en el de 1171. despachò otra Bula de el todo semejante à la primera, expressando en ella las nuevas possessiones, que en aquellos nueve años havia adquirido el Monasterio. Y poco despues recomendò con la mas viva expression al Arzobispo de Tarragona, y à sus Obispos Sufraganeos la defensa de el Monasterio de Poblet con Carta, que por ir dirigida al Ilustrissimo Don Guillen de Torroja, que comenzò à obtener la Silla Arzobispal año 1171. y muriò en el de 1174. demuestra haverse expedido en este intervalo de tiempo. Hallase en nuestro Archivo el Transumpto de dicha Carta Pontificia, y va copiado en la *Append. cap. 2. n. 2.*

13.

---

(4) El citado Zurita *lib. 2. cap. 25.*

13 Para que vean los Lectores con quanto zelo cuydava el Papa Alejandro III. que este Monasterio de Poblet gozasse de la proteccion Apostolica, con que le havia favorecido assi su Beatitud, como la de su Predecessor Eugenio III. no puedo defraudarles de la noticia siguiente. Dentro de pocos dias sucedió, que como es tan ordinario en el mundo, que las grandes prerogativas despierten agenas embidias, cierto Clerigo de el Obispado de Urgel, llamado Ramon de Miravàl entrò temerariamente en una Granja de el Monasterio, y de ella se llevò violentamente las Primicias; y haviendo representado el Abad D. Hugòn, y Convento de Poblet al Papa Alejandro III. el desacato cometido contra sus prerogativas, y contra la proteccion de la Santa Sede Apostolica, luego su Santidad escriviò una Carta al Obispo de Urgel, mandandole hiciesse dàr la devida satisfaccion al Monasterio de Poblet, como es de vèr en el *Append. cap. 2. num. 3.*

14 Sucediò poco despues, que entrando algunos Vecinos de Lerida en la Villa de Monroig, se bevieron el vino, que el Monasterio tenia en una Bodega de dicha Villa, y derramando las Tinajas, y quemando la Bodega, causaron al Monasterio, con esta injuria, tres mil sueldos de perjuicio. Y haviendo el Abad Don Hugòn, y Convento de Poblet hecho representacion de semejante agravio al Papa Alejandro III. luego su Santidad expidiò Letras Apostolicas à los Ilustrissimos Arzobispos de Tarragona, y Obispo de Lerida, mandandoles que hiciessen dàr cumplida satisfaccion al Abad, y Monges de Poblet.

15 Acerca de los derechos, que pertenecian al Monasterio de Poblet, en el Honor de Milmanda, no obstante el ser possession de el Monasterio desde su primera Fundacion, por estar situado dentro de los limites, que al Lugar de Poblet señalò el Serenissimo Conde de Barcelona Principe de Aragon, en su Real Carta de Donacion en 18. de Agos-

Agosto de 1150. transcrita *Lib. 1. Dissert. 12. num. 7.* tenian grandes contiendas el Abad Don Hugon, y Convento de Poblet, con los Nobles hermanos Don Geraldo, y Don Bernardo de Grañena, Señores de el Castillo de esse nombre. Pero como à 19. de Febrero de el año 1163. muriesse el dicho Don Gerardo, que havia dispuesto en su Testamento ser enterrado en el Monasterio, haciendole Donacion de el Mas llamado de Pedro Borràs, con todos sus derechos, y señorios; su hermano Don Bernardo, el dia siguiente al entierro, hizo definicion de todos los derechos, que en dicho Honor de Milmanda pudiessen pertenecer, assi à èl, como à qualquiera de sus Parientes, y los cediò para siempre à favor de el Monasterio de Poblet. Quedò el Monasterio en pacifica possession de todo el Territorio, que para su fundo, y vivienda le havia otorgado su Magnanimo Fundador.

16 Mas desavenidos havian estado con el Monasterio de Poblet los Nobles Don Ponce de Cervera, y Don Ramon de Torroja sobre la possession de el Cudòz, Termino de la Villa de Vimbodi, de donde sacaron con violencia al Prior, y Monges, que alli se hallavan: quitaron las Cruces, que servian de linderos à la possession de el Monasterio, ensanchando ellos la suya, contra la demarcacion, que tenia la Villa en vida de el Conde de Barcelona, Principe de Aragon, que la poblò, y en fin acarreando al Monasterio de Poblet con aquella injuria mas de diez mil sueldos de daño. Acudiò el Abad, y Convento al Rey Don Alonso à representar sus querellas, y su Magestad, acompañado de el Obispo de Vique, de Ramon de Moncada, Geraldo de Jorba, Guillen de Alcarràz, Guillen de Castelvel, Juan Arcediano de Tarragona, y otros Cavalleros, fuè à los dichos Terminos de el Cudòz, y viendo que los que pretendia el Monasterio, estavan expressados en la Carta, que hizo su padre el Conde, los tomò bajo de su

Real

Real amparo, y los restituyò al Monasterio, mandando à los sobredichos Ponce de Cervera, y Ramon de Torroja dejassen dichos Terminos, ò que se presentassen ante Geraldo de Jorba, y que hiciessen Concordia, conforme al consejo de dicho Geraldo de Jorba, ò de otras Personas, que estuviessen en su compañia. No devieron aquellos Cavalleros de cumplir con el mandato de el Rey Don Alonso, pues hallo, que sobre la misma controversia enviò el Papa Alejando III. un Rescripto Pontificio al Arzobispo de Tarragona, y al Obispo de Urgèl. Pero en fin año 1184. el dicho Don Ramon de Torroja, Gaya su muger, y sus hijos Ramon, y Hugon (tal vez havia muerto Ponce de Cervera, pues no se halla en Escritura de este año) vinieron à perfecta Concordia con el Monasterio de Poblet en mano de su Abad Don Estevan, dando, definiendo, y remitiendo al Convento, que hiciesse à su voluntad de todos los dichos Terminos de el Cudòz, como de proprio alodio para siempre. La qual Concordia, ò definicion de derechos firmaron, amàs de los sobre dichos Cavalleros, los Nobles Guillen de Guardia, y Ponceta su madre, Geraldo de Segura, Burdo de Riera, Pedro de Arnao, Arnaldo de Alarig, Guillen Ros, Beltran Guerra, y el Serenissimo Señor Rey Don Alonso, con sus Grandes Don Ramon de Moncada, Guillen Balvo, Gueraldo de Jorba, Guillen de Timor, Pedro de Olen, Miron Juez, Berenguer de Palou, y Don Berenguer Arzobispo de Tarragona.

17 Havia tambien algunas diferencias entre este Monasterio de Poblet, y el de Santas Cruces, sobre derechos en los Puertos de Cerdaña, quando Don Vidal, Abad de Fuen-Fria, que por el mes de Marzo de el año 1166. se hallava en este Monasterio al tomar el Habito Don Pedro de Queralt, como vimos arriba *Dissert. 3. num.* 19. se hallava tambien en el mes de Julio de 1177. Y no hay duda, que una y otra vez seria à fin de visitar al Monasterio, co-

mo

mo su Abad-Padre, y formar las disposiciones mas convenientes al govierno espiritual, y temporal de el Convento. Pareciendole, pues, cosa muy propria de su Oficio el establecer una perfecta Concordia entre los dos Monasterios, quedò ajustada de su Consejo y autoridad entre las dos Reales Casas, de forma que de alli en adelante fuessen los Puertos tenidos por comunes à las dos Casas, y que una y otra pudiessen apacentar en ellos libremente sus Vacas. La qual Concordia firmaron el dicho Don Vidal, Abad de Fuen-Fria, nuestro Don Hugòn, Abad de Poblet, Don Pedro Abad de Santas Cruces, Ponce de Malgrat, Prior de Santas Cruces, y Estevan Cillerero de Poblet.

18 Fuè de mucha edificacion à los Seglares esta Concordia de los dos Monasterios, de manera que movido de tan religioso egemplo Don Pedro de Baguerias, sobrino de Don Pedro Queralt en el mismo año 1177. hizo difinicion, y cediò à favor de el Monasterio de Poblet todos los derechos, que pretendia tener en las Viñas, que en el año 1166. havia legado al Monasterio Don Pedro de Queralt su Tio al hacerse Monge de Poblet. Y como asimismo fuessen tan notorias entonces la mucha Observancia, virtud, y santidad de el Abad, y Monges, iva creciendo la devocion de los Seglares de manera, que no solo ofrecian al Monasterio sus bienes; sino tambien sus proprias Personas, pues en este mismo año 1177. Ramon de Juan se hizo Donado de Poblet, cediendo el Honor, que possèia en el Lugar de el Albi. Y lo mismo egecutaron año 1179. los dos hermanos Pedro, y Bernardo de Fulleda, ofreciendo al Monasterio sus bienes en manos de nuestro Abad Don Hugon.

19 Por muerte de el glorioso San Alejandro, Abad IX. de Cistèr año 1175. eligieron à San Guillen, que à la sazòn era Abad de el Monasterio de Firmitate. En el siguiente año 1176. que molestò al Reyno de Francia una hambre universal, fuè muy recomendable la piadosa largueza de

dicho

dicho Abad General de Cistèr, el qual, despues de quatro años empleados en la Prefectura, descansò en el Señor año 1179. y por no haver querido acceptar aquella Dignidad, à que fuè promovido Don Enrique Abad de Claraval, la obtuvo el Beato Pedro, Abad XI. de aquella Ilustrissima Casa, de quien no se sabe el apellido, ni aun de que Monasterio fuè professo. Concurriò cō otros tres Pedros Abades de Pontiniaco, de Claraval, y de Moribundo al Concilio General, que tuvo el Papa Alejandro III. en el mismo año 1179. En el de 1183. obtuvo cierto Privilegio de el Rey de Ungria, y confirmacion de el Papa Lucio III. de estar los Abades essentos de la Jurisdiccion de los Obispos. Fuè finalmente por sus insignes meritos promovido al Obispado de Artois, y consagrado año 1184.

20 Passò à mejor Reyno la Serenissima Doña Petronila Reyna de Aragon, no en la Ciudad de Huesca, como dijo sin fundamento alguno Francisco Diego de Aynza, (5) sino en la de Barcelona à 13. de Octubre de el año 1173. y fuè sepultada en aquella Cathedral. (6) Y es de admirar el descuydo de nuestros mayores; pues ni de el Sepulcro de aquella Reyna, ni de el de Don Ramon Borrel, Conde de Barcelona, se hallan indicios en aquella Iglesia. Celebradas las Exequias, partiò el Rey su hijo para la Ciudad de Zaragoza, donde à 18. de Enero de el mismo año 1173. de la Encarnacion, en que desde Navidad corria yà el de 1174. celebrò Bodas con la Serenissima Infanta de Castilla Doña Sancha, hija de el Rey Don Alonso VII. llamado el Emperador, y de su Esposa la Reyna Doña Rica, ò Riquilda, conforme lo havia yà concertado desde el mes de Mayo de el año 1157. el Conde de Barcelona Principe de Aragon (7): verdad es, que quando

(5) Aynza *Historia de Huesca, lib. 3. cap. 13.*
(6) Zurita *Anal. de Arag. lib. 2. cap. 32.* y demàs Historiadores.
(7) El P. M. Fr. Manuel Mariano Ribera *Mil. Merc. p. 551. n. 837*

do poco antes el Rey de Castilla se apoderò de la Villa de Hariza, que en virtud de la alianza de el año 1173. se havia reservado para sì el de Aragon, tomò este tan grave disgusto, que llegò à romper los conciertos de el casamiento, y en efecto embiò à pedir al Emperador de Constantinopla su hija la Princesa Matilde. Pero quando esta Señora llegò à Monpeller, ajustados yà los disgustos de Castilla, havia celebrado el Rey de Aragon sus Bodas con la Castellana. Y hallandose burlada, por no bolver à su tierra con tal desayre, casò con el Señor de Mompeller: casamiento, aunque desigual, acertado, pues de èl tuvo à su hija Doña Maria, la qual, yà que su madre perdiò la fortuna de casar con el Rey D. Alonso, tuvo la de casar con su hijo el Rey Don Pedro, y ser gloriosa madre de el Invictissimo Rey Don Jayme el Conquistador.

21 El Serenissimo Rey Don Alonso II. de Aragon, y I. en Cataluña, que desde el año 1172. havia determinado hacer guerra à los Moros de el Reyno de Valencia, como se dijo arriba *Dissert. 3. num.* 18. estava con animo de fundar en aquel Reyno en el Lugar llamado Cepolla un Monasterio Cisterciense de cien Religiosos, sugeto al de Poblet; de suerte, que hallandose en la Villa de Anglesola, acompañado de los Prelados Don Berenguer Arzobispo de Tarragona, Don Pedro, Obispo de Zaragoza, y los Ricos-Hombres Don Bernardo de Anglesola, Beltran de Santa Cruz, Fortun de Astadi, y Galceran de Pinòs, al declarar su Real voluntad en la eleccion de sepultura en el mes de Febrero de 1175. otorgò Escritura autentica, en que ofrece enterrarse en el Monasterio de Poblet, pero reservandose la libertad de enterrarse en el que se fundare en Cepolla, si el Cielo le favoreciere, dando à sus Reales Armas la gloria de conquistar de los Infieles aquel Reyno. Todo lo qual es clara demostracion de el afecto de su Magestad al Abad Don Hugon, y Convento de Poblet, yà con
ele-

elegir aqui Sepultura, yà con disponer, que en caso de fundarse en el Reyno de Valencia el Monasterio de Cepolla, y tan sumptuoso, como capàz de vivir en èl cien Religiosos, estuviesse totalmente sugeto à este Real Monasterio de Poblet. Poco despues año 1180. passò el Rey al Monasterio de Santa Maria de Huerta de el Reyno de Castilla, sito en la frontera de el Reyno de Aragon, donde pidiò ser recibido à la Compañia, y Hermandad de aquel Convento, y quiso que permaneciesse memoria de este hecho en un Real Privilegio, salvaguarda, y proteccion, que les concediò en la Ciudad de Tarazona en el mes de Julio de la Era 1218. que corresponde al dicho año 1180. y subscrivieron el Instrumento los Ilustrisimos Obispos Don Pedro de Zaragoza, Don Juan de Tarazona, nuestro Don Estevan de Huesca, y Don Berenguer de Lerida, y Roda, como puede vèr el curioso en el mayor Chronista de Cister, (8) que transcrive por entero el Privilegio.

22 Para continuar la memoria de nuestro Abad Don Hugòn, repito aqui la noticia de la *Dissert*. 3. *n*. 19. que à ultimos de Octubre de 1180. empeñò à los Obispos de Huesca, y de Pamplona la Granja de Servoles, añadiendo, que el motivo de hallarse juntos los dichos Obispos, y Abad, discurro seria el haver asistido al Concilio, que en este año celebrò en Tarragona su Arzobispo Don Berenguer de Vilademuls: donde se decretò por los Padres, que de alli en adelante se calendassen las Escrituras por los años de la Encarnacion del Señor, y no por los de el Rey de Francia. Pero sea lo que fuere, la Escritura califica hasta dicho año 1180. la duracion de nuestro D. Hugon en la Abadìa de Poblet.

23 No continua su memoria mas acà de el año 1180.
el

─────────

(8) Illustrissimus Fr. Angel. Manrique *tom. 3. anno* 1180. *cap.* 5. *num.* 2.

èl Ilustrisimo Fr. Angel Manrique, (9) afirmando en èl no solo su fallecimiento, sino tambien la succession de el Abad Don Estevan: bien que con error demostrable. Yo discurro, que assi lo escrivio, por haverlo assi hallado en los Manuscritos antiguos de nuestros Domesticos, los quales, no haviendo descubierto noticias de dicho Abad posteriores al año 1180. escrivieron en èl su fallecimiento, y los siguieron, sin mas averiguacion, los Modernos Correctores de el Catalogo de Manrique. Yo he descubierto noticias seguras de haver perseverado nuestro Don Hugon en la Abadìa de Poblet, hasta el mes de Setiembre de el año 1181. Y siendo cierto, que nunca deve el Historiador apartarse de la verdad, ni dissimular el yerro, que huviere cometido el descuydo de los Autores, aunque gravissimos; no puedo dejar de escrivirla, por mas que se oponga à la relacion de Escritores tan graves.

24 Digo, pues, que consta con toda certeza, que Don Hugòn perseverava en la Abadìa de Poblet à 9. de Julio de 1181. porque en tal dia los dos hermanos Pedro, y Andres Poblet (deudos sin duda de el Santo Hermitaño) le hicieron donacion de un Huerto, y Viña en el Termino de Vimbodì, como es de vèr en Escritura autentica de el Archivo de esta Real Casa. (10) Mas: consta con igual certeza perseverar aun en la Abadia en 15. de el mismo mes y año; porque en èl hicieron el Abad Don Hugòn, Pedro Prior, Estevan Cillerero, y demas Monges de Poblet, cierta Transaccion con el Ilustrissimo Don Berenguer de Vilademuls, Arzobispo de Tarragona, de consejo

y

---

(9) Manrique *in Append. ad tom. 2. Annal. Cistercz. pag. 35. ibi: Obiit (Hugo) anno 1180. cum quatuordecim annus præfuisset tenellæ Domui. Stephanus, cognomento Droch, electus anno 1180.*

(10) Archivo de Poblet, Cajon 1; intitulado *Vimbodì*, Ligarza 28. ibi: *B. Mariæ, & Domno Hugoni, Abbati Populeti.* Et infra: *Factum est hoc 7. Idus Julii, anno Dom. Incarnat. 1181.*

y autoridad de el Eminentissimo Cardenal Legado de el Papa Alejandro III. de consentimiento de toda la Iglesia de Tarragona, en que se concordaron las Partes, que el Monasterio de Poblet tuviesse perpetuamente todas las Decimas de la Villa de Vimbodi, y el Arzobispo, è Iglesia de Tarragona tuviessen la sexta parte de las Decimas de el Lugar de Barberà, y la quarta parte de las de Enguera, Ullès, Montornès, y Pinatell, las quales estava posseyendo el Monasterio de Poblet, por donacion, que de ellas le hizo el Noble Don Pedro de Puigvert; la qual Transaccion, y Concordia, firmada en dicho dia 15. de Julio de 1181. se guarda en el Archivo de esta Real Casa. (11) Y en fin consta con la misma certeza, que perseverava toda via en la Abadia de Poblet nuestro Don Hugòn à 5. de Setiembre de 1181. segun Escritura de el mismo Archivo, (12) en la qual el Abad Don Hugòn, y Convento de Poblet conceden de por vida à Don Pedro de Puigvert, y à Geralda su muger la administracion de el Señorio de Piera, que año 1164. havia dado al Monasterio el mencionado Don Pedro de Puigvert su padre.

25 Viendo, pues, que todas estas tres Escrituras convencen la existencia de Don Hugòn en la Abadia de Poblet año 1181. devemos razonablemente presumir, que el afirmar el Ilustrissimo Manrique su fallecimiento en el de 1180. provino de haver deferido à nuestros antiguos Manuscritos domesticos; y el haverlo tambien afirmado los Modernos Emendadores de el Catalogo, indica, que no buscaron con la devida aplicacion las noticias sobre

refe-

---

(11) El mismo Archivo, y Cajòn, Ligarza 3. ibi: *Et ego Hugo Abbas Populetensis, & Petrus Prior &c.* & ibi: *Quod est actum Idibus Julii anno 1181. Dom. Incarnat.*

(12) El mismo Archivo, Cajòn 10. intitulado *Montblanch*, Ligarza 53. ibi: *Ego Hugo, Dei gratiâ Populeti Abbas &c.* Et infrà: *Actum Nonis Septembris anno Domin. Incarnat. 1181.*

referidas. Y concluyo con decir, que haviendo governado el Abad Don Hugòn hasta 5. de Setiembre de 1181. por lo menos: y hallandose yà en la Abadìa de Poblet el Successor Don Estevan à 30. de Deciembre de el mismo año, como probarèmos en la Dissertacion siguiente, se puede afirmar con seguridad, que fuè su fallecimiento dentro de aquel intervalo de tiempo, que corre desde 5. de Setiembre, hasta 30. de Deciembre de 1181.

26 Por el mismo tiempo acabò su mortal peregrinacion el Papa Alejandro III. que despues de haver governado tan gloriosamente la Iglesia casi veinte y dos años, y en ellos haver favorecido à este Monasterio de Poblet, como hasta aqui havemos visto, muriò à 27. de Agosto de 1181. Y luego fuè electo Lucio III. llamado antes Hubaldo Aluncingolo, natural de la Ciudad de Luca, el qual de Canonigo de aquella Iglesia, fuè creado Presbytero Cardenal de Santa Praxedis, y despues Obispo de Ostia, y Velitre; y hallandose finalmente Prior, y Decano de los Obispos, recibiò la Tiara el dia 30. de Agosto de el mismo año 1181.

27 Al proprio mes y año señala la comun Tradicion el Martirio de nuestro Invicto Hermano San Bernardo de Alzira, y de sus dos Hermanas Maria, y Gracia, convertidas por èl à la Fè de Christo: Y añade, que llegando la noticia à este Real Monasterio de Poblet, mandò el Abad Don Estevan, Successor de Don Hugòn, celebrar una solemne Fiesta, en accion de gracias à Dios nuestro Señor, por tan glorioso triunfo. Como suponen yà difunto al Abad Don Hugòn año 1180. es consiguiente el atribuir al Successor Don Estevan la accion de gracias: pero haviendo llegado, como se ha demostrado hasta 5. de Setiembre de 1181. y no haviendose descubierto las memorias de el Successor antes de el dia 30. de Deciembre, bien pudo el Abad Don Hugòn celebrar con accion de gracias

la

la noticia. Como quiera que fuesse, lo que no admite duda, es, que el Abad Don Hugòn viò à su Monasterio de Poblet tan rico de bienes temporales, por los muchos Privilegios de el Rey Don Alonso, y por las Donaciones de los mas principales Personages de Cataluña, y tan colmado de bienes espirituales, por la abundancia de virtuosos hijos, que lo ilustravan, que parece no le quedava mas que desear en este Mundo: Y assi, lleno de meritos, y de dias, descansò en la paz de el Señor, y passò (segun piadosamente se cree) à regozijarse con su hijo, y hermano San Bernardo de Alzira, triunfante en el Cielo. Y pues acostumbra la Iglesia nuestra Madre celebrar el dia, en que los Siervos de Dios passaron de esta vida mortal à la eterna, à recibir el premio, y galardòn de sus Obras, como dijo San Agustin (en ningun lugar viene mas à proposito referir la Vida de nuestro ilustrissimo Hermano, que en este que acaba de hacer memoria de el dia que passò à la eternidad à recibir el galardòn de su Martirio.

(13) S. Augustinus serm. 22. de Sanctis.

APENDICE A LA DISSERTACION IV.

Vida, y Martirio de S. Bernardo de Alzira, Monge de este Real Monasterio de Poblet, y de sus dos Hermanas Maria, y Gracia.

1 SI por haver sido San Gordiano Martir Compatriota de San Basilio, juzgò este grande Santo, que el escrivir su Vida, y Martirio, era grangearse un hermosissimo adorno domestico;

(1) no será cosa estraña, que mi afecto en esta ocasion se dirija à escrivir la Vida, y Martirio de nuestro Hermano San Bernardo de Alzira: quando viene à ser tanto mayor la gloria, que de tal Hijo resulta al Monasterio de Poblet su Madre. De los Autores, que la escrivieron, solo he podido vèr entre los Estraños al Dr. D. Pedro Antonio Beuter, al M. Fr. Jayme Bleda, al Licenciado Gaspar Escolano, al M. Fr. Antonio Domenech, al Doctor Don Juan Tamayo, y al Doctor Jayme Servera: y entre los Cistercienses, al M. Fr. Bernabè Montalvo, y al Ilustrissimo Fr. Angel Manrique. De estos, pues, sin alterar la verdad de los sucessos, he tegido mi Historia. (2)

2 Los Santos Martires hermanos Bernardo, Maria, y Gracia fueron naturales de el Reyno de Valencia de un Lugar, llamado Pintarrafes, antiguamente sito entre Benimodol, y Carlete, ahora derribado, y despoblado. Su padre Almanzor, Señor de dichos Pueblos, y Moro de professión, como lo eran los de aquel Reyno, se intitulava Rey de Carlet, aunque Vassallo de el Rey de Valencia. Tuvo dos hijos, el primero llamado Almanzor, que le sucedió en los Estados; el segundo Amete, que despues de su Conversion se llamó Bernardo, y dos hijas, llamadas Zayda, y Zorayda, y despues de su Conversion, Maria, y Gracia. Criavanse las hijas al lado de su Madre, y los hijos en la Corte, y Palacio de el Rey de Valencia, el qual estimava con singularidad à Amete, por sus grandes talentos, y admirable discrecion, demanera, que le fiava los negocios

mas

___

(1) S. Basil. homil. in Gordian. Martyr. *Beatissimus Civis noster, ex quo non mirum si nostra mentis affectus, ad eum potissimum dirigatur, quod profectò ad verum, ac domesticum nobis facit ornamentum.*

(2) Paschas. Rathbert. in Prolog. Histor. Ss. Mart. Rufini, & Valerii: *Non enim gestorum fidem corrupimus, sed priorum Scriptorum texuimus Historiam.*

mas graves de la Corona. Ofreciendosele pues año 1156. al Rey de Valencia haver de enviar à Barcelona, ya fuesse por la libertad de algunos nobles Prisioneros de Guerra que estavan en aquella Ciudad, como dicen unos, yà fuesse para firmar las Treguas, q̃ el Conde de Barcelona Principe de Aragon le havia ofrecido, como sienten otros, nombrò à Amete su Embajador, paraque fuesse à Barcelona à ajustar con aquel Principe el negocio de su Embajada. De esta misma ocasion se valiò la Magestad de Dios, para llamar, y ganar para sì al Embajador Mahometano, mudandole de un Amete Moro, en un San Bernardo Martir, al modo que trocò en un San Pablo Apostol, y Doctor de las Gentes, al que havia sido un Saulo infiel, y perseguidor de los Christianos. (3)

3 Dirigiò el Embajador su viage por la Ciudad de Lerida, donde visitò à Doraycela su Tia, hermana de su madre, que perseverava aun en la falsa Secta de Mahoma, no obstante, que yà havia aquella Ciudad admitido la Fè de Christo. El mismo dia que saliò de Lerida, al comenzar la noche à esparcir sus sombras, perdiò el camino, metiendose en los Bosques vecinos de este Real Monasterio, donde si la confusion de espesos arboles añadia sombras à sombras, el piso de la tierra fragosa ocasionava à los Cavallos frequentes tropiezos, que à los caminantes se les antojavan despeños. Para evitar mayor daño, escogiò el Principe el menor, de quedarse perdido en el Bosque, hasta que la luz de el dia les facilitasse la salida. Apeòse de su cavallo, haciendo lo mismo su comitiva, recostandose en el duro suelo, para aliviar en parte sus fatigas, quando no pudiessen entregar al sueño sus cuydados. Asi se quedò perdida la pobre Ovejuela, bien que sumamente dichosa, porque vino luego el Divino Pastor à buscarla. (4)

4

(3) Act. Apost. cap. 9.
(4) Lucæ cap. 15.

4 De el profundo sueño en que todos dormian, à poco mas de la media noche despertò à solo el Principe Amete una dulce, y suave armonia de voces, que pareciendole humanas en el sonido, se imprimian en su corazon como locuciones Angelicas. Havian entonces el Abad, y Monges de Poblet comenzado à cantar los Maytines de la Reyna de los Angeles, en que festejavan su Assumpcion à los Cielos, y todo el tiempo que duraron los Maytines, suspenso Amete, y como arrobado estuvo siempre oyendo aquellas voces con tan grande jubilo de su Alma, que referia despues, que le havian parecido de el Cielo. No era possible, estando à solo lo natural, que desde el Bosque se pudiessen oìr las voces de los que cerrados en el Coro de la Iglesia estavan cantando: Pero como todos ellos eran sin duda perfectos, pudieron merecer, que los Angeles llevassen sus voces y acentos à los oidos de aquel Principe, paraque todos como instrumentos de la Divina Gracia, concurriessen à su maravillosa Conversion, que desde luego se fuè comenzando. Dejò aquel canto tan obligado à Amete, que despertando luego à los Criados, y mandandoles aprestar los cavallos, montados todos, fuè el mismo Principe guiando acia la parte de donde le havia parecido que salian las voces; y à poco trecho que havian caminado, con la luz de la aurora, que yà amanecia, descubrieron al Monasterio de Poblet; y creyendo Amete, que en èl vivian aquellos, cuyas voces con tanta admiracion havia oìdo, resolviò en su corazon el averiguar, què hombres eran, què ritus, y què costumbres tenian.

5 Llegò Amete al Monasterio, llamò à la puerta, y saliendo el Portero, quedaron los dos mutuamente pasmados: Amete, de vèr la respetosa ancianidad, el Habito, y mortificacion de el Portero; y èste, porque como conociò por los vestidos, que los que havian llegado eran Personas de calidad, y enemigos de la Fè, sospechò que venian para

ruina

ruìna de el Monasterio; pero venciò parte de sus recelos la cortesia de Amete, que le dijo venia de paz, y le pidiò que le franqueasse la entrada, para satisfacer solamente à un curioso deseo de vèr la Casa, y los que habitavan en ella. El Portero fuè al punto à avisar al Abad, haciendole relacion de el numero de los Moros, de su disposicion y grandeza, lo que le havian pedido, y lo que èl havia recelado. El Abad, sin immutarse, le mandò que los dejasse entrar, añadiendo: Si viniessen de paz, tal vez querrà Dios valerse de nosotros para convertir à alguno de ellos: y si vienen à ofendernos, todo el Monasterio, y Yo recibirèmos de sus manos con el martirio gloriosas Coronas. De esta respuesta de el Abad Don Grimoaldo, que deveria escrivirse con letras de oro, han inferido algunos, que yà Dios le havia revelado el fin paraque le havia traido à Amete: pero como quiera que fuesse, lo que Yo de ella infiero, es la magnanimidad heroyca de su corazon, su voluntad, y amor al martirio, y el gran concepto, que de todos sus Monges havia formado, quando de todos ellos afianzava, que tendrian valor, para sacrificar sus vidas en el Martirio, que siendo el acto mas fino de el amor, y sobre quien no puede haver mayor dileccion, (5) era tener à todos en concepto de ser los mas finos amantes de la Magestad de Christo.

6 Obtenido el beneplacito de el Abad Don Grimoaldo, entrò el Principe Sarraceno con toda su Comitiva en el Monasterio; y el Abad mandò à los Monges, que à todos les fuessen mostrando la Iglesia, Claustros, Aula Capitular, y demas Oficinas de la Casa, explicandoles los actos de Religion, que en cada una de ellas se hacian. Oìan, y miravan todos por curiosidad: solo Amete, (en quien iva obrando interiormente la Divina Gracia) conferìa en su corazon aquellos egercicios, con los que en su

ley

---

(5) Joan. *cap.* 15. *vers.* 13.

ley se tenian por sagrados, y de esta comparacion, y disputa interior, se le movió un deseo eficàz de averiguar de raìz si la verdadera ley era la de Mahoma, que hasta entonces havia èl professado, ò la de los Christianos, que practicada de aquellos Religiosos, cada instante le causava mayor admiracion. Tuvo sobre esto aquel mismo dia de la Assumpcion de la Virgen à los Cielos una larga conferencia con el Abad Don Grimoaldo, y como de ella quedasse con deseos de bolver à oìrle, como los Atenienses al Apostol San Pablo, (6) para poder lograrlo mas desembarazado, dijo à los suyos, que al otro dia se bolviessen à Lerida, esperando en aquella Ciudad, hasta que despues que havria descansado de el trabajo, que havia tenido en el viage, los bolviesse à llamàr. Con esta sagacidad, y prudencia dispuso Amete los medios para tratar con solos el Abad y Monges el negocio, que mas le importava, de su salvacion. A pocas platicas que tuvo con el Abad, abjurò yà en su corazon los errores de su falsa Secta: y si bien la estimacion que tenia entre los Moros, los quales juzgarian ligereza de animo la mudanza de Religion, le dictaria que no se hiciesse Christiano, negandose à todo, resolviò abjurar publicamente la Secta de Mahoma, y professàr la Ley de Christo. Y haviendo entendido, que sin renacer en el agua del Bautismo, no podria entrar en el Reyno de Dios, (7) pidió con fervorosos ruegos al Abad, le concediesse el Santo Bautismo; que le ofreciò prudente el Abad, para despues que supiesse las obligaciones en que lo havia de poner aquel Sacramento, y le señalò, paraque se las enseñasse, un Monge Anciano, à quien veneró siempre el Principe como à su mas querido Maestro. No hallò Amete cosa dificil en esta Escuela, antes haviendo entrado en ella dia 17. del Agosto, dentro de tres dias supo las

Ora-

(6) Act. Apost. cap. 19. vers. 32.
(7) Joann. cap. 3. vers. 5.

Oraciones, los Mysterios de la Fè, los Sacramentos, Mandamientos, assi de el de Decalogo, como de la Iglesia, y todo lo explicava con terminos tan proprios, y con tal comprehension, que claramente se conocia, que mas que el Monge Anciano, lo havia instruido el Espiritu Santo en el nuevo camino que emprendia, (8) y enseñado todas las verdades de el Catecismo. (9)

7 Seguiase el dia 20. de Agosto, que siendo el año 1156. hacia tres cabales que nuestro dulcissimo Padre San Bernardo havia subido à la Gloria: Y como Amete con lo que aquellos dias havia oido, de su vida, y celestiales virtudes, se le huviesse aficionado, quiso bautizarse en su dia, y dejando el nombre de Amete, tomò en el Bautismo el de Bernardo: y porque no se le arguyesse, que tenia el nombre de un Santo, sin imitar sus virtudes, propuso en su corazon imitarlo, retirandose de el Mundo. Aqui tuvo Amete el mayor combate, porq̃ el amor natural, q̃ tenia à sus Padres, y Hermanos, sus riquezas, el valimento con el Rey de Valencia, la esperanza de el Señorio de Carlete, y el dàr cumplimiento à la Embajada, que tenia à su cargo, fueron los lazos, que le parò el Demonio, para desviarle de sus buenos, y santos propositos. Pero en vano es echar la red delante de los ojos de las aves, (10) que en un instante se elevan à region mas suprema: y assi Bernardo al vèr los lazos de el enemigo, procurò desvanecerlos, bolando à la esfera mas alta de la oracion, en la qual aprendiò luego, que Padre, Madre, y Hermanos, riquezas, fama, y opinion, y quanto se aprecia en el mundo, todo es nada, en cotejo de Dios, y que todo se deve despreciar por seguirle (11). Saliò Bernardo de la oracion tan firme en su proposito, que luego echandose à los pies de el Abad, le pidiò con lagrimas lo admitiesse debajo de su obediencia,

que

---

(8) Psalm. 31. vers. 18. (9) Joan. 16. vers. 13. (10) Proverb. c. vers. 17. (11) Matth. cap. 19.

que estava firmemente resuelto de quedar en ella toda su vida. El Abad lo tratò con los Monges de el Convento, los quales fuera de haver admirado los prodigios de su Conversion, y Catecismo, y estar prendados assi de su cortesanìa, como de su humildad y devocion, examinando su proposito, les pareciò ser mocion de el Cielo, y vocacion eficàz de la Magestad de Dios; y assi convinieron todos con el Abad en admitirlo à la probacion, en la qual entrò dia 22. de Agosto. que era el octavo de su entrada en Poblet. Esta fuè la admirable y acelerada Conversion de San Bernardo de Alzira, à quien el Abad Don Grimoaldo, que muriò año 1160. no solo dejò yà professo, sino tambien egemplo de virtudes, en quien, como en espejo, se miravan todos los Religiosos de este Real Monasterio de Poblet.

8 El Abad Don Estevan de San Martin, que sucediò à Don Grimoaldo, atento à las perfecciones de San Bernardo, lo nombrò Dispensero, ò, como dicen otros, Bolsero, ò Cillerero de el Convento: empleo, en que mostrò el Santo su fervorosa caridad acia los Pobres; pues no solo les socorria con limosnas dentro de el Monasterio, sino que saliendo à los Lugares vecinos, alargava copiosas cantidades de granos, y dineros à los que hallava necessitados, paraque de ellos se socorriessen. Llegaron las noticias al Convento, y pareciendo à muchos, que aquello se rozava en prodigalidad, lo celaron al Abad, el qual amonestò al Santo, mandandole hiciesse las limosnas con prudencia, paraque no faltassen las provisiones al Convento, midiendo de forma su caridad, que no faltasse à la virtud. (12) Ofreciò el Santo cumplir lo que le amonestava el Abad: pero continuò en alargar à los Pobres las mismas limosnas. Mas temiendo los Monges, que por la mucha liberalidad de el Dispensero, estaria la Casa muy cargada de

deu-

---

(12) Tobiæ cap. 4. vers. 8.

deudas, lo celaron otra vez al Abad, inſtandole, que lo llamaſſe à reſidencia de cuentas. Acompañado de el Prior, y Ancianos iva el Abad à llamar à cuentas al Santo, quando acaſo lo encontraron, que ſalia à la Puerta de el Monaſterio à dàr à un Pobre, que alli le aguardava, unos panecillos, que llevava en las mangas de la Cogulla. Y como riñiendole el Abad ſus exceſſos, le digeſſe, que paſſavan yà à inobediencia, le mandò, que deſcubrieſſe lo que llevava en las mangas; y reſpondiendo el Santo, que llevava ſolo unas flores, y moſtrandolo à todos, los panes que èl havia pueſto aparecieron milagroſamente convertidos en flores. Admiraron todos el prodigio: pero no obſtante el Abad, en deſempeño de ſu obligacion, mandò à S. Bernardo, que luego dieſſe razon de ſu Oficio, y de la adminiſtracion, que ſe le havia encargado: Y entrando todos à eſſe fin en la Bolſeria, ſacò el Santo Bolſero un lio de Recibos, ò Cartas de pago, que tenia de diferentes cantidades, que por el Monaſterio havia pagado. Pidiòle el Abad, que ſacaſſe el Libro de Cuentas, que llamamos de recibo, y gaſto: à que reſpondiò el Santo, que no tenia tal Libro, porque nada havia eſcrito, pues ſus Libros ſolo eran un Santo Chriſto, que ſeñalò con la mano, y ſu conciencia, que con el ſanto temor de Dios havia procurado llevar reglada. Replicòle el Abad, mandandole digeſſe todo lo que à la ſazon eſtava deviendo el Monaſterio: Y reſpondiò, que èl no ſabia que el Convento devieſſe coſa alguna, porque à nadie havia pedido preſtado, y que quanto havia dentro de Caſa, todo era de el Convento, y que ſolo ſe devia mucho à la miſericordia de Dios, que con ſu amor y gracia nos ſuſtenta à todos. Oìda eſta reſpueſta, fuè el Abad, aſsiſtido de los miſmos Ancianos, à reconocer el Granero, y Bodegas, y hallaron que eſtavan llenos de trigo, y demàs granos, de vino, y de azeyte: abriò la Arca de el Depoſito, y ſe viò que eſtava aſsimiſmo llena de dinero. Y entonces el Abad,

y

y Monges, dando las gracias à Dios, digeron, que afsi como antiguamente eftuvo la mano de Dios con el Patriarca Jofeph en Egypto, eftava ahora con Bernardo. Quedaron fatisfechos los que havian zelado temerofos de la ruina de el Monafterio: El Abad confirmò al Santo en el oficio; y en èl crecieron la confianza en Dios, y la caridad con los Pobres.

9. Entre los milagros, que fe cuentan de San Bernardo de Alzira en tiempo que fuè Bolfero, es celebre el de la Converfion de el Monge Apoftata, que haviendo fido enterrado con habito Clerical, quando à inftancias de el Santo, lo defenterraron, fuè hallado veftido con Cogulla de Monge. La fuma de el milagro, facada de el Manufcrito de el Monafterio Barbeliano por Juan Picardo, (13) que por error lo atribuye à San Bernardo Abad de Claraval, es como fe figue. Incitado de el Demonio cierto Monge Sacerdote de el Convento de Poblet, fe faliò de el Monafterio, y dejado el Habito, y buelto al figlo, tomò Cura de Almas en cierta Parroquia; y como un pecado fuele fer caftigo de otro, el Apoftata de la Orden cayò en el vicio de la Lujuria, tomando en fu compañia una concubina, de la qual engendrò por lo menos un hijo mudo defde fu nacimiento. Al cabo de muchos años, difpufo Dios mifericordiofo, que no quiere la muerte de el pecador, que paffando San Bernardo por aquella Villa, en que habitava el Monge Apoftata, fuefle à hofpedarfe en fu Cafa. Aunque el Santo no conociò al Apoftata, èfte conociò al Santo, y recibiendole con mucha reverencia, le miniftrò con devocion todo lo neceffario. La mañana figuiente, dichos los Maytines, fe aparejava el Santo Varon para continuar fu viage, y no pudiendo defpedirfe de el Sacerdote, porque haviendo madrugado mas, fe havia ido à la Iglefia, dijo à fu hijo: Vè, y dile à tu Señor efto, y efto. El muchacho obedeciendo al mandato, y fintiendo la virtud de el que

_____
(13) Manrique *tom. 3. Annal. Cift. an.* 1180. *cap.* 4. *n.* 5.

se lo mandava, corrió à su Padre, y le expressò con claras y distintas palabras el recado de el Santo. El Padre, al oir la primera voz de el hijo, llorando de alegria, le hizo repetir una y otra vez el recado, y le preguntò, què le havia hecho el Monge huesped? Y respondiendo el hijo, que nada mas, que mandarle que le diesse aquel recado; compungido el Sacerdote, à vista de tan evidente prodigio, vino apressurado al Santo Varon, y echandose à sus pies con muchas lagrimas, le declarò, que havia sido Monge de su Monasterio, y que en tal tiempo se havia salido de èl: y le rogò con gran fervor, que lo dejasse bolver en su compañia al Monasterio, porque Dios en aquella su venida havia visitado su corazon. Dijole el Santo: Esperame aqui, que yo, desocupado que estè de el negocio à que voy, bolviendo muy presto, te llevarè conmigo. El Sacerdote temiendo à la muerte, que antes no temia, replicò, diciendo: Señor mirad, que temo morirme en esse intermedio. Pero el Santo le respondiò: Tèn por cierto, que si estando en este proposito murieres, serás hallado Monge delante de Dios. Fuesse San Bernardo, tal vez profetizando el sucesso: y bolviendo en breve à la Villa, oyò que el Sacerdote havia muerto, y que estava yà sepultado. Pidiò que abriessen la sepultura, para vèr si el que havian enterrado era Clerigo, ò Monge: Y desenterrando al difunto, fuè hallado, no con los vestidos de Clerigo, con que le havian enterrado, sino con Habitos de Monge, y tonsura monacàl en la cabeza. Pasmaronse todos los circunstantes, y tuvieron al Santo no solo por Profeta, sino por mas que Profeta; pues no solo viò en ausencia al difunto debajo de tierra con Habitos de Monge, sino que con sus Oraciones mereciò, que no muriesse sin el Habito de la Orden el que se havia puesto en sus manos, y tomadole por medio de su Conversion. Advierto à los Lectores, que el referido sucesso atribuyeron à San Bernardo

Abad

Abad de Claraval los Autores Estrangeros, que no conocieron, ni tuvieron noticia de nuestro San Bernardo de Alzira: pero el no hacer memoria de èl los Escritores mas antiguos, como San Guillen, Arnoldo, Godefrido, y otros que escrivieron la Vida de el Santo Doctor, es prueva concluyente de no haverse de atribuir à San Bernardo de Claraval, sino à nuestro San Bernardo de Alzira.

10 Sea como fuere, acordandose el Abad de Poblet, de que los Santos Apostoles, para vacar à la Oracion, y Predicacion Evangelica, dejaron à otros el ministerio de la comida para las mesas de los Pobres, (14) mandò al Santo, que dejasse el oficio de Bolsero, paraque mas desembarazado siguiesse el fervor de su espiritu en los egercicios de el Coro, Actos de Comunidad, y Oracion. Cumpliòlo exactamente San Bernardo, y acudiendo à todas las obligaciones el primero, siempre se reputaba en su estimacion por el mas indigno de todos, echandose muchas veces à los pies de sus Hermanos, pidiendoles perdon de algunas inadvertencias, que tenia al encontrarles, porque las mas veces no reparava en ellos, à causa de que en su interior estava siempre tratando, y conversando con la Magestad de Dios. Havia dedicado con especialidad para la Oracion el tiempo, que mediava desde Maytines à Prima, que solia quedarse de rodillas en el Coro delante de un Santo Christo; el qual entre otros favores, con que ragalò al Santo en aquellos egercicios de oracion, fuè que un dia se le mostrò crucificado, y repetiendo aquellas tres preguntas, que antes de subir à los Cielos hizo el Apostol San Pedro, (15) le dijo tres veces: Bernardo amas me? y respondiendo el Santo à cada una de las tres, como el Principe de los Apostoles: Vos Señor sabeis mi corazon, y lo que os amo; se desclavò la Magestad de Christo un brazo de la Cruz, y dando de su mano el clavo à San Bernardo, le

dijo

(14) Act. Apost. cap. 6. (15) Joann. cap. 21.

dijo que se lo dava en prendas, y señal de su amor. Y esta revalacion dejò tan asegurado al Santo de lo que la Magestad de Christo havia querido significarle, que despues solia decir à los que comunicava su espiritu, que tenia por cierto, que le concederia el Señor la dicha de ser su Martir. Este sucesso he leido solamente en los Manuscritos de el Reverendisimo P. Maestro Don Baltasar Sayòl, que lo califica con las palabras siguientes: *Este sucesso, que es de los mas dignos de escrivirse, han omitido todos los Autores, que han escrito la Vida de este Santo, pero su verdad comprueban dentro de este Monasterio la antigua tradicion de los Monges, y muchos Manuscritos antiguos.* El Lector le darà el credito, que se merece.

11 Desde su Conversion havia deseado grandemente San Bernardo, que sus Padres, Hermanos, y Parientes llegassen à la misma luz de la Fè de Christo, con que le havia alumbrado la Divina Gracia, y à esse fin havia hecho continuas oraciones, y penitencias, y aun implorado las oraciones de el Convento. Llegando pues al año 1178. obtuvo licencia de el Abad Don Hugòn, que havia sucedido en la dignidad, por la promocion de el Abad Don Estevan de San Martin à la Iglesia de Huesca, para ir à predicarles, y convertirles. Saliò pues Bernardo à la guerra espiritual, armado de la Fè, Esperanza, y Caridad, que son las armas que nos dejò Christo para vencèr. Llegò à la Ciudad de Lerida, y hospedòse en casa de su Tia Doraycela, Señora muy principal, y de las Moras de mas estimacion que alli havia. Recibiòle gustosa, aunque admirada de el Habito tan diferente de el trage, con que veinte y dos años antes le havia visto. Satisfizola el Santo, dandole razon de haverse convertido à la Fè de Christo, de la qual le ponderò que era la unica para salvarse. (16) Y aunque hallò en ella à los principios gran resistencia, y aun mil razones

---

(16) Marci cap. 16. vers. 16.

zones sofisticas para mantenerse en su Secta; mas al fin convencida de las eficaces razones de San Bernardo, y obrando interiormente la Gracia de el Divino Espiritu, se rindió à nuestra Santa Fè el duro corazon de la Tia, que instruida bien en los puntos principales de nuestra Religion Christiana, recibió de mano de nuestro Bernardo las Aguas de el Sagrado Bautismo: y à egemplo de la Señora hicieron lo mismo todos los de su Familia, y Casa. Supo allì Bernardo la muerte de sus Padres, y que nuevamente havia sucedido su hermano Almanzor en el Reyno de Carlèt, y Pintarrafes, y pareciendole que no era tiempo oportuno para ir à predicarle, se restituyó al Monasterio, dejando à su Tia santas instrucciones para servir à Dios, con las quales llegó en breve à tanta perfeccion, que reservando para sì, y dos Criadas lo bastante para una mediana vivienda, repartió sus bienes con Pobres, y con el mismo Monasterio de Poblet.

12 Buelto à Poblet S. Bernardo, le mandó el Abad Don Hugòn, que cuydasse de la Porteria de el Monasterio: empleo, en que tambien egercitó su grande caridad con los Pobres, à quienes repartia de su mano las limosnas que sacavan de la mesa de la Comunidad, y enseñandoles la Doctrina Christiana, con suma humildad les lavava y besava los pies. Curò à muchos de varias enfermedades, (17) y singularmente muchos Niños quebrados. Pero pareciendole al Santo, que yà era tiempo de procurar reducir à la Fè de Christo à sus Deudos, y Hermanos de Carlet, obtenida la licencia de el Abad D. Hugon año 1181. tomò el viage para su Patria, empleandose por el camino en obras de caridad, librando à unos de las enfermedades, que padecian, y sacando à otros de los errores en que estavan, (18). Llegò à la Casa paterna, y hallò à su hermano Almanzòr, que havia heredado el Reyno, y à sus dos Hermanas,

---

(17) Lucæ cap. 9. vers. 11. (18) Acta Apost. cap. 10. vers. 38.

nas, que vivian sin estado en el Palacio. El Rey lo recibió con mucha alegria, presumiendo que venia à su Patria para renegar de la Fè de Christo: pero luego les declarò Bernardo la causa de su venida, diciendoles: como su fin no era otro, que abrirles los ojos, paraque viendo la luz, dejassen las tinieblas, y saliendo de la esclavitud tiranica de el Demonio, abrazassen el yugo suave de Christo, al modo que èl lo havia hecho, mediante la luz de la Fè. (19) Notable fuè la indignacion que mostrò à estas palabras su hermano Almanzòr, y assi le dijo: Vete de mi presencia, y trata de no hablar mas de essa Ley de el Crucificado, que predicas, sino quieres experimentar los rigores de la muerte con mi ira. Pero el Santo, sin hacer caso de las amenazas de el Rey, le dijo: Seame Dios testigo, que hize de mi parte quanto he podido, para conseguir tu salvacion; mas pues no quieres ser hermano mio en la Fè, no hay razon, paraque tenga mas familiaridad contigo, quando manda el Evangelio (20) en estos lances la separacion de el vinculo mas estrecho. Quiso enfurecido Almanzòr matar con su propria mano al Santo, pero le detuvieron algunos de su Palacio, y entre ellos, las dos Infantas sus hermanas, que le pidieron à Almanzor, se lo dejasse à ellas, ofreciendose à reducir à Bernardo à todo lo que Almanzor deseava; à lo qual vino bien el Rey, creyendo que las lagrimas, y ruegos de sus Hermanas bastarian à pervertirle.

13 Viendose ya Bernardo à solas con las Infantas, se aplicò à su conversion, persuadiendolas à que dejassen su falsa Ley, diciendolas lo que contenia la de Christo, y el premio que se esperava à los que verdaderamente la seguian: lo que supo hacer con tal dulzura de palabras, y eficacia de razones, que al instante las redujo al verdadero conocimiento; è instruyendolas bastantemente en los Misterios de nuestra Santa Fè, las bautizò de su misma mano

(19) Act.Apost. cap.26. vers.18. (20) Matth. cap.10.vers.34.

en secreto dentro de el mismo Palacio, trocandoles los nombres Mahometanos de Zayda, y Zorayda en los Christianos de Maria, y Gracia; y desde luego las asignò para Religiosas Cistercienses, prometiendo ellas à la Magestad de Dios, que en llegando à tierra de Christianos, professarian aquella Orden por toda su vida. Por el grande afecto que tenian à las Infantas algunos Criados de la familia de Almanzor, dieron en el mismo Palacio oidos à la predicacion de Bernardo, y haviendose convertido, se bautizaron con el mismo secreto. Al mismo tiempo que Bernardo lograva estas buenas suertes, ganando à Dios aquellas almas, el Rey Almanzor por medio de sus Hermanas (que siempre le simulavan trabajar en pervertir à Bernardo) le hacia mil ofrecimientos de riquezas, gustos, y honores, amenazandole al mismo tiempo con rigores y tormentos, hasta quitarle ignominiosamente la vida, si no renegava de la Fè de Christo. Pero todas sus amenazas nada mutavan la constancia de el Santo, cuyo unico cuydado era entonces como libraria de su mal lado à las Infantas, de las quales devia temer prudente, que ladeadas de aquel Tirano, y à vista de su mal egemplo flaquearian en la Fè, que de nuevo havian abrazado. Pero saliò de esta zozobra el Santo, quando ellas con mas que varonil esfuerzo, se ofrecieron à seguirle, huyendo de el Rey su hermano, aunque la fuga les costasse la vida, que perdiendola por Christo, seria su mayor ganancia. (21) Mucho gozo recibiò Bernardo de oirles esta su resolucion tan gallarda, y tan santa: y despues de haverlo todo encomendado à la Magestad de Dios en sus Oraciones, determinaron salirse de el Palacio una noche à hora cauta, y esconderse en un Bosque vecino, hasta que passasse la furia de su hermano Almanzor (que suponian que al descubrir su falta, las havia de buscar con estremada diligencia) que entonces podrian con

(21) Ad Philippens. cap. 1. vers. 21.

mas seguridad emprender el viage hasta encontrar tierra de Christianos.

14 Conforme lo havian tratado, assi lo egecutaron, y metiendose en lo mas intrincado de el Bosque, distante como una legua de Carlete, se detuvieron alli tres dias, haciendo continua Oracion à la Magestad de Dios, paraque les diesse acierto, y fortaleza para morir, por su amor, si era de su santissima voluntad, que le siguiessen por el camino de el martirio, que yà deseavan. Al tercer dia les apretò à todos el hambre, y para buscar remedio, dejando Bernardo en aquel retiro à sus hermanas Maria, y Gracia, saliò solo de el Bosque, para buscar alguna cosa de comer para todos. Pero à poco trecho, que se havia apartado de el Bosque, descubriò una gran tropa de Soldados, que armados venian en busca suya. Venia entre ellos su mismo hermano Almanzor, el qual huviera yà arremetido para èl, con intento de alcanzarle, à no haverle detenido el brazo el cuydado de las Infantas. Y assi, templando el rigor, le dijo, que si se las bolvia, y tornava à su Secta, hallaria aun lugar el perdòn. Respondiò el Santo muy animoso: Yo quisiera que huviesses cogido el fruto de mi venida, que han logrado las hermanas: mas pues no quieres ser hermano nuestro en la Fè, sabe, que todos tres estamos aparejados à morir por ella. Entonces, falto de paciencia el Rey Almanzor, mandò maniatar à Bernardo, obligandole à que guiasse adonde quedavan las Hermanas, despues de haverle arrastrado por tierra, dado de golpes, y ensangrentado. Apenas llegaron al puesto, mandò Almànzor, que atassen al Santo en una encina, y riñiendo à sus Hermanas la fuga, que de su Palacio havian hecho, les quiso persuadir yà con alagos, yà con amenazas, que se bolviessen con èl, y dejassen de seguir à San Bernardo, al qual llamava hipocrita, y falso hermano. Pero las Santas Doncellas, firmes en lo que havian prometido à la Magestad

tad de Dios, y à San Bernardo, refueltas à morir por Chrifto, refpondieron à Almanzor: que por quanto tiene el Mundo no dejarian la Fè de Chrifto, à que fin meritos fuyos las havia Dios llamado, por medio de fu hermano San Bernardo, (22) y con una fanta libertad, lo reprehendieron de haver maltratado al Santo. Enfureciòfe de nuevo Almanzor, y juzgando, que muerto San Bernardo, convendrian las Hermanas en lo que pretendia de bolver à fu Palacio, y dejar la Fè de Chrifto, lleno de una rabia infernal, mandò à un Barquero, que acafo fe encontrò entre los Soldados, y tenia en la mano el clavo de que fe fervia en la Barca de el rio Jucar, para tener el timòn, que lo clavaffe por la frente al Santo en la encina en que eftava atado, para quitarle de aquel modo la vida. Hizolo diligente el Barquero, y al fijarle el clavo por la frente, le fijò la Corona de el Martirio, que recibiò el Santo, invocando à cada golpe, que dava el Barquero en el clavo el Santifsimo Nombre de Jesus, en cuya pronunciacion diò fu Alma dichofa à Dios nueftro Señor; y fe cumpliò entonces, y declarò la vifion celeftial de el clavo, que en feñal de amor le havia alargado el Santo Chrifto à Bernardo en la oracion, de que fe hizo mencion arriba *num.* 10.

15 Martirizado afsi San Bernardo, bolviò Almanzor à emprender à fus Santas Hermanas, repitiendoles las promefas y amenazas: pero ellas, fin temer las unas, ni eftimar las otras, perfeveraron firmes en la Fè de Chrifto, (23) y reprehendiendo à Almanzor la barbara crueldad, que havia ufado con fu Santo Hermano, le aconfejavan, que arrepintiendofe de fus errores, fe convirtieffe, y bautizaffe, y fe valieffe de la intercefsion de el Santo Martir, que por fu medio le affeguravan, que la gran mifericordia de Dios le perdonaria. No eftava el obftinado corazon de Al-

(22) Ad Roman. 8. v. 38. (23) Matth. 24. v. 13.

Almanzor para oìr semejantes platicas, porque à cada palabra que de esto les oìa, se enfurecia de nuevo: y assi quiso vengar con la sangre de las Hermanas los agravios, que à su parecer le havian hecho à èl, y à su Profeta Mahoma. Y contentas las Santas Doncellas de morir por Christo, ofreciendo de nuevo à la Magestad de Dios su Virginidad, y su vida, dieron sus gargantas al cuchillo, con que un Barbaro, por mandato de Almanzor, las degolló luego delante el Cuerpo de el Santo Martir Bernardo, que aun muerto pudo con su presencia infundirles aliento para vencer al tirano, y sufrir con fortaleza el dolor de el martirio. Los Barbaros dejaron alli los Cuerpos de los Santos Martires, expuestos à que se los comiessen las aves, y las fieras; pero la Magestad de Dios movió à uno de los criados de Almanzor, que San Bernardo havia convertido, y bautizado, el qual ocultamente les diò Sepultura en el mismo lugar de el Martirio, donde permanecieron muchos años ignorados de el Mundo, hasta que el Cielo milagrosamente los descubriò una y otra vez, como luego verèmos.

16 De todo lo sucedido vinieron avisos al Abad, y Convento de Poblet, los quales dieron à Dios las gracias, por el glorioso triunfo, y Corona de Martires, que havia concedido à sus Siervos Bernardo, Maria, y Gracia; cuyas Reliquias no pudieron traerse à Poblet, porque los Infieles dominavan en el lugar de su Martirio, y Sepultura. Fuè el Martirio de los tres Santos hermanos Bernardo, Maria, y Gracia año 1181. y segun los mas de los Autores, en el mes de Agosto. En el dia no concuerdan todos: porque algunos son de sentir que fuè à 22. de Agosto. (24) Otros en el dia 23. de dicho mes. (25) Y el P. Chrisostomo Enriquez

---

(24) *Martyrolog. Hispan. ad diem 25. Augusti.*
(25) *Menolog. Cisterciens. ad diem 23. Augusti.*

riquez (26) siente que fuè à 20. de Agosto, dia en que celebra la Iglesia la Fiesta de el Melifluo Doctor, y Padre San Bernardo, y en que el Santo Martir cumplia los 25. años de su Monacato. En el lugar de el Martirio no puede haver duda que fuesse un Bosque, vecino à la Villa de Alzira, y de ahi es, que à nuestro Martir lo llaman todos San Bernardo de Alzira, aunque naciò en Carlet; porque la Patria de el Martir (como advierte San Gregorio Niseno) no tanto se deve llamar aquella en que naciò al Mundo, como aquella en que renaciò para el Cielo, y en donde le prestan culto, y veneracion. (27)

17 Como por muchos años despues de enterrados los Cuerpos de los Santos Martires, todo el Reyno de Valencia estava cautivo debajo la vil servidumbre de los Mahometanos, no solo se enterraron los Cuerpos, mas aun la memoria de ellos, y de su Sepultura, por mas de 60. años, hasta que el Serenissimo Señor Rey Don Jayme, despues de haver ganado la Ciudad de Valencia, andando por los años de 1245. en seguida de la Conquista de aquel Reyno, acertò à embiar una noche Adalides, que criessen el Campo de Alzira, los quales, echados à dormir en aquel Bosque, sintieron una dulcissima melodia, y no pudiendo atinarla, puestos en centinela la siguiente noche, vieron bajar seis luces de el Cielo, y que se partian à dos Coros por igual. Llegaronse con temor acia el puesto, que señalavan las luces, y hallaron la tierra mojada de sangre fresca: è incitados de impulso Divino, cavaron en aquel sitio, y toparon con los Cuerpos de los tres Santos Martires. Bolvieron à cubrirles lo mas bien, y dissimuladamente que pudieron; y ganada la tierra por el Rey Don Jayme, lo avi-

(26) Enriquez *Corona Sacra Cisterc.* cap. 7. §. 4.
(27) S. Greg. Nisen. in Festo Martyris Theodori, ibi: *Martyris Patria, quà ille passus regione est: Cives verò, atque affines, qui considerant, habentque, ut honoribus prosequantur.*

avisaron de el caso; el qual haciendo diligente pesquisa, y averiguacion entre los Moros de la tierra, le fue referido el Martirio de aquellos Santos Hermanos. Mandò el Rey fabricar alli mismo una devota Hermita, y poner dos Sepulcros de piedra: en el uno, que tenia encima una Estatua de San Bernardo, con un clavo en la frente, que es la insignia de el Santo, hizò poner sus Reliquias, y entallar en la piedra un letrero en lengua Latina, que traducido en la Castellana, decia: *Aqui yace el Cuerpo de San Bernardo Martir*: En el otro Sepulcro, en que colocaron las Reliquias de las Santas hermanas Maria, y Gracia, pusieron entallado en la piedra un letrero en lengua Valenciana, que buelto en la Castellana, decia: *Aqui estàn los Cuerpos de San Bernardo Martir, Santa Gracia, y Maria*. En estos Sepulcros estuvieron encerradas las Santas Reliquias algunos años, hasta que el Hermitaño, que cuidava de la Hermita, temiendo, que en una revolucion, que huvo en el Reyno de Valencia, no le hurtassen tan preciosas joyas, previniendo el daño, de consentimiento de la Villa de Alzira, las escondiò en lugar decente, sin que de èl supiessen mas, que tres Personas de la misma Villa, à las quales se fiò el secreto: y fuè tan grande la guarda de aquel secreto, que murieron los tres, sin dejarlo descubierto à otros, por cuyo motivo segunda vez estuvieron perdidas, ò por lo menos ignoradas las Santas Reliquias, hasta que con nuevos prodigios se descubrieron.

18 Aunque no se sabia determinadamente el puesto, donde havian escondido las Reliquias de los Santos Martires, por las alteraciones que sucedieron en el Reyno de Valencia, mas no se dudava que estavan en aquella Hermita, que les hizo fabricàr el Rey Don Jayme, porque assi lo indicavan bastantemente los continuos milagros, que obrava Dios N. Señor por intercession de los Santos: (28) de

---

(28) Marci cap. 16. vers. 20.

de manera, que por los años de 1558. pareciendo à la Villa de Alzira seria razon se fundasse un Convento, paraque en èl se dieran continuas alabanzas à Dios, en honra de nuestros Martyres, hizo entrega de dicha Iglesia à los Religiosos Trinitarios, con la condicion: Que se quedava la Villa por Patrona de la Casa, y de el Cuerpo del S. Martir Bernardo. Y en el año 1583. no siendo bastantemente capàz la Capilla antigua para los concursos de los Fieles, que por sus votos, promesas, romerìas, y acciones de gracias la frequentavan, se renovò y ampliò la dicha Iglesia, y se dedicò à los tres Santos Martires Capilla propria, separada de el cuerpo de la Iglesia, de extension y soberanìa en la arquitectura à lo practico, con excelentes adornos de oro, plata, alabastro, y pinturas, adonde fueron trasladados los Cuerpos de los tres Martires Hermanos año 1599. en que sucediò la segunda invencion de las Santas Reliquias, de el modo que voy à referir.

19 No satisfecha la devocion de los Fieles con saber, que estavan dentro de aquella Iglesia las Reliquias de los Santos Martires, suspirava anciosa por verlas, y à esse fin se havian hecho muchas rogativas, ayunos, y oraciones en Alzira, en Poblet, y en otras partes: mas la principal diligencia se deviò al grande espiritu de el Venerable Padre Maestro Fray Simon de Rojas, Religioso Trinitario, (29) el qual informado por un Religioso Valenciano de su Orden de la Vida y muerte de nuestros Santos, y de que sus Santas Reliquias estavan ignoradas de todos, se encendiò en zelo de su veneracion, y pidiò con instancias à la Magestad de Dios, se dignasse disponer, que se descubriessen. Y despues de muchas oraciones suyas, y de otras Personas devotas, à quienes el Venerable Padre havia encargado que orassen à Dios por lo mismo escriviò al Provincial Trinitario

(29) El Maestro Fr. Francisco de Arcos. *Vida de el P. M. Simon de Rojas*, lib. 3. cap. 9.

rio de la Corona de Aragon, que era el M. Fr. Geronymo Box, encargandole mucho, que hicieſſe buſcar las Santas Reliquias: y como deſpues de diferentes cartas, que ſobre eſte negocio le tenia eſcritas, el Provincial continuaſſe, en poner algunas dificultades, le eſcriviò por ultimo, amagandole un caſtigo viſible, que los miſmos Santos harian en èl, ſi luego no diſponia los medios, de buſcar las Santas Reliquias. Rindiòſe à eſta carta el Provincial, y de orden ſuyo, y de conſejo de el miſmo Venerable Padre Maeſtro Rojas, ſe buſcaron, y hallaron deſpues de las diligencias ſiguientes. Todos los Religioſos Trinitarios de Alzira ſe previnieron con oraciones, y ayunos: Los Sacerdotes digeron Miſſa, y los que no eran Sacerdotes tomaron la Santa Comunion, y ofreciendo eſtas devociones à la Mageſtad de Dios, à fin de que ſe dignaſſe manifeſtarles el rico teſoro de las Santas Reliquias, los Sacerdotes pueſtas las eſtolas, cavavan por ſus proprias manos de noche en la Igleſia, con tanto fervor, que ſufrian toda la noche ſin ceſſar aquella fatiga, y como ſi nada huvieſſen hecho acudian de dia à los Divinos Oficios, y demàs miniſterios de el Convento. A la tercera noche de eſtas devotas, y religioſas tareas, que era la que prevenia el dia 23. de Julio de dicho año 1599. fuè nueſto Señor ſervido, que deſcubrieſſen un profundo entierro, que luego los llenò de un ſuaviſſimo, y celeſtial olor, que aſſeguró à todos el hallazgo del ſagrado teſoro, que buſcavan. Era el entierro junto al Altar mayor de la miſma Igleſia, y conſiſtia en un Sepulcro de quatro pies en quadro, hecho de ladrillo. Allì encontraron juntos todos los Hueſſos de los tres Santos Martires, y la Cabeza de San Bernardo, con la ſeñal y ahujero de el clavo, que tenia en la frente, eſtava ſola apartada de los demàs Hueſſos à un lado de el Sepulcro.

20 Los Religioſos, luego que vino el dia, fueron con ſecreto à llamar al Bayle, Juſticia, y Jurados de la Villa de Alzi-

Alzira, à los quales como Patronos de el Convento, primero que à los otros, quisieron comunicar el dichoso hallazgo. (30) Los llamados, para mas dissimulo, fueron cada uno por su parte al Convento, sin decir à persona alguna à lo que ivan: Pero Dios nuestro Señor, que no queria yà tener ocultas sus maravillas, ordenò, que al mismo tiempo se juntassen en aquel Convento las Personas mas principales de la Villa; y diciendo todos, que havian venido à vèr las Reliquias de los Santos Martires, que se havian yà descubierto, ninguno huvo que pudiesse decir quien se lo havia avisado, ni como lo havia sabido. Si fuè milagrosa esta junta de los de Alzira, no menos lo fuè la de el dia siguiente, que para celebrar el feliz hallazgo de las Santas Reliquias, se juntaron de diversas partes mas de seis mil Personas, entre las quales fueron señalados tres Cavalleros de el Palacio de el Serenissimo Señor Rey Don Felipe III. y el Palafrenero de la Reyna Doña Margarita, que ivan à Denia, donde estavan los Reyes; que sobre haver tomado Guias practicas de la tierra, para no errar el camino, se apartaron de èl, sin advertirlo ellos, ni las Guias, por trecho de dos leguas, y aportaron à Alzira: de donde, despues de haver adorado las Santas Reliquias, partieron à Denia, llevando à sus Magestades las alegres nuevas de la milagrosa invencion de los Cuerpos de los Santos Martires.

21 Muchos fueron los milagros, que aquellos dias obrò Dios nuestro Señor, para hacer patente al Mundo, que aquellos eran los verdaderos Huessos de sus bienaventurados Siervos Bernardo, Maria, y Gracia. Una Muger, natural de la Alcudia, oyendo que los Cuerpos hallados no estavan enteros, sino solos los Huessos sin la carne, dijo que no creìa que aquellos fuessen Huessos de San Bernardo: y lue-

(30) Fr. Bernabè de Montalvo *Histor. de la Orden de San Bernardo, lib. 4. cap. 53.*

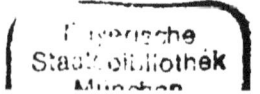

luego que pronunciò su mala creencia, la castigò Dios, quebrandole un hijo que tenia en sus brazos. El castigo le mejorò el discurso, con que haviendo referido el caso à sus Vecinos, y mostrando la desgracia de su hijo, pidiò al Santo con lagrimas de arrepentimiento, que la perdonasse, y le prometiò, que iria luego à piè descalzo à visitarlo en su Iglesia; y retratando en voz alta, que oyeron todos los que antes havia dicho à solas, protestò que creìa firmissimamente, que eran los Huessos de San Bernardo los que se havian hallado. Al punto que acabò de proferir essas palabras, sin otro remedio, quedò el hijo à vista de todos sano de la quebradura: Y admirando el prodigio, hizo que se recibiesse testimonio autentico de el sucesso para mayor gloria de el Santo. (31) Otro caso semejante sucediò à un Vecino de Alzira, el qual mirando desde una ventana de su casa el inumerable concurso, que el dia 24. de Julio se havia juntado para visitar las Santas Reliquias, dijo entre sì mismo, que mientras no viesse otras señales mayores, no creeria, que aquellas fuessen las Reliquias de San Bernardo. No tardò mucho à experimentarlas, porque luego le sobrevino un dolor de hijada vehementissimo, que pensò allì mismo que se le acabava la vida. Conociò que aquel repentino dolor era castigo de su mala feè; y para su enmienda, suplicò à San Bernardo, que lo curasse, y creerìa que eran sus verdaderos Huessos los que se havian hallado. Oyò el Santo sus ruegos, y luego le restituyò la salud. A nadie havia el paciente comunicado la causa de su dolencia, ni el remedio de su curacion: y paraque se manifestasse para gloria de el Santo, de alli à tres dias le repitiò el dolor, por no haver divulgado el prodigio: y conociendo claramente, que le repetìa el accidente por haver callado las maravillas de el Santo, las hizo publicas à todos, y luego cobrò la salud, cessandole totalmente el dolor, de modo que jamàs

(31) *El Autor citado alli mismo.*

más en toda su vida bolviò à molestarle. De estos, y otros infinitos milagros, que podrà ver el Devoto en los Autores, que escrivieron la vida de San Bernardo de Alzira, recibiò informacion juridica el Doctor Christoval Colom, Vicario General de el Arzobispado de Valencia, y Patriarca de Antioquia, Don Juan de Ribera, el qual consiguiente à dicha Informacion, expidiò un Decreto, en que declarò; que las Reliquias halladas en la Iglesia de los Religiosos Trinitarios de Alzira, eran los Cuerpos verdaderos de los Santos Martires Bernardo, Maria, y Gracia. (32)

22 El Abad de Poblet, que à la sazòn era el Maestro Don Juan Tarròs, pretendiò que devian darse à su Monasterio los Cuerpos hallados de los Santos Martires; y à esse fin partiò à Denia à besar la mano al Serenissimo Señor Don Felipe III. y aunque obtuvo de su Magestad confirmacion de todos los Privilegios, que hasta entonces havia Poblet alcanzado de sus Serenissimos Predecessores; pero quanto à la pretencion de las Santas Reliquias, se quedò con solas esperanzas, con las quales acabò sus dias en el 23. de Deciembre de 1602. Sucediòle Don Simon Trilla, y prosiguiendo la demanda de los Santos Cuerpos, se interpuso el Serenissimo Señor Rey Don Felipe III. y se hizo composicion con los Religiosos Trinitarios, y con la Villa de Alzira, conviniendo las Partes, en que se quedassen alli los Sagrados Cuerpos, y que diessen al Monasterio de Poblet Reliquias insignes de ellos, esto es, una Canilla entera, y un pedazo de la Cabeza de San Bernardo, y otras Reliquias grandes de sus dos Hermanas Santa Maria, y Santa Gracia. Fuè el Abad à Alzira à recibir las Santas Reliquias, y con ellas se bolviò gozoso à Poblet, cuyo Convento saliò à recibirlas con gran solemnidad à 2. de Setiembre de 1603. dia en que desde entonces celebra el Monasterio

(32) El Dr. Jayme Servera *Vida de San Bernardo de Alzira,* tit. 2. §. 3.

rio todos los años la fiesta de estos Santos Martires, aumentando siempre su culto, hasta que ha llegado à celebrarla con Octava solemne, de el mismo modo que la de nuestro Melifluo Padre, y Doctor San Bernardo.

DISSERTACION V.

ELECCION DE DON ESTEVAN DROC ABAD VII. DE Poblet: Donaciones de el Rey de Aragon, y de otros Cavalleros: Eleccion de el B. Bernardo Abad XII. de Cister: de el B. Guillen II. de este nombre, Abad XIII. Muere el Papa Lucio III. y sucedele Urbano III. Muerte de el Abad Don Estevan, y eleccion de Don Pedro de Talladell, Abad VIII. de Poblet: Errores emendados por Escrituras autenticas: Favores de el Papa Urbano III. y de el Rey de Aragon al Monasterio. El B. Pedro II. de este nombre, Abad XIV. de Cister: Su muerte, y eleccion de el B. Guidòn II. de este nombre, Abad XV. de gloriosa memoria: Muerte de el Papa Urbano III. de Gregorio VIII. y eleccion de Clemente III. Muerte de el Abad Don Pedro de Talladell, y eleccion de Don Estevan IV. de este nombre, Abad IX. de Poblet.

ENTRE los espirituales alborozos, con que celebravan los Monges de Poblet la gloriosa victoria de nuestros Santos Martires Bernardo, Maria, y Gracia, eligieron por su Abad à Don Estevan Droc, Sugeto eminente en la Regular Observancia, y demàs virtudes, entre los muchos, que à la sazòn ilustravan al Monasterio.

VII.

VII.
DON ESTEVAN (III) DROC

ABAD VII. DE POBLET.

Año de Christo 1181.

1 Empuñava yà el Baculo Pastoral por lo menos à 30. de Deciembre de el año 1181. segun consta de Escritura autentica de el Archivo, (1) que contiene cierta Donacion, que à èl, y al Convento de Poblet otorgò en dicho dia Don Bernardo de Anglesola, concediendo toda la agua necessaria para el riego de la Granja de Barbens el dia Miercoles con toda su noche todas las semanas de el año, y obligando à qualquiera que se atreviesse à impedir el uso de dicha agua à pagar al Monasterio veinte sueldos. Y antes de concluirse el año à 5. de Marzo, al otorgar su Testamento, legò al Monasterio en franco alodio un Campo en el Termino de Anglesola, y de Barbens, y nombrò en uno de sus Testamentarios al Abad de Poblet.

2 Havia el Serenissimo Señor Rey Don Alonso acabado de conquistar de los Sarracenos todo lo que hoy dia es Reyno de Aragon, quando entrò Don Estevan Droc en la Abadìa de Poblet, Sugeto tan estimado de su Magestad, que à pocos meses de govierno lo favoreciò con la Donacion de un Sarraceno llamado Azmet Arraul con toda su Casa, y demàs bienes en libre, y franco alodio, que otorgò en la Ciudad de Tortosa en el mes de Febrero de el proprio año 1181. como es de vèr en el Archivo de esta

Real

---

(1) Archivo de Poblet, Cajòn 35. intitulado *Barbens*, ligarza 1. ibi: *Stephano Abbati Populeti &c.* Et infra: *Actum 3. Cal. Januarii anno Domini Incarnat.* 1181.

Real Cafa. (2) Acoto la Efcritura, porque fu Data mirada con la devida reflexion, concluye à evidencia lo que dejamos advertido arriba *Introduccion num.* 14. que en el computo de las Abadìas deviamos llevar la cuenta de los años de la Encarnacion de el Señor, comenzados en 25. de Marzo, en la qual el mes de Febrero es pofterior al Deciembre de el proprio año. Pues, à no contar afsi, no podia fer Abad de Poblet Don Eftevan Droc en el Febrero, fin que lo fuefse tambien en el Julio, y Setiembre de 1181. en que, como yà vimos *Differt.*4.*num.*24. fe hallava todavia Abad de Poblet fu Predecefsor Don Hugon.

3 Corta le pareciò al Sereniſsimo Señor Rey D. Alonfo la referida demoftracion de afecto al Abad, y Convento de Poblet; y defeando manifeftarle con mayores beneficios, eftando en la Ciudad de Balbaftro, acompañado de los Ricos-Hombres Sancho de Horta, Pelegrin de Caftellazol, Guillen de San Martin, Geraldo de Jorba, Pedro de Balbo, Arnaldo de Sematano, Eftevan de Miramud, Ramon de Pedro, y Raynaldo fu Capellàn, les concediò un infigne Real Privilegio de fecha de el año 1183. en el qual les confirmò todos los hafta entonces obtenidos, y demàs à mas tomò debajo fu Real amparo todas las pofsefsiones, bienes, y Perfonas de el Monafterio, mandando que las caufas, y pleytos concernientes al Convento fe decidiefsen por qualefquiera Tribunales por fola la palabra de el Abad, y Monges, fin que fuefse necefsario juramento alguno: Privilegio que defpues roborò y confirmò de fu Real mano el Sereniſsimo Señor Rey Don Pedro fu hijo, como es de vèr en el *Apend. cap.*1.*num.*5.

4 Y paraque fe vea por quan propria tomò fu Mageftad la defenfa de el Monafterio, no puedo defraudar à la
cu-

---

(2) Archivo de Poblet, Cajòn 27. intitulado *Tortofa*, ligarza 6. ibi: *Et ibi Stephano Abbati &c.* & infra: *Facta Carta apud Dertufæ menfe Februarii anno Domini* 1181,

curiosidad de los Lectores la noticia, de que, haviendo algunos hombres de las Villas de Prades, y Montblanch hecho daño en el Bosque, que al Monasterio de Poblet havia dado su Padre el Conde de Barcelona, Principe de Aragon, informado el Rey por parte de el Monasterio de lo sucedido, despachò desde la Villa de Fraga un riguroso mandato contra dichos hombres, por carta de su Real nombre, que podrà leer el curioso en dicho *Apend. cap. 1. num. 6.*

5 Favorecieron à nuestro Abad Don Estevan, y al Convento de Poblet los mas principales Personages de Cataluña. Es la Excelentissima Casa de Cardona tan antigua bienhechora de el Monasterio de Poblet, que yà al principio de su Fundacion sus Nobles Ascendientes Don Ramon, y Don Guillen de Cardona, Doña Guillelma, Condesa de Melgor, y su hijo Don Ramon Folch en el mes de Mayo de el año 14. de el Rey Luìs el Menor, que corresponde al año 1151. de la Encarnacion, dieron al Convento de Poblet perpetuamente cincuenta y dos somadas, ò ciento y quatro cargas de sal anuales: y ahora en el mes de Junio de el año 1184. el Vizconde Don Guillen Folch, y su muger Doña Geralda de Jorba añadieron, que si acaso el Monasterio necesitasse de mas sal para su uso, se le diesse de las mismas Salinas de Cardona: las quales Donaciones fueron confirmando los Sucessores Vizcondes, Condes, y Duques de Cardona, hasta el Excelentissimo Don Luìs Ramon Folch de Cardona año 1670. que las ratificò en la Villa de Madrid. Don Gombaldo de Ribelles (Casa antiquissima de los nueve Barones, y de quien son oriundas diversas Familias de Pons, y Ribelles) en el mismo año 1184. mandò ser sepultado en Poblet, y le hizo Donacion de la mitad de el Castillo de Monsuar con todo el Señorìo, que alli tenian èl, y su hermano Don Ramon de Ribelles. Y el Noble Geraldo de Segura diò al Abad, y Convento de Poblet un Honor en el Termino de Milmanda, y fuè admiti-

mitido à la Hermandad de el Monasterio.

6 Como iva creciendo tanto la fama de Santidad de el Abad Don Estevan, y demàs Monges de Poblet, no solo favorecian al Monasterio los Cavalleros principales con sus haciendas, sino tambien le dedicaban sus proprias Personas. En el mes de Junio de el año 1182. Don Ramon de Bojadòs (Familia nobilissima, cuyo valor, antiguedad, y nobleza son bien conocidos en Cataluña) Señor entonces de Fulleda, Terrès, y otros Lugares, se ofreciò por Donado de el Monasterio, y le otorgò donacion de todo el Señorìo, que tenia en franco alodio en el Termino de Fulleda. El mismo exemplo siguieron los nobles Burdo de Ribera (Familia bien conocida), y Guillen de Guardia, Señor de muchos Castillos, y Lugares; dando el primero al Abad, y Convento de Poblet el Mas llamado de Cardils, y el segundo toda la heredad, que tenia en el Gudòz, loando, y confirmando todo lo que Don Ramon de Cervera su Padre havia dejado al Monasterio.

7 Vacando la Abadia de Cistèr, por la promocion de el Beato Pedro al Obispado de Artois año 1183. fuè substituido el Beato Bernardo Abad XII. de aquella Ilustrissima Casa, el qual por haver fallecido en el siguiente año 1184. no dejò de sì otra memoria, que el ser venerado como Santo. Sucediòle en la Prefectura el Beato Guillen II. de este nombre, y Abad XIII. de Cister, el qual año 1185. fuè elegido de el Papa Lucio III. por Juez de los Grandimotenses, que tenian entre sì graves dissenciones. Consiguiò para Cistèr de el Papa Urbano III. que succediò à Lucio III. el insigne Privilegio de una total essencion de los Obispos año 1186. en el qual año à primeros de Deciembre durmiò santamente en el Señor.

8 No obstante la concordia, que hicieron año 1177. los dos Monasterios de Poblet, y Santas Cruces acerca de los Puertos de Peguera, de que hicimos mencion arriba,

Dis-

Differtacion 4. *num.* 17. eftavan ya otra vez deffavenidos fobre los derechos de dichos Puertos, y de las pafturas en los Puertos de Lanòs, Pozas, y Barraces, y defeando evitar litigios, hicieron nuevamente concordia amigable, y mutua compoficion en manos de fus Abades-Padres Don Bernardo Abad de Fuen-Fria, y Don Guillen Abad de Gran-Selva, eftableciendo, que el Ganado de uno y otro Monafterio pudiefſe tranfitar libremente por dichos Puertos; pero que no pudiefſe detenerfe mas de un dia, y una noche el de Poblet, fin licencia de el Convento de Santas Cruces, ni el de èfte, fin licencia de el Convento de Poblet, y ratificando nuevamente la Concordia de el año 1177. firmaron la prefente à 2. de las Nonas de Marzo de 1182. los fobre mencionados Abades-Padres, y los Abades-Hijos, nueftro Don Eftevan Abad de Poblet, y Don Pedro Abad de Santas Cruces.

9 Havia, como dige, fucedido al Papa Lucio III. que falleciò en el mes de Noviembre de 1185. defpues de haver regido la Iglefia quatro años, dos mefes, y algunos dias, Urbano III. llamado antes Lamberto Cribelo, Arzobifpo de Milàn, que fiendo electo en el Concilio de Verona à 25. de Noviembre, y coronado dia de Navidad de el año corriente 1185. de la Encarnacion, tomò el nombre de Vrbano III. el qual, no obftante el poco tiempo que governò la Nave de San Pedro, favoreciò al Monafterio de Poblet, como verèmos en adelante.

10 Hallafe memoria de nueftro Abad Don Eftevan hafta 24. de Junio de el año 1185. en Efcritura autentica de el Archivo de efta Real Cafa, (3) que contiene la Donacion

---

(3) Archivo de Poblet, Cajon 13. intitulado *Vimbodì*, ligarza 28. ibi: *Et ego Stephanus Abbas Populeti, & Petrus Prior, & omnis Conventus nofter recipimus te Arnaldum Alarig pro fratre noftro &c.* Et infra: *Acta ifta Carta 8. Cal. Julii anno ab Incarnato Dom: 1185.*

cion, que le hizo Arnaldo de Alarig de todo el Honòr, que poſſeìa en el Cudòz, ofreciendoſe al miſmo tiempo por Donado de Poblet en manos de el Abad Don Eſtevan, y de Pedro Prior, los quales con los demàs Monges lo recibieron por Hermano, y no encontrandoſe memoria de el Succeſſor haſta à 11. de Marzo de el proprio año 1185. ſolo puede aſſegurarſe con certeza, que acabò ſu govierno en aquel intervalo de tiempo, que corre deſde 24. de Junio, haſta 11. de Marzo de 1185.

11 Aunque hallandoſe yà en eſte dia Abad de Poblet el Succeſſor Don Pedro, como luego verèmos, era forzoſo, que huvieſſe eſpirado el govierno de el Anteceſſor Don Eſtevan; ſin embargo no falta quien afirma ſu duracion en la Abadìa haſta el año 1190. ſin mas pruebas que ſola ſu autoridad. El mayor Chroniſta de Ciſtèr (4) eſcrive, que nueſtro Abad Don Eſtevan Droc adminiſtrò diez años la Igleſia de Poblet, deſde el año 1180. (en que afirma la muerte de el Anteceſſor Don Hugon, aunque falſamente, como dexamos probado arriba *Diſſertacion* 4. *num.* 24.) haſta 10. de Agoſto de 1190. en el qual año fuè ſobrogado Don Pedro I. de eſte nombre, al qual, difunto en el proprio año, ſin dejar apenas de sì otra memoria, ſucediò en el de 1191. Don Pedro de Maſſaneto, que falleciò en 26. de Abril de 1196. Pero quan defectuoſa eſtè, y quan deſordenada eſta ſerie de los tres Succeſſores immediatos de el Abad Don Hugon, lo demueſtra la verdad legitima de D. Pedro I. de eſte nombre, llamado *de Talladell*, que el Iluſtriſſimo Manrique ſeñala el año 1190. por immediato Succeſſor de Don Eſte-

---

(4) Illuſtr. D. Fr. Angelus Manrique in Append. ad tom. 2. Annal. Ciſterc. pag. 35. ibi: *Stephanus decennio adminiſtratâ Eccleſiâ defunctus eſt Auguſti die 10. anno 1190. Et item: Eodem anno ſubrogatus Petrus hujus nominis primus, atque eodem ſubtractus vix ullam aliam memoriam ſui reliquit. Et tandem: Petro I. ſuffectus Petrus II. dictus de Maſſaneto anno 1191. obiiſſe legitur 26. Aprilis 1196.*

Eſtevan Droc, obtenia yà la Abadia, por lo menos antes de concluirſe el año 1185. y la obtuvo no mas que haſta el de 1187. A eſte le ſucediò Don Eſtevan IV. de eſte nombre, que ſe halla Abad deſde 26. de Marzo de 1188. que es el dia primero de el año de la Encarnacion haſta à 8. de Mayo de 1190. Y à eſte finalmente ſucediò Don Pedro II. de eſte nombre, llamado *de Maſſaneto*, por lo menos deſde el mes de Deciembre de 1190. haſta 15. de Enero de 1195, como todo ſe harà conſtar de Eſcrituras autenticas de nueſtro Archivo.

12 Grande es la autoridad de el Iluſtriſsimo Fr. Angel Manrique, meritiſsimo Obiſpo de Badajòz, digniſsimo Reformador General de la Obſervancia Cisterciense de Eſpaña, eminente Eſcritor en todas Materias, Cathedratico de Prima, y Maeſtro de los que mas juſtamente ha venerado la Univerſidad de Salamaca: Pero con todo no puede jamàs el eminente exceſſo de doctrina en Sugeto tan grande, hacer que la mentira ſea verdad, y que deva recibirſe de todos lo falſo, que èl afirmò, como verdadero, conforme à la diſcreta advertencia de el Eminentiſsimo Baronio: (5) antes bien ſegun dicta la razon, y diràn ſin duda, y confeſſaràn firmemente los hombres prudentes, deve deſecharſe todo quanto ſiendo contrario à la verdad hiſtorica, ſe halle afirmado como verdadero, ſea quien fuere el Autor que lo afirme. Yo, como aficionado al Chroniſta Cistercienſe por el merito de ſus buenas letras, aunque ſiento ſu deſcuydo como perjudicial à la verdad, porque ſu grande

au-

(5) Eminent. Cæſ. Cardin. Baron. tom. 8. Annal. Eccleſ. ad ann. 604. num. 3. ibi: *Eminentia ſuperexcellens undique comparata, cumulataque in viro tanto efficere poteſt, ut quod mendacium eſt, veritas ſit? & quod perinde, ac verum ab eo falſum aſſertum eſt recipiatur ab omnibus? Rejiciendum penitus aſſeres, quod contrarium hiſtoriæ veritati à quovis allatum, firmatumque ut verum fuerit. dta quidem jure, omneſque prudentes hoc ipſum dicent, ac firmiter profitebuntur.*

autoridad, y la fama de su opinion tan recibida basta à arrastrar à muchos, que sin hacer diligencia alguna asientan facilmente à sus Escritos: prevengo à la discrecion de los Lectores, se hagan cargo de que engolfado el animo de tan grande Escritor en el pielago de tan vastos Anales, no pudo aplicarse à la exacta averiguacion de un Catalogo particular de Abadias; (6) Bien que por mas que esta devida consideracion sirva de disculpa al Ilustrissimo Analista, no por esso puedo yo desobligarme de corregir sus descuydos.

13. Digo pues, que sucediò en la Abadia à Don Estevan Droc antes de concluirse el año 1185. de la Encarnacion, Don Pedro de Talladell, el qual à 13. de Enero de el proprio año se halla firmado immediatamente despues de el Prior Pedro en Escritura autentica de nuestro Archivo, (7) en la qual el dicho Prior, y todo el Convento de Poblet admiten por Donado à Arnaldo de Tapioles. Y como en la dicha Escritura no hay firma de Abad de Poblet, discurro que estava entonces vacante la Abadia por muerte de Don Estevan Droc, y por no haverse hecho aun la eleccion de dicho Abad, Don Pedro de Talladell, que segun se vè firmado immediatamente despues de Pedro Prior, y antes de el Cillerero, devia de ser el Decano de el Convento, y despues fuè elegido Abad, como luego verèmos, quedando Prior el mismo Pedro que antes, en esta, y aun en la siguiente Abadia, en las quales se halla siempre Pedro Prior.

14. Consta pues legitimamente, que governava ya la Abadia de Poblet à 5. de los Idus de Marzo (que es à 11.) de el año 1185. Don Pedro I. de este nombre, y que su pro-

---

(6) *Pluribus intentus minor est ad singula sensus*, ut ex proloq.
(7) Archivo de Poblet, Cajon. 15. intitulado *Vimbodì*, ligar. 3. ibi: *Actum est hoc Idus Januarii anno Domini 1185. Signum Petri Prioris. Signum Petri de Talladell. Signum Roberti Cellerarii.*

proprio Apellido con que se firmava, fuè de *Talladell*, en Escritura autentica de el Archivo, (8) que contiene una Transaccion, ò Permuta entre Bernardo de Gissàr, Capellan de la Iglesia de Juneda, y Guillen Carbò, Capellan de la Iglesia de Puigalt de una parte; y el Abad, y Convento de Poblet de otra: en la qual los dichos Capellanes dàn al Monasterio dos cantaros de azeyte censuales, que recibian las dichas Iglesias; y el Abad, y Convento de Poblet les assignan siete sueldos assimismo censuales en la Torre de Manresana. De la qual Escritura se demuestra à evidencia contra el Ilustrissimo Manrique, que el Abad Don Pedro I. de los de este nombre sucediò à Don Estevan Droc, por lo menos en el año 1186. de el Nacimiento de Christo, que corria yà en dicho dia 11. de Marzo de 1185. de la Encarnacion.

VIII.
DON PEDRO DE TALLADELL,

ABAD VIII. DE POBLET.

Año de Christo 1185.

§5 UNo de los Escritores Domesticos de este siglo, que emprendieron emendàr el Catalogo de el Ilustrissimo Fr. Angel Manrique; al corregirle quanto al año, que entrò en la Abadia de Poblet Don Pedro I. de este nombre, escrive estas palabras: *Don Pedro Cheraldo, que en los papeles de el Archivo se halla haver sucedido en el Oficio de Bolsero à San Bernardo de Alcira, se firmava Abad de Poblet à 8. de Abril de 1186. que havia sucedido*

(8) Archivo de Poblet, Cajòn 27. intitulado *Tortosa*. lig. 14. ibi: *Et ego Petrus de Talladello, Dei gratia Abbas Populeti &c.* Et infra: *Facta Charta hujus venditionis, & excambiationis 5. Idus Martii, anno Domini* 1185.

cedido en la Abadia à Don Eftevan Droc. Quanto à haver fucedido à San Bernardo de Alzira en el Oficio de Bolfero, yà tengo explicado mi dictamen *Differt. 3. num. 21.* Que fe firmaffe Abad de Poblet à 8. de Abril de 1186. Don Pedro I. de efte nombre, lo demueftra la Efcritura de el Archivo, (9) que cita el mifmo Domeftico, que es la Donacion, que Don Guillen de Torroja hizo à nueftro Abad Don Pedro de toda la Decima, que percibia en el Señorio de el Lugar dels Homells de na Gaya: y el Abad, y Convento lo admitieron en Religiofo de Poblet, fiempre que refolvieffe dejar el figlo; pero es cierto, que afsi en efta Efcritura, como tambien en la de el Rey Don Alonfo, calendada en el mes de Noviembre de el proprio año 1186. y va copiada abajo *Apend. cap. 1. num. 8.* (que fon las que cita el Efcritor Domeftico, en prueba de la Abadia de Don Pedro Queraldo) no fe halla firmado con tal apellido, fino con folo el nombre de Pedro. Antes bien afsi en la Efcritura de 11. de Marzo de 1185. que dejamos alegada al *num.* 13. y en otras de el figuiente año 1186. que luego acotarèmos, fe lee expreffamente el nombre, y apellido de *Pedro de Talladell.* Por lo qual confieffo ingenuamente, que no entiendo que motivo pudo tener el moderno Efcritor Domeftico, para afirmar, que el Suceffor immediato de el Abad Don Eftevan Droc fuè Don Pedro Queraldo.

16 La verdad no es parcial, y deve fer recibida de qualquiera mano que venga. Al primero de el mes de Julio de el año 1186. los nobles hermanos Don Berenguer, Don Ponce, Don Hugon, y Don Gilberto de Peguera dieron al Abad Don Pedro, y al Monafterio de Poblet los

Puer-

---

(9) Archivo de Poblet, Cajòn 17. intitulado *Senant*, lig. 13. ibi: *In manu Petri Abbatis Populeti &c.* Et infra: *Et ego Petrus Dei gratia Abbas Populeti, cum Petro Priore &c.* Et inferius: *Actum eft hoc 6. Idus Aprilis, anno Domini 1186.*

Puertos de Peguera, en cuya Escritura no se expressa el apellido de Talladell, sino solo el nombre de Pedro. Pero assi en Escritura de 4. de Marzo de el mismo año, en que el Abad, y Convento de Poblet vendieron à Burdo de Gerona la Almunia de Rocavert, (10) como la que el dia siguiente hicieron de cierta Permuta con Guillen de Benavent, Preposito de la Iglesia de San Andrès de Lerida (11) se expressan el nombre y apellido de *Pedro de Talladell*. Assi que sobre esto no hay que detenernos.

17   Apenas governò tres años este nuestro Abad Don Pedro, pues ya se halla el Sucessor Don Estevan al primero de el año 1188. como despues verèmos. Pero de èl podria decirse justamente, que en breve havia llenado muchos tiempos, por las muchas gracias, y Privilegios assi Reales, como Apostolicos, que adquiriò al Monasterio. Havia el Papa Urbano III. expedido en Verona à 14. de Marzo de 1185. una Bula à favor de toda la Orden Cisterciense, en la qual, entre otras cosas, manda que nadie se atreva à exigir de los Monges Cistercienses, ni presuma tomarles por fuerza las Decimas de las tierras, que cultivaren con sus proprias manos, ò à gastos de el Monasterio, como puede leerlo el curioso en las Obras de el Ilustrissimo Fr. Angel Manrique; (12) y como la embidia, que levantò contra nuestros Monges esta essencion de Decimas, no pudo mitigarse aun con tantos mandatos Pontificios, como se ha visto en lo que hasta aqui queda referido; solicitò nuestro Abad Don Pedro de Talladell de el mismo Papa Urba-

---

(10) Archivo de Poblet, Cajòn 42. intitulado *Bellcayre*, lig. 12. ibi: *Ego Petrus de Talladello, Abbas Populeti &c.* Et infra: *Sig✠num Petri de Talladello, Dei gratia, Abbatis &c.*

(11) Archivo de Poblet, Cajòn 27. intitulado *Tortosa*, ligar. 24. ibi: *Ego Petrus de Talladello Abbas Populeti &c.* Et infra: *Sig✠num Petri de Talladello Abbatis &c.*

(12) Manrique *tom. 3. Annal. Cisterc. anno 1186. cap. 5. num. 3.*

Urbano III. unas Letras Apoſtolicas dirigidas al Iluſtriſsimo Arzobiſpo de Tarragona, y Obiſpos Sufraganeos, en que les manda hagan obſervar la dicha eſſencion de Decimas de el Monaſterio de Poblet, *Apend. cap.2. Eſcrituras Apoſtolicas num.4.* de las quales haviendo el Abad recibido de el Iluſtriſsimo de Tarragona un Tranſunto, paſsò à hacer oſtenſion de ellas al Sereniſsimo Señor Rey Don Alonſo, que ſe hallava en el Sitio de Roda por el mes de Noviembre de 1186. el qual loandolas firmemente, mandò à los Bayles de ſu Reyno las hicieſſen obſervar exactamente, por Carta de ſu Real mano, que và copiada abajo *Apend. cap.1. n.7.*

18   Y no ſolamente obtuvo de el Rey Don Alonſo la Confirmacion de dicho Breve Apoſtolico, ſino tambien una Carta de Donacion de el Caſtillo de Piedra en el Reyno de Aragon, paraque alli fundaſſe un Monaſterio Ciſterciense: y por ſer la Eſcritura prueba convincente de que el Monaſterio de Piedra, (que hoy dia es de los mas Iluſtres de la Congregacion) es Filiacion de eſte Real Monaſterio de Poblet, la tranſcrivo por entero en el *Apendice cap.1. num.*8. Y aunque de ſu fecha, que es de el mes de Noviembre de 1186. no puede menos que deducirſe legitimamente, que yà en dicho año 1186. eſtuvo deliberada la Fundacion de el Monaſterio de Santa Maria de Piedra; pero no entiendo que pueda ſervir de prueba, para pretender que eſtuvieſſe yà pueſta en egecucion; como lo intentò perſuadir el docto moderno Domeſtico, que quiſo emendar el Catalogo de el Iluſtriſsimo Manrique, que la refiere al año 1194. diciendo que eſtuvo yà efectuada por el Abad Don Pedro por lo menos año 1187. queſtion que trataremos de propoſito mas abajo en el *Apendice à la Diſſertacion* 4.

19   Por muerte de el Beato Guillen II. de eſte nombre, Abad XIII. de Ciſtèr, que fallecià al primero de Deciembre de 1186. obtuvo la Abadia de aquella Iluſtriſsima Ca-

fa el Beato Pedro II. tambien de los de este nombre, que solamente le administrò algunos quatro meses, durmiendo en el Señor à 27. de Marzo de el siguiente año 1187. Fuè subrogado luego el Beato Guidon, Abad XV. de Cistèr, que dejò de sì tan gloriosas memorias, como el haver recibido en su Monasterio en proprio año 1187. al Ilustrisimo Don Nuño Perez de Quiñones, Quarto Maestre de Calatrava, que con Cartas de el Serenissimo Señor Rey Don Alonso de Castilla, y Grandes de España, fuè al Capitulo General de Cistèr, y el haver admitido à su obediencia à los Religiosos de Calatrava bajo la filiacion de el Abad de Morimundo, como tambien al Monasterio de las Huelgas de Burgos, que constituyò Cabeza de las Religiosas Cistercienses de Castilla y Leon año 1189. En el siguiente año 1190. fuè llamado de el Rey de Francia Felipe II. para tratar los mas graves negocios de el Reyno. Finalmente creado Cardenal Diacono, y luego Presbytero de Santa Maria Transtiberina por el Papa Clemente III. y Obispo Prenestino por el Papa Inocencio III. egerciò diversas Embajadas, celebrò Concilios, y promulgò saludables Constituciones en honra y gloria de Dios, y lustre de la Orden de Cistèr.

20 El Papa Urbano III. tuvo en tanta estimacion à nuestro Abad Don Pedro, que en el Noviembre de 1186. le hizo Comission Apostolica, paraque junto con los Obispos de Tarazona, y de Bayona decidiesse el pleyto, que se vertìa entre Don Pedro Parìs, Obispo de Pamplona, y el Abad de el Monasterio de Leyre, que entonces era de la Orden de San Benito, como puede leerlo el curioso en el Ilustrissimo D. Fr. Prudencio de Sandovàl. (13)

21 Havia sucedido al Papa Urbano III. en el mes de Octubre de el año 1187. Alberto Mora, Monge Cisterciense, Presbytero Cardenal de el Titulo de San Lorenzo,

P Can-

---

(13) Sandoval *Obispos de Pamplona.* fol. 157.

Cancelario de la Santa Iglesia Romana, con nombre de Gregorio Octavo; pero ocupò tan poco tiempo la Silla de San Pedro, que sin embargo de haver vacado veinte dias despues de su muerte, à 6.de Enero de el mismo año 1187. que corria yà el de 1188. de el Nacimiento de Christo, yà la ocupava Pablo Escolàr, Obispo Cardenal Prenestino con nombre de Clemente III.

22 En algunos Manuscritos domesticos se lee, que nuestro Abad Don Pedro de Talladell fuè dotado de una singular mansedumbre. Y como à vista de la mucha benignidad suele desenfrenarse mas el atrevimiento de los malos, vino quizà à ser ocasion de que algunos malevolos de la Villa de la Espluga de Francolì, se atrevieron à insultar al Prior, y à otros Monges, y Religiosos Conversos de Poblet: delito tan enorme, como lo indica la grave penitencia, que les impuso el Obispo de Barcelona Don Bernardo de Bergua, como Juez nombrado por la Magestad de el Serenissimo Señor Rey Don Alonso II. de Aragon, el qual los condenò entre otras cosas, à que viniessen à pie descalzo delante el Altar de la Iglesia de Poblet, y ofreciessen en èl ducientos sueldos Barcelonesès, en fuerza de Sentencia, promulgada en presencia de el Ilustrissimo Arzobispo de Tarragona Don Berenguer de Vilademuls, y de Don Gerardo de Jorba, y otros Cavalleros, à 13.de Julio de 1187. que se guarda autentica en el Archivo de esta Real Casa.

23 Aunque el docto Escritor domestico intentò corregir al Ilustrissimo Fr. Angel Manrique acerca de la Abadia de Don Pedro de Talladell; sin embargo en la correccion padeciò algunas equivocaciones, yà llamandolo *Pedro de Cheraldo*, yà señalando su Abadìa al año 1186. haviendola comenzado à regir yà en el de 1185. como probamos arriba *num.*13. y yà finalmente con afirmar su permanencia en la Abadia mucha parte de el año 1188. sin alegar para
ello

CENTVRIA I. DISSERT. V.

ello Efcritura alguna. Lo que no admite duda es, que el Abad Don Pedro de Talladell no governò fuera de el año 1187. porque el dia fegundo de el figuiente 1188. es à faber à 26. de Marzo, fe halla yà Abad el Succeffor Don Eftevan, como lo demoftrarèmos abajo *num.* 27. No haviendo pues defcubierto, en prueba de la Abadia de Don Pedro de Talladell, Efcritura pofterior à que otorgaron al Monafterio de Poblet Arnaldo de Guerra, y Guillelma fu muger, haciendole donacion de el Honor, llamado Prat de Conefa, y acceptandolos en Donados de el Monafterio el Abad Don Pedro, Prior, y demàs Monges à 7. de Enero de 1187. que fe halla autentica en nueftro Archivo, (14) folo fe puede afirmar con feguridad, que dentro de los dos mefes y medio, que corren defde 7. de Enero de 1187. hafta 26. de Marzo de el figuiente 1188. dejò Don Pedro de Talladell el govierno de Poblet, ahora fueffe por fallecimiento, ahora fueffe por renunciacion de la Abadia.

24 Dige, por muerte, ò por renunciacion; porque fi bien à primeros de el año 1188. obtenìa la Abadia de Poblet Don Eftevan, fegun verèmos *num.* 27. tambien hallo que en el de 1192. vivia Don Pedro de Talladell, en Efcritura autentica de el Archivo de el Cabildo de Lerida, (15) que contiene cierta Concordia, que el Abad Don Pedro (de Maffaneto) firmò con aquel Cabildo, fobre la paga de las Decimas de los frutos, que el Monafterio cogieffe en aquel Obifpado, otorgada à 20. de Abril de dicho año 1192. en la qual fe leen fubfcritos Arnaldo de Amalrico,

---

(14) El mifmo Archivo, Cajon 13. intitulado *Vimbodi*, lig. 35. ibi: *Actum eft hoc feptimo Idus Januarii anno ab Incarnat. Dñi 1187. Sig✠num Petri Abbatis &c.*

(15) Archivo del Cabildo de Lerida, *Libro verde*, al fol. 370. ibi: *Sig✠num Arnaldi Amalrici Prioris Populeti &c. Si✠num Petri de Talladello.*

rico, Prior, y entre otros Monges Don Pedro de Talladell. Y aunque es verdad, que este podia ser otro Monge de el mismo nombre, y apellido; sin embargo me arrimo à creer, que nuestro Abad Don Pedro de Talladell, como era de natural tan benigno y pacifico, despues de haver sucedido el sobredicho insulto de los facinerosos de la Espluga, y la Sentencia, que contra ellos fulminò el Obispo de Barcelona, renunciò el Baculo, y sobreviviò por lo menos hasta dicho año 1192. Y parece que en algun modo apoya este parecer la poca noticia de los Manuscritos, que unos refieren, que en breve renunciò la Abadia, y otros solo dicen haverla regido cerca de un año; à los quales siguiendo el Ilustrissimo Fr. Angel Manrique, (16) quizà por haver hallado que vivia año 1190. escriviò que en dicho año fuè subrogado en la Abadia Don Pedro I. de este nombre, y que retirandose en el proprio año, apenas dejò de sì otra memoria.

IX.
DON ESTEVAN IV.

ABAD IX. DE POBLET.

Año de Christo 1188.

25 POr muerte pues, ò renunciacion de Don Pedro de Talladell sucediò en la Abadia Don Estevan IV. de este nombre, de el qual ninguna memoria hicieron los Manuscritos antiguos, ni el Analista de Cistèr, que siguiendolos incauto, asienta por Sucessor immediato de Don Pedro de Talladell al Abad Don Pedro de Massaneto, como ya advertimos arriba *num.* 11. pero convence el descuy-

---

(16) Manrique in Append. ad tom. 2. pag. 35. ibi: *Anno 1590. subrogatus Petrus hujus nominis primus, atque eodem subtractus vix ullam aliam memoriam sui reliquit.*

cuydo de este, y de aquellos Escritores la incontestable existencia de el Abad Don Estevan, demostrada por Instrumentos autenticos de el Archivo, que producirèmos en adelante.

26 El primero que descubriò esta Abadìa, fuè uno de los doctos Domesticos, que corrigieron el Catalogo de el Ilustrissimo Fr. Angel Manrique, y la propuso en sus Manuscritos con estas palabras: *Por Escrituras autenticas de Establecimientos de tierras hechas à los Vassallos de este Monasterio tengo averiguado, que à 6. de Deciembre de 1188. havia sucedido en la Abadìa de Poblet otro Abad llamado Don Estevan, de quien ni en los Manuscritos de Poblet, ni en Angel Manrique se havia hasta ahora hecho memoria alguna. Pero en las mismas Escrituras de Establecimientos se lee, que continuava en la Abadìa à 27. de Octubre, y 9. de Deciembre de el año 1189.*

27 Yo, para mas puntual noticia de esta Abadìa, devo añadir, que no solo à 6. de Deciembre de 1188. sino tambien antes; conviene à saber à 24. de Noviembre, y mas atràs à 25. de Junio, y aun à 26. de Marzo de el proprio año governava yà Don Estevan la Abadìa de Poblet, y asimismo que continuava en ella no solo à 9. de Deciembre de 1189. sino tambien à 8. de Mayo de el siguiente 1190. Que se hallasse Abad de Poblet à 25. de Junio de 1188. lo convence la Escritura de nuestro Archivo, (17) que contiene la Donacion, que hicieron Armengol Conde de Urgèl, Doña Aldonza su madre, y Doña Elvira su Esposa de cierta Heredad en el Termino de Albelda: la qual Escritura, por ser de Personas tan principales, no sè como se le passò por alto à la investigacion de el dicho Escritor moderno. Que lo fuesse aun antes à 26. de Marzo de

---

(17) Archivo de Poblet, Cajòn 53. intitulado *Tamarit*, ligar. 16. ibi: *Et tibi Stephano Abbati &c.* Et infra. *A* 7. *Cal. Julii anno ab Incarnat. Domini* 1188.

de el proprio año 1188. lo concluye otra Escritura de el mismo Archivo, (18) en que el Abad Don Estevan, de consentimiento de el Prior, y demàs Monges entrega en administracion, y en feudo de el Monasterio el Mas llamado de Avellanes à los dos hermanos Pedro, y Arnaldo de Clariana. Assi que no cabe duda alguna, que el Abad Don Estevan IV. de los de este nombre empuñò el Baculo Pastoral de Poblet alomenos desde el principio de el año 1188.

28 Fuè nuestro Abad Don Estevan estimado de el Rey Don Alonso II. de Aragon no menos que su Predecessor Don Pedro de Talladell, como lo demuestran algunas Donaciones y gracias, con que favoreciò al Monasterio de Poblet en tiempo de su govierno. Pues haviendole su Magestad hecho donacion de un Esclavo llamado Juan Ferrer, y de todos sus bienes en la Ciudad de Gerona, por Escritura autentica otorgada en el mes de Deciembre de 1188. la qual robóraron con sus firmas D. Berenguer Arzobispo de Tarragona, Don Bernardo Obispo de Barcelona, Don Ramon Obispo de Gerona, y Don Ramon de Moncada; deseando que en adelante gozasse el Monasterio pacificamente, y sin contradiccion alguna lo que su Magestad le havia concedido, despachò su Real Mandato al Veguer de Gerona, ordenando, que nadie se atreva à impedir al Monasterio de Poblet el goce de aquella Real Donacion. Y asimismo expidiò otro Real Mandato à todos sus Bayles generalmente, paraque no impidiessen al Monasterio apacentar su ganado, expressando, que para ello le havia dado su Magestad Real Privilegio.

29 Imitaron al Rey Don Alonso otros devotos Cavalleros, aumentando con sus Donaciones la hacienda de el Monasterio de Poblet: pues en 29. de Mayo de 1188.
Ber-

---

(18) El mismo Archivo, Cajòn 26. intitulado *Prades*, lig. ibi: *In manu D. Stephani Abbatis &c.* Et infra: *Acta carta commendationis 7. Cal. Aprilis anno ab Incarnat. Dom.* 1188.

Bernardo de Baſſel, y Ermengarda ſu muger le hicieron donacion de una pieza de tierra en el Termino de Vimbodì, delante de la Granja de Milmanda: En el mes de Deciembre de el miſmo año Ramon de Bergadà diò al Monaſterio tres poſſeſsiones en el Termino de Eſpinalbet, y otras tres en el Termino de Bergadàn: En el mes de Febrero de el miſmo año Pedro de Ceſtellfollit le hizo donacion de una Cantèra en el Termino de la Eſpluga de Francolì.

30   En fin paraque ſe vea, que nueſtro Don Eſtevan continuava en la Abadia de Poblet año 1190. como tengo inſinuado arriba *num.26.* digo, que Garſenda, hija de Ponce de Zauſtor en el mes de Abril de dicho año hizo donacion al Abad, y Convento de Poblet de toda la dote, que le hizo ſu primer marido Guillen Guberto, à ſaber es, una pieza de tierra en el Termino de Vimbodì, un Huerto debajo de la Villa, y unas Caſas en ella, de todo lo qual hizo donacion en preſencia y mano de Don Eſtevan Abad de Poblet, como lo narra la Eſcritura autentica de nueſtro Archivo. (19) Y aun mas adelante à 8. de Mayo de el proprio año 1190. los dos hermanos Ramon, y Gombaldo de Ribelles, y Marqueſa ſu madre vendieron al Abad Don Eſtevan, y Convento de Poblet el Caſtillo de Monſuàr ſito en el Condado de Urgèl, por precio de quinientos Morabatines, como lo expreſſa la Eſcritura autentica de nueſtro Archivo, (20) que ſe mira ſubſcrita por el Rey Don Alonſo, por el Arzobiſpo de Tarragona, y por el Conde de Urgèl.

30

(19) Archivo de Poblet, Caj. 15. intitulado *Vimbodì*, lig. 3. ibi: *In manu, & preſentia D. Stephani Abbatis &c.* Et infra: *Actum eſt hoc menſe Aprili ſub anno Dominico 1190.*

(20) El miſmo Archivo Cajon 37. intitulado *Monſuàr*, lig. 4. ibi: *Vendimus vobis D. Stephano Abbati Populeti &c.* Et infra: *Quod eſt actum 8. Idus Maii anno ab Incarnat. Dom. 1190.*

31 Por la promocion de el Beato Guidon al Cardenalato año 1190. fuè electo Abad XVI. de Cistèr el Beato Guidòn II. de este nombre, al qual en el siguiente año Ricardo Rey de Inglaterra concediò cierta Iglesia para los gastos de el Capitulo General. Al año 1193. dedicò el suntuoso Templo de Cistèr. En el de 1194. mandò por especial constitucion, que el Oficio de nuestra Señora, que desde los principios de la Orden se rezava privadamente por cada Monge, se cantasse por todos juntos en la Enfermeria, y poco despues en el Coro, añadiendo à Visperas, y à Laudes la Commemoracion de San Bernardo. Año 1195. hizo Concordia con los Monges de la Cartuja. El Papa Inocencio III. lo nombrò Juez en la Causa, que llevava el Rey Felipe II. de Francia contra el Arzobispo de Ruan año 1198. Y en el siguiente 1199. lo deputò para corregir la Sagrada Biblia: y finalmente en el de 1202. lo creò Cardenal Obispo Prenestino, y Arzobispo de Remes.

32 Aunque no haviendo hallado noticias de nuestro Abad Don Estevan posteriores à la de 8. de Mayo de 1190. y encontrando al mismo passo que el Sucessor Don Pedro de Massanet governava yà la Abadia de Poblet à 24. de Deciembre de el mismo año, como verèmos en la *Dissert. sig.* solo podemos assegurar, que nuestro Don Estevan passò à mejor vida en aquel espacio de tiempo, que corre desde 8. de Mayo, hasta 24. de Deciembre de 1190. Sin embargo siempre queda bien patente el desengaño de haver governado la Abadia no solamente un año, como dijo el Domestico yà citado, sino mas de dos años enteros, los quales atribuyò por equivocacion el Ilustrissimo Fr. Angel Manrique (21) à la Abadia de Don Estevan Droc, Predecessor de Don Pedro de Talladell.

DISSER-

_____

(21) Manrique citatus supra *Diss.* 5. *num.* 11. *nota margin.* 4.

DISSERTACION VI.

ANTIGUEDAD, Y NOBLEZA DE EL LINAGE DE Mazanet en Cataluña: Eleccion de Don Pedro de Mazanet, Abad X. de Poblet: muy favorecido de el Rey Don Alonso II. de Aragon: de su hijo el Principe Don Pedro: de los Condes de Urgel, Vizcondes de Cardona, y otros Personages principales. Venidas de el Rey à esta su Real Casa: Sus Donaciones al Monasterio: Su zelo catolico, y devocion à la Orden de Cister: Funda al Monasterio de Santa Maria de Piedra en Aragon: Dedica al Infante Don Fernando su hijo para Monge de Poblet: Muerte de el Papa Clemente III. y eleccion de Celestino III. Muerte de el Rey Don Alonso II. de Aragon: Es sepultado en Poblet: Equivocacion de un Chronista Cisterciense. Muerte de el Abad Don Pedro de Mazanet.

LA Nobleza de el Linage de Massanet, ò Mazanet es tan antigua en Cataluña, que si el apellido no se deriva de el Castillo, y Villa de Massanet, cuyos edificios y ruinas dàn señales de la antiguedad Romana; (1) por lo menos era bien conocido en tiempo de los Condes de Barcelona: pues año 1158. Berenguer de Massanet, y su compañero Jofre de Rocabertì de el Linage de los Vizcondes de este nombre, dotaron ricamente al antiquissimo Monasterio de San Daniel de Gerona, que havia nuevamente reedificado la Condesa Mahalta, como consta de el Archivo de aquel Monasterio.

(2)

---

(1) Narciso Feliu de la Peña *Anal. de Cataluña lib. 6. cap. 10.*

(2) Y Pedro de Maſſaneto preſtò omenage de fidelidad al Conde de Barcelona Don Ramon Berenguer por el Caſtillo de Gallifa, que le havia dado en feudo, como ſe lee en los folios 372. y 373. de el Libro Grande de los Feudos de el Archivo Real de Barcelona, citado por el Maeſtro Riberà. (3) Y por los años de 1346. Bonanat de Maſſanet, Vice-Almirante de Mallorca, fuè à la expedicion de Sicilia à favor de el Sereniſsimo Señor Rey Don Pedro IV. de Aragon, y III. en Cataluña. (4) Fuera de la Nobleza reſplandecia en los de eſte Linage el afecto, è inclinacion al Eſtado Religioſo, pues año 1317. era Religioſo de la Merced Fr. Guillen de Maſſanet, que concurriò con otros Vocales al Capitulo General de ſu Orden. (5) Y yà en el de 1183. ſe hallava Monge de Poblet Arnaldo de Maſſanet, que firmò en Eſcritura de dicho año, y deſpues en otra de el año 1197.

X.
DON PEDRO (II) DE MASSANET,
ABAD X. DE POBLET.

Año de Chriſto 1190.

2 DE eſta pues antigua y noble Familia fuè elegido en Abad de Poblet Don Pedro II. de los de eſte nombre, cuyas memorias ſe deſcubren deſde 24. de Deciembre de el año 1190. en Eſcritura autentica de el

Ar-

---

(2) Archivo de San Daniel de Gerona *Eſcritura de los años* 1158. citado por el miſmo Feliu.

(3) El P. M. Fr. Manuel Ribera *Milicia Mercenaria*, cent. 1. pag. 537. num. 733.

(4) Geronymo de Zurita *Anal. de Aragon*, lib. 8. cap. 62.

(5) El citado Maeſtro Ribera *en la miſma pag.* 537. num. 733.

Archivo, (6) que contiene una Donacion, y definicion, que de cierto Robredal sito en el Termino de Fulleda hicieron à dicho Abad, y Convento de Poblet Armengol, y Catalana su muger, y recibieron por ellas quince sueldos Barceloneses. Hicieronle assimismo definicion de un Honor, que tenian en el Cudòz Ponce Bernardo, y sus hijos en Escritura otorgada à 24. de Febrero de el proprio año: en la qual subscriviò entre otros Geraldo Poblet, deudo sin duda de el Santo Hermitaño (7): la qual Escritura, aunque no necessaria para demostrar la Abadia de D. Pedro de Massanet, que yà vimos la obtenia de antes, he querido acotar, paraque conozca el Letor curioso quan oportuna fuè la advertencia, que dimos de el computo de años de Encarnacion riguroso, en que el mes de Febrero es el penultimo mes de el año: pues haviendo demostrado arriba *Dissert*. 5. *num*. 29. que à 8. de Mayo de 1190. se hallava todavia Don Estevan en la Abadia, vemos ahora, que en 24. de Febrero de el mismo año, que es despues de nueve meses, en la cuenta rigurosa era Abad el Sucessor Don Pedro de Massanet, lo que no puede verificarse en otro computo sin manifiesta contradiccion.

3 Mas conocido fuè que su Antecessor nuestro Abad Don Pedro de Massanet, yà por la Nobleza que vimos de su Linage, por la qual fuè muy estimado de el Serenissimo Señor Rey Don Alonso de Aragon, yà por sus obras, por haver sido el que puso en efecto la Fundacion de el Monasterio de Piedra, yà finalmente por su dichosa suerte de hospedar en su Casa al dicho Rey Don Alonso. Apenas se

---

(6) Archivo de Poblet, Cajòn 19. intitulado *Fulleda*, lig. 2. ibi: *In manu D. Petri Abbatis &c.* Et infra: *Facta Carta 9. Cal. Januarii anno Incarnat. Dom.* 1190.

(7) El mismo Archivo, Cajòn 15. intitulado *Vimbodi*, lig. 3. ibi: *Vobis D. Petro Abbati Populeti &c.* Et infra: *Quod est actum 6. Cal. Martii anno Incarn. Dom.* 1190.

se descubre por las Escrituras de el Archivo, que empuñava el Baculo de Poblet, quando por las mismas se sabe estar favorecido de su Magestad, el qual acompañado de su hijo el Principe Don Pedro, de el Arzobispo de Tarragona Don Berenguer de Vilademuls, y de los Ricos-Hombres Artal de Alagon, Guillen de Granada, Lope de Daroca, y Miguel de Lusia, vino à honrar con su Real presencia à este su Monasterio de Poblet, donde el Serenisimo Principe Don Pedro, en presencia de el dicho Arzobispo, eligiò sepultura con las mismas condiciones, que la havia elegido el Rey su Padre año 1175. (como se dijo arriba *Dissert. 4. num. 21.*) y otorgò de ello Escritura autentica, que firmò de su mano, y subscrivierón el Rey D. Alonso su padre, y los dichos Ricos-Hombres con data de el mes de Deciembre de 1190. que se guarda en nuestro Archivo. (8) Y aficionados à esta Real Casa, bolvieron sus Magestades acompañados de los Ricos-Hombres Guillen de Granada, Guillen de Tapia, Ramon de Caldes, Arnaldo de Eril, y Guillen de Granada menor en el mes de Julio de el año siguiente 1191. Y no sabiendo despedirse de ella sin pagar el hospedage con alguna muestra de voluntad; hicieron donacion al Abad, y Convento de Poblet de un Casal de Molinos sitos en la Ribera de Francolì, otorgando de ella Escritura autentica, que se conserva en nuestro Archivo. (9)

4 Viòse tambien este mismo año 1191. nuestro Abad Don Pedro de Massanet favorecido de los Condes de Urgel Don Armengòl Octavo, y su muger Doña Elvira; los qua-

---

(8) El mismo Archivo, Cajon 1. intitulado: *Privilegia Regia* lig. 8. ibi: *Quod est actum mense Decembri anno Dom. 1190. in præsentia D. Bereng. Tarrac. Archiep. apud Populetum.*

(9) El mismo Archivo, Caj. 12. intitulado: *Espluga de Francolì*, lig. 8. ibi: *Datum in Populeto mense Julii anno Dominicæ Incarnationis 1191.*

quales hicieron Donacion al Monasterio de cien sueldos anuales, y de un Sarraceno en Aytona, y el Abad, y Convento les correspondiò con recibirlos en Hermanos de Poblet. Y siguiendo el egemplo de los Condes de Urgèl, Estevan de Regafre à 17. de Abril de el proprio año diò al Abad, y Convento de Poblet unas Casas vecinas à la Villa de Montblanch, à fin de que sus reditos se aplicassen para Ornamentos de el Altar: Escritura que subscriviò, y autorizó con su Real firma el Serenissimo Señor Rey Don Alonso.

5 Por muerte de el Papa Clemente III. fuè promovido à la Silla de San Pedro à 14. de Abril de 1191. Celestino III. llamado antes Jacinto Bobo, Diacono Cardenal de Santa Maria en Cosmedin, de edad de mas de setenta años: el qual, comenzando à enfermar, propuso à los Cardenales, que dejaria de buena gana el Pontificado, como quisiessen admitir en Papa al Presbytero Cardenal de Santa Prisca, Juan de San Pablo; pero ninguno de los Cardenales admitiò la propuesta, diciendo, que no devia el Papa desnudarse de tan alta Prefectura, con nuevo egemplo, y quizà pernicioso à la posteridad.

6 Despues de muchas contiendas que tuvo Don Guillen de Timòr con el Monasterio de Poblet sobre cierto Honor de el Termino de Servoles, que el dicho Don Guillen pretendia que era de el Termino de el Albi, Castillo suyo: vinieron en fin à compromisso, dejando al arbitrio de Don Ramon de Timòr, hermano de el dicho Don Guillen, la definicion de dicha controversia. Quedò resuelto por el Juez arbitro, que dicho Honor quedasse enteramente al Monasterio de Poblet, y que èste diesse en buena paz à Don Guillen mil sueldos Barceloneses para el casamiento que hacia de su hija: de todo lo qual fue garante el dicho Don Ramon. Escritura que roboraron con su firma el Rey Don Alonso de Aragon, y el Arzobispo de

Tarra-

Tarragona Don Berenguer de Vilademuls, actuada por Guillen de Bafsia, Notario de el Rey, à 6. de las Calendas de Agosto (que es à 27. de Julio) de 1192.

7 Profiguiendo el Serenifsimo Señor Rey Don Alonfo II. de Aragon en manifestar fu inclinacion al Abad Don Pedro de Maffanet, y Convento de Poblet, en el mes de Noviembre de 1192. que fe hallava en la Ciudad de Lerida, les hizo donacion de un Cafal de Molino en el Termino de Picamoixons por Efcritura que firmò fu Mageftad, el Principe Don Pedro fu hijo, y los Ricos Hombres Guillen de Granada, Guillen de Arbans, y Miguel de Lufià. Y en el Marzo figuiente librò à favor de el Monafterio un quintal y medio de cera anual en dia de San Nicolàs, paraque fe tuvieffe ardiendo de continuo una candela delante de el Altar de Santa Maria de Poblet, con Efcritura Real ateftiguada por los Ricos Hombres Egimino de Artufela, Pedro Mayordomo de el Rey, Geraldo de Caercino, y actuada por el dicho Guillen de Bafsia. Y para el mifmo efecto añadiò defpues en el mes de Octubre de el año 1194. otro quintal y medio de cera anual en el dia de San Andrès, en Efcritura, que expreffa haverfe hecho la Donacion en mano de Don Pedro Abad de Poblet, aunque no explica fe hallaffe el Rey en efta fu Real Cafa, y la firmaron como teftigos Guillen de Granada, Arnaldo de Sadon, Pedro Balbo, Guillen Durfort, y Fr. Geraldo de Caercino. Y como en el año 1202. no fe huvieffe aun cumplido efta Real difpoficion, el Serenifsimo Señor Rey Don Pedro II. de Aragon, y I. en Cataluña fu hijo, y Suceffor en la Corona, hallandofe en la Ciudad de Tarragona, afsiftido de los Ricos Hombres Affalido de Gudal, Pedro Seffè, Lope de Balterra, Dalmao de Cregel, Pedro de Torrefella, y Bernardo de Armengol, feñalò para efecto de que ardieffe de continuo dicha candela delante de el Altar mayor de Poblet, ciento y treinta libras de cera fobre la Baylìa de

Tar-

Tarragona: Y despues año 1209. en el mes de Abril, que se hallava tambien en la misma Ciudad de Tarragona acompañado de Don Sancho, Conde de Rossellòn, su Tio, de Armengol Conde de Urgel, Gaufredo de Rocabertì, Ramon de Moncada, Guillen de Cervera, Guillen de Moncada, Guillen Ramon de Moncada, Senescal, Miguel de Lusià, Ponce de Hugon, Azenario de Prado, y otros Cavalleros, añadiò quintal y medio de cera sobre las Entradas de Lerida, paraque asimismo ardiesse otra candela delante de el Altar de Poblet. Mas como por los años 1465. le fuesse forzoso al Rey Don Juan II. de Aragon recobrar su Hacienda, quitò, entre otras, esta paga, mandandola restituir à su Patrimonio Real. Pero el Monasterio de Poblet atento à no defraudar à Dios de aquel exterior obsequio, que en èl se havia comenzado, continuò hasta hoy la devocion de los dos Serenissimos Reyes Don Alonso, y Don Pedro.

8 Haciendo el Serenissimo Señor Rey Don Alonso este mismo año 1194. piadosa demostracion de el catolico zelo, que havia heredado de los Christianissimos Condes de Barcelona sus progenitores; mandò por Edicto publico desterrar de sus Dominios à todos los que se hallassen inficionados de la Heregia de los *Valdeses*, assi llamados de su Cabeza Valdesio, y por otro nombre los Pobres de Leon de Francia, cuyo tema diabolico era negar la obediencia al Pontifice Romano, impugnar las Indulgencias, y Purgatorio, y defender otros desatinos semejantes. (10) Y hallandose nuestro devotissimo Monarca en el Principado de Cataluña gozando de una perfecta paz, adorado y aplaudido de sus Vassallos, por su apacible govierno: como el tiempo de tranquilidad ofrece mas ocasiones de pensar en la muerte, considerando que la mayor prudencia de los Principes Christianos es prevenirse para el Reyno de los Cie-

(10) Abrah. Bzovii. *Continuat. Baronii ad annum* 1199. *n.* 38.

Cielos, y disponer de los de la tierra, para esperar con desembarazo la immortalidad, determinò otorgar Testamento para descargo de su conciencia.

9 Tanta fuè siempre la devocion de el Rey à la Orden de Cistèr; que no obstante el haver hecho en el año 1153. donacion al Monasterio de Santa Maria de Rueda en el Reyno de Aragon, de la Villa y Castillo de Escatron con sus Terminos y pertinencias: (11) y en el de 1170. donacion de la Villa, y Castillo de Monroy: (12) despues de haver hecho tambien donacion al Monasterio de Santa Maria de Beruela en el mismo Reyno de Aragon año 1172. de la Villa, y Castillo de Vera con todos sus Terminos: (13) despues de haver hecho en el de 1186. donacion de el Castillo de Piedra con sus pertinencias, para fundar alli un Monasterio Cisterciense, como queda dicho arriba *Dissert.* 5. *num.* 18. Y en el de 1188. otra Donacion para fundar el Monasterio de Trassovares de Religiosas Cistercienses: (14) fundò este año de 1194. en el Bosque de Alberono de la Diocesi de Arles un Monasterio, llamado Santa Maria de Selva Real: (15) y sin embargo de que se hallava yà admitido en Hermano de la Orden en el Monasterio de Santa Maria de Huerta desde el año 1180. como se dijo ya arriba *Dissert.* 4. *n.* 21. fuè nuevamente admitido en el Monasterio Patriarcal de Cistèr este mismo año 1194. no por el Abad Don Estevan, como escriviò erradamente Estevan Balucio, (16) sino por el Beato Guidon II. de este nombre, Pedro Prior, y demàs Monges de aquella

Ilus-

---

(11) Geronymo de Zurita *Anal. de Aragon*, lib. 2. cap. 14.
(12) Illustrissimus Fr. Angel. Manrique *Anal. Cisterc. tom.* 2. anno 1170. cap. 7. num. 9.
(13) El mismo Zurita lib. 2. cap. 32.
(14) Idem Manrique anno 1188. cap. 7. num. 14.
(15) Steph. Baluz. *Append. ad Marcam Hispanicam* lib. 4. col. 516.
(16) Idem Steph. Baluz. *loco supra citato.*

Iluſtriſsima Caſa, como es de vèr arriba *Diſſertacion* 5. *num* 30.

10 A ultimos pues, de Julio de el miſmo año 1194. vino à honrar otra vez con ſu Real preſencia à eſte ſu Monaſterio de Poblet, donde en manifeſtacion de ſu afecto, immediatamente hizo donacion al Abad, y Monaſterio de un hombre llamado Donato, y de Aſtruga ſu muger, con ſus caſas y bienes en franco alodio, por Eſcritura de ſu Real nombre, de que fueron teſtigos Dalmao de Palou, Bernardo de Portella, Guillen de Granada, Blaſco Romeo, Guillen de Guardia, y Berenguer de Vilafranca. (17) Deſpues, otorgando ſu Teſtamento, nombrò, entre otros, Albacea à nueſtro Abad Don Pedro. Y como tan devoto, y aun Hermano de nueſtra Orden Ciſtercienſe, hizo legados, ò mandas al Monaſterio Patriarcal de Ciſtèr, y à los Monaſterios de Fuen-Fria, Beruela, Santas Cruces, Leyre, Rueda, y Caſvas: pero al Monaſterio de Poblet, como al mas amado de todos, encomendò ſu Real Cadaver, mandando ſer en èl ſepultado, dejandole el Señorìo de Viveròl, y ſu Viña de Palomera en el territorio de Lerida, y ſu Diadema Real. Inſtituyò à ſu hijo primogenito el Principe Don Pedro, heredero en el Reyno de Aragon, y Condado de Barcelona, y en los de Roſſellòn, Cerdaña, Conflent, Beſalù, y Pallàs; y al Infante Don Alonſo heredero en todos los Condados de la Proenza, Amillàn, Gavaldàn, y Rodon, y en todo lo que tenia por el Rey el Señor de Mompellèr; ſubſtituyendo el Reyno en falta de los dos hijos primeros, en el Infante Don Fernandò, aunque fueſſe Religioſo; antes que en alguna de ſus hijas, à las quales llamò à la herencia, ſolo en el caſo que los tres hijos murieſſen ſin ſuceſsion. Luego ofreciò al dicho Infante Don

R   Fer-

---

(17) Archivo de Poblet, Cajon 10. intitulado *Montblanch,* lig. 1. ibi: *Datum Populeti ſub anno Domini 1194. ſecundo Cal. Auguſti.*

Fernando à la Magestad de Dios, dedicandole para Monge de Poblet; y en esta funcion tan devota y egemplar le tocò al Abad Don Pedro de Massanet, segun lo dispuesto en la Santa Regla, recibir de mano de el Rey en la Ara de el Altar, junto con la mano de el Infante, la Carta de ofrecimiento, que de èl hacia el Rey su padre.

11 Hallandose el Serenisimo Señor Rey Don Alonso II. de Aragòn en la Ciudad de Lerida por el mes de Abril de el año 1195. le pareciò al Abad Don Pedro de Massanet ser de su obligacion passar luego à besarle la mano. Y queriendo su Magestad manifestarle la estimacion que hacia de aquel obsequio, y que no havia de quedar sin galardòn aquella muestra de voluntad; correspondiò el Rey explicando la suya, siempre inclinada à favorecer à este su Real Monasterio, otorgandole Escritura de Donacion, en que concediò al Abad, y Convento de Poblet en franco y proprio alodio la Alberca, ò Estanque de Pineda, cerca de Salou, con todos los derechos, que en èl pertenecian à su Magestad. Y como las acciones de los Reyes son estimulo à los Vassallos, luego en el siguiente mes de Mayo el Noble Don Guillen de Guardialada, hijo de Don Ramon de Cervera, diò al Abad y Monasterio el Castillo de Montblanquet con todos sus Terminos y pertinencias, aunque por ello recibiò de el Convento 900. sueldos Barcelonesces. Assimismo en el mes de Deciembre de el proprio año 1195. los Vizcondes de Cardona Don Guillen, y Doña Gerarda su muger tomaron debajo su proteccion al Monasterio de Poblet, concediendole Privilegio de que todos sus ganados pudiessen pacer libremente, sin pagar cosa alguna, por todas las tierras de su Vizcondado, y con apercibimiento de 1000. sueldos de pena, y de incurrrir su indignacion, à qualquiera que se atreviesse à impedirlo: y agradecidos el Abad, y Convento à la devocion y liberalidad de dichos Vizcondes, los admitieron en Hermanos

de

de la Orden.

12 Por haverse concluido la paz y consederacion entre Don Alonso Rey de Aragon, Don Sancho Rey de Portugal, su Cuñado, y Don Alonso Rey de Leon, y Galicia, quedaron aliados los tres Reyes de no hacer paz, ni tregua, sino de voluntad y consentimiento de todos. Parece devió de suceder en esta ocasion, aunque no lo declaran bien los Autores antiguos, que nuestro Rey D. Alonso entró con muy poderoso Egercito por el Reyno de Castilla, haciendo cruel guerra y estrago por los Lugares de las Fronteras; y saliendo contra èl por la parte de Agreda el Rey de Castilla, entró en Aragon, destruyendo y talando todos los Lugares por donde passava. Apenas lo supo el Rey de de Aragon, quando movió su Egercito contra aquella frontera muy apressuradamente, y dió Batalla al Rey de Castilla, con tan buena fortuna, que quedó vencedor, y siguió el alcance, de manera, que fuera de el grande numero de gente, que de los Enemigos murieron en aquella batalla, quedaron prisioneros quatro mil hombres, y Aragon se aprovechò de el despojo que llevava el Rey de Castilla, que era considerable. Quizà esta perdida fuè causa de que despues año 1195. estuvo cerca de perderse en la batalla cruel y sangrienta, que tuvo contra el formidable Egercito de el Miramomelin; pues aunque movió contra ellos con tanto valor por darles batalla, caminando muy apresuradamente à tomarles el passo por donde pensò que havian de entrar, que llegò hasta la Villa de Alarcos, fuè tan desgraciado, que no queriendo aguardar à sus gentes, que le ivan à servir en aquella guerra, quedò vencido el Rey de Castilla en aquella batalla, de la qual lo sacaron los suyos casi por fuerza, y lo pusieron en salvo, por verlo determinado de morir en el Campo peleando.

13 Como quiera que fuesse, hallavase en estos tiempos el Rey Don Alonso de Aragon muy poderoso, y procurando

rando remediar las necessidades de sus Vassallos, y aliviarles el insoportable trabajo de la hambre, que comenzava à extenderse por sus Estados, passò luego à la Villa de Perpiñàn, donde tuvo Parlamento General, paraque de el Comun se diesse el sustento necessario à los menesterosos. Y en esta ocasion le llegò la triste noticia, de que haviendo el Miramomelin passado contra España con un formidable Egercito, y ocupado algunas Plazas, que en la Sierra hacian frontera contra la Morisma de Cordova, venció en batalla à los dos Reyes de Castilla, y Navarra. Nuestro Rey Don Alonso, que gozava tranquila paz, y havia connaturalizado el estilo de hacer bien, saliera sin duda à la defensa de sus amigos, si primero una larga enfermedad, y al fin la brevedad de su vida no lo huviera estorvado. Muriò pues, en Perpiñàn à 25. de Abril de el año 1196. en la edad de quarenta y quatro años, y à los treinta y quatro de su Reynado, despues de haver ordenado su ultimo Codicilo, en que confirmò todo quanto dejava dispuesto en el Testamento, que otorgò en el año 1194. en este Monasterio de Poblet. Fuè conducido su Real Cadaver à este Monasterio, donde se le diò sepultura à primero de Mayo, ocho dias despues de su muerte, dedicando una Arca de madera decente, aunque improporcionada à tanta Magestad, para Urna interina de el Real Cadaver, hasta que fabricados por el Rey Don Pedro IV. los Arcos, y Sepulcros Reales, fuè trasladado al mas cercano al Presbyterio, à la parte de la Epistola. Sobre su Sepulcro se miran dos Estatuas de Alabastro tendidas, una à la parte de la Capilla Real vestida con Habito de Diacono, y Corona de Laurèl en la cabeza, y otra à la parte de el Cementerio con Cogulla Cisterciense.

14 La verdad es el alma de la Historia, y el unico norte à que deve mirar el Historiador, sin dejarse llevar aun de lo que fuere de mayor gloria à su Nacion, Patria,

ò

ò Instituto, no siendo conforme à la verdad. Con razon pues son desestimables aquellos Escritores, que ponen su diligencia no tanto en escrivir cosas verdaderas y ciertas, quanto en no dejar de escrivir todo lo que oyen de otros, y ellos imaginan, aunque no tengan mas fundamento, que las facilidades creidas por afeccion y apetito de las glorias falsas. De haver llegado al Rmo. P. M. Fr. Bernabè Montalvo, (18) Monge, y Chronista de la Orden de Cistèr la noticia de hallarse sobre la Sepultura de el Rey D. Alonso de Aragon la dicha Estatua vestida de Habito Cisterciense, tomò tal vez el motivo, para afirmar, que estando este Serenisimo Principe cercano à la muerte, pidiò le vistiessen el Habito de nuestra Orden, y que hizo voto de passar los años, que Dios le diesse de vida en la Orden de Cistèr, guardando su Regla, y Constituciones, y que haviendo muerto en Perpiñán año 1196. fuè ahì depositado, por no estar acabado el Monasterio de Poblet.

15 La poca crisi con que escrive el Autor serà la mas segura impugnacion de sus inadvertencias, si se atienden con reflexion las palabras de su narrativa. Dice assi: *Don Alonso el Casto de Aragon, Sexto de este nombre de los que reynaron en aquel Reyno, y diferente de el Rey Don Alonso el Casto de Castilla, estando cercano à la muerte, pidiò le vistiessen el Habito de nuestra Orden de San Bernardo, è hizo voto de, aunque Dios le diesse muchos años de vida, passarlos en la Orden de Cistèr, guardando su Regla, y Constituciones. Muriò con el Habito en Perpiñán año 1196. y fuè ahi depositado, por no estar acabado el Monasterio de Poblet, que èl havia edificado en gran parte, y dotadole ricamente.* Palabras harto dignas de correccion. Pregunto: Si hasta hoy dia solo cinco Reyes Alonsos han reynado en Aragon, como el que muriò año 1196. pudo ser sexto de este nombre? Verdaderamente

(18) Montalvo *Historia de la Orden de San Bernardo*, lib. 2. cap. 35.

te no entiendo, como al contradistinguirlo de el otro Rey Don Alonso, llamado el Casto, que propriamente fuè Don Alonso II. de Leon, pudo ocurrirle llamar à nuestro Don Alonso de Aragon el sexto de este nombre, quando, sin discrepancia alguna entre los Historiadores, no le precediò otro de aquel nombre, que Don Alonso I. llamado el Batallador, hermano de su Abuelo el Rey Don Ramiro el Monge. Haverse depositado su Real Cadaver en Perpiñàn, por no estar acabado el Monasterio de Poblet, es desproposito, que sin pensar lo corrigiò el mismo Autor poco mas adelante, que olvidado de lo que acabava de escrivir, afirmò lo contrario en estas palabras: (19) *Està en esta Casa (de Poblet) Don Alonso el Casto, Sexto de los de este nombre, Monge nuestro, el qual acabò de edificar este Monasterio*: donde por mas que prosigue el engaño de llamarlo el Sexto, y Monge Cisterciense, no obstante confiessa, que no solo edificò en gran parte al Monasterio de Poblet, sino que lo dejò yà acabado. Como pues huvo de depositarse el Cadaver de el Rey Don Alonso en Perpiñàn, por no estar acabado el Monasterio de Poblet, si èl durante su vida lo acabò de edificar?

16 Que el Rey Don Alonso de Aragon pidiesse, estando cercano à la muerte, que le vistiessen el Habito Cisterciense, y quisiesse ser enterrado en èl, lo tengo por muy verisimil, y me parece congetura prudente, segun la clausula de el Testamento de dicho Rey Don Alonso, que he leido en el Transunto, que se guarda en nuestro Archivo, (20) que traducida en Español, suena assi: *Ruego humilmente*

---

(19) El mismo Montalvo *lib. 2. cap. 36.*

(20) Archivo de Poblet, Cajòn 1. intitulado *Privilegia Regia*, lig. 11. ibi: *Obsecro tamen humiliter Conventum, (Cistercii) ut tamquam unum ex Fratribus, orationum, & beneficiorum in prædicta domo, & in omnibus ejus membris participem me constituat, quemadmodum jam mihi concesserunt.*

mente al Convento de Cistèr me haga participante como à uno de sus Religiosos, de las oraciones, y beneficios en la dicha Casa, y en todos sus miembros, conforme yà me lo concedieron. Pero que estando cercano à la muerte se hiciesse Religioso, con voto de passar lo restante de su vida en la Orden de Cistèr, guardando su Regla, y Constituciones; no tiene verisimilitud alguna, no solo por lo que acabamos de vèr de la clausula de el Testamento, y aun porque tampoco se halla palabra de tal sucesso en todo el Codicilo, que otorgò poco antes de morir (cuyo Transunto se halla tambien junto con el Testamento); sino tambien porque, como para hacerse Religioso era necessario que diesse su consentimiento la Reyna Doña Sancha su Esposa, que le sobrevivió hasta el año 1208. que renunciasse al Reyno; y que en efecto le huviesse vestido el Habito, y recibido la profession algun Prelado Cisterciense: es totalmente increíble que circunstancias tan notables, y que vendrian à ser lo mas substancial de el sucesso, las callassen quantos hasta hoy han escrito; antes la havrian referido los Historiadores de Aragon, assi como escrivieron las que passaron en la muerte de el Rey Don Jayme, llamado el Conquistador, que fuè verdaderamente Monge de este Monasterio de Poblet. Concluyo pues, con decir, que el haver puesto sobre la Sepultura de el Rey Don Alonso II. de Aragon su figura vestida de Monge Cisterciense, fuè para denotar no solo el grande afecto y devocion, que siempre tuvo à la Orden, sino tambien el haver sido Hermano de todos los Monasterios Cistercienses, durante su vida, y de este Monasterio con especialidad, aun despues de su muerte.

17 Engañòse tambien el Ilustrissimo Fr. Angel Manrique (21) en la noticia que escriviò, de que con el dicho Se-

---

(21) Manrique Append. ad tom. 2. Annal. Cisterc. pag. 35. ibi: *Primum Regum (Alphonsum) Populeti sepelit, ubi & cum Conjuge Sanctia humatus jacet.*

Sereniſsimo Señor Rey Don Alonſo II. de Aragon yace en Poblet ſepultada ſu muger la Reyna Doña Sancha: porque eſta Señora murió Religioſa de el Monaſterio de Sigena año 1208. y fuè alli miſmo ſepultada. Pero no hay que admirar ſemejante deſcuydo en nueſtro Analiſta doctiſsimo: que à los mas perſpicaces ſucede en la ocupacion de Obras vaſtas, que fiandoſe de la memoria, no les ſocorra en caſos como eſte, en que era natural la preſuncion de haverſe enterrado la Reyna con ſu Marido.

18 Mas no fuè natural, pero ni aun veriſimil el preſumir, que el Abad Don Arnaldo de Amalrich, Suceſſor de Don Pedro de Maſſanet, en el preſupueſto que ſigue (22) de haver muerto eſte Abad à 26. de Abril de 1196. diò ſepultura al Rey Don Alonſo al primero de Mayo, y el Habito de Monge de Poblet à ſu hijo el Infante Don Fernando dentro de el miſmo mes de Mayo de el proprio año; porque aun dado caſo que ſe eligieſſe el Abad Don Arnaldo dentro de aquellos ocho dias, contra lo regular de las elecciones de Abades en Poblet, no podia el Abad puramente electo, y no confirmado por la Sede Apoſtolica, egercer aquellas funciones; porque eſto ſeria ingerirſe en el govierno contra lo diſpueſto en el Derecho Canonico, (23) que por eſſo en el año 1499. en que à 18. de Mayo ſe diò ſepultura à los Reyes Don Fernando I. y Don Juan II. ò ſe traſladaron à los Sepulcros Reales, hizo la funcion el Abad de Benifazà, porque el Abad de Poblet Don Antonio Buada electo à 2. de el proprio mes y año no eſtava aun confirmado por la Sede Apoſtolica.

19

(22) Idem Manrique tom. 3. Annal. Ciſterc. anno 1196. cap. 7. num. 5. ibi: *Hoc ipſo anno deceſsit Petrus Abbas 26. die menſis Aprilis ::: Succeſsit Petro Magnus Arnaldus dictus Amalricus: Primum Regum Alphonſum Populeti ſepelit ::: Ferdinandum Infantem Habitu donat.*

(23) Cap. *Qualiter,* Extra de Election.

Yo no he descubierto en Instrumentos autenticos memorias de el Abad Don Pedro de Massaneto mas acà de el dia 25. de Enero de 1195. de la Encarnacion (en que corria yà el de 1196. de el Nacimiento de Christo) : cuya data lleva la Escritura de nuestro Archivo, (24) que contiene la Venda, que hicieron Maria Pignola, y Bernardo Regnèr su marido al Abad, y Convento de Poblet, de cierta heredad en el Termino de Vimbodì: tampoco he hallado firma de el Successor Don Arnaldo de Amalrich antes de el dia 20. de Agosto de 1196. de cuya data es la Escritura que se alega abajo *Dissert. 7. num. 3.* Y en aquel intervalo de tiempo, que discurre desde 25. de Enero de 1195. hasta 20. de Agosto de 1196. encuentro dos Escrituras sin nombre de Abad, una calendada en 6. de Junio de 1196. en la qual Hugon de Avellano se ofrece en Monge de Poblet en mano y poder de Arnaldo Prior, dejando al Convento todo el feudo de Montblanquet, unas Casas en la Villa de la Espluga, un Huerto en el Termino de aquella Villa, cien sueldos Barceloneses que le devia Don Guillen de Aguilon, y otros cien sueldos, que le devia Don Guillen de Zaguardia: (25) y otra calendada en 10. de el proprio mes y año, en que Geraldo de Figuerola diò todos los derechos, que tenia en unos Molinos de el Termino de Vallclara en manos de Arnaldo de Carcassona, Prior de Poblet. (26) Las quales dos Escrituras parece que indican

que

---

(24) Archivo de Poblet, Cajòn 13. intitulado *Vimbodì*, lig. 28. *Venditores sumus vobis Petro Abbati de Populeto. Et infra: Actum est hoc 18. Calend. Februarii anno Dom. 1195.*

(25) El mismo Archivo, Cajòn 18. intitulado: *Montblanquet*, lig. 2. ibi: *In manu & potestate Arnaldi ejusdem Loci Prioris. Et infra: Actum 8. Idus Junii sub anno Dom. 1196.*

(26) El mismo Archivo, Caj. 24. intitulado *Vallclara*, lig. ibi: *Hæc verò donatio fuit facta in præsentia, & in manu Arnaldi de Carcassona Prioris Populeti. Quod est actum 4. Idus Junii anno ab Incarn. Domini 1196.*

que al tiempo de sus datas estava vacante la Abadia de Poblet, por no haver aun elegido à Don Arnaldo.

20 En este presupuesto solo podemos afirmar con certibumbre, que en aquellos siete meses, que corren desde 25. de Enero de 1195. hasta 20. de Agosto de 1196. faltò de la Abadia Don Pedro de Massanet, y entrò à regirla D. Arnaldo de Amalrich, y que haviendo sucedido la funcion de dàr sepultura al Rey Don Alonso, y el Habito al Infante Don Fernando en el mes de Mayo de dicho año 1196. igualmente pudo tocar al uno que al otro. Pero ahora fuesse el Abad Don Pedro, ahora fuesse Don Arnaldo el que tuvo la dicha de substituir por un Rey difunto al Infante su hijo, por un Estraño un Domestico, y por un Seglar à un Monge, siempre viene à resultar igual gloria al Monasterio de Poblet.

21 Lo mismo sucediò sobre la Fundacion de el Monasterio de Piedra, Casa-Hija de Poblet, que igual gloria le resulta à Poblet su Madre, ahora fuesse el Abad Don Pedro de Talladell, ahora fuesse el Abad Don Pedro de Massanet el que la puso en egecucion. Y paraque con mas desembarazo puedan los Lectores juzgar la controversia, me ha parecido tratar asi esta, como las demàs Fundaciones de Abadias Hijas de Poblet, separadas de sus respectivas Dissertaciones, paraque el Lector que no gustare de entretenerse en digressiones, pueda passar à la Dissertacion siguiente, en que se prosigue la Historia.

DISSER-

APENDICE
A LA DISSERTACION VI.

FUNDACION DE EL REAL MONASTERIO DE PIEdra en el Reyno de Aragon, la primera Casa Hija de Poblet; su primero Abad Don Gaufredo de Rocaberti, y otros Monges de Poblet Sucessores en la Abadia. Otros Hijos de Piedra promovidos à mayores Dignidades: Catalogo de todos sus Abades, y otras cosas memorables de aquel Monasterio.

1. LA diversidad de opiniones entre los Historiadores de Aragon, y Chronistas de la Orden acerca de la Fundacion de el Real Monasterio de Santa Maria de Piedra, Primogenito entre los Hijos de Poblet, la qual unos (1) refieren año 1195. y los que mas la adelantan, (2) la afirman en el de 1194. no obstante que la Donacion que hizo para ella el Serenissimo Señor Rey Don Alonso II. de Aragon, que se lee en el Apendice de Escrituras Reales de este Tomo *cap. 1. num.* 8. fuè otorgada en el mes de Noviembre de el año 1186. es causa de haverse reducido à question, si fuè el Abad Don Pedro de Talladell, (que lo era en dicho año 1186. como vimos *Dissert. 5. num. 21.*) ò si fuè el Abad Don Pedro de Massaneto (que segun consta de la *Dissert. 6. num. 2.* lo era en el de 1194.) el que puso en efecto la Fundacion de el Monasterio de Santa Maria de Piedra en el Reyno de Aragon,

em-

---

(1) Mossen Pedro Miguel Carbonell, *Chroniq. fol.* 54.
(2) Illustrissimus Fr. Angel. Manrique *tom.* 3. *Annal. Cisterc. anno* 1194. *cap.* 5.

embiando allà la Colonia de doce Monges con el Abad Don Gaufredo? Ninguna mencion hacen de esta Fundacion, (como tampoco de las de Benifazà, y la Real de Mallorca) los Manuscritos Domesticos anteriores al Ilustrissimo Fr. Angel Manrique, no obstante el hallarse sus Dotaciones en nuestro Archivo: pero de Escrituras embiadas de el Monasterio de Piedra, sacadas de aquel Archivo, y de algunas clausulas de el Testamento de el Rey Don Alonso su Fundador, juzgo se prueba con grandissima verisimilitud, que por mas que el dicho Rey Don Alonso yà en el año 1186. ofreciò para la Fundacion de aquel Monasterio el Castillo de Piedra, y demàs Territorio, que expressa la Carta de Donacion otorgada al Abad de Poblet Don Pedro de Talladell, que va copiada en el *Apend. cap. 1. num. 8.* no se efectuò la Fundacion hasta el mes de Mayo de el presente año 1194.

2 El P. Don Martin de Marquina, Monge, y Archivero de este Real Monasterio de Poblet, certifica, que por los años de 1566. se hallò en el Real Monasterio de Piedra, acompañando al Abad de Poblet Don Juan de Guimerà, Visitador General de los Monasterios Ciftercienses de la Corona de Aragon, y Navarra, y que en aquella ocasion trasladò de una Tabla pendiente entre las Puertas de la Iglesia, y Aula Capitular de aquel Monasterio una Escritura Latina, que refiere la Fundacion de aquella Real Casa, que hoy dia se guarda en nuestro Archivo: (3) la qual, traducida en romance, suena assi.

En nombre de la suma, è individua Trinidad. Año de la Encarnacion del Señor 1194. à cinco de los Idus de Mayo, baxo el mando de el Abad Gaufredo saliò el Convento de la Casa de Poblet, queriendolo, y mandandolo Don Pedro de Macianeto, de buena memoria, Abad entonces de el mismo Lugar, ayudando en todo, y por todo fielmente Don Alonso, piadosissimo Rey

(3) Archivo de Poblet, Cajòn 66. ligarza 61.

Rey de Aragon, Marques de Proenza, y Conde de Barcelona. Y guiados de la gracia del Espiritu Santo, el mencionado Convento à 14. de las Calendas de Junio llegò à Peralejos, Lugar en el Territorio de Zaragoza. Y en el mismo año, concediendolo el yà nombrado Rey de Aragon, y el dicho Abad de Poblet, con su Abad sobredicho vino à Piedra à 12. de las Calendas de Deciembre, queriendolo, y mandandolo el Venerable Don Juan Frontin, à la sazon Obispo de Tarazona, à cuya Diocesi pertenece el dicho Lugar de Piedra. Y año del Señor 1218. en la tercera Dominica de Adviento, en que se canta el Gaudete in Domino semper, à 17. de las Calendas de Enero, mandandole el Señor Espargo Arzobispo de Tarragona, el Señor Sancho Obispo de Zaragoza, Don Domingo Obispo de Albarracin, fuè trasladado el Monasterio de Piedra de el Castillo de este Lugar, donde ahora habitamos, siendo Abad Don Egimino, ò Semeno con su Convento. Y segun las recientes noticias, que en el año 1749. me assegurò el P. M. Don Joseph Estevan y La-Torre, Abad segunda vez de el Monasterio de Piedra, se lee la sobredicha Escritura palabra por palabra en un Libro muy antiguo, que se ponia à los Abades de aquella Casa para cantar las Missas, en el folio, que media entre las de *Tempore*, y las de *Sanctis*.

3 El Ilustrisimo Fr. Angel Manrique (4) alega otra Escritura, que dice haverse sacado de el Archivo de el Monasterio de Piedra, la qual en quanto à lo chronologico no discrepa de la sobre referida, como podrà leerla el Erudito en el lugar de la cita, que yo para los indoctos la doy traducida en Castellano.

Año 1194. *à* 10. *de Mayo, Pedro Abad de el Monasterio de Poblet, à peticion de el Rey Don Alonso, embiò doce Monges con el Abad Gaufredo à fundar un nuevo Monasterio en Aragon. A* 19. *de el mismo mes llegaron al Lugar de Peralejos à*

dos

---

(4) Manrique *tom*. 3. *Annal. Cisterciens. anno* 1194. *cap.* 5. *num.* 7.

dos millas de la Ciudad Obispal de Teruel, donde hicieron mansion casi seis meses, tal vez, mientras el Castillo de Piedra para donde ivan destinados se preparava para recibirlos. El dia 20. de Noviembre llegaron al Castillo, donde perseveraron veinte y tres años: y cumplidos estos año 1218. bajaron al Lugar, que ahora ocupan, y describe Zurita, à quatro millas de Calatayud, haviendo el Rey Don Pedro acabado la Casa, que havia comenzado el Rey Don Alonso su Padre.

4 El docto Escritor Domestico, que procurò emendar el Catalogo de el Ilustrisimo Fr. Angel Manrique, el qual, como yà digimos *Dissert.* 5. *num.* 19. fuè de opinion, que el Monasterio de Piedra fuè fundado por lo menos año 1187. al hacerse cargo de las Escrituras, que acabamos de alegar, dice que no le hacen fuerza; porque aquella Tabla de donde fueron sacados no era Escritura autentica, sino nota de algun particular, que engañado la deviò escrivir, y siendo Escritura de esta calidad, no se le puede dàr fee, mayormente contra un Instrumento de Real Donacion, que tiene aquel Monasterio calendado año 1190. en que se halla entre otras la firma de su primer Abad Don Gaufredo de Rocaberti. No produce el Domestico Instrumento; y pareciendome indispensable su produccion, para poder desestimar las dichas Escrituras, determinè buscarlo por medio de el P. M. Don Juan Olvès, Monge, y Archivero de aquel Monasterio, el qual me remitiò la dicha Escritura de Donacion, copiada por entero de el Original, que se guarda en aquel Archivo, con Certificacion en la forma siguiente.

5 Doy fee el infrascrito, que en el Archivo de el Real Monasterio de nuestra Señora de Piedra se halla un Privilegio Original con Sello pendiente de cera colorada, que es de el tenor siguiente. *Ad notitiam &c.* La Copia en Latin, como està en el Original, y traducido en Castellano, dice así:

Llegue à noticia de todos presentes, y venideros, que Yo

Alon-

Alonso, por la gracia de Dios, Rey de Aragon, Conde de Barcelona, y Marques de la Proenza, por remedio de mi alma, y de mis Predecessores, doy, loo, y concedo à Dios, y à la Iglesia de Santa Maria de Perales, y à todo el Convento de el mismo Lugar presente y venidero, toda la Decima y derecho, que tengo, ò devo percebir en las Salinas de Herreria: todas las quales cosas reciban libremente sin alguna probibicion, y tengan para siempre la dicha Iglesia, y los que alli sirven à Dios. Establezco pues, y firmemente mando à todos los Bayles de Daroca, que pacificamente den, y paguen, y degen percibir à la dicha Iglesia y Convento la dicha Decima, y todos nuestros derechos de aquellas Salinas. Dadas en Peralada en el mes de Marzo, año de el Señor 1190. Sig✠no de Alonso Rey de Aragon, Conde de Barcolona, y Marques de la Proenza = Sig✠no de el Infante Pedro, bijo de el Rey de Aragon = Sig✠no de Ramon de Vilamulai = Sig✠no de Gaufredo de Rocaberti = Sig✠no de Artaldo de Alagon = Sig✠no de Juan de Bach, Notario de el Señor Rey, que lo escrivió en el mes y año que arriba.

6   Prosiguiendo el Padre Maestro Olvès su Certificado añade: Assimismo consta de uno de los Cabreos de el Monasterio, que siendo Abad de el Real Monasterio de Poblet el muy Ilustre Señor Don Pedro de Macianeto en el año 1194. à 5. de los Idus de Mayo (con orden de el Señor Rey D. Alonso el Segundo de Aragon) fueron elegidos un Abad llamado Gaufrido de Rocaberti, y doce Religiosos todos Monges de dicho Monasterio de Poblet, para fundar un nuevo Monasterio en el Territorio de Peralejos, aliàs Perales, Lugar de la Comunidad de Teruel, donde dicho Señor Rey les havia prometido dar algunas possessiones, como consta de el Privilegio antecedente. Y aunque el dicho Señor Abad Gaufrido con sus Monges no partieron de Poblet basta el dicho dia y año de 1194. es muy verisimil, que en esse medio tiempo residiessen en Peralejos algunos Monges, previniendo babitacion para el Abad, y nuevo Convento, que despues havian de ir à aquella residencia. = Juan Olbès, Monge Archivero

vero de el Real Monasterio de Piedra.

7 Es digno de reflexion, que las tres sobredichas Escrituras, conviene à saber la que de el Archivo de el Monasterio de Piedra cita el Ilustrissimo Manrique, la que copiò de la Tabla de aquel Claustro el P. Marquina, y la que sacò de el Cabreo el P. M. Olbès, todas contestan no haverse efectuado la Fundacion de el Monasterio hasta el año 1194. Y por mas que el Escritor Domestico pretenda que aquella Tabla es nota de algun particular, que engañado la deviò de escrivir: es poco razonable el presumir, que precisamente errasse el año de la Fundacion, quien acertava con toda exactitud tantas chronologias como concurren en aquella relacion, no solo en los Reynados de los Serenissimos Reyes de Aragon Don Alonso, y Don Pedro, sino tambien en los goviernos de el Arzobispo de Tarragona, de los Obispos de Tarazona, y Zaragoza, y de los Abades de Poblet, y Piedra, todas las quales estàn puntualissimas.

8 El Instrumento de Donacion de el Rey Don Alonso año 1190. que le pareciò al Domestico la mayor fuerza para probar el dicho año la Fundacion de el Monasterio de Piedra, nada prueba, si se lee con atencion; porque de su lectura podrà deducir qualquiera desapassionado, que aquella Donacion no fuè otorgada al Monasterio Cisterciense de Piedra, sino al Santuario de nuestra Señora de Perales, donde residian algunos devotos, y quizà algunos Clerigos de la Iglesia de Teruel, segun aquellas palabras: *Damos à la Iglesia de Santa Maria de Perales, y à todo el Convento de el mismo Lugar, y à los que alli sirven à Dios,* las quales de ningun modo indican que residiesse alli Comunidad Cisterciense, que conforme à las Constituciones de la Orden, devia formarse de doce Monges con su Abad: porque si alli huviessen residido algunos Monges, (aun sin formar Comunidad) no havria dejado de expressarlos

farlos com nombre de *Religiosos*, *que alli sirven à Dios*, como se vè estilado en todas las Donaciones hechas à este Real Monasterio de Poblet, por el dicho Sereníssimo Señor Rey Don Alonso.

9 Lo que mas admira es, que el Domestico presumiesse que la firma de Don Gaufredo de Rocabertì, que se lee entre las de los demàs testigos de la Donacion Real, fuesse de el Abad de Piedra; porque haviendo visto tantas Donaciones de el dicho Rey D. Alonso, en ninguna de ellas havrà visto firma de Abad que acepta la Donacion, que no estè assi: *Signo de N. Abad de Poblet*. Fuera de que aun al hacer el Rey la Donacion al Monasterio de Piedra, ò de Perales, lo havria expressado en esta forma: *Doy à Santa Maria de Perales, y al Abad Gaufredo, y à todo el Convento &c.* segun el estilo que pudo haver observado en quantas Escrituras de el Rey Don Alonso tiene este Monasterio de Poblet. Y lo comprueba hasta la misma Escritura de Donacion hecha à Don Pedro Abad de Poblet año 1186. para fundar al Monasterio de Piedra, en que dice: *Doy à Santa Maria de Poblet, y à ti Pedro Abad, y à todo el Convento &c.* Assi que de la uniformidad de las firmas, que se siguen à la de el Infante Don Pedro, se colige incontestablemente, que aquel Don Gaufredo de Rocabertì era un Cavallero seglàr, que acompañava à su Magestad, ni mas, ni menos que Don Ramon de Vilamulai, y Don Artal de Alagon alli firmados, bien que seria de la nobilissima Casa de los Vizcondes de Rocabertì, y Deudo de el dicho Don Gaufredo, Monge de Poblet, que despues fuè el primer Abad de el Monasterio de Piedra.

10 Pero la razon mas fuerte, en prueba de que los Monges de Poblet con el Abad Don Gaufredo de Rocabertì no passaron à la Fundacion de el Monasterio de Piedra hasta el mes de Mayo de 1194. como refiere la Tabla, y la Escritura de Cabreo arriba citadas, puede sacarse de el cotejo

tejo de una clausula de el Testamento de el Rey D. Alonso otorgado en Poblet año 1194. y otra clausula de el Codicilo, ordenado pocos dias antes de morir en el mes de Abril de 1196. La de el Testamento dice: *Dejo al Monasterio que ha de hacerse de nuevo en Perales, ò en Piedra, ò en qualquiera otro lugar, para su fabrica, mil morabatines.* Pregunto ahora: Si yà desde el año 1190. huviessen residido los Monges en Perales, ò Cilleruelos, y en el de 1194. se huviesse trasladado el Convento al Castillo de Piedra, como afirma el Escritor Domestico, el Rey Don Alonso en su Testamento de el año 1194. havria dicho: *Dejo mil morabatines al Monasterio que ha de hacerse en Perales, en Piedra, ò en otro Lugar?* Claro està que no, sino que diria: *Dejo à la Casa, y Religiosos de Perales mil morabatines para fabricar un nuevo Monasterio alli mismo, ò en Piedra, ò en otro Lugar,* como lo hizo año 1196. en el Codicilo, en que dice: *Dejo, y doy à la Casa, y Religiosos de Piedra para su vivienda mi Salina de Calatayud.* Significando por estas palabras, que residian en Piedra los Religiosos para cuyo sustento dava aquella Salina. Fuera de que no es presumible, que el Abad, y Monges de Poblet tan favorecidos de el Rey Don Alonso, si huviessen llegado al lugar de su destino año 1187. como pretende el Domestico, estuviessen por espacio de siete años, que corren hasta el de 1194. no solo mal alojados, sino que tampoco en aquellos años se acordasse el Rey Don Alonso su Fundador de hacerles un libramiento paraque se les fabricasse Monasterio, como lo hizo en el año 1194.

11 Juzgo pues por mas verisimil la opinion, que expressan las Tablas, y el Cabreo, que los Monges Fundadores llegaron à el Lugar de su destino en el mes de Mayo de 1194. y que à ultimos de Julio, en que otorgò el Rey su Testamento, les librò los mil morabatines paraque fabricassen su Monasterio en aquel Sitio que mejor les pareciesse,

CENTVRIA I. APENDICE A LA DISS. VI. 147

dieſſe; y aſsimiſmo que en el año 1196. que formò el Rey ſu Codicilo, como yà habitavan en Piedra los Monges, les diò para ſu vivienda la Salina de Calatayud, y que reſidieron haſta el año 1218. que ſe traſplantaron al Lugar en donde ahora habitan, conforme lo expreſſan las Eſcrituras alegadas. Para la Fundacion pues, embiò el Abad de Poblet Don Pedro de Maſſanet à Don Gaufredo de Rocabertì, Monge de Poblet, que por ſu ſangre, por ſus letras, y por ſu virtud merecia ſer eſcogido entre los muchos, que à la ſazòn iluſtravan al Monaſterio, para primera piedra de el ſagrado edificio de Piedra, el qual ſaliendo acompañado de doce Monges de eſta miſma Caſa, deſtinados para hijos, y ſubditos ſuyos, y para formar al nuevo Convento, llegaron al Lugar de ſu deſtino en el mes de Mayo de el año 1194.

12 Eſtà ſituado el Monaſterio de Piedra en el Reyno de Aragon, en el Partido de Calatayud, quatro leguas (acia el Occidente) diſtante de eſta Ciudad: ſeys (acia el Oriente, declinando al Medio dia) de la de Daroca: y otras tantas (acia el Medio dia) de la inſigne Villa de Molina de Aragon, aunque exiſtente en Caſtilla. De eſte Reyno diſta como dos leguas al Occidente, mirando acia la Villa de Campillo, una de la noble Villa de Ibdes, dos de la de Carenas, (que es de la juriſdicion de el Monaſterio) acia el Norte; dos de el Pueblo de Munebrega, media legua corta de la Villa de Nuebalos: y finalmente (mirando al Oriente) eſtà el Pueblo de Monterde, que diſta de el Monaſterio una legua corta: y aſsi todas las dichas Ciudades, Villas, y Lugares rodean al Monaſterio con mayor ò menor diſtancia. Tiene el Monaſterio tan horrendo, y ameno ſitio, que el horror compite con la amenidad, recogido entre unos peñaſcos inacceſsibles, y muy eminentes, que ſin embargo dejan lugar à unas Huertas à pedazos coſtaneras, y artificiales, y por lo mas, llanas, y abundan-

T 2

tes de frutas, y hortalizas muy sabrosas. El Rio, que baña al Monasterio se llama *Piedra*, de donde tomaron nombre el Castillo fundado sobre peñas, y despues el Monasterio, como lo significan sus Armas, que son un Castillo fundado sobre tres piedras. El Rio se llama Piedra, porque no solo viste de piedra à los arboles y ramas, que sus corrientes bañan, sino tambien à las ovas, y otras yervas que se crian en su profundidad; pues à pocos dias que en Verano estàn sin agua, yà son piedra muy dura, labrada con figuras admirables.

13 La Cerca de el Monasterio toda de canteria, es bien alta, y muy al caso para el fin que sirve: Obra, segun se dice, de los Abades Don Pedro Luzòn, y el Maestro Don Agustin Naharro por los años de 1600. De ella se refiere una cosa notable, y es, que despues de hecha, no ha caìdo en ella rayo alguno, ni centella; porque tres que la han herido, uno en el lienzo largo, que entre Oriente, y Medio dia mira acia el Lugar de Monterde; y otros dos en el ultimo lienzo que mira al Occidente, dieron en la parte exterior, dejando alli señal. La Puerta principal de esta Cerca, y de el Monasterio se encuentra viniendo de la Villa de Ibdes, y de Nuebalos, en una Torre quadrada muy fuerte de piedra de silleria, con el Escudo de Armas arriba referido, y debajo se lee esta inscripcion.

Hæc Sacra Bernardo, Casto Rex tecta dicavit
Alphonsus Castus, magnaque dona dedit.
Post eadem Reges instauravere Jacobus,
Et Petrus, Alphonsi hic filius, ille nepos.

Que traducida en idioma Castellano, suena assi: El Rey Don Alonso el Casto dedicò à San Bernardo este Monasterio, y le hizo muchas Donaciones. Despues lo instauraron los Reyes Don Pedro, y Don Jayme, hijo, y nieto respectivos de el dicho Rey Don Alonso.

14 Han favorecido al Monasterio de Piedra los Sumos Pontifices, los Reyes, y Principes con muchos Privilegios, y Salvaguardas: pero la que mas protege y defiende aquella Real Casa, y le afianza las mayores felicidades, es la tan admirable como divina Reliquia, llamada el Santo Mysterio, en que hasta hoy se veneran incorruptas, y convertidas en carne las Especies Sacramentales de el Pan Eucharistico: dadiva que les franqueò à aquellos observantissimos Monges la liberalidad de el Serenissimo Señor Rey Don Martin de Aragon. El Abad concurre al Oficio de Diputado Eclesiastico, y à otros Empleos honorificos de el Reyno de Aragon, y tiene voto en Cortes entre los Prelados mas principales de aquel Reyno. Ha florecido tanto en letras aquel Monasterio, que siempre ha tenido muchos Hijos graduados, especialmente en la Universidad de Huesca, donde han ocupado las primeras Cathedras de Theologia. No menos ha florecido en Santidad, pues de aquella observantissima Casa, qual oficina de virtudes, han salido las Reformas, que han abrazado à sus tiempos los Monasterios Cistercienses de las dos Castillas, y de el Reyno de Portugal. Es imposible dàr noticia peculiar, y puntual de todos los Sugetos ilustres que tuvo aquel Monasterio; pero de muchos se harà alguna memoria en el Catalogo de los Abades, que hasta hoy han governado aquella Real Casa.

CATALOGO

DE LOS ABADES DE EL REAL MONAS-
terio de Santa Maria de Piedra, Casa-Hija
de el Real Monasterio de
Poblet.

15 Governòse la Real Casa de Santa Maria de Piedra por Abades Perpetuos desde su primera Fundacion hasta el año 1531. Despues por Trienales, hasta el año 1616. que se formò la Congregacion Cisterciense de la Corona de Aragon. Y desde entonces se ha governado como las demàs por Abades Quadrienales: quedando siempre ilustre en qualquier estado con todas las circunstancias que pueden engrandecer à un Monasterio.

ABADES PERPETUOS,

desde el año 1194. hasta el de 1531.

I.
D. GAUFREDO DE ROCABERTI.

16 Descendiente de los Nobles Vizcondes de Rocaberti, de cuya esclarecida Familia se hallava año 1199. Arzobispo de Tarragona Don Ramon de Rocaberti: por los de 1200. Obispo de Zaragoza Don Rodrigo de Rocaberti: por los de 1252. Arzobispo tambien de Tarragona Don Benito de Rocaberti; y por los de 1309. Don Guillen de Rocaberti: y, como yà queda dicho arriba *num.* 5. Don Gaufredo de Rocabertì año 1190. puso su firma en la Escritura Real entre los Grandes, que seguian la Corte de

el

el Sereniſsimo Señor Rey Don Alonſo II. de Aragon. Fuè nombrado Abad de el nuevo Monaſterio de Piedra por Don Pedro de Maſſaneto, Abad de Poblet, Abad Padre, y Fundador de aquella Real Caſa. Haviendo llegado con ſu Colonia al Lugar de ſu deſtino por el mes de Mayo de 1194. paſsò à la immortalidad (conforme à las noticias de el Archivo de aquel inſigne Monaſterio, à las quales và conformado todo el Catalogo) en el miſmo año 1194.

II.
DON PONCE DE JUAN.

17 Sucediòle Don Ponce de Juan en el proprio año 1194. y deſpues de 9. años de Abadia fallecio en el de 1203.

III.
DON SEMENO MARTINEZ.

18 Obtuvo immediatamente el Baculo Abadial Don Semeno, Egiminio, ò Gimeno de Martin, ò Martinez por Patronimico, el qual, deſeoſo de mayor quietud y retiro, cediò la Prelacìa año 1216.

IV.
DON FERNANDO DE AVERO.

19 Entrò à regirla Don Fernando de Avero en el proprio año 1216. y en el de 1218. traſplantò ſu Convento deſde el Sitio de Piedra vieja, ò de el Caſtillo de Piedra, al Lugar de Piedra, donde hoy dia perſevera, à cuya Traſlacion, y Conſagracion de ſu Igleſia aſsiſtieron Don Aſparago de la Barca, Arzobiſpo de Tarragona, Don Sancho de Ahones Obiſpo de Zaragoza, Don Guillen Obiſpo de Tarazona, y Don Domingo Ruiz, Monge de Piedra, y Obiſpo de Segorbe, y Albarracin: à las quales dos Igleſias entonces unidas parece fuè promovido deſpues de el año 1215. en que ſe refiere la muerte de el Obiſpo Hiſpan. Recibiò à nueſtro Obiſpo Don Domingo el Rey Don Jayme debajo ſu proteccion, y tambien à ſu Igleſia de Albarracin

racin año 1226. segun Instrumento de el Archivo de dicha Iglesia fecho en Agosto de aquel año. El Obispo con su Cabildo aprobò, y firmò la Sentencia, que diò Don Rodrigo Gimenez Arzobispo de Toledo, sobre el repartimiento de las decimas. Por conservar la union de las Iglesias, passò à Roma: bolviò à la Corte de España, y de buelta muriò en un Lugar de Castilla, llamado Enguieta año 1234. y fuè enterrado en el Monasterio de Piedra, como lo refiere el Doctor Don Martin Carrillo en el Catalogo de los Obispos de Albarracin, donde, como tambien en la serie, que de ellos compuso el Doctor Don Francisco de Vilagrassa podrà leer el curioso otras noticias. El Abad Don Fernando, despues de trasplantado al nuevo Monasterio, descansò santamente en el Señor año 1219.

V.
DON SEMENO MARTINEZ.

20 Segunda vez electo en el proprio año 1219. aceptò la eleccion, y governò aquel Monasterio hasta el mes de Deciembre de 1224. en que falleciò.

VI.
DON JUAN PEREZ.

21 Fuè electo Don Juan Perez, ò de Pedro, de el qual no se halla otra memoria, que el haver presidido à la Iglesia de Piedra por espacio de ocho años, hasta el de 1232.

VII.
DON DOMINGO DE SEMENO.

22 Monge de la Real Casa de Poblet, fuè electo Abad de Piedra año 1232. donde presidiò hasta el de 1243. en que fuè promovido à la Abadia de Poblet, y la governò hasta el de 1245. como se dirà mas adelante *Differt.* 14. *num.* 15.

VIII.

VIII.
DON SATURNINO DE JUAN.

23 De el qual no se halla mas noticia, que el haver sido Abad por los años 1244.

IX.
DON ALVARO MARTINEZ.

24 A quien otros llamaron Arnaldo, presidiò à la Iglesia de Piedra hasta el año 1247. En tiempo de esta Abadia fuè promovido al Obispado de Segorbe, y Albarracin, Iglesias entonces unidas, Don Pedro Garcès, Monge de la Real Casa de Piedra, que sucediò en aquella Dignidad à nuestro Abad de Poblet Don Simon Gimeno, que la obtuvo desde el año 1237. hasta 1245. como verèmos en la *Dissert.* 14. *num.* 5. Gran diversidad hallo entre los Autores acerca de el año en que el dicho Don Pedro Garcès comenzò à presidir à la Iglesia de Albarracin; pues el Licenciado Gaspar Escolano *lib.* 8. *cap.* 16. *de la Historia de Valencia*, el Doctor Don Juan Tamayo en el *tom.* 3. *de el Martyrologio*, y el Doctor Don Martin Carrillo *en el Catalogo de los Obispos de Albarracin*, afirman haver sucedido immediatamente à nuestro Abad, y Obispo Don Simon Gimeno año 1246. Y el Doctor Don Francisco Villagrassa en el *Catalogo de los Obispos de Segorbe*, reprueba aquella opinion, queriendo assentar que no ocupò la Silla Episcopal hasta el año 1265. Pero en favor de la primera opinion està una prueba à mi vèr incontestable. Fabricandose cierta obrilla en la Capilla mayor de el Real Monasterio de Piedra año 1728. siendo Abad Don Pablo Marquès, se hallaron los huessos de el dicho Obispo Don Pedro Garcès en una Arca de piedra con esta inscripcion latina: *Hic jacet D. Petrus Garcès, Episcopus Albarracinensis, & Sugurbis: episcopavit anno* 1246. *obiit* 1272. que en Castellano dice: *Aqui yace Don Pedro Garcès, Obispo de Albarracin, y de Segorbe. Fuè Obispo año* 1246. *muriò* 1272. Tomò pues, año

1246.

1246. possession de su antigua Silla el Obispo Don Pedro Garcès con singular gusto y aplauso de todos los fieles, por verla restituida à la Religion Christiana. Empezò à edificar en el Arrabal una Iglesia con nombre de San Pedro, que aun permanece. Purificò la Mezquita mayor dentro de la Ciudad, y haviendola bendecido, fundò en ella la Iglesia Cathedral con titulo de Santa Maria, y comenzò à edificarla de nuevo en la forma que hoy se vè. En el de 1247. obtuvo Bula de el Papa Inocencio IV. en que despues de hacer gracias à Dios de vèr yà la Ciudad de Segorbe en poder de Christianos, ordena que dicha Ciudad sea governada por el Obispo de Segorbe, y Albarracin. Pero à los primeros de el año 1248. fuè espoliado el buen Obispo de su querida Iglesia de Segorbe por Don Arnaldo de Peralta, Obispo de Valencia. Y aunque desde este año, hasta el de 1266. alcanzò muchas Letras Apostolicas, en que mandava el Papa al Obispo de Valencia restituyesse al de Segorbe el espolio de sus Iglesias, pero no hicieron efecto alguno en la contumacia de el Obispo de Valencia. Considerando pues, nuestro buen Obispo, que su presencia importava mucho en la Corte Romana para el buen exito de su pleyto, partiò para Roma año 1266. y llegado allà con feliz sucesso, estuvo siete años hasta el de 1272. en cuyo espacio de tiempo adelantò mucho su Causa. Pero recelando que por su ausencia la Iglesia de Albarracin padeceria algun detrimento espiritual, acordò de dàr una vista à sus Obispados. Saliò de Roma para España, y llegado à ella, adolesciò en un Pueblo llamado Enguieta de la Diocesis de Siguenza, y aquejandole reciamente la enfermedad, falleciò dia primero de Deciembre de dicho año 1272. Fuè llevado su Cuerpo al Monasterio de Piedra su Madre, donde fuè sepultado, como queda yà dicho. Muriò el Abad Don Alvaro año 1247.

X.

CENTVRIA I. APENDICE A LA DISS. VI.

X.
DON JUAN (II) DE ZARAGOZA.

25 Afsi llamado, tal vez por ſer natural de aquella Ciudad, porque en aquellos tiempos ſolian muchos tomar por apellido el renombre de la Ciudad, Villa, ò Pueblo de donde eran naturales; y aſsi verèmos en adelante algunos Abades con el ſobrenombre de otras Ciudades, Villas, y Lugares. Preſidiò à la Igleſia de Piedra haſta el año 1253.

XI.
DON PEDRO DE SECRETO.

26 Sucediò luego en el proprio año 1253. y continuò ſu govierno ſin novedad notable haſta el de 1258.

XII.
DON JUAN (III) PEREZ.

27 O como dicen otros, Don Juan de Pedro; y otros Don Pedro, obtuvo la Abadia de Piedra deſde 1258. haſta 1264.

XIII.
DON MIGUEL DE CALATAYUD.

28 Natural ſin duda de aquella Ciudad: fuè Abad deſde 1264. haſta el de 1271.

XIV.
DON MARTIN PEREZ.

29 Entrò à governar en el proprio año 1271. y falleciò en el de 1279.

XV.
DON DOMINGO (II) DE CALATAYUD.

30 Segundo de eſte nombre, obtuvo la Abadìa deſde el año 1279. haſta el de 1281.

XVI.
DON GUILLEN PEREZ DE ESTAñOL.

31 Proſiguiò en el govierno haſta el año 1284.

XVII.
D. MARTIN (II) GARCIA DE MALUNDE.

32 Comenzò à presidir al Convento en el proprio año 1284. y falleció en el de 1289.

XVIII.
DON DOMINGO (III) DE MURCIA.

33 Tercero de los de este nombre, natural de la Ciudad de Murcia, governò 6. años hasta el de 1295.

XIX.
DON MARTIN (III) DE JUAN GIMENO.

34 Tercero de los de este nombre, governò otros 6. años hasta el de 1301.

XX.
DON PASQUAL FURIOLO.

35 Presidió por espacio de 13. años hasta el de 1314.

XXI.
DON GUILLEN (II) DE DAROCA.

36 Natural de aquella Ciudad, y segundo de los de este nombre, al qual otros llamaron Don Guillen Dorca, no regió sino solos tres años, hasta el de 1316.

XXII.
DON DOMINGO (IV) BONET.

37 Quarto de este nombre, despues de 12. años de Abadia, la renunció en el de 1328.

XXIII.
DON JUAN (IV) DE SEGARRA.

38 Electo año 1328. despues de haver governado 12. años, renunció la Abadia en el de 1340.

XXIV.
DON DOMINGO (IV) BONET.

39 Segunda vez electo en el proprio año 1340. murió en el de 1343.

XXV.
DON JUAN (IV) DE SEGARRA.

40 Segunda vez electo en dicho año 1343. despues de haver asistido à las Cortes generales, falleció año 1348.

XXVI.

XXVI.
DON PASQUAL (II) DE OLIVA.

41 Segundo de los de eſte nombre, electo año 1348. governò 13. años haſta el de 1361.

XXVII.
DON MARTIN (IV) DE PONCE.

42 Quarto de los de eſte nombre, deſpues de haver governado 16. años, y aſsiſtido à las Cortes Generales, muriò año 1377.

XXVIII.
DON SANCHO GARLON.

43 De el qual no ſe halla otra memoria, que el haver governado mas de 37. años, y fallecido en el de 1414.

XXIX.
DON MIGUEL (II) DE URREA.

44 Segundo de los de eſte nombre, electo en el proprio año de 1414. Por los años de 1420. tomò el Santo Habito, y profeſsò en ſus manos el Venerable Fr. Martin de Vargas, natural de la inſigne Villa de Gerez de la Frontera de Andalucìa, deſpues de haver ſido Confeſſor de el Papa Martino V. Sugeto adornado de muchas ciencias, graduado de Maeſtro en Sagrada Theologia, honor immortal de la Real Caſa de Piedra. Como por aquellos tiempos eſtava en aquel Monaſterio la Diſciplina Monaſtica en tal perfeccion, que en ningun otro de Eſpaña era mayor, beviò el Venerable Fr. Martin de Vargas eſpiritu ſemejante al que tuvieron nueſtros primeros Padres S. Roberto, S. Alberico, S. Eſtevan, y otros en Moliſmo, y hallò muchos Compañeros poſſeidos, y agitados de el miſmo eſpiritu, que fueron los Venerables Padres Martin de Logroño, Pedro de Bertavillo, Diego de Valencia, Gregorio de Medina, Diego de Oviedo, Roberto de Valencia, Benito Orozco, Gonzalo de Tortoſa, Miguel de Cuenca, y Diego de Monreal, con otros dos, cuyos nombres ſe ignoran.

45 Con estos Padres comunicò el Venerable Martin de Vargas el intento que tenia de reducir tantos Monasterios tibios, y relajados por la peste introducida en ellos de los Abades Commendatarios, à la primera Observancia Regular: y aprobado por todos tan santo intento, partiò con uno de ellos à Roma à solicitar de el Sumo Pontifice la facultad para practicar intento tan glorioso. Y conseguida esta, bolviò por la Real Casa de Poblet (que como à Madre no menos fecunda, que observante, le diò Compañeros, que le ayudassen en tan grande Obra) à su Monasterio de Piedra, consolò à los Monges agitados de su mismo espiritu, y con licencia de su Abad Don Miguel de Urrea, se entrò con ellos en Castilla, y llegando à la Ciudad de Toledo, fundò el insigne Monasterio de Monte-Sion, llamado tambien San Bernardo de Toledo, no lejos de la Ribera de el famoso Tajo. De alli se difundiò la Observancia Regular por todos los insignes Monasterios, que hay en los Reynos de Castilla, arrancando primero con la ayuda de sus magnanimos Reyes la pestifera semilla de Abades Commendatarios; y fructificando la abundantissima cosecha de tantos Arzobispos, Obispos, Varones santos y doctos, como de alli han dimanado: todos los quales con justo titulo se pueden llamar hijos de el Real Monasterio de Piedra. El Abad Don Miguel, despues de haver presidido al Convento mas de 15. años, descansò en el Señor por los de 1430.

XXX.
DON NICOLAS DE PUIG.

46 Sucediò en la Abadia al difunto Don Miguel de Urrea en el año 1431. y no se sabe de èl otra cosa, sino que la governò hasta el de 1437.

XXXI.
D. JUAN (IV) MARTINEZ DE PERRUCA.

47 Aunque presidiò à la Iglesia de Piedra mas de 20. años

años, hasta el de 1461. no se descubre de èl otra cosa memorable; pero le cabe à su govierno la honra, que tuvo aquel Monasterio con la promocion de su hijo Don Pedro Baldon al Obispado de Segorbe, y Albarracin, de el qual dice erradamente el Doctor Don Francisco Villagrassa en en el Catalogo de los Obispos, que fuè Abad de el Monasterio de Valdigna. Tomò possession de el Obispado à 15. de Junio de dicho año 1461. con Bulas Apostolicas de el Papa Pio II. y fuè consagrado por el Arzobispo de Zaragoza. Fuè convocado con los Obispos de los Reynos de Aragon por el Arzobispo de Tarragona, y Obispo de Lerida, de orden de el mismo Papa al Concilio Nacional en la Ciudad de Lerida, para la imposicion de el Subsidio de la guerra que hacia su Santidad contra Turcos. El Doctor Juan Tordecilla, Dean de la Iglesia de Segorbe, y Vicario General de nuestro Obispo, hizo una Constitucion, en que se dispuso, que el ingresso de los Obispos, Dignidades, y Canonigos se pagasse en dinero, porque hasta entonces hacia cada qual una Capa Pluvial, segun su dignidad y renta; como tambien que los Beneficios se fundassen en adelante no menos que con quince escudos de pie, y una dobla.

48 Llegò à la Ciudad de Valencia año 1471. el Cardenal Don Rodrigo de Borja, Obispo de aquella Ciudad, Canceller, y Legado à Latere de el Papa Sixto IV. que venia para poner en paz al Rey Don Enrique IV. de Castilla, con los Infantes Don Fernando, y Doña Isabel, hermana de el dicho Rey, que le sucediò despues en la Corona de Castilla, los quales estavan desavenidos por el casamiento de estos Infantes; con los quales dispensò el Legado sobre el impedimento de consanguinidad. Llegado pues à Valencia, dijo en su Cathedral la primera Missa; y partiendo para Aragon, hizo jornada en Segorbe, donde se detuvo el dia 16. de Junio. Aposentòle el Cabildo en las Casas de el Doctor Juan Marquès, Arcediano de Albarracin, con
mu-

mucho gusto de el Cardenal, por haver sido Canonigo de la Iglesia de Segorbe. En esta ocasion confirmó en nombre de Legado Apostolico la Sentencia arbitral, y transaccion hecha entre el Obispo, y Cabildo, sobre el Censo de la Cartuja, y las distribuciones de el Obispo. Adolesció nuestro Don Pedro Baldòn de enfermedad mortal estando en Albarracin, donde murió à 9. de Junio de el año 1473. y fuè sepultado en aquella Cathedral. Se cree que fuè natural de Albarracin, porque hasta hoy duran en aquella Ciudad las ruìnas de su casa en el Escudo de sus Armas, las quales han quedado tambien sobre la puerta de la Casa Episcopal, y en algunos Ornamentos de la Iglesia. El Abad Don Juan falleció año 1461.

XXXII.
DON PEDRO (II) SERRANO.

49 Si huviera de referir los famosos hechos de este celebre Prelado, seria necessario formar de solas sus memorias un Libro muy abultado; pues en el espacio de veinte y seys años que presidió à la Iglesia de Piedra desde el de 1461. hasta el de 1488. mostró heredado el espiritu de el Venerable Don Martin de Vargas, siendo igualmente Visitador, y Reformador de la Orden Cisterciense, no solo en los Reynos de Castilla, sino tambien en los de Leon, y Portugal. Tocarè los mas principales, por no passar los cotos de resumen.

50 Es el primer Abad de Piedra que se halla con el titulo de Maestro en Theologia, grado que despues tuvieron algunos Sucessores, como verèmos en adelante. Este celebre Abad se llevò los cariños y atenciones de los Serenissimos Reyes Catolicos Don Fernando, y Doña Isabel, los quales, fuera de nombrarle su Consejero, le hicieron singulares muestras de aficion y voluntad. Havia el Reverendissimo Abad General de Cittèr Don Juan IX. de los de este nombre dado comission año 1479. al Abad Don Pedro

Serra-

Serrano para visitar, y reformar los Monasterios de Navarra, y Portugal, y Partes adjacentes, y haviendolo hecho saber al Rey Don Fernando el Catolico, su Magestad en Carta circular dada en la Ciudad de Toledo à 22. de Abril de el año siguiente 1480. notificò à sus Vassallos, y tambien à los Monasterios Cistercienses situados en todos sus Reynos, que el Abad General de Cistèr havia en Aviñòn despachado sus Letras à 4. de Deciembre de 1479. à favor de su Religioso, venerable, y amado Consegero Don Fr. Pedro Serrano, Abad de Piedra, para visitar los Monasterios de Navarra, Portugal, y Partes adjacentes, constituyendole Reformador de todos. Y por dever cuydar de el feliz estado de todos ellos como de Fundaciones de sus Mayores, exhorta, y manda no impidan, sino que obedezcan à dicho Abad Visitador, y à qualquiera Subdelegado suyo. El mismo Serenissimo Señor Rey, en Letras despachadas en la Ciudad de Barcelona à 23. de Enero de 1481. lo llama su amado Consejero, convocandole à Cortes, que se havian de celebrar en Calatayud el primero dia, y siguientes de el mes de Marzo. En manifestacion de este amor, que su Magestad Catolica le professava, concediò à su Monasterio de Piedra, à todos sus Religiosos presentes, y futuros, à sus Familiares, Procuradores, Criados, y Jornaleros, à sus Granjas, y al Lugar de Carenas, y todos sus Vecinos un insigne Privilegio de Real Proteccion, y que se pregone en qualquiera parte, si lo pide, ò requiere el Monasterio. Y manda que quien no observare esta Real Proteccion tenga de pena dos mil florines de oro. Igual amor, veneracion, y honras le continuò la Serenissima Reyna Catolica Doña Isabel, despachando su Real Orden desde Zaragoza à 4. de Julio de dicho año 1481. en que mandò à todos sus Vassallos de qualquiera estado, y sexo, que obedeciessen à dicho Abad Don Pedro Serrano.

51 No fuè menor el aprecio y estimacion, que el Rey ve-

verendiſsimo Abad de Ciſtèr, y el Capitulo General hicieron de el Abad Don Pedro Serrano; pues amàs de la Comiſsion yà referida de el año 1479. y fuera de las que juntamente con los Abades de Poblet, y Rueda le diò el dicho General de Ciſtèr, paraque los tres con igual autoridad, juntos, ò cada uno de por sì, viſitaſſen, y reformaſſen qualeſquiera Monaſterios de ambos ſexos en los Dominios de Eſpaña, dirigiò à èl ſolo Comiſsiones eſpeciales, que le continuò haſta el año 1486. en virtud de las quales reformò varios Monaſterios, depuſo muchos Abades, ſubſtituyò otros, y preſidiò en varias elecciones, como en la de Abadeſſa de el Real Monaſterio de Odivellas, donde fuè electa en Abadeſſa Doña Mencia de Alvarenga, y confirmada por el miſmo Don Pedro Serrano, Abad de Piedra: y en ſu à 16. de Mayo de 1481. preſidiò en Valladolid à una Congregacion de 33. Abades, y 11. Procuradores, que como Viſitador, y Reformador Comiſſario de el Reverendiſsimo Abad General de Ciſtèr havia mandado juntar en dicha Ciudad. Muriò lleno de meritos, y de dias en el año 1488.

XXXIII.
DON GARCIA GIL DE EL PORTILLO.

52 No fuè menos celebre Abad que ſu Predeceſſor; pues lo nombraron Viſitador, y Reformador General de la Orden en Eſpaña el Papa Leon X. los Sereniſsimos Reyes Catolicos Don Fernando, y Doña Iſabèl, y el Rmo. Abad General de Ciſtèr. Fuè electo Abad de Piedra en el dicho año 1488. ſegun ſe deja colegir de la Carta, que el Sereniſsimo Señor Rey Don Fernando el Catolico embiò à los Oficiales Reales de Aragon, paraque hicieſſen fueſſe obedecido, pues havia ſido elegido canonicamente. Governò la Abadia 43. años, en los quales aumentò notablemente la hacienda temporal de el Monaſterio, ſin deſcuydar de la Obſervancia Regular: motivos por los quales fuè muy

aten-

atendido de el Abad General de Cistèr Don Jayme IV. de este nombre, el qual à 10. de Junio de 1511. le embiò Comission para visitar, reformar, y corregir todos los Monasterios de uno y otro sexo de Aragon, Navarra, y Partes adjacentes, para privar, y suspender Abades, y disponer las demàs cosas que le pareciessen convenir. Fuè el ultimo Abad perpetuo, pues haviendo procurado tanto con los Serenissimos Señores Reyes de España, como con el Papa Leon X. que las Abadias de estos Reynos de Perpetuas se hiciessen Trienales, solicitò para su Monasterio de Piedra, de consentimiento de toda la Comunidad, Bula especial à esse fin, la qual obtuvo à 11.de Mayo de 1520. con la expression de que pudiesse ser reelegido en Abad de trienio en trienio. Despues de tan largo govierno, ilustrado con gloriosas, y memorables hazañas, durmiò en el Señor à 18. de el mes de Octubre de el año 1531.

ABADES TRIENALES.

desde el año 1531. hasta el de 1620.

53 Muerto el Abad Don Garcia Gil de el Portillo, se comenzaron à elegir Abades Trienales, en virtud de la Bula de el Papa Leon X. despachada año 1520. Assi que desde dicho año 1531. hasta el de 1616. en que se erigiò la Congregacion Cisterciense de los Monasterios de la Corona de Aragon, governaron al Monasterio de Piedra los Abades Trienales siguientes.

I. y XXXIV.
DON ANTONIO ALVARO.

54 El primer Abad Trienal de Piedra, y 34. en la serie de los Abades de aquella Real Casa; fuè el Maestro Don Antonio Alvaro sugeto muy eminente en virtudes, y letras, que sucediò al ultimo Abad Perpetuo Don Garcia

Gil

Gil de el Portillo en el proprio año 1531. El qual en el siguiente 1532. estando en la Ciudad de Zaragoza, diò con una elegante Oracion la enorabuena al Cardenal de Tortosa, electo yà Sumo Pontifice, llamado Adriano Sexto. En este mismo año vino à España el Abad de Claraval Don Edmundo de Sedeloco, y visitando la Real Casa de Piedra, pidiò à su Abad Don Antonio Alvaro Monges, paraque reformassen al celeberrimo Monasterio de Alcobaza de el Reyno de Portugal, y otras Casas Cistercienses de aquel Reyno, y haviendo condescendido, con dictamen de los Padres Ancianos, à la peticion de el Abad de Claraval, embiò para dicho fin à los Padres Fr. Jayme Gonzalez, Fr. Bernardo La-Fuente, Fr. Thomàs Langa, Fr. Martin de Rovella, y Fr. Sebastian Sanchez, todos Monges de la Casa de Piedra. Y apenas cumpliò dos años en la Prelacìa, quando la renunciò à 22. de Noviembre de 1533.

II. y XXXV.
DON EGIDIO ADAN.

55 Electo à 18. de Octubre de 1534. à cuya eleccion presidiò el Sereniſsimo Señor Don Fernando de Aragon, Monge de Piedra, que à la sazòn era yà Abad de Beruela, y Visitador General de toda la Orden en España, el qual luego diò al electo comiſsion para visitar los Monasterios de el Reyno de Valencia, y lo egecutò en Valdigna, donde anulò la Visita, que alli havia hecho el Abad de Santas Cruces, y tambien en el Monasterio de la Zaydìa, expressando en las Visitas, que las hacia por comiſsion de el Abad General de Cistèr, y Capitulo General, dirigida al muy Reverendo P. Fr. Fernando de Aragon, Abad de Beruela, Visitador General de la Orden en toda España, y por este à èl subdelegada. Pero à 27. de Setiembre de el año 1535. renunciò la Abadia.

III.

III. y XXXVI.
DON FRANCISCO CIT.

56 Fuè electo Don Francisco Cit, Maestro en Santa Theologia, que concluyò su Trienio año 1537. sin ocurrir otra cosa memorable, que el continuar el Abad de Beruela Don Fernando de Aragon en el empleo de Visitador General.

IV. y XXXVII.
DON ANTONIO ALVARO.

57 Segunda vez electo al principio de el año 1538. cuyo segundo Trienio no fuè menos glorioso que el primero, viendo à su Hermano hijo de Piedra Don Fernando de Aragon promovido desde la Abadìa de Beruela, al Arzobispado de Zaragoza, y electo para la Abadia de Beruela à Don Lope Marco tambien Monge de Piedra, que havia passado à aquella Real Casa, quando fuè à governarla Don Fernando de Aragon. Presidiò à Beruela Don Lope Marco 21. año, desde 1539. hasta el de 1560. Tomò Don Fernando la possession de el Arzobispado à 16. de Julio de dicho año 1539. y se estuvo no obstante en Beruela hasta 11. de Setiembre de 1541. Assistiò à las Cortes, que celebrò à los Aragoneses el Emperador año 1542. y jurò al Principe Don Felipe por Rey, y Señor para despues de los dias de el Emperador su padre, y Concordias, que huviesse de jurar en la Seo de Zaragoza.

58 A 25. de Octubre de 1543. saliò de Zaragoza à visitar toda la Diocesi, y la visitò toda por su persona, administrando todos los actos Pontificales. Año 1547. assistiò à las Cortes de Monzòn, que celebrò el Principe Don Felipe. En el año 1565. congregò Synodo Provincial, en que assistieron los Obispos de Utica, que era su Obispo Auxiliar, de Pamplona, de Calahorra, de la Calzada, de Huesca, y de Jaca, Abades, y Priores de toda la Provincia; y en èl se aceptò el Santo Concilio de Trento, y se ordenaron

Constituciones muy utiles al govierno de las Iglesias, y al aumento de el culto divino.

59 Hizo muy señaladas, y excelentes obras: porque en la Iglesia Metropolitana de Zaragoza labrò dos Navadas, que es un tercio de la Iglesia, y en ellas una primorosa Capilla dedicada à nuestro Melifluo Doctor, y Padre San Bernardo, con Altar de piedra de alabastro de hermosa escultura, como tambien fundò en dicha Capilla algunas Raciones, Missas, y Aniversarios perpetuos. En el Hospital General labrò un Quarto, en San Lamberto un Claustro, y la Iglesia de Santa Lucia, que hoy la habitan las Monjas Ciſtercienſes que fueron de Cambròn: Labrò en el Palacio, y Caſa Arzobiſpal todo lo que hoy dia hay bueno en ella, que es el Quarto viejo que ſale al Rio, y el Patio: reparò los Caſtillos de la Mitra, que eſtavan muy diruidos; y en fin quedò tan impreſſa ſu memoria en todos los Lugares de aquella dilatada Dioceſi, que no hay alguno, que en ſu Igleſia, Sacriſtia, ò Caſas de la Decima no tenga alguna obra hija de ſu Real Piedad, y zelo. Edificò, y dotò al inſigne Monaſterio de Aula Dei de Religioſos de la Cartuja, que es una Caſa de las buenas de Eſpaña, con muy buena renta, y propriedades, y es el edificio muy coſtoſo, y rico.

60 El piadoſo zelo, que manifeſtò à ſu querida Madre Piedra, ſe evidencia en que quiſo eſtàr dos años Novicio, por gozar mas tiempo la renta que tenia por Comendador de Alcañiz, y emplearla en ſocorrer al Monaſterio. Aſsi lo egecutò, redimiendolo de mas de nueve mil libras en que ſe hallava empeñado por entonces; enriqueciendo la Sacriſtia de coſtoſos y ricos Ornamentos, fabricando la mitad de el Dormitorio antiguo, que al preſente ſe ocupa todo en la magnifica Eſcalera fabricada en eſtos tiempos. Fabricò tambien el Organo, que deſpues por los años de 1630. hizo renovar el Abad Don Simon Garcia,

cía, y mandò componer à lo moderno por los de 1690. el Abad Don Bernardo de Pueyo, y Sada.

61 Vivió el Arzobispo Don Fernando con grande concierto, y orden. Fuè muy amigo de antiguedades, en particular de Historias de el Reyno de Aragon, que las escrivió de su mano con mucha curiosidad. En fin despues de haver regido con gran prudencia su Diocesi de Zaragoza por espacio de 36. años, y compuesto muchas cosas de el Reyno, y servido fidelissimamente al Emperador Carlos V. y al Rey Felipe II. y haviendo sido muy obediente à la Sede Apostolica, murió santissimamente à 29. de Enero de el año 1575. hallandose à ayudarle à morir Don Antonio Garcia, Monge y Abad que havia sido de Piedra, su Vicario General, y Obispo de Utica, sus Oficiales, Religiosos de la Cartuja, y otros Sugetos de graduacion. Fuè sepultado en la dicha Capilla de San Bernardo de la Iglesia de Zaragoza en una sepultura labrada de alabastro de igual primor à la de su Madre, que està en la misma Capilla. El Abad Don Antonio Alvaro diò fin à su Trienio à los primeros dias de el año 1541.

V. y XXXVIII.
DON BARTOLOME PAREJO.

62 Governò la Iglesia de Piedra desde el año 1541. hasta el de 1543.

VI. y XXXIX.
DON FRANCISCO CIT.

63 Segunda vez electo año 1544. presidiò al Convento hasta todo el año 1546.

VII. y XL.
DON BARTOLOME PAREJO.

64 Septimo Abad Trienal, y 40. en la serie de Abades de Piedra, segunda vez electo año 1547. concluyò su Trienio en el de 1549.

VIII.

VIII. y XLI.
DON ANTONIO (II) GARCIA.

65 Segundo de los de este nombre, Maestro en S. Theologia, Abad 41. hasta todo el año 1552. Despues de su Abadiato año 1554. fuè Vicario General de el Serenissimo Señor Don Fernando de Aragon, Arzobispo de Zaragoza, y su Obispo Auxiliar, con titulo de Obispo de Utica. Vivia aun por los años 1575. como se dijo, en la Abadia de Don Antonio Alvaro. No se sabe el año de su fallecimiento, pero se sabe que descansa en el Real Monasterio de Santa Fè.

IX. y XLII.
DON MARTIN (V) AZNAR.

66 Quinto de este nombre, Abad 42. electo año 1553. y reelecto en el de 1556. governò hasta 1558. En tiempo de su govierno fuè promovido à la Abadia de el Monasterio de Rueda Don Miguel Rubio, Monge de Piedra, nombrado Abad de aquella Casa por el Serenissimo Señor Rey Don Felipe II. año 1553. Apenas empuñò el Baculo, quando la libertò de sus Acreedores, pagando todas las deudas, y gravissimos empeños que la tenian oprimida. Y prosiguiendo en su acertado govierno, fuè por los años de 1557. nombrado Obispo de Ampurias en la Isla de el Reyno de Cerdeña.

X. y XLIII.
DON DOMINGO (V) MUñIZ.

67 Quinto tambien de este nombre, y Abad 43. presidiò al Convento de Piedra desde 1559. à 1561.

XI. y XLIV.
DON MARTIN (V) AZNAR.

68 Prueba es de su agradable govierno haverlo elegido tercera vez año 1562. y reelegido immediatamente en 1565.

XII. y XLV.
DON DOMINGO (V) MUñIZ.

69 Segunda vez electo año 1568. Abad 45. concluyò su Trienio año 1570.

XIII. y XLVI.
DON MARTIN (V) AZNAR.

70 Quinta vez electo Abad 46. año 1571. y fuè el quinto Trienio, que concluyò en el año 1573.

XIV. y XLVII.
DON SANCHO (II) FERNANDEZ.

71 Segundo de los de este nombre, Abad 47. de Piedra, tan estimado de sus Subditos, que lo reeligieron quatro Trienios seguidos, y empuñò el Baculo Pastoral desde el año 1574. hasta el de 1585. Fuè en este intervalo de tiempo Diputado de el Reyno de Aragon.

XV. y XLVIII.
DON AGUSTIN NAHARRO.

72 Maestro en Sagrada Theologia, electo Abad 48. año 1586. y reelecto immediatamente en el de 1589. Trienio en que se prohibieron las reelecciones, y se mandò, que mediasse por lo menos un Trienio. Acabò el suyo año 1591.

XVI. y XLIX.
DON THOMàS GILBERTE.

73 Maestro en S. Theologia, comenzò su Trienio año 1592. que concluyò en el de 1594.

XVII. y L.
DON AGUSTIN NAHARRO.

74 Haviendo mediado el Trienio de el Maestro Don Thomàs Gilberte, bolvieron à elegir al Maestro D. Agustin Naharro año 1595. que acabò en el de 1597. haviendo sido tambien Diputado.

XVIII. y LI.
DON PEDRO (III) LUZON.

75 Tercero de los de este nombre, Abad 51. empuñó el Baculo desde 1598. hasta el de 1600.

XIX. y LII.
DON AGUSTIN NAHARRO.

76 Tercera vez electo año 1601. y fuè el quarto Trienio à que diò fin año 1603.

XX. y LIII.
DON PEDRO (III) LUZON.

77 Segunda vez electo Abad 53. año 1604. acabò su Trienio en el de 1606. siendo Diputado de el Reyno de Aragon.

XXI. y LIV.
DON SEBASTIAN GIMENEZ DE CISNEROS.

78 Electo Abad de Piedra año 1606. havia de concluir su govierno en el de 1609. pero el Ilustrissimo Señor Don Antonio Caetano, Nuncio de España, lo nombrò nuevamente Abad de Piedra, hasta que se erigiesse la Congregacion de los Monasterios Cistercienses de la Corona de Aragon, que entonces se estava tratando. Assi que continuando en el Abadiato hasta el año 1617. fuè el ultimo de los Abades Trienales, y aun el primero de los Quadrienales, como luego verèmos.

ABADES QUADRIENALES

desde el año 1617. hasta el de 1748.

79 Como por la Bula de Ereccion, despachada por el Papa Paulo V. año 1616. se suprimièron las Abadias assi Perpetuas como Trienales, de forma que siempre que fuessen vacando por muerte de los Obtentores, ò por fin de Trienio, devian ser elegidos Abades Quadrienales. Se comenzaron à contar las Abadias desde el año 1616. à 1620. y assi en adelante.

I.

I. y LV.
DON SEBASTIAN GIMENEZ DE CISNEROS.

80 Hallandofe actualmente Abad, por continuar en la Abadia de orden de el Señor Nuncio, quando fe tuvo el Capitulo Provincial, ò Junta en la Ciudad de Zaragoza, el Rmo. P. Don Bartolomè Joli, Comiſſario General de Ciſtèr nombrò Abad de Piedra à dicho Don Sebaſtian Gimenez de Ciſneros por el Quadrienio, que corria deſde 1616. haſta 14. de Setiembre de 1620. y aſſimiſmo lo nombrò Difinidor por el Reyno de Aragon. Por muerte de Don Juan Gimenez de Tobàr, Abad de Beruela, y Vicario General de la Congregacion, fuè electo Vicario General para el reſiduo de Quadrienio; aſsi que en el mes de Octubre de el año 1620. diò fin à los tres Oficios de Abad, Difinidor, y Vicario General. Fuè pues el primer Abad Quadrienal, y en la ſerie de los Abades de Piedra el 54. y 55.

II. y LVI.
DON GREGORIO ABBAD.

81 Fuè electo por la vacante en el mes de Octubre de dicho año 1620. Don Gregorio llamado Abbad, que lo fuè en nombre, y en hechos haſta 14. de Setiembre de 1624.

III. y LVII.
DON ESTEVAN RAMIREZ.

82 Natural de Odon, Aldea que es de la Comunidad de Daroca, electo à 14. de Setiembre de 1624. Aſsiſtiò à las Cortes de Barbaſtro, y Calatayud, y concluyò ſu Abadìa à 14. de Setiembre de 1628. Fuè Difinidor por Aragon.

IV. y LVIII.
DON MELCHOR DE LIñàN.

83 Preſidiò al Convento de Piedra deſde 14. de Setiembre de 1628. haſta el de 1632.

V. y LIX.
DON SIMON GARCIA.

84 Natural de la Ciudad de Zaragoza, electo à 14.de Setiembre de 1632. diò fin à su Quadrienio en el de 1636.

VI. y LX.
DON ESTEVAN RAMIREZ.

85 Segunda vez electo à 14. de Setiembre de 1636. concluyò su Abadia en el de 1640.

VII. y LXI.
DON IÑIGO ORTIZ.

86 Electo dia 14. de Setiembre de 1640. falleciò despues de haver assistido al Capitulo Provincial, celebrado en la Villa de Ulldecona en el Octubre de el mismo año, y quedò vacante la Abadìa.

VIII. y LXII.
DON PEDRO (IV) CORTES.

87 Natural de la Ciudad de Daroca, por muerte de el Antecessor fuè electo año 1641. y concluyò el residuo de el Quadrienio à 14. de Setiembre de 1644.

IX. y LXIII.
DON JAYME MARTINEZ.

88 Desde 14. de Setiembre de 1644. Diputado de el Reyno de Aragon, assistiò à las Cortes, y acabò su Abadia à 14. de Setiembre de 1648.

X. y LXIV.
DON MALAQUIAS PASSAMONTE.

89 Fuè Abad de Piedra desde 14. de Setiembre de 1648. hasta el de 1652.

XI. y LXV.
DON BENITO SANCHEZ.

90 Lo fuè desde 14. de Setiembre de 1652. hasta el de 1656.

XII. y LXVI.
DON SEBASTIAN (II) MATEO.

91. Segundo de los de este nombre, electo à 14. de Setiembre de 1656. y despues en el Mayo de 1657. Visitador de la Congregacion. Concluyò su Abadìa à 14. de Setiembre de 1660.

XIII. y LXVII.
DON PEDRO (V) BLANCO Y CETINA.

92 Quinto de este nombre, electo à 14. de Setiembre de dicho año 1660. Fuè Diputado de el Reyno de Aragon, acabò su Quadrienio en el de 1664.

XIV. y LXVIII.
DON FRANCISCO IñIGO DE ALORDI.

93. Empuñò el Baculo desde 14. de Setiembre de 1664. à 14. de Setiembre de 1668.

XV. y LXIX.
DON GERONYMO BLANCO.

94 Maestro en Sagrada Theologia, Calificador de el Santo Oficio, Cathedratico de Prima de la Universidad de de Huesca, Examinador Synodal de aquel Obispado, electo Abad de Piedra à 14. de Setiembre de 1668. Difinidor por Aragon. Asistiò por parte de la Congregacion al Capitulo General de Cistèr, con tal desempeño, que el Rmo. Abad General lo nombrò una y otra vez su Comissario. Fuè Diputado de el Reyno de Aragon, Consegero de el Serenissimo Señor Rey Don Carlos Segundo, que le hizo la gracia de la Abadia de el Monasterio de Santa Maria de Alao.

XVII. y LXX.
DON ANDRES NOBALLAS.

95 Maestro en S. Theologia, Predicador de el Serenissimo Señor Rey Don Carlos Segundo, y Diputado de el Reyno de Aragon, Abad de Piedra desde 14. de Setiembre de 1672. hasta el de 1676.

XVII. y LXXI.
DON PEDRO (V) BLANCO Y CETINA.

96 Segunda vez electo Abad de Piedra, desde 14. de Setiembre de 1676. hasta el de 1680.

XVIII. y LXXII.
DON PEDRO (VI) BAYLE.

97 Maestro en S. Theologia, Secretario que fuè de la Congregacion, Abad desde 14. de Setiembre de 1680. hasta el de 1684.

XIX. y LXXIII.
DON BENITO (II) SANS.

98 Segundo de los de este nombre, Maestro en Santa Theologia, electo Abad de Piedra à 14. de Setiembre de 1684. y en el mes de Mayo de el siguiente año 1685. Vicario General de la Congregacion. Concluyò sus dos empleos en el Mayo de 1689.

XX. y LXXIV.
DON BERNARDO PUEYO.

99 Maestro en S. Theologia, y Cathedratico de Prima en la Universidad de Huesca, electo Abad de Piedra en el mes de Mayo de 1689. hasta 14. de Setiembre de 1692.

XXI. y LXXV.
DON IñIGO (II) GOMEZ.

100 Segundo de los de este nombre, natural de el Lugar de Bello de la Comunidad de Daroca, fuè Abad desde 1692. à 1696.

XXII. y LXXVI.
DON BERNARDO (II) BLANCO.

101 Maestro en S. Theologia, comenzò su Abadiato à 14. de Setiembre de 1696. que no concluyò por haver muerto año 1699.

XXIII. y LXXVII.
DON IñIGO (II) GOMEZ.

102 Segunda vez electo en dicho año 1699. concluyò el residuo de el Quadrienio à 14. de Setiembre de 1700. y fuè Diputado de el Reyno de Aragon.

XXIV.

XXIV. y LXXVIII.
DON BERNARDO PUEYO.

103 Electo segunda vez Abad de Piedra à 14. de Setiembre de 1700. y en el mes de Mayo de el siguiente 1701. Vicario General de la Congregacion, que diò fin à los dos Oficios en el mes de Mayo de 1705.

XXV. y LXXIX.
DON THOMAS (II) MATEO.

104 Maestro en S. Theologia, fuè Abad de Piedra desde el Mayo de 1705. hasta 14. de Setiembre de 1708. y Diputado de el Reyno de Aragon.

XXVI. y LXXX.
DON ISIDORO YBAñES.

105 Presidiò todo su Quadrienio desde 14. de Setiembre de 1708. hasta el de 1712.

XXVII. y LXXXI.
DON VICENTE MARCO.

106 Abad de Piedra desde 14. de Setiembre de 1712. hasta el de 1716.

XXVIII. y LXXXII.
DON ISIDORO IBAñES.

167 Segunda vez electo desde 14. de Setiembre de 1716. hasta el de 1720.

XXIX. y LXXXIII.
DON EDMUNDO BAULUZ.

108 Fuè Abad de Piedra desde 14. de Setiembre de 1720. hasta 1724.

XXX. y LXXXIV.
DON PABLO MARQUES.

109 De 14. de Setiembre de 1724. hasta el de 1728.

XXXI. y LXXXV.
DON JOSEF ESTEVAN Y LATORRE.

110 Maestro en S. Theologia, fuè canonicamente electo, despues que el P. M. Don Joseph Monterde, aunque elegido

gido canonicamente, no quiso aceptar la eleccion, por lo que no se cuenta en la serie de los Abades. Concluyò año 1732.

XXXII. y LXXXVI.
DON IGNACIO LUZAN.

111 Desde 14. de Setiembre de 1732. hasta el de 1736.

XXXIII. y LXXXVII.
DON PABLO MARQUES.

112 Segunda vez electo, desde 1736. à 1740.

XXXIV. y LXXXVIII.
DON JOSEPH (II) SORIANO.

113 Segundo de los de este nombre desde 1740. à 1744.

XXXV. y LXXXIX.
DON PABLO (II) CATHALAN.

114 Maestro en S. Theologia, segundo de los de este nombre, electo à 14. de Setiembre de 1744. hasta el de 1748.

XXXVI. y XC.
DON JOSEPH ESTEVAN Y LATORRE.

115 Segunda vez electo, despues de haver sido Rector de el Colegio de San Bernardo de Huesca, Examinador Synodal de aquel Obispado, y Calificador de el Santo Oficio, que hoy loablemente govierna.

Esto es un breve resumen de las Grandezas de la primera Hija de Poblet, la insigne y Real Casa de Piedra, y una tal qual memoria de los Hijos, que singularmente entre otros muchos la han ilustrado con el regimen de Abadias, Obispados, y otros empleos Eclesiasticos. Y si, como dijo el Ilustrissimo Fr. Angel Manrique, puede nuestra Madre Fuen-Fria gloriarse justamente de tener por Hija esta Real Casa de Poblet, pimpollo apreciable por mil fecundas ramas; con igual titulo puede Poblet gloriarse de tener por Hija primogenita la insigne, y Real Casa de
Pie-

Piedra, que baſtàra ſola para engrandecer à ſu Madre, quanto mas ſobreſale entre ſus Hermanas Benifazà, y el Real de Mallorca.

DISSERTACION VII.

ESTADO DE LA RELIGION EN EL MONASTERIO de Poblet: Su Abad XI. Don Arnaldo de Amalrich: Promovido à la Abadia de Gran-Selva: à la de Ciſtèr: Inquiſidor General: Arzobiſpo de Narbona: Rey Don Pedro II. en Aragon, y I. en Cataluña: Su catholico zelo contra los Hereges: Su devocion à la Orden de Ciſtèr, y à eſte Monaſterio de Poblet: Su hermano Don Fernando Monge de Poblet: Otros Monges de conocida virtud y ſantidad: Muerte de el Papa Celeſtino III. y eleccion de Inocencio III. Antiguedad, y Nobleza de el Linage de Concabella: Don Pedro de Concabella, Abad XII. de Poblet: muy favorecido de el Papa Inocencio: de el Rey Don Pedro, y de otros Cavalleros principales: Diverſas Donaciones.

1   SI miramos al eſtado de la Religion en eſte Monaſterio de Poblet por los tiempos en que vamos, verèmos que nada deſcaeció deſde ſu primera Fundacion; antes ſe hallava con admirables creces, en calidad, en Obſervancia, en rentas, y en favores de los Monarcas; de manera que no obſtante que havian ſalido de Poblet año 1194. los doce Monges con ſu Abad à fundar al Monaſterio de Piedra en Aragon, como acabamos de referir, los quales devemos ſuponer que ſerian de los mas egemplares, como eſcogidos para plantar la Religion en otro Reyno, quedavan todavia en el Convento

de Poblet muchiſsimos de conocida ſantidad, cuya religioſa converſacion arrebatava los animos, y aficionava à los Principes, à unos à recibir el Habito, y ſugetarſe à la Obediencia, y à otros à enriquecer con ſus rentas al Monaſterio.

2 Entre los que à la ſazon iluſtravan al Convento, fuè eſcogido para Abad, y Prelado el Venerable Don Arnaldo de Amalrich, ſugeto de nobleza tan conocida, como deſcendiente que era de los Duques de Narbona, pero de virtudes tan admirables, que le merecieron no ſolamente los Oficios, y Dignidades, que obtuvo, ſino haſta el titulo, y renombre de Beato, que ſe le dà en el Martyrologio de Ciſtèr. Y paraque no preſuman algunos, que el dicho Don Arnaldo, como deſcendiente de los Duques de Narbona, deviò de ſer promovido à la Abadia de Poblet deſde alguno de los Monaſterios de Francia; advierto, que antes que fueſſe elegido Abad de Poblet, havia ſido Prior de el Monaſterio, como lo demueſtra entre otras una Eſcritura de data de 12. de las Calendas de Mayo (que es à 20. de Abril) de el año 1192. que contiene cierta Concordia, que hizo eſte Monaſterio con el Obiſpo, y Cabildo de Lerida, ſobre la paga de los frutos, que Poblet cogiere en aquel Obiſpado, en la qual ſe lee firmado con el proprio nombre, y apellido de Arnaldo de Amalrich, Prior de Poblet, como es de vèr arriba *Diſſert. 5. num. 24. not. marg.* (15)

XI.
DON ARNALDO DE AMALRICH.

ABAD XI. DE POBLET.

Año de Chriſto 1196.

3 Comienzan à deſcubrirſe ſus memorias en Eſcrituras autenticas de nueſtro Archivo deſde

10. de Agosto de el año 1196, pues en este dia los Nobles Don Ramon de Cervera, y Doña Letbors su muger ofrecieron, en remission de sus pecados, cien sueldos Barceloneses censuales, consignados en los frutos y reditos de toda la Dominicatura, que tenian en el Castillo de la Guardia; otorgandole de ello Escritura firmada de ambos Consortes, y atestada por Don Guillen de Timòr, Don Guillen de Zacirera, y Don Arnaldo de Zacirera; el qual Instrumento, por expressar haverse hecho el ofrecimiento en mano de Don Arnaldo Abad de Poblet, (1) demuestra, que por tal tiempo se hallava yà el dicho Don Arnaldo en la Abadìa.

4. Aunque el Serenissimo Señor Rey Don Alonso II. de Aragon al nombrar Successor en el Reyno de Aragon, y Condado de Barcelona al Principe Don Pedro su hijo, havia dispuesto, que no reynasse hasta la edad de veinte años; sin embargo la Reyna Doña Sancha su madre en las Cortes celebradas en la Ciudad de Daroca en el mes de Setiembre de 1196. que tenia el Principe diez y siete años cumplidos, supliendole los tres que le faltavan, le permitiò el nombre, y egercicio de Rey; con que luego tomò possession de el Reyno. Fuè llamado Don Pedro II. de Aragon, y I. en Cataluña, por sobre nombre el Catolico, muy valeroso, muy christiano, y de altos pensamientos; benemerito de la Santa Sede Apostolica, y de el Papa Inocencio III. que le diò el renombre de Catolico, y el titulo de Alferez mayor de el Estandarte de la Iglesia Catolica, despues de haverlo coronado de su propria mano, y puesto las Reales Insignias con todo aplauso de la Corte Romana. Ayudò al Rey Don Alonso de Castilla en la celebre batalla de Ubeda,

(1). Archivo de Poblet, Cajòn 10. intitulado *Montblanch*, ligarza 62. ibi: *Offerimus Domino Deo:::in manu Arnaldi Abbatis prædicti Monasterii*. Et infra: *Factum est 13. Cal. Septembris anno 1196.*

da, ò de las Navas de Tolosa: prosiguiò la guerra de su Padre contra los Moros de el Reyno de Valencia, ganandoles por combate, y fuerza de armas los Castillos, y Lugares de Adamuz, Castelfabib, y Sertella, muy importantes en aquella frontera. Casò con Doña Maria, Condesa de Mompeller, en la qual tuvo al Infante Don Jayme, que le sucediò en el Reyno, y fuè llamado el Conquistador. Finalmente fuè muerto en la batalla, que se diò entre los Condes de Tolosa, y Monforte en el mes de Setiembre de el año 1213. Entregaronse de su Cadaver los Cavalleros de San Juan, que lo llevaron, y sepultaron en el Monasterio de Sigena, donde havia sido enterrada su madre la Reyna Doña Sancha, que lo havia fundado para hijas de Ricos Hombres de Aragon. Heredò de su Padre no solo el valor y zelo contra los Hereges, sino tambien la devocion à la Orden de Cistèr, y el afecto especial à este Monasterio de Poblet, como lo demuestran las gracias y privilegios, que le concediò en tiempo de su Reynado, y referirèmos en el discurso de la Historia.

5 Casi al mismo tiempo que en este Monasterio de Poblet, se dava sepultura al Cuerpo de el Serenissimo Señor Rey Don Alonso, celebravan en la Ciudad de Zaragoza la Reyna Doña Sancha su Esposa, y el Principe Don Pedro su hijo, sus magestuosas Exequias. Pero el Infante Don Fernando, que se havia yà quedado en Poblet desde el año 1194. que lo ofreciò el Rey su padre para Monge, al disponer su Testamento, como digimos arriba *Differt. 6. numro.* inflamandose mas en la vocacion de ser Religioso, à vista de la muerte, sepultura, y funebres Honras de el Rey su padre, vistiò luego el Habito de Poblet de manos de su Abad, ahora fuesse Don Pedro de Massanet, ahora fuesse D. Arnaldo de Amalrich, como se dijo alli mismo n. 20.

6 Florecieron en el corto espacio de la Abadia de nuestro Don Arnaldo muchos Monges de singular virtud

en

en este Monasterio, entre los quales no puedo dejar de hacer memoria de dos Jovenes, cuyas admirables virtudes, por mas que sus nombres quedaron sepultados en el olvido, dejò escritas à la posteridad el doctissimo Cesareo, Monge Cisterciense de el Monasterio de la Valle de San Pedro, insigne Historiador de la Orden. (2) El sucesso contò en la Ciudad de Treveris el mismo Don Arnaldo de Amalrich, siendo yà Abad General de Cistèr, diciendo haver sucedido en un Monasterio de España, donde èl havia sido Abad: y como antes de ser General de Cistèr, no huviesse sido Abad de otros Monasterios, que de Gran-Selva en Francia, y de Poblet en España, fuè lo mismo que declarar, que havia sucedido en el de Poblet, segun afirma el Ilustrissimo Fr. Angel Manrique. (3) Vamos al sucesso.

7 Desengañados de el mundo, se convirtieron à Dios, y vistieron el Santo Habito en Poblet dos Mancebos muy devotos de Maria Señora nuestra, el uno de los quales lo fuè con tanto extremo, que deseando servirla con el mas fervoroso afecto, se elevava en la contemplacion de sus soberanas perfecciones; de manera que apenas podia acabar con el Rezo de las Horas Canonicas, porque no pronunciava Verso, ni palabra, que no hiciesse especial memoria de Maria. Con esto le era forzoso passar todo el dia en el Rezo: y como esta terrena habitacion sirve de gravamen y fatiga à los que meditan mucho, no podia menos aquel Mancebo de padecer gravissimos trabajos en aquella meditacion tan continua. Ya llegava nuestro devoto contemplativo à los diez y siete años de Religion, quando le sobrevino una recia enfermedad, que le quitò la vida. De licencia de el P. Prior servia al Enfermo aquel

otro

---

(2) Cæsarius *Dialog. lib. 7. cap. 51.*
(3) Manrique *tom. 3. Annal. Cisterc. anno 1202. cap. 4.*

otro Monge, que digimos, era de egemplarissima vida; y como yà de antes sabia la virtud de su Amigo el Enfermo, y la fervorosa devocion, que tenia à la Virgen Santissima, alegandole la caridad y amor santo, con que los dos se havian siempre correspondido, le pidió en el curso de la enfermedad, que para su edificacion y consuelo le comunicasse alguna cosa notable. No le pareció al Santo Enfermo negarse à la suplica de su Amigo el Enfermero, y manifestando una celestial alegria, le dijo estas palabras: Vino ayer à visitarme visiblemente N. Señora, y avisandome de que al septimo dia despues saldria de esta vida para ir à vèr, y à gozar de Dios en la eterna; me dijo tambien: que porque yo mas que otro alguno le havia servido, queria hacer conmigo una demostracion de amor, que jamàs se havia dignado conceder à otro: y echando sobre mi cuello sus brazos, arrimó su purissimo rostro al mio, y con su sacratissima boca me dió un osculo de paz suavissimo. Comprobó la verdad el sucesso; porque el mismo dia y hora, que para su transito havia señalado el Enfermo, estando yà agonizando, dormia el Prior en su Celda, y viò en sueños, que entravan por ella gran muchedumbre de Mancebos, vestidos todos con tunicas mas blancas que la nieve, y al passar delante de èl, le digeron; que venian para acompañar, y llevar al Cielo la Alma de aquel Monge devoto de Maria Santissima, que yà se moria. Oyòse entre tanto la Tabla, que se toca en el Claustro quando muere algun Religioso en la Casa, y dispertando el Prior, acudió adonde estava el Enfermo agonizante, y haviendole visto morir, se asseguró, y creyó firmemente, que aquellos Candidatos que en sueños se le aparecieron, era un Egercito de celestiales Paraninfos embiados de la Reyna de los Angeles, para llevar à los Cielos la Alma de su Devoto contemplativo.

8 De ahì toma con razon el Ilustrissimo Fr. Angel Manrique

rique fundamento para decir, que el Abad Don Arnaldo de Amalrich en el tiempo que fuè Abad de Poblet, tuvo y criò muchos y muy perfectos Hijos; porque en efecto esta relacion descubre, fuera de la santidad de el difunto, la de el Prior de el Monasterio, à quien se le aparecieron los Angeles; y la de el Enfermero, que le oyò de su boca la visita y favòr, que le havia hecho la Virgen Maria. Fuera de que al mismo tiempo ilustravan à esta Real Casa el Infante Don Fernando Hijo de el Rey Don Alonso desde el año 1196. y Don Ramon de Siscàr, que segun tradicion lo admitiò al Habito de Monge año 1197. el Abad Don Arnaldo de Amalrich, de los quales el primero fuè despues Abad de Montaragon, y el segundo Abad de Poblet, y Obispo de Lerida, como dirèmos à su tiempo.

9 El Serenisimo Señor Rey Don Pedro, como tan devoto de la Orden de Cistèr, por el mes de Agosto de 1197. se hallava yà en el Monasterio de Santa Maria de Huerta de el Reyno de Castilla, en el qual quiso ser recibido por Hermano de la Orden. Y haviendolo admitido muy gustosos el Abad y Convento, tomò el Rey al Monasterio debajo su Real amparo, otorgando de ello para perpetua memoria una solemne Escritura, que subscrivieron como testigos los Obispos, y Grandes que seguian su Corte, como podrà leer el curioso en los Anales de Cistèr. (4) Passò por el mes de Enero de el mismo año 1197. à la Ciudad de Gerona, donde, como heredero de el catolico zelo de su Padre contra los Hereges, asistido de el Arzobispo de Tarragona, y de los Obispos de Barcelona, Gerona, Vique, y Elna, y de otras muchas Personas Eclesiasticas y Seglares de Cataluña, ordenò por sus Letras, y Edictos Reales, que saliessen de sus Dominios todos los Hereges Valdeses, y que como enemigos de la Iglesia fuessen irremisiblemente expelidos, y perseguidos, imponiendo tambien graves penas.

(4) Manrique *Annal. Cisterc.* tom. 3. anno 1197. cap. 1. num. 2.

nas contra los fautores, y contra los que con todo rigor no los perseguirían.

10 De buelta de Gerona passò el Rey à visitar à su madre la Reyna Doña Sancha, que se hallava en la Villa de Montblanch, vecina al Monasterio de Poblet. Y cumpliendo en ocasion tan oportuna el Abad Don Arnaldo de Amalrich con la cortesana obligacion de passar luego à besar las manos à sus Magestades, logrò en premio de esta corta demostracion ser favorecido de la Reyna Doña Sancha, que le hizo donacion de cierto Honor sito en el Termino de Siurana en la partida llamada Galicant, al qual la misma Reyna havia comprado año 1194. de Ramon de Seguèr por precio de setecientos sueldos Barceloneses, y tenia en nombre de la Reyna Ramon de Mercadàl: Escritura, que en memoria de la Reyna Doña Sancha, y de su devocion y liberalidad à este su Monasterio, queda con razon copiada por entero en el *Apend. cap.* 1. *num.* 9. la qual Donacion años adelante en el de 1342. confirmò el Infante Don Pedro Conde de Ribagorza, y Prades, hijo de el Rey Don Jayme II. de Aragon.

11 Descansò en el Señor en el mes de Enero de 1197. de la Encarnacion (en que corria yà el de 1198. de el Nacimiento de Christo) el Papa Celestino III. lleno de meritos, y de dias, que passava yà de los ochenta años, y le sucediò el mas joven de los Cardenales, de solos treinta años, llamado Juan Lotario, hijo de Trasimundo, de la noble prosapia de los Condes de Signia, el qual antes havia sido Canonigo de la Iglesia de Anagnia, y despues Canonigo Regular de el Monasterio Lateranense, y à la sazòn se hallava Diacono Cardenal de el Titulo de los SS. Sergio, y Bacco, de tanta virtud, sabiduria, y loables costumbres, que sin embargo de su poca edad, fuè exaltado à la Suprema Silla con nombre de Inocencio III. y governò la Iglesia mas de 18. años.

12 Havian tenido Ramon de Argelers, Aldonza su hija, y su marido Bernardo de Zalena algunas pretensiones contra el Monasterio de Poblet sobre possessiones en el Termino de Servoles; y este año de 1197. edificados de la gran Santidad de el Venerable Abad Don Arnaldo, y demàs Monges de el Convento, vinieron con ellos à perfecta Concordia, cediendoles todos quantos derechos pudiessen pertenecerles, y haciendo definicion à favor de el Abad, y Convento; los quales los admitieron à la participacion de todos los Beneficios de el Monasterio. Y el noble Don Guillen de Monpahò, que en su Testamento otorgado año 1191. havia elegido sepultura en Poblet, despues à 29. de Julio de 1197. firmò otro Testamento, en que fuera de elegir otra vez sepultura en el Monasterio, nombrò entre otros Albaceas à nuestro Abad Don Arnaldo.

13 Es constante la memoria de este nuestro Abad en Escrituras autenticas de el Archivo, hasta 14. de Abril de el año 1198. porque la contiene una Confirmacion hecha por los Nobles Arnaldo de Saga, y su muger Sibilia de Bergua, hija de Don Pedro de Bergua, de la Donacion de los Puertos de Peguera, que el dicho Don Pedro havia otorgado año 1171. al Abad, y Convento de Poblet, expressa, que hacen la Donacion, y Confirmacion à Santa Maria de Poblet, y à su Abad Don Arnaldo de Amalrich à 18. de las Calendas de Mayo (que es à 14. de Abril) de el año 1198. como es de vèr en nuestro Archivo. (5)

14 El Ilustrissimo Fr. Angel Manrique (6) no señala la promocion de nuestro Abad Don Arnaldo à la Abadia de

---

(5) Archivo de Poblet, Cajòn 57. intitulado *Berga*, ligar. 8. ibi: *Donamus vobis Domino Abbati Arnaldo, scilicet Amalrico. Et infra: Actum est hoc 18. Cal. Madii anno 1198.*

(6) Manrique Append. ad tom. 2. Annal. Cisterc. pag. 35. ibi: *Suffectus Petrus Tertius hujus nominis dictus de Cencabella, electus anno 1199.*

de Gran-Selva, ni la succession de Don Pedro de Concabella en la de Poblet, hasta el año 1199. diciendo, que Don Pedro llamado de Concabella fuè electo año 1199. A que solo añaden nuestros Domesticos sus Emendadores, que era yà Abad à 31. de Julio de dicho año 1199. Pero yo asseguro con toda certeza, que mas de un año antes de el tiempo que señalan los Domesticos, y nueve meses antes de comenzar el año 1199. obtenia yà la Abadia de Poblet Don Pedro de Concabella; pues consta por Escritura autentica de nuestro Archivo (7) que à 7. de las Calendas de Agosto (que es à 26. de Julio) de 1198. los dos hermanos Arnaldo, y Berenguer de Rubio hicieron una Donacion, y definicion al Monasterio de Poblet, acerca de la Granja de Rocavert, que año 1171. havia dado al dicho Monasterio Arnaldo de Uliola su Tio: la qual Escritura, por expressar el nombre de el Abad Don Pedro, convence palpablemente, que yà entonces governava aquel Abad la Iglesia, y Monasterio de Poblet. Poco despues à 2. de las Calendas de Octubre (que es à 30. de Setiembre) de el mismo año 1198. Boneta Garriga, de consentimiento de Bernardo su marido, vendiò al Abad, y Convento de Poblet por precio de cincuenta sueldos Barceloneses una pieza de tierra en el Termino de Vimbodi: la qual assimismo porque expressa el nombre de el Abad Don Pedro (8) assegura su Abadia muchos meses antes de el tiempo que señalaron el Ilmo. Manrique, y sus Emendadores.

15 Puesto en la Abadia de Gran-Selva nuestro Don
Ar-

---

(7) Archivo de Poblet, Cajòn 42. intitulado *Belleayre*, lig. 42. ibi: *Vobis D. Petro Abbati de Populeto*. Et infra: *Quod est actum 7. Cal. Augusti, anno ab Incarn. Dom.* 1198.

(8) El mismo Archivo, Cajòn 15. intitulado *Vimbodi*, ligar. 3. ibi: *Vendimus vobis D. Petro Abbati de Populeto &c.* Et infra: *Factum est hoc in Populeto anno ab Incarn. Domini* 1198. 2. *Calend. Octobr.*

Arnaldo, diò tales muestras de virtud, doctrina, y pureza de costumbres por todo el Diocesis de Tolosa, que vacando el año 1202. la Abadia Patriarcal de Cistèr, por la promocion de el Beato Guidòn II. al Cardenalato, y Arzobispado de Remes, fuè elegido Abad XVII. de Cistèr, y General de toda la Orden. En su Generalato dispuso pios Estatutos, y santissimas Leyes, que muestran su gran prudencia y virtud, por las quales fuè tan estimado de el Papa Inocencio III. que le dedicò un Libro de Sermones; y al instituìr el Santo Tribunal, y Oficio de la Inquisicion, por causa de la Heregia de los Albigenses, lo nombrò Inquisidor General, señalandole por Compañeros dos insignes Monges Cistercienses de nuestra Casa Madre Fuen-Fria, de los quales el uno fuè el Beato Randulfo, y el otro el glorioso Martyr San Pedro de Castronovo: cuya muerte egecutada por los Hereges, sintiò tan vivamente el Sumo Pontifice, que añadiò doce Abades todos Cistercienses por Coadjutores de nuestro Abad Don Arnaldo.

16 De aqui probò el Ilustrissimo Fr. Angel Manrique, (9) y el Rmo. P. M. Fr. Bernabè Montalvo, (10) que la Santa Inquisicion tuvo su origen y principio en nuestra Sagrada Religion Cisterciense; Y aunque no faltan Autores que lo ponen en question, y que aun atribuyen essa prerogativa à los Religiosos de la Orden de Predicadores, como podrà verlo el curioso Lector en los yà citados Chronistas, que la tratan, me parece ocioso el detenerme en ellò; supuesto que hasta el mas apasionado à la Religion de Predicadores no puede negar lo que confiessa su Fundador, y Patriarca Santo Domingo, Canonigo entonces de la Santa Iglesia de Osma, que jamàs fuè Inquisidor General, ni Delegado Apostolico, sino que siempre en las Causas contra los Hereges obrò por autoridad delegada de los Monges

Cis-

_____
(9) Manrique *Annal. Cisterc. tom. 3. anno 1204. cap. 2. & 3.*
(10) Montalvo *Historia de la Orden de S. Bernardo lib. 5. cap. 18.*

Cistercienses Inquisidores Generales.

17 Precisada la Iglesia Catolica à valerse tambien de las armas para perseguir à los Albigenses, y destruir la Heregia, despachò el Papa Inocencio III. nuevas Letras, en q̃ nombrado Capitan General de las Armas Catolicas al Conde Simon de Monforte, le mandò, que en todo procediesse siempre con el parecer, y consejo de el Abad Don Arnaldo: y enseñó la experiencia, que siempre que assi se hizo, salia victorioso el Egercito Catolico, aun contra todas esperanzas humanas. En fin en este empleo hizo nuestro Don Arnaldo tanto como todos los que ivan ocupados en el mismo oficio, porque trabajando à dos manos, si con la una egercia el puesto de Inquisidor Supremo, con la otra regia el cargo de Capitan General, y ayudando à todos con su consejo, à ocasiones que faltava el poder de los hombres, se conocia entonces de su parte el brazo poderoso de Dios: de manera que à su milagroso poder se atribuyeron algunas victorias, que reportaron de una muchedumbre de Hereges los pocos Catolicos que pelearon contra ellos de orden de nuestro Venerable Don Arnaldo.

18 Con estas proezas llegò al año 1212. en que fuè promovido al Arzobispado de Narbona, y delegando el Oficio de Inquisidor al Abad Don Guidòn, Obispo de Carcassona, passò à España à verse con el Rey Don Alonso de Castilla, al qual assistiò en la celebre Batalla de las Navas de Tolosa, en que assi el Rey Castellano, como el Navarro, y nuestro Aragonès Don Pedro el Catolico se coronaron victoriosos contra los Enemigos de la Fè. Hallòse año 1215. en el Concilio Lateranense, donde compitiò el Titulo de de Primado de las Españas al Arzobispo de Toledo. Muriò finalmente anciano en edad, y en virtudes à 24. de Setiembre de el año 1225. y fuè sepultado en el Monasterio de Cistèr.

19 A vista de noticias tan averiguadas, y ciertas, es

des-

deſeſtimable la novedad, que eſcrive ſin algun fundamento, y por ſola equivocacion el Rmo. P. M. Fr. Bernabè Montalvo, (11) diciendo: *Que canſado de tanta inquietud y trabajo, reſignò el Arzobiſpado, y bolvioſe à ſu Caſa de Claraval à morir, donde eſtà ſepultado en un muy hermoſo y rico Sepulcro cerca de el Altar mayor, y es tenido, y reverenciado como Santo.* Y añade: *Sucediò al Arzobiſpo de Narbona año 1212. otro Arnaldo, el qual falleciò de ahì à dos años.* La verdad es, que Don Arnaldo II. de eſte nombre ſucediò en la Abadia de Ciſtèr à nueſtro Don Arnaldo, Arzobiſpo de Narbona año 1212. pero no que falleciesse año 1214. ò de ahì à dos años, como dice Montalvo; porque aun en el de 1217. ſe hallava Abad de Ciſtèr, y le ſucediò no por muerte, ſino por reſignacion que hizo de la Abadia el Beato Conrado, como es de vèr en el Catalogo de el Iluſtriſſimo Manrique, (12) con que ſe deve preſumir razonablemente, que el citado Montalvo mal impueſto en las noticias, atribuyò à Don Arnaldo de Amalrich la reſignacion de el Arzobiſpado, en vez de afirmar la que hizo de la Abadia de Ciſtèr al Suceſſor Don Arnaldo II. fuera de que con ſolo haver eſcrito, que *ſe bolviò à ſu Caſa de Claraval à morir, donde eſtà ſepultado, &c.* Siendo tan cierto, como queda probado, que fuè Monge, Prior, y Abad de Poblet, antes de ſerlo de Gran-Selva, y Ciſtèr, indica quan poco noticioſo eſtava de las memorias de nueſtro Don Arnaldo. En fin el Martyrologio Ciſtercienſe numera eſte gran Prelado entre los Varones Iluſtres en ſantidad, con titulo y nombre de *Beato*, y con eſte miſmo hacen mencion de èl los Hiſtoriadores, por ſer el timbre, y Corona de todas ſus Dignidades, meritos, y virtudes; gloria de que tan dignamente ſe iluſtra eſte Real Monaſterio de Poblet ſu Madre,

que

(11) Montalvo *Hiſtoria de la Orden de San Bernardo, lib. 2. pag. 312.*

(12) Manrique *Annal. Ciſterc. tom. 1. Append. pag. 476.*

que entre sus esclarecidos Hijos cuenta al Beato Don Arnaldo de Amalrich por uno de los Varones mas insignes de su tiempo.

XII.
DON PEDRO III. DE CONCABELLA,
ABAD XII. DE POBLET.

Año de Christo 1198.

20 Por la vacante que dejò en Poblet el Beato Don Arnaldo, promovido à la Abadia de Gran-Selva año 1198. fuè elegido Abad Don Pedro de Concabella, al qual, como demonstramos arriba *num.* 14. se firmava yà Abad de Poblet à 7. de las Calendas de Agosto (que es à 26. de Julio) de 1198. Su apellido de *Concabella* descubro en Escritura autentica de el Archivo, (13) que contiene una definicion, que la noble Hermesinda de Zaguardia Castellana de el Albi le hizo en 8. de las Calendas de Agosto (que es à 25. de Julio) de el año 1201. de cierto Honor, que pretendia en Riudeset Termino de Servoles, en la qual subscrivieron el dicho Abad Don Pedro, Arnaldo Prior, y Bernardo Suprior, los quales en nombre de todo el Convento la admitieron en Hermana, y le prometieron Sepultura en el Monasterio. Este apellido de *Concabella* es de Noble Familia Catalana, tomado sin duda de el Castillo, y Lugar de Concabella de el Condado de Urgel, que poseìan los de aquel Linage, como los de Valclara, de Filella, de Buccenit, y otros que tomaron el apellido de los Castillos, ò Lugares de su Señorìo, segun la costum-

(13) Archivo de Poblet, Cajòn 22. intitulado *Servoles*, lig. 2. ibi: *Diffinio Dño Deo, & Monasterio Populeti in manu, & posse Petri de Concabella ejusdem Monasterii Abbatis. Et infra: Actum 8. Calend. Augusti anno ab Incarn. Dom.* 1201.

umbre de aquellos tiempos, como dejamos explicado arriba *Dissert. 3. num. 4.*

21   De esta Noble Familia de Concabella se descubren por Escrituras muchos Cavalleros tan devotos de la Orden Cisterciense, y en especial de este Monasterio de Poblet, que, ò bien tomaron el Habito de Monge, ò egercieron obras de Bienhechor. Yà à los primeros años de la Fundacion en el de 1153. vimos *Lib. 1. Dissert. 20. num. 15.* que era Monge de Poblet Berenguer de Concabella. Año 1226. Pedro de Concabella, Sobrino tal vez de nuestro Abad Don Pedro, se halla firmado en Escritura de nuestro Archivo, (14) que contiene el arrendamiento, que el Abad Don Ramon de Cervera hizo à los Vassallos de la Villa de Vimbodì de algunas tierras sitas en el Termino de aquella Villa, reservandose las Decimas, y la mitad de las Primicias, concediendo la otra mitad à la Iglesia de Vimbodì. Año 1253. se hallava otro Berenguer de Concabella, Monge, y Escrivano de Poblet, que como tal actuò el Instrumento de Donacion, que al Abad Don Berenguer de Castellots hizo Guillen Morell de Rojals de una Casa, que tenia en la Villa de Montblanch, y de una Viña, que poseìa en su Termino, paraque de sus reditos ardiesse continuamente una Lampara delante de el Altar de San Miguel. (15) Este mismo Berenguer de Concabella (segun prudente congetura, y sin oponerme à que fuesse otro de el mismo nombre) se hallava Abad de el Monasterio de Santa Maria de Benifazà, filiacion de Poblet, año 1263. y fuè testigo en una Sentencia arbitramental, que pronuncia-

---

(14)   El mismo Archivo, Cajòn 10. intitulado *Vimbodì*, lig. 10. ibi: *Factum est hoc 4. Id. Novemb. anno Domini 1226. Sig✠num Fr. Petri de Concabella.*

(15)   El mismo Archivo, Cajòn 10. intitulado *Montblanch*, lig. 8. ibi: *Ego Fr. Berengarius de Concabella, Monachi Populeti, qui hoc scripsi, & hoc sig✠num feci.*

ciaron Don Arnaldo de Peraixens, Abad de Poblet, y el Licenciado Arnaldo de Gualba, Arcediano de Vique, sobre la Causa que se vertia entre el Obispo, y Cabildo de Tortosa, y el Maestre, y demàs Freiles de el Temple. (16) Y despues en el de 1265. estuvo presente al otorgar su Testamento el Noble Berenguer de Boixadòs, en que mandò ser enterrado en Poblet, y dedicò para Monge à su hijo Don Berenguer de Boixadòs, legando al Monasterio toda la Dominicatura de Rubiosèl, y cincuenta doblas en el Señorio de la Espluga. (17) Y aun mas adelante en el de 1268. fuè testigo de una licencia, que diò el Obispo de Zaragoza, para la traslacion de una Capellanìa. (18)

22 Mostraronse bienhechores de Poblet año 1187. los Nobles Arnaldo de Concabella, y su muger Albesina, concediendo al Monasterio una heredad en franco alodio en el Termino de Monsuàr. Y en el de 1231. Guillen de Concabella, al elegir Sepultura en Poblet, le diò el Señorio absoluto, que por èl tenia antes este Monasterio en la Viña de dicho Termino de Monsuàr. Y en fin año 1234. Romia de Concabella, y su marido Berenguer de Peramola dieron à Poblet toda la Decima de Vino, y Vendimia de todas las Viñas, que poseìa de presente el Monasterio, y de las que posseyesse en adelante en todo el Termino de Tarrega: todo lo qual es patente demostracion de la mucha aficion, que tenian al Monasterio de Poblet los Cavalleros de esta Familia.

23 Deudo, pues, de los sobre mencionados fuè Don Pedro de Concabella, que entre los muchos, que à la sazòn

---

(16) Fr. Hypolito de Samper *Montesa ilustrada*, part. 4. n. 323.
(17) Archivo de Poblet, Cajòn 16. intitulado *Terrès*, lig. 3. ibi: *In præsentia Fr. Arnaldi de Pareixens Abbatis Populeti, & Fr. Berengarii de Concabella Abbatis de Benifassano.*
(18) Fr. Manuel Mariano Ribera *Milicia Mercenaria*, part. 1. f. 69. num. 39.

zòn iluſtravan al Monaſterio de Poblet, fuè eſcogido para ſer Abad, y Prelado, aſsi por ſu conocida nobleza, como por ſus relevantes meritos y virtudes. Governava yà la Abadia por lo menos à 26. de Julio de 1198. como probamos al *num.*14.con tales mueſtras de prudencia, virtud, y ſantidad, que atraìdo de ellas Geraldo de Albiolo à 30. de Julio de el ſiguiente año 1199. renùnciò à favor de el Monaſterio de Poblet todos los derechos, que tenia, ò pretendia tener en diferentes Molinos. El miſmo egemplo ſiguieron luego Arnaldo de Prades, y ſu Muger, cediendo algunas poſſeſsiones al Abad, y Convento, y agradecidos ambos Conſortes, al haverles otorgado Sepultura en el Monaſterio, le hicieron Donacion de mil ſueldos Barceloneſes à 30. de Noviembre de el miſmo año 1199. Y en fin à 17. de Deciembre de el proprio año los Vaſſallos de Vimbodì vinieron à perfecta concordia con nueſtro Abad Don Pedro, y Convento de Poblet ſobre cierto Honor en Montagudell, Termino de el Monaſterio, ſobre el qual havian tenido muchas contiendas, y lo cedieron todo à favor de Poblet en manos de nueſtro Abad Don Pedro de Concabella.

24 Fuè tan eſtimado de el Papa Inocencio III. que en el año 1201. obtuvo de ſu Santidad una Bula de proteccion Apoſtolica, y eſſencion de pagar Decimas de todas las Heredades, que entonces poſſeìa, y poſſeìria en adelante el Monaſterio, concediendole en ella todas las gracias, y Privilegios, que el Monaſterio havia yà obtenido de el Papa Eugenio III. año 1152. y de el Papa Alejandro III. en los años 1162. y 1171. los quales, inclinados tambien à la obſervancia, y religioſidad que florecia en el Monaſterio de Poblet, lo havian tomado debajo de ſu proteccion Apoſtolica.

25 En prueba de la mucha obſervancia, que ſobreſalia en Poblet por los años en que vamos, no puedo omitir una

noticia singular, que se refiere en las Historias de la Orden: y es, que hallandose Novicio en este Monasterio de Poblet el Infante Don Fernando, hijo tercero de el Rey Don Alonso II. de Aragon, y de la Reyna Doña Sancha su Esposa, pidió ésta al Papa Inocencio III. que escriviesse al Capitulo General de Cistèr, que havia de celebrarse año 1201. paraque le concediesse licencia de entrar en el Monasterio el dia que su hijo hiciesse la Profession; y en efecto la concedió el Capitulo General de Cistèr, por la recomendacion de su Santidad, expressando que pudiesse entrar con el motivo de aquella funcion tansolamente. (19) Tan grande era la observancia, que en punto de Clausura monastica se guardava en este Monasterio de Poblet en aquellos tiempos.

26 Aunque la Definicion, ò Decreto no expressa el nombre de la Reyna, ni de el Infante, la circunstancia de el tiempo declara, que fueron la Reyna Doña Sancha, Viuda de el Rey Don Alonso II. de Aragon, y su hijo tercero el Infante Don Fernando. Yà digimos que el Rey Don Alonso en su Testamento dejò el Reyno de Aragon à su Primogenito el Principe Don Pedro, el Condado de la Proenza à su hijo segundo el Infante Don Alonso, y à su hijo tercero el Infante Don Fernando dedicò para Monge de Poblet año 1194. bien que no quiso que entonces le vistiessen el Habito, segun escrive el Ilustrissimo Fr. Angel Manrique, (20) por ser muy niño. Quedó pues en este Monasterio de Seglar, porque segun disposicion de el Derecho

---

(19) *Decret. Capit. General. Cisterc. de anno 1201. Reginæ Aragonensi, propter reverentiam Summi Pontificis, qui super hoc scripsit Capitulo Generali, & ob ipsius devotionem, quam singulariter habet ad Ordinem, conceditur, ut ea die tantùm quâ filium suum, quem vovit Ordini, voluerit offerre Domino, Domum Populeti possit introire.*

(20) *Manrique tom. 3. Annal. Cisterc. anno 1192. cap. 5. num. 1.*

recho comun, (21) no pueden los hijos ser admitidos en Religion, sin licencia de sus Padres antes de la edad de catorce años, y el Infante Don Fernando año 1192. podia tener de unos ocho à nueve años, segun buena cuenta. Porque si el Primogenito en el año 1196. en que murió el Rey Don Alonso no tenia mas de diez y siete años, pues su madre la Reyna Doña Sancha le suplió los tres que le faltavan para veinte, que era la edad, que para el mando le havia señalado su Padre en el Testamento, como se dijo arriba *num*.4. es claro que nació año 1179. asi que aun en el presupuesto que entre los Infantes no mediasse alguna de las Infantas, à Don Alonso hijo segundo corresponde el nacimiento en el año 1181. y à Don Fernando hijo tercero en el de 1183. poco mas ò menos, con que en dicho año 1194. era solo de nueve à diez años, y assi no podia ser admitido à la Religion sin licencia de sus padres. Murió el Rey su padre año 1196. y consintiendo la Reyna su madre, pudo vestir el Habito, aunque solo fuesse de once à doce años, por ser comun doctrina de Santo Thomàs, y Doctores, (22) que con licencia de los padres, pueden los hijos ser admitidos à la Religion antes de los catorce años. Y en efecto vistió el Infante Don Fernando el Habito en Poblet año 1196. como queda yà referido. Y de estos presupuestos nace, que no deve causar novedad alguna la dilacion de quatro ò cinco años, que discurren hasta el de 1201. en que se pone su Profession; porque si bien entonces no estava prohibido el professar antes de los diez y seys años cumplidos, como ahora lo està por el Concilio Tridentino; (23) no obstante quiso la Reyna su madre diferir la Profession al año 1201. no gustando que professasse demasiadamente muchacho, y por esso para este año

---

(21) Cap. *Ad nostram* de Regularibus, cap. *Puellæ* 20. quæst. 2.
(22) D. Thom. 2.2. *quæst*.189. *art*.5. & communiter DD.
(23) Trident. *Sess*.25. *cap*.15. *de Regularib*.& communiter AA.

solicitò su Magestad la licencia de entrar en el Monasterio de Poblet.

27 Supo tambien el Abad Don Pedro de Concabella merecerse el agrado y aficion de el Serenisimo Señor Rey Don Pedro de tal modo, que estando en la Villa de Montblanch por el mes de Agosto de el año 1202. concediò al dicho Abad, y Convento de Poblet en proprio y franco alodio la Alberca, ò Estanque de Pineda cerca de Salòu, con todos los derechos que pertenecian à su Magestad, reservandose solamente, que en caso que èl, ò la Reyna su madre viniessen à la dicha Villa de Montblanch, ò à la de Villafranca, ò à los Terminos de dichas Villas, pudiessen hacer pescar en dicho Estanque, y sacar de èl todo el pescado que huviessen menester para los de su Corte. Actuò la Escritura de Donacion su Notario Juan de Beragè, presentes los Nobles Don Guillen de Cervera, Gombaldo de Ribelles, Assalido de Gudal, y Garcia Romeo. Y luego en el mes de Febrero de el proprio año, que se hallava el Rey Don Pedro en la Ciudad de Barcelona, acompañado de Don Ramon de Torroja, Arzobispo de Tarragona, y Don Pedro Sacristan de Vique, y de los Ricos-Hombres Guillen Durfort, Miguel de Luesia, y Guillen de Guardia, hizo donacion à nuestro Abad Don Pedro, y Convento de Poblet de 20. Morabatines de oro, consignados en las Tiendas Reales de Villafranca, annuales, y que devan cobrarse al tiempo de la Feria, el qual censo deva pagar qualquiera Bayle, que estè en dicha Villa por el Rey.

28 Florecia tanto la Religion en este Monasterio de Poblet por los años en que vamos, que se le aficionavan notablemente los Grandes, y principales Cavalleros, que unos vestian el Habito de Monge, otros se dedicavan para Donados de el Monasterio, y otros le franqueavan crecidas limosnas. Por los años de 1200. el Noble Gimeno de Artusella, Rico-Hombre de Aragon, à quien havia el Rey Don

Don Alonso hecho merced de el Puerto de Salòu, y de otros Heredamientos, pidiò à nuestro Abad Don Pedro, y Convento de Poblet le concediesse el Altar de San Bartolomè para proveerlo de Ornamentos; y al concederselo, hizo el Cavallero Carta de acceptacion, con muchas gracias, y ofreciò de presente ducientos sueldos Barceloneses, prometiendo dàr en adelante muchos mas para adorno de dicho Altar.

29 En el de 1203. los Condes de Urgèl Don Armengol Octavo, y su muger Doña Elvira, hallandose en la Villa de Agramunt, hicieron Escritura autentica, que roborò el Rey Don Pedro, y estuvieron presentes al otorgarla, Ponce de Eril, Guillem de Cervera, y Gombaldo de Ribelles, prometiendo por sì, y por sus Sucessores cuydar de los Ornamentos de el Altar de Santa Maria de Poblet, que desde entonces se llamò la Capilla de los Condes de Urgèl: y para este efecto assignaron cien sueldos Barceloneses censuales cada año, de los reditos de la Ciudad de Lerida, y se lo concediò el Abad Don Pedro, de consentimiento de todo el Convento, y firmaron la Escritura de dicho Abad Don Pedro, Arnaldo Prior, Bernardo Sacrista, Ramon Cillerero mayor, Pedro de Concabella, y Bernardo Suprior en el mes de Abril de dicho año 1203. en el qual año Pedro de Belvìs, al otorgar su Testamento, legò la Torre de Orchea, con la Señorìa, que fuè de Arnaldo de Sadas, y ducientos Morabatines para la fabrica de el Convento.

30 Otros Cavalleros no contentos de ofrecer al Monasterio de Poblet sus Haciendas, entregavan tambien hasta sus proprias personas. Berenguer de Puigvert se havia hecho Donado de Poblet año 1198. y dado al Monasterio el Castillo de Avinaixa con sus pertinencias. Imitòlo su Deudo Guillen de Puigvert año 1203. disponiendo que el dia de su muerte tuviesse el Monasterio de Poblet tre-

cientos Morabatines fobre el Caftillo de Piles. Tambien fe hizo Donado de Poblet en el proprio año 1203. Ponce de Santa Fè en manos de el Abad Don Pedro, y en prefencia de Arnaldo Prior, y Bernardo Suprior, dejando al Monafterio para defpues de fu muerte, en cafo que no hicieffe Teftamento, ducientos Morabatines fobre un Honor que tenia en Lerida. Y en fin al figuiente año 1204. Don Bernardo de Belmunt, hijo de Don Bernardo de Montpahò, fe hizo Donado de Poblet, y le diò cierta poffefsion, que tenia en el Termino de Conefa.

31 Sobre la eftimacion, que, como vimos, hacia de nueftro Abad Don Pedro de Concabella el Papa Inocencio III. añado, que el Obifpo de Lerida de una parte, y el Arcediano de Urgel de otra, pretendia cada uno pertenecerle la Iglefia de Arbeca, y paraque conociefen de efta Caufa, embiò el Papa Inocencio III. Comifsion à nueftro Abad Don Pedro, y al Prior de San Rufo año 1203. Y luego en el figuiente 1204. pafsò à mejor vida, fegun refieren los Manufcritos, que por Efcrituras es dificil affegurarlo, por el motivo de llamarfe tambien Don Pedro el Succeffor, y no hallarfe con el apellido de Curtacans, hafta el Mayo de el año figuiente 1205. afsique parte de los fuceffos de el año 1204. quedan atribuidos à nueftro Don Pedro de Concabella; y parte de los que reftan atribuirèmos al Succeffor Don Pedro de Curtacans.

DISSER-

DISSERTACION VIII.

OBSERVANCIA SINGULAR EN POBLET: SU ABAD XIII. Don Pedro de Curtacans: Casamiento de el Rey D. Pedro II. de Aragon con Doña Maria de Mompeller: Su Coronacion en Roma: Omenage de el Rey à la Sede Apostolica: Hallase disgustado de su Matrimonio, y se divierte con otras Damas: Promocion de el Infante Don Fernando Monge de Poblet à la Abadia de Montaragòn. Sus Hechos, y su muerte. El Rey favorece à Poblet con Privilegios, y Donaciones. Assiste en la Batalla de las Navas de Tolosa, siendo gran parte en aquella celebre victoria: Muere en la Batalla contra el Conde Simon de Monforte. Congeturas sobre aquella desgracia. Donaciones hechas à Poblet por Condes, Vizcondes, y otros Cavalleros principales, y algunos se hacen Donados de Poblet: El Beato Don Arnaldo II. de este nombre Abad XVIII. de Cistèr: Don Ramon de Vilallonga Obispo de Elna: Muerte de el Abad Don Pedro de Curtacans.

1 QUANDO la humildad ha llegado à echar hondas raìces, no queda expuesta al descaecimiento, por mas que sobrevengan humanas glorias. La grandeza de el Infante Don Fernando reducida à la humilde Cogulla de Poblet, en vez de engreir à los Monges sus Hermanos, los incitò à mas fervor en la virtud y observrncia, viendo en un Principe mozo el desprecio de las glorias de el siglo. A los Grandes, y Amigos, que lo visitavan, les aumentava la devocion à esta Real Casa, considerando que la mucha Religion, que en ella
flo-

florecia, fuè el imàn que arraſtrò al Infante à trocar las galas por la Cogulla. No impedia la quietud Monaſtica el concurſo de la Nobleza; porque cada vez que los Cavalleros venian al Monaſterio, ſalian de èl mas edificados, tanto que haſta la Madre de el Infante la Reyna Doña Sancha deſpues que, como ſe ha dicho, entrò una vez en eſta ſu Real Caſa, ſaliò de ella tan fervoroſa, que ſe entrò Religioſa con ſu hija la Infanta Doña Aldonza en el Monaſterio de Sigena, de Señoras Hoſpitalarias: Retiro que para hijas de Ricos-Hombres havia fundado la miſma Reyna Doña Sancha.

2 Hermeſinda de Timor, y ſus hijos Arnaldo, Dalmao, Pedro, Ramon, y Galceràn hicieron donacion al Abad D. Pedro, y Convento de Poblet de todos los derechos, que tenian, y podian tener en los Molinos, que delante las puertas de la Villa de la Eſpluga de Francolì poſſeìa yà el Monaſterio, como conſta de Eſcritura de nueſtro Archivo, que otorgaron, y firmaron los ſobredichos à 4. de las Calendas de Febrero (que es à 29. de Enero) de 1204. y ſi bien la tal Eſcritura no expreſſa el apellido de Concabella, ni de Curtacans, ſino ſolo el nombre de Pedro, comun à los dos Abades: pero como es tan al ultimo de el año 1204. en que ſe dice haver fallecido el Abad Don Pedro de Concabella, parece que puede razonablemente creerſe fuè otorgada al Succeſſor.

XIII.
DON PEDRO IV. DE CURTACANS,

ABAD XIII. DE POBLET.

Año de Chriſto 1204.

3 LO que podemos afirmar de cierto, es, que à 3. de las Nonas de Mayo (que es à 5.) de el año 1205. go-

governava la Abadia de Poblet Don Pedro IV. de este nombre, llamado de Curtacans, porque con esse nombre y apellido lo descubro en Escritura autentica de nuestro Archivo, (1) que contiene la venta de una possession en franco alodio sita en el Termino de Montmùr, que hizo al Abad, y Convento de Poblet por precio de setenta y cinco sueldos Agramonteses Don Bernardo de Montmùr; la qual por expressar el nombre y apellido de el Abad Don Pedro de Curtacans, convence que por lo menos desde el mes de Mayo de 1205. governava la Iglesia de Poblet.

4. Otras muchas Donaciones encuentro otorgadas en este mismo año, que si bien solo llevan el nombre de el Abad Pedro, comun al presente, y al antecessor; pero siendo posteriores à la que acabo de acotar, devieron otorgarse al Abad Don Pedro de Curtacans. Lo que hace al intento es, que todas ellas descubren la gran devocion que tenian à este Monasterio los Donadores, movidos de la famosa Santidad, que florecia en èl por aquellos tiempos. Bastan para indicio las siguientes. Hugon Conde de Ampurias año 1205. diò por si, y por sus Successores facultad al Abad, y Convento de Poblet para pescar en el Estanque, y Mar de Castellòn. Geraldo Vizconde de Cabrera prometiò tener debajo de su proteccion al Monasterio de Poblet, haciendose Donado de el Convento. Y dentro pocos dias hizo lo mismo Don Guillen de Anglesola, que, fuera de tomar al Monasterio bajo su proteccion, le concediò en pura limosna todos los derechos, que tenia, y podia tener en las aguas de el riego de el Termino de Barbens.

5. Luego al siguiente año 1206. Guillen Vizconde de Cardona, y sus hijos cedieron al Monasterio de Poblet todos

---

(1) Archivo de Poblet, Cajòn 45. intitulado *Torredà*, ligar. 18. ibi: *Vendimus vobis D. Petro de Curtacans, Abbati Populeti, & Conventui &c.* Et infra: *Factum est hoc 3. Non. Maii anno Dom. Incarnat.* 1205.

todos los derechos que tenian en los Molinos de Rocacorva, en satisfaccion de trecientos sueldos que havia dejado al Convento la Vizcondesa Doña Geralda su muger. Y de mas à mas confirmaron todas las Donaciones, y demàs titulos, con que Poblet posseìa los Molinos de la Riba. Año 1207. el Conde de Urgel Don Armengòl Octavo de este nombre diò salvaguarda al Monasterio de Poblet de el mismo tenor que la que havian concedido los Serenissimos Señores el Principe de Aragon, y su hijo el Rey Don Alonso: la qual Escritura firmò tambien la Condesa Doña Elvira su Esposa, y atestaron los Cavalleros Don Guillen de Cervera, Don Pedro de Zasala, Don Berenguer de Puigvert, Don Berenguer de Fluvià, Don Guillen de Calders, Don Ramon de Cervera, Don Guillen de Eril, y Don Arnaldo de Sanahuja.

6 En el siguiente 1208. por el mes de Agosto hizo Testamento el dicho Conde de Urgèl, y nombrò Albaceas à su muger la Condesa Doña Elvira, al Abad de Poblet Don Pedro de Curtacans, y à Don Guillen de Cervera, y mandò ser sepultado en el Monasterio, dejando al Abad, y Convento todas las Decimas de Menargues; dejò heredera de sus Estados à su hija Doña Aurembiaix, y haviendo muerto antes de 28. de Enero de el mismo año 1208. (porque en este dia yà su hija Doña Aurembiaix firmò con nombre de Condesa de Urgèl en la Confirmacion que hizo al Monasterio de Poblet de aquella Donacion de cien sueldos anuales, que havia otorgado su Padre el Conde año 1191. que digimos arriba *Dissert. 6. num. 4.*) fuè enterrado en la Iglesia de Poblet en la Capilla de los Santos Evangelistas, llamada desde entonces de los Condes de Urgèl.

7 El Serenissimo Señor Rey Don Pedro II. de Aragon, y I. en Cataluña, instado de los deseos justos de sus Vassallos, casò año 1204. con Doña Maria Señora de Mompeller,

ller, hija de el Conde Don Guillen, y de su muger Doña Matilde, Infanta de Constantinopla, de quien se hizo mencion arriba *Dissert.4. num.*20. Tuvose el Rey Don Pedro por engañado en este casamiento, y arrepentido de èl, comenzò à discurrir trazas para desprenderse de Doña Maria. Y como el Papa Inocencio III. tenia tanta aficion à las cosas de el Reyno de Aragon, y especialmente à nuestro Rey Don Pedro, que le favoreciò con muchas gracias espirituales en la Conquista, y Guerras de los Moros, creyò quizà el Rey, que la gracia que tenia con el Papa le libraria de el molesto casamiento con la Sentencia de nulidad. En efecto fuè à Roma à recibir la Corona de el Papa, como de Señor Soberano en lo espiritual, y que tenia en la tierra las veces de Christo como Vicario suyo. Logrò tan finas demostraciones de el Papa, que lo coronò de su propria mano en la Iglesia de San Pancrasio con solemnissima pompa, dandole el renombre de Catolico, y el titulo de Alferez mayor de el Estandarte de la Iglesia. Y si bien à essas honras correspondiò el Rey con muchas bizarrias, pero ni por ellas pudo lograr efecto alguno de la pretension, que se declarasse invalido su Matrimonio.

8 De la aficion que mostrò el Papa Inocencio III. à nuestro Rey Don Pedro, infiere el Ilustrissimo Fr. Angel Manrique (2) haver sido promovido este mismo año 1204. à la Abadia de Montaragon el Infante Don Fernando su hermano, despues de los ocho años de Monge en esta Real Casa de Poblet, arguyendo, que como en esse tiempo buscava el Papa nuevas honras, con que agradecer al Rey su beneficencia à la Santa Sede Apostolica, es natural, que vacando à esta sazòn la Abadia de Montaragon, de la qual havia privado à Don Bertrando Arzobispo de Narbona, promoviesse à la dicha Abadia al Infante Don Fernando su hermano. Añade que el Arzobispo de Tarragona, de co-

(2) Manrique *tom.3. Annal. Cisterc. anno* 1204. *cap.*4. *n.* 14.

204 HISTORIA DE POBLET. LIB. II.

comission de el Papa, hizo la provision de dicha Abadia en el referido Infante Don Fernando; y concluye, que quanto al haver sucedido en el dicho año 1204. concuerdan todos los Historiadores Aragoneses.

9 Autor que se dedica à escrivir Obras vastas, no siempre tiene lugar para hacer exacta averiguacion de sucessos particulares. Es verdad que el Arzobispo de Narbona, que fuè promovido à essa Sede desde la Abadia de Montaragon año 1191. y obtuvo desde entonces juntas las dos Iglesias, tuvo orden de el Papa Inocencio III. para dejar la de Montaragon, y aunque regiò la Iglesia de Narbona hasta el año 1212. en que le sucediò nuestro Don Arnaldo de Amalrich, como se dijo arriba *Dissert. 7. num. 18.* en efecto fuè privado de la Abadia de Montaragon año 1204. por Sentencia de el Papa en Letras Apostolicas, expedidas à 6. de las Calendas de Julio (que es à 26. de Junio) de el mismo año que las transcrive el mismo Manrique; (3) pero tambien es verdad, que en dichas Letras manda à los Canonigos de Montaragon, que elijan en Abad à Persona idonea; y al Arzobispo de Tarragona, que provea aquella Iglesia, en caso que dichos Canonigos no eligieren dentro de un mes; assique si los Canonigos dentro de el mes huviessen elegido Abad, yà no havria tenido el Arzobispo ni lugar, ni autoridad de elegirlo. Los Canonigos en efecto eligieron à Frontancio, y lo confirmò el Papa Inocencio III. como lo refiere el Doctor Don Martin Carrillo, que fuè Abad de Montaragon, y Autor que escriviò antes que el Ilustrissimo Manrique.

10 En la serie de Abades de Montaragon, que imprimiò el dicho Doctor Carrillo, (4) señala por Abad à Frontan-

(3) Idem Manrique *tom. 3. anno 1204. cap. 4. num. 13.* ibi: *Mandantes Canonicis constitutis in ea, ut Personam idoneam sibi eligant in Abbatem &c.*

(4) Carrillo, Vida de San Valero, *Catalogo de los Abades de Montaragon, pag. 400.*

CENTVRIA I. DISSERT. VIII. 205

tancio electo por los Canonigos, y confirmado por el Papa Inocencio III. desde el año 1204. hasta el de 1210. en que señala à nuestro Don Fernando Infante de Aragon, y Monge de Poblet, diciendo de èl, entre otras cosas, que siempre anduvo con pretensiones de reynar, que està enterrado en la Iglesia de Montaragon, en la Capilla de nuestra Señora, y que muriò año 1242. circunstancias, que escritas por Autor Aragonès, y Abad de la misma Casa, no permiten duda, que tendria mas averiguado el sucesso que el Ilustrissimo Manrique. Ni tampoco concuerdan todos los Escritores Aragoneses en la promocion de Don Fernando este año 1204. como dijo el Chronista de Cistèr; porque fuera de lo que yà queda advertido de el Doctor Carrillo, Escritor Aragonès, los demás no solo no expressan que fuesse promovido este año, sino que en alguna manera significan no haverlo sido aun en el de 1208. Pues al referir Geronymo de Zurita, (5) y el Maestro Pedro Abarca, (6) que el Papa Inocencio III. despues que à instancia suya se ajustò el casamiento de la Infanta Doña Constanza, hermana de el Rey Don Pedro, y de el Infante Don Fernando, Viuda de el Rey de Ungria, con Federico Rey de Sicilia año 1208. le adjudicò à nuestro Don Fernando aquel Reyno, en caso que su Cuñado muriesse sin hijos; todos expressan ser Monge de Poblet, y ninguno dice que fuesse Abad de Montaragon. Y aun el mismo Manrique, (7) al referir lo mismo, parece se olvidò de la Abadia de Montaragon, acordandose de solo el Monacato de Poblet.

11   Lo que no tiene duda, es, que como nuestro Abad
Don

---

(5) Zurita *Indic. Rer. Arag. anno 1208.*
(6) Abarca *Anales de Aragon, tom.1. fol.228.*
(7) Manrique *tom.3. Annal. Cisterc. anno 1208. cap.7. num.7.* ibi: *Ferdinandus Populetanus, Alphonsi Regis filius, Petri frater, eoque patruus Infantis recens nati, quantumvis Monachus, ab Innocentio III. designatur Regno Siciliæ &c.*

Don Pedro de Curtacans permaneció en la Abadia de Poblet, según consta de Instrumentos, hasta el Marzo de 1213. tuvo la gloria de vèr à su Subdito el Infante D. Fernando promovido à la Abadia de Montaragon: Dignidad, que en aquellos tiempos se hacia respetar aun entre los Obispos. Aunque, según la gran religiosidad, que mostrò siempre nuestro Abad Don Pedro, mas sentimientos, que regozijos le acarreò la promocion de el Infante, por algunas operaciones mas proprias de Soldado, que de Monge. Mientras viviò el Rey Don Pedro su hermano, no se le conociò al Infante ambicion alguna, tan bien avenido con el Rey, que en la celebre Batalla de las Navas de Tolosa año 1212. le assistiò valeroso, governando las gentes de el Condado de Rossellòn, por su Tio el Conde Don Sancho, que à la sazòn se hallava enfermo: (8) accion muy digna de un Prelado Eclesiastico, de los quales concurrieron muchos en aquella guerra contra Infieles. Pero muerto el Rey Don Pedro, fuè gran parte en los disturbios, y alteraciones de el Reyno, yà fuesse por haverlo llamado à la succession de la Corona despues de sus dos hermanos el Rey Don Alonso su padre, según vimos arriba *Dissert.* 6. *num.* 10. yà fuesse por haverlo nombrado Successor el Rey Don Pedro su hermano, que por la poca aficion à su Esposa la Reyna Doña Maria de Mompeller, callò como ageno à su hijo el Infante Don Jayme, aunque havido en ella de legitimo matrimonio. (9)

12 Desde el principio de el Reynado de el Serenissimo Señor Rey Don Jayme I. llamado el Conquistador, fuè el Infante Don Fernando su Tio alterando al Reyno de Aragon con sus parciales, llamandose Señor de Montaragon, y no queriendo reconocer à su Sobrino Don Jayme por su Rey y Señor, hasta que en el año 1227. reconocidos

el

---

(8) Dr. Pedro Antonio Beuter, *Chron. de España*, lib. 2. c. 20.
(9) P. Pedro Abarca *Annal. de Aragon*, lib. 1. fol. 227.

él, y sus sequaces principales Don Guillen de Moncada, Vizconde de Bearne, Don Pedro Cornel, Don Hernan Perez de Piña, y otros Cavalleros fueron al Rey à pedir perdon de lo passado, suplicandole el Infante lo recibiesse en su merced, pues era su Tio, y tenia deseo de servirle con todos sus Amigos. Tuvo el Rey su consejo con el Arzobispo de Tarragona, con el Obispo de Lerida, con el Maestre de el Temple, el Vizconde de Cardona, y otros, los quales dejaron las diferencias por bien de Concordia en manos de los tres primeros; y en ellos compusieron la materia de modo, que el Infante, y sus parciales quedaron perdonados, y amigos de èl Rey. El qual estimò tanto al Infante su Tio desde entonces, que en el Testamento, que otorgò en el año 1232. (cuya copia se halla en nuestro Archivo) lo llamò despues de algunas substituciones à la succession de la Corona. En el de 1236. se hallò con el Rey en la Villa de Monzòn à tratar con otros Grandes el Sitio, y Conquista de Valencia; y en el de 1237. en la Ciudad de Zaragoza, quando se publicò la idèa de el Rey sobre dicha Conquista. Y llegò à hacer tal confianza de el Infante, que desde la frontera de Valencia, lo embiò por la Reyna Doña Violante su Esposa, y Doña Violante su hija, encargandole las fuesse acompañando hasta sus Reales. (10) En el de 1238. assistiò el Infante Don Fernando en la Conquista de Valencia, y jurò los pactos con el Rey, con el Conde de Rossellòn, con los Arzobispos de Tarragona, y Narbona, y con los Obispos de Zaragoza, Huesca, Tarazona, Barcelona, Vique, Tortosa, y Segorbe. (11) Y en fin año 1240. fuè el Infante Don Fernando con los Cavalleros de Calatrava, y con Don Pedro Cornel, Don

Ar-

---

(10) Geronymo de Zurita *Annal. de Aragon.* lib. 3. cap. 26. y 29.

(11) D. Narciso Feliu de la Peña *Anales de Cataluña* lib. 11. cap. 9.

Artal de Luna, Don Rodrigo de Lizana, y otros à combatir à Villena, que se rindiò al Rey Don Jayme en el mismo año. (12) Muriò Abad de Montaragon en el de 1242. y fuè enterrado en la Iglesia de aquel Monasterio, como se dijo arriba *num.* 10.

13   Nuestro Abad Don Pedro de Curtácans fuè tan estimado de el Rey Don Pedro II. de Aragon, que obtuvo de èl muchas Donaciones y Privilegios, como se verà en el discurso de la Historia. Despues que de la guerra de Francia contra el Conde de Folcalquer bolviò à Cataluña; como no obstante su pertinacia en el divorcio de la Reyna, jamàs olvidava la devocion y reverencia à la Iglesia, concediò al Arzobispo de Tarragona, à sus Obispos Sufraganeos, à los Abades, y demàs Prelados Eclesiasticos, que se hiciessen las elecciones de Prelado sin pedir el consentimiento de el Rey: bien que paraque no se perdiesse de el todo el Derecho Real, mandò que despues de hecha la eleccion, le presentassen al electo en señal de la fidelidad, que se deve à los Reyes. (13) Y hallandose en la Villa de Montblanch à 18. de Mayo de el año 1206. passò sin duda nuestro Abad Don Pedro à besar la mano à su Magestad, el qual, conforme à la inclinacion que tenia al Monasterio de Poblet, donde havia elegido su sepultura, le confirmò la Donacion, que de el Lugar de Servoles le havia hecho Don Guillen de Cervera, y le cediò todos quantos derechos tuviesse, y pudiesse tener en èl su Real Magestad, firmando de todo ello Escritura, que subscrivieron los Grandes de su comitiva Don Pedro de Ferràn, Mayordomo de el Rey, Don Artal de Alagon, Don Berenguer de Puigvert, y Don Guillen de Ribèr. Y luego al dia siguiente 19. de Mayo le hizo donacion, y confirmacion de todos

los

---

(12)   Zurita *lib. 3. cap.* 37.
(13)   Steph. Baluc. *Append. Marc. Hispan. lib. 4. ad an.* 1206. & ibid. *in Gestis Comit. Barchin. cap.* 14.

los Terminos de el Lugar en que está fundado el Monasterio, mandando en su Real Privilegio, que subscrivieron los mencionados Cavalleros, que nadie se atreva à cortar leña de el Bosque de Poblet, ni à sacar de èl la que estuviere cortada, y à todos los Bayles, que entonces eran, y serian en adelante, les manda que hagan se conserve al Monasterio de Poblet todo quanto possee: Escritura, que và copiada *Apend. cap. 1. num.* 10.

14 Estando otra vez en Montblanch el Serenissimo Señor Rey Don Pedro à 14. de Noviembre de el siguiente año 1207. y cumpliendo asimismo el Abad Don Pedro con la obligacion de ofrecerle su Persona, y Monasterio, le otorgò su Magestad un Privilegio, en que concede la prerogativa de Notario Real, y Escrivano publico à qualquiera Monge, que el Abad destinare para Archivista de el Monasterio; y manda expressamente, que à qualesquiera Escrituras, que el dicho Archivista actuare se les dè la misma fee, que à los Instrumentos actuados por los Notarios, ò Escrivanos publicos de su Reyno, como puede verse en el *Apend. cap. 1. n.* 11. Havia dejado en Testamento Don Guillen de Zagranada al Monasterio de Poblet la Villa de Aviñòn de el Panadès: y queriendola para sì el Serenissimo Señor Rey Don Pedro à 22. de Febrero de el año 1209. que se hallava en Almenara, diò en recompensa al Monasterio todos los Derechos, que tenia su Magestad en los Lugares de Omells, y Vinaixa, y le confirmò todo quanto en dichos Lugares havian dado à Poblet los Nobles Berenguer, y Guillen de Puigvert. El Abad, y Convento, no solo aceptaron la permuta, sino que demàs amàs cedieron, y definieron al Rey ciento, y quarenta sueldos que su Magestad les havia asignado sobre las Tiendas de Villafranca, y un quintal y medio de cera, que el Serenissimo Señor Rey Don Alonso su Padre les havia legado, paraque ardiesse perpetuamente una candela delante de

el Altar de Nueſtra Señora, obligandoſe el Monaſterio à continuar eſſe culto divino, no obſtante la ceſsion, y condonacion, que de aquella cantidad de cera hacia à ſu Mageſtad.

15 Deſpues que el Rey Don Pedro de Aragon con ſu ayuda, y aſsiſtencia en la Batalla de las Navas de Toloſa fuè gran parte en la Victoria, que adquiriò la Chriſtiandad contra los Infieles año 1212. tan eſtimado de los Reyes de Caſtilla, y de Navarra, como cargado de ricos deſpojos, ſe reſtituyò vencedor à ſu Reyno. Y hallandoſe en la Villa de Tamarite en el mes de Octubre de el miſmo año, confirmò al Monaſterio de Poblet todos los Privilegios, y Donaciones hechas por ſus Predeceſſores con ſu Real Deſpacho, que va copiado abajo en el *Apend. cap.* 1. *num.* 12.

16 Movida en fin la guerra por el Conde Simon de Monforte contra los Condes de Toloſa Padre, y Hijo, ambos Ramones, y Cuñados de el Rey Don Pedro, caſados con ſus Hermanas las Infantas Doña Leonor, y Doña Sancha, no obſtante el ſer el de Monforte tan amigo de el Rey, que tenia à ſu Hijo el Infante Don Jayme en ſu crianza, paſsò el Rey à aquella guerra en ayuda de dichos Condes, aunque ſeguian el partido de los Albigenſes, en cuyas rebueltas acabò el Rey ſu infeliz, ò ſobrada valentia, muerto à manos de ſus enemigos, ò à fuerza de ſu deſtino, à 13. de Setiembre de el año 1213. Y no ſabiendo tal vez los Cavalleros de San Juan, que ſe encargaron de ſu Cadaver, que el Rey huvieſſe elegido ſepultura en eſte Monaſterio año 1190. ò quizà que deſpues de aquel año huvieſſe hecho nueva diſpoſicion, lo llevaron à enterrar al Monaſterio de Sigena de Religioſas Hoſpitalarias, que havia fundado, y donde fuè tambien enterrada ſu Madre la Reyna Doña Sancha año 1208.

17 Sobre la confederacion de el Rey Don Pedro con

los Condes de Tolofa, y fu defaftrada muerte en aquella guerra, difcurren con variedad los Hiftoriadores, como podrà leerlo el curiofo en el gran Zurita. (14) El Anonimo que efcriviò los hechos de los Condes de Barcelona (Autor tan cercano al fuceffo, que fegun Balucio, (15) efcrivia por los años de 1290.) dice que no queriendo el Conde Simon de Monforte atender à los avifos, y fuplicas de el Rey Don Pedro, ni aun à los mandatos de el Papa, paraque ceffaffe de hacer daño en las tierras de los Condes de Tolofa cuñados de el Rey, cafados con fus Hermanas las Infantas Doña Leonor, y Doña Sancha, por efta razon fola, y no por otra, fuè el Rey Don Pedro en ayuda de dichos Condes, y Hermanas. Y al acabar la Hiftoria de el Rey, buelve à repetir, que havia ido à aquellas partes folo para dàr auxilio à fus Hermanas, y al Conde de Tolofa, no para ayudar à algun infiel, ò enemigo de la Fè de Chrifto, en la qual fuè fiempre muy fiel, y fin efcrupulo para con Dios. Difcurra cada qual como quifiere: (16) pero apoyan mucho la congetura de el Anonimo no folamente la circunftancia de haver fallecido el Rey Don Pedro à 13. de Setiembre, Vifpera de la Exaltacion de la Cruz, que èl tanto havia enfalzado con los triunfos de fus Catolicas Armas contra Sarracenos, con la fingular devocion à la Iglefia, con la aficion à las Cafas Religiofas, fegun las muchas Donaciones que vimos hizo à efte Monafterio de Poblet, y con la Fundacion de el Monafterio

---

(14) Geronymo de Zurita *Anales de Aragon lib.2. cap.63.*
(15) Steph. Baluc. *Marca Hifpan. Append. Gefta Comit. Barchin.* col. 552. ibi: *Dominus Rex Petrus venerat ad partes illas causâ præstandi auxilium tantùm suis Sororibus::: non alicui Infideli, seu Christianæ Fidei inimico, in qua ipse fidelis multùm extiterat, & sine omni scrupulo apud Deum.*
(16) *Unusquisque in suo sensu abundet.* Epift. ad Roman. cap. 14. verf. 5.

de Escarpe, para la qual en el mes de Noviembre de 1212. diò la Villa de aquel nombre, con otras rentas; sino tambien la de haverse conservado incorrupto su Cadaver, despues de quatro siglos y medio, como lo atestiguò de vista el P. Matias Zapata de la Compañia de Jesus, Religioso de conocida virtud y nobleza, que lo viò por los años de 1660. (17)

18 La mucha estimacion, que el Papa Inocencio III. hizo de el Abad Don Pedro de Concabella, como yà vimos arriba *Dissert.7. num.24.* fuè continuando con el Successor Don Pedro de Curtacans; pues año 1207. le escriviò su Santidad, embiandole comission, paraque junto con el Arzobispo de Tarragona examinasse cierta Causa de acusacion, que los Canonigos de Vique le havian presentado contra su Obispo Don Guillermo, segun consta de el libro 5. de las Decretales de el Papa Gregorio IX. (18)

19 Por la promocion de nuestro Beato Don Arnaldo de Amalrich à la Sede Arzobispal de Narbona año 1212. havia sucedido en la Prefectura General de Cistèr el Beato Don Arnaldo II. de este nombre, Abad XVIII. de aquella Ilustrissima Casa. El qual en Capitulo General, celebrado en el siguiente año 1213. mandò estrechamente se guardasse la Clausura de las Religiosas, y recibiò la Fundacion de el Monasterio de Escarpe, que havia dotado el año 1212. el Rey Don Pedro II. de Aragon. En el de 1216. obtuvo Letras Apostolicas de el Papa Honorio III. acerca de la potestad sobre los quatro primeros Abades, y de Legado al Rey Felipe II. de Francia, y Luìs VIII. su hijo. En fin vino à concordia con los quatro primeros Abades año 1217. y haviendo cedido la Prefectura, cansado de la Se-

nec-

---

(17) El P.M. Pedro Abarca *Anales de Aragon, tom.1.fol.237.*
(18) Cap. *Cum oportet 19. tit. de Accusationibus* lib. 5. Decretal. Gregor. IX.

nectud, fuè poco defpues à gozar de la eterna bienaventuranza.

20   Doña Elvira, Condefa de Subirats, y muger de el Conde de Urgel Don Armengol, ultimo de efte nombre, tuvo tanta devocion à la Iglefia de San Eftevan de efte Monafterio de Poblet, en la qual entonces fe celebrava la Miffa cotidiana de Difuntos, que en el año 1212. dejò renta para mantener la Lampara de dicha Iglefia: Y como defpues de el año 1208. en que muriò el Conde fu marido, cafaffe con Don Guillen de Cervera, como verèmos mas adelante; con el trato de tan infigne Bienhechor de Poblet, fe le fuè aumentando à Doña Elvira la aficion al Monafterio, de manera que à 15. de Marzo de el año 1213. diò para la fuftentacion de el Sacerdote, y de dos Miniftros de dicha Miffa cotidiana de Difuntos la Granja llamada la Fumada, que ella antes havia comprado de el mifmo Convento por precio de 800. Morabatines, como es de vèr en el Archivo de efta Real Cafa. (19) Acoto la Efcritura, por fer la ultima que fe halla dirigida à nueftro Abad Don Pedro; al qual la diò por entero con todos fus Terminos, y pertenencias, con la condicion de que fe le digeffe una Colecta en dicha Miffa, como en efecto perfevera aun hoy dia aquel fervicio: y quando muriò dicha Condefa, fuè fepultada ante la puerta de la Iglefia de San Eftevan en el Clauftro interior de el Monafterio, por la mucha devocion que en vida tuvo à la dicha Iglefia.

21   La malicia de los tiempos, y el poco cuydado que tenian nueftros primeros Padres en hacer memoria de los Varones iluftres de efte Monafterio de Poblet, fuè caufa de que fe hayan fepultado muchos en filencio. Afsi no es bien que fe entienda que el haverfe defcubierto en nueftros

---

(19)   Archivo de Poblet, Cajòn 22. intitulado *Pobla &c.* ligarza 6. ibi: *S. Mariæ Populeti, & Petro Abbati ejufdem loci &c.* Et infra: *Actum eft Idus Martii anno Domin. Incarn. 1213.*

tros tiempos el tesoro, que se escondió en los antiguos, es introducir novedades en la Historia, sino quitar el polvo à las memorias antiguas, paraque se conozcan los Sugetos que hasta ahora no havian salido à luz. Aunque en Manuscritos Domesticos, ni en la serie impressa de Abades de el Ilustrissimo Fr. Angel Manrique, ni en el Catalogo de nuestros Escritores Modernos sus Emendadores, se halla memoria alguna de Don Ramon de Vilallonga, Monge de Poblet, y Obispo de Elna por los años de 1209. la encuentro en el Rmo. P. M. Fr. Gregorio de Argaiz (20) con estas palabras: *A Don Guillen de Ortafando sucedió Don Ramon de Vilallonga. Fuè Monge de San Benito de la Congregacion de Cister, y dice Sauzay, que llegò à ser Abad de Poblet; mas en el Catalogo de los Abades de aquel Convento, que ordenò el Obispo de Badajòz Don Fr. Angel Manrique, no le hallo. Puede suceder que sucediesse à Don Pedro de Concabella, tercero de este nombre, y fuesse antecessor de Don Pedro Curtacans, quarto de aquel nombre, siendo Abad desde el año 1204. hasta el de 1209. Governò Don Ramon à Elna desde el año 1209. hasta el de 1219. Sepultòse en la Cathedral.* Confiesso que la noticia de el Maestro Argaiz va embuelta en muchas inadvertencias, pero tambien juzgo que Autor que escriviò Obras tan vastas, no fuè mucho incurriesse en algunos descuydos. Lo que afirma de relacion de Sauzay, que Don Ramon llegò à ser Abad de Poblet, es evidentemente falso, porque el Abad de Poblet desde el año 1198. hasta el de 1213. siempre se llamò Pedro, sin haver intervalo de tiempo en que pudiesse tener lugar el tal Ramon: y por lo mismo tampoco lo tiene la congetura de el Maestro Argaiz, de que pudo Don Ramon de Vilallonga suceder à Don Pedro de Concabella, y preceder à Don Pedro de Curtacans desde 1204. à 1209. por constar

ex-

---

(20) Argaiz *Soledad laureada tom. 2. Theatro Monastico de la Provincia de Tarragona,* cap. 44.

expreſſamente de Eſcrituras de el Archivo, que tenemos citadas en eſta Diſſertacion miſma, que en el año 1206. 1207. y 1209. era Abad de Poblet Don Pedro. Pero que dicho Don Ramon de Vilallonga fueſſe Monge de Poblet por los años 1200. y promovido al Obiſpado de Elna año 1209. no ſolamente no lleva repugnancia, ſino que tiene baſtante probabilidad. Hallaſe en Eſcrituras de el Archivo, que era Cillerero mayor de Poblet Ramon, ſin expreſſar ſu apellido, por los años 1187. y 1207. aſsique bien pudo ſer Ramon de Vilallonga, y ſer deſpues en el de 1209. promovido à la Igleſia de Elna, por las congeturas ſiguientes.

22 Preſupongo que eſta noble Familia de los Vilallongas es originaria de Francia, ſegun Pedro Tomich alegado por el Doctor Pedro Antonio Beuter. (21) De eſta Familia encuentro que en el año 1158. era Dean de la Igleſia de San Eſtevan de Arles Arnaldo de Vilallonga, que firmò en el acto de la Conſagracion de aquella Igleſia, y de la de Santa Cecilia de la Villa de Cocio. (22) Y en el de 1164. el dicho Arnaldo de Vilallonga, junto con Ponce de Colibre, Guillen de Solèr, Vicente de Palacio, y Ramon de Terraz juraron delante de Don Arnaldo Obiſpo de Elna la ultima voluntad, y Teſtamento de Don Gauberto Conde de Roſellòn, difunto año 1163. (23) Y en el ſiglo XIII. año 1247. Bernardo de Vilallonga fuè nombrado Albacea por Miròn de Aguilar. (24) Y en el de 1286. Fr. Guillen de Vilallonga Mercenario, aceptò en nombre de la Orden la donacion de el Terreno, que para fundar un
Con-

---

(21) Beuter *Chronica de Eſpaña lib. 2. cap.* 14.
(22) Steph. Baluc. *Append. ad Marc. Hiſpan. tit.* 428. *col.* 1324. & *tit.* 430. *col.* 1326.
(23) Idem Baluc. *tit.* 447. *col.* 1339.
(24) Archivo de Poblet, Caxon 18. intitulado *Montblanquet,* ligar. 9.

Convento en la Isla de Menorca le hizo el Serenissimo Señor Rey Don Alonso III. de Aragon, y II. en Cataluña. (25) Y en el Siglo XIV. por los años de 1312. Beltran de Vilallonga tuvo, entre otros, Comission de el Papa Juan XXII. para egecutar el mandato Apostolico de que los Templarios de Cataluña dejassen el Habito, y tomassen otra Religion. (26) Deudo pues de los mencionados Cavalleros seria nuestro Don Ramon de Vilallonga; y siendo quizà natural de la Ciudad de Elna, ò de algun Lugar de aquella Diocesi, en la qual està fundada nuestra Casa Madre Fuen-Fria, es muy verisimil, que movido de la gran fama, que alli se divulgava de la mucha Observancia de la Casa-Hija de Poblet, viniesse acà à tomar la Cogulla. No tiene menos verisimilitud el que fuesse promovido al Obispado de Elna año 1209. porque haviendo fallecido este año el Obispo Don Guillen de Ortafano, segun refiere Estevan Balucio, (27) no dice quien le sucediò immediatamente; si bien año 1217. hace memoria de el Obispo Galtero: con que se compone bien, que nuestro Don Ramon de Vilallonga sucediesse al Obispo Don Guillen año 1209. hasta el de 1216. que el decir el Maestro Argaiz, que governò à Elna hasta el de 1219. pudo ser yerro de Imprenta, poniendo el 6. al revès, de forma, que en vez de 1216. saliò 1219. Assi que purificada de sus equivocaciones la noticia, viene à reducirse, que Don Ramon de Vilallonga Monge de Poblet fuè Obispo de Elna desde el año 1209. hasta el de 1216. al qual sucediò Don Galtero por lo menos año 1217. Y no pudiendo dàr prueva eficàz sobre la noticia de el Maestro

Ar-

---

(25) Real Archivo de Barcelona, citado por el P.M. Fr. Manuel Ribera *Real Patronato* §.6. *n.*2.

(26) Don Narciso Feliu de la Peña *Anales de Cataluña lib.* 12. *cap.* 9.

(27) Baluc. *Append. ad Marc. Hispan. lib.* 4. *col.* 520. & 523.

Argaiz acerca de el Obispado de nuestro Don Ramon de Vilallonga, he añadido las propuestas congeturas.

23   Lo que puedo afirmar de cierto es, que las memorias de nuestro Abad Don Pedro de Curtacans duran en Escrituras de el Archivo hasta ultimos dias de el año 1213. porque, como se dijo arriba *num.* 20. se hallava Abad de Poblet à 15. de Marzo de dicho año, que à buena cuenta solo faltan diez dias para concluirse el año de la Encarnacion. Los manuscritos Domesticos asignan dia fijo de su muerte el 16. de Mayo de el siguiente año 1214. Y el Ilustrisimo Fr. Angel Manrique (28), fuera de seguir à dichos Manuscritos quanto al tiempo de su fallecimiento, parece significò haver fallecido de muerte violenta, segun las palabras de la margen, que bueltas en Castellano, suenan asi: *Leese haver governado la Abadia cerca de diez años, y que en el de 1214. dia 16. de Mayo muerto, careciò de la Sepultura deseada juntamente con la vida.* A las quales uno de los doctos Escritores Domesticos, que procuraron emendarle, diò la interpretacion siguiente. *No muriò de muerte violenta, como parece decirlo Angel Manrique, lo que juzgo fuè yerro de el Impressor, que deviò de omitir alguna palabra, que referia la Clausula al Rey Don Pedro II. (habla tambien de èl el Obispo) que muriò por el mismo tiempo en la Batalla contra el Conde Simon de Monforte, y junto con la vida perdiò la Sepultura, que havia deseado tener en Poblet, porque los Vassallos, à quienes no constava de esta su voluntad, llevaron su Cuerpo al Monasterio de Sigena.* Yo no afirmarè que fuesse violenta la muerte de nuestro Abad, porque no descubro de ello noticia alguna en los Manuscritos Domesticos, ni en Escrituras de el Archivo, ni en las Historias de Aragon, y Cataluña: pero que no lo sea la interpre-

(28) Manrique *Append. ad tom. 2. Annal. Cisterc. pag. 36.* ibi: *Præfuisse legitur decem annis circiter, atque anno 1214. die 16. mensis Maii occisus, optatâ caruit Sepulturâ simul cum vitâ.*

tacion de el Moderno, no sè si havrà quien lo afirme. Bien cierto es, que en todo el §. no habla el Señor Manrique de el Rey Don Pedro. Y aunque tambien lo es que la muerte violenta, y la privacion de la sepultura deseada conviene adequadamente al Rey Don Pedro; pues fuè muerto en la Batalla, y enterrado en el Monasterio de Sigena, no obstante el haver elegido en vida su Sepultura en el de Poblet, como vimos arriba *Dissert. 4. num. 2 1.* mas como pueden atribuirse al Rey Don Pedro aquellas palabras: *Muerto à 16. de Mayo de el año 1214.* haviendo sido mas de 8. meses antes à 13. de Setiembre de 1213. su muerte, segun lo corriente de las Historias? Confiesso, que siempre me han hecho dificultad aquellas palabras de Manrique, sin haver podido averiguar cosa sobre la materia; pues no solo se halla confusion en el fin de el Abad Don Pedro de Curtacans, sino tambien en el principio de el Successor Don Arnaldo de Filella, como explicarè en la Dissertacion siguiente.

DISSERTACION IX.

DON ARNALDO ABAD XIV. DE POBLET: *SU Memoria desde el año 1215. hasta el de 1220. El apellido fuè de Filella, ò de Serrallonga, nobles Familias entrambas: Donaciones hechas al Monasterio durante su Abadia; con las quales, y con la compra de algunos Lugares, aumentò la renta à Poblet. Don Jayme I. Rey de Aragon: muy afecto al Monasterio. Concilio General Lateranense: Muerte de la Reyna de Aragon Doña Maria de Mompellèr. El Beato Conrado Abad XIX. de Cistèr, Obispo Cardenal Portuense: nuestro Abad Don Arnaldo promovido al Obispado de Elna. Sucedele en la Abadia Don Ramon de*

Oftalrich Abad XV. de Poblet: favorecido de los Nobles: de el Rey Don Jayme, y de el Papa Honorio III. con Donaciones, Privilegios, y Essenciones: Sucede tambien à su Predecessor en el Obispado de Elna. Sus Hechos, y su Muerte.

1 LOS descuydos de los Historiadores son mas notados, quanto es mas digna de advertida atencion la materia de que tratan. Yà comenzamos à vèr en el principio de el Siglo XIII. lo mucho que florecia la Religion en este Real Monasterio de Poblet; pues solo hasta el año 1209. vimos promovidos à Don Arnaldo de Amalrich à la Abadia Patriarcal de Cistèr, à la Dignidad de Inquisidor General, y à la Sede Arzobispal de Narbona; à Don Fernando de Aragon à la Abadia de Montaragon; y à Don Ramon de Vilallonga à la Sede Obispal de Elna. Y no obstante que fuè creciendo en adelante la gran fama, y nombre de Poblet, assi por la vesticion de innumerables Cavalleros de la primera nobleza, como por la promocion de aquellos, que las Iglesias de Narbona, de Aux, de Elna, de Lerida, y de Segorbe escogieron, paraque ocupassen gloriosamente sus Ilustrissimas Sedes; sin embargo el poco cuydado de nuestros Antepassados, y el descuydo de los Successores dejaron à muchos de ellos sepultados en el olvido. De dos famosos Abades he de tratar en esta Dissertacion, de los quales hacen memoria nuestros Manuscritos Domesticos, pero con tal sequedad, como sino huviessen sido sugetos escogidos entre los muchos que à la sazòn ilustravan al Monasterio. Aunque si omitieron las noticias por querer proceder cautos, y no afirmar lo que no tenian averiguado, son mas dignos de alabanza, que los que declinan al extremo contrario, de afirmar los sucessos sin apoyo alguno,

que

que afiance la noticia.

2 La de nuestros Manuscritos Domesticos sobre la Abadia de el Successor de Don Pedro de Curtacans es tan diminuta, que solo contiene estas palabras: *Don Arnaldo de Filella fuè Abad 6. años, y despues renunciò la Abadia año 1220.* à lo qual solo añade el Señor Manrique haver sido electo año 1214. Pero nuestros modernos Domesticos sus Emendadores no solo asseguran fijamente la muerte natural de el Abad Don Pedro de Curtacans à 16. de Mayo de el año 1214. sino que con la misma seguridad afirman, que yà se hallava el Successor firmado Abad à 3. de Julio de el mismo año. Que afirmen lo primero, aunque no señalen prueba, ni congetura alguna, no deve causar admiracion, porque en abono suyo està la corriente de los Manuscritos Domesticos que lo refieren: pero que afirmen absolutamente que el Abad Successor Don Arnaldo de Filella yà se firmava à 3. de Julio de 1214. sin acotar la Escritura en que lo hallaron firmado, quando ninguno de los Manuscritos afirma otra cosa, que *Don Arnaldo de Filella fuè Abad 6. años, y despues renunsiò la Abadia año 1220.* es digno de admiracion; porque noticia tan individual devia haverse apoyado con la Escritura que suponen, y yo la dudo, por la grave dificultad que se me ofrece; y me persuado que nuestros Modernos Domesticos equivocaron el año en la Escritura que citan, poniendo 1214. en vez de 1215.

3 Fundo el motivo de la sospecha, en que haviendo registrado con toda diligencia las Escrituras otorgadas à favor de el Monasterio de Poblet año 1214. no solo no he topado la que citan de 3. de Julio de 1214. sino que en ninguna de las muchas que he leìdo de data de 6. de Julio, hasta 30. de Deciembre de el proprio año, se halla el nombre de el Abad Don Arnaldo, pero ni aun el mas leve indicio de que el Monasterio tuviesse entonces Abad, porque

que todas van dirigidas al Convento, ò à los Religiosos de Poblet; y siendo posteriores à la data de la que suponen de 3. de Julio, parece dàn harto motivo para sospechar que estava todavia vacante la Abadia por el mes de Deciembre de 1214. por muerte de el Abad Don Pedro de Curtacans; ahora fuesse por el accidente de haver muerto con violencia, como indica el Ilustrissimo Manrique, (no sè con que fundamento) ahora fuesse por el de la muerte de el Rey Don Pedro, y disturbios en la succession à la Corona: siendo muy verisimil que los Monges suspendiessen la eleccion de Abad, aguardando que proclamassen al Rey de Aragon, al qual havian de presentar al nuevo electo, segun lo dispuesto por el Rey Don Pedro, como referimos arriba *Dissert*.8. *num*.13.

XIV.
DON ARNALDO II. DE FILELLA,

ABAD XIV. DE POBLET.

Año de Christo 1215.

4 COmo quiera que fuesse, afirmo con toda certeza, que se descubren las memorias de Don Arnaldo II. de este nombre, Abad XIV. de Poblet, en Escrituras autenticas de el Archivo de esta Real Casa desde 15. de Abril de 1215. hasta los ultimos de 1220. como es de vèr en las siguientes. Ponce de Montblanch hizo donacion al Abad, y Convento de Poblet de la Señoria que tenia en el Lugar de Montblanquet, y de la quarta parte de los diezmos, que le pertenecian en el granero de dicho Lugar: Y el Abad, y Convento prometieron recibirlo en Religioso de el Monasterio siempre que determinasse tomar el Habito de la Orden, otorgando de todo ello Escritura à 17. de las Calendas de Mayo (que es à 15.

de

de Abril) de dicho año 1215. como se lee en nuestro Archivo. (1) Leese assimismo en Escritura de 3. de los Idus de Febrero (que es à 11.) de 1220. que el Abad Don Arnaldo, de consentimiento de todo el Convento de Poblet, compró de Don Geraldo Abad, y Convento de Bellpuig de las Avellanas el Castillo, y Villa de Bellcayre, con todos sus Terminos, y pertenencias, por precio de 1100. Morabatines: (2) las quales Escrituras, por expressar el nombre de Arnaldo Abad de Poblet, convencen, que todo aquel tiempo regió la Abadia.

5 Y aunque es verdad, que ni en estas, ni en otras Escrituras intermedias, que se iràn tocando, se expressa el apellido de *Filella*, que le dàn à nuestro Don Arnaldo los Manuscritos, y de ellos el Ilustrissimo Fr. Angel Manrique, no obstante, como todos, sin repugnancia, lo llaman Don Arnaldo de Filella, y no hay Escritura autentica, que demuestre lo contrario, devemos estàr à la Tradicion antigua. Fuera de que, hallandose firmado en Escritura de el Archivo de esta Real Casa de data de 13. de las Calendas de Deciembre, (que es à 19. de Noviembre de 1211.) Fr. Arnaldo de Filella, Monge de Poblet, (3) podemos presumir razonablemente, que despues por los años de 1214. ò 1215. fuè elegido en Abad, y governò

la

---

(1) Archivo de Poblet, Cajòn 18. intitulado *Montblanquet*, ligarza 3. ibi: *In manu Arnaldi ejusdem loci Abbatis.* Item: *Et ego Fr. Arnaldus Abbas Populeti.* Et infra: *Actum est hoc 17. Cal. Maii anno Incarn. Domin. 1215.*

(2) El mismo Archivo, Cajòn 42. intitulado *Bellcayre*, lig. 4. ibi: *Vobis D. Arnaldo Abbati Populeti.* Item: *Et ego Arnaldus Abbas Populeti.* Et infra: *Actum 3. Idus Februarii, anno Domini Incarnat. 1220.*

(3) Archivo de Poblet, Cajòn 12. intitulado *Espluga*, lig. 9. ibi: *Factum est hoc 13. Cal. Decemb. anno Dom. Incarn. 1211. Signum Berengarii de Pulchromonte, qui &c. Signum Fr. Arnaldi de Filella.*

la Iglesia de Poblet hasta el de 1220. firmandose con solo el nombre de Arnaldo, sin el apellido, que era el estilo mas usitado entre los Abades de aquel tiempo. Ni por esso pretendo afirmar, que nuestro Abad no se llamava Don Arnaldo de Serrallonga: apellido que le dà el Reverendíssimo P. M. Fr. Gregorio de Argaiz, que citarèmos mas abajo *num.* 17. porque puede ser, que un apellido fuesse por la sangre, y otro por la Patria, y de qualquiera suerte de Familia muy noble, y antigua en Cataluña.

6 La de Serrallonga (assi como la de Vilallonga, de quien hablamos arriba *Dissert.* 8. *num.* 22.) fuè originaria de el Reyno de Francia, cuyos primeros Ascendientes tomaron tal vez el apellido de la Villa de Serrallonga de el Obispado de Elna. De los quales Bernardo de Serrallonga vino entre los Cavalleros de Lotario Rey de Francia, y de Oton Emperador de Alemania por los años de 965. al socorro de Barcelona. (4) Y Ramon de Serrallonga año 1157. firmò entre otros Cavalleros, el acto de Consagracion de la Iglesia de el Monasterio de Arles. (5) En el de 1228. Bernardo Hugòn de Serrallonga subscriviò en las Constituciones de paz, y tregua, que hizo el Rey Don Jayme I. de Aragon en la Ciudad de Barcelona. (6) Y en el de 1259. Guillen Hugon de Serrallonga subscriviò en el Instrumento de venta, que Don Arnaldo de Cabrera hizo al Abad D. Arnaldo de Perexenz, y Convento de Poblet de el Castillo de Montblanquet por precio de 2000. sueldos Barceloneses. (7)

7 El Linage de los Filellas era noble en Cataluña, cu-

---

(4) Dr. Pedro Antonio Beuter *Chron. de España lib.* 2. *cap.* 14.
(5) Steph. Baluc. *Append. ad Marc. Hispan. tit.* 427. *col.* 1323.
(6) Archivo de Poblet, Cajòn 1. intitulado *Instrumenta Regia,* ligarza 27.
(7) El mismo Archivo, Cajòn 18. intitulado *Montblanquet,* ligarza 11.

cuyos Afcendientes parece tomaron el apellido de el Lugar, y Caftillo de Filella, fito en el Condado de Urgel. De los quales Berenguer de Filella año 1185. legò en fu Teftamento el Caftillo de Filella à Berenguer de Almenara. Y en el de 1188. Berenguer de Perexenz definiò à Guillen de Filella todo el Honor, que tenia en Avingozar Berenguer de Filella fu padre. Y defpues en el de 1208. Brandicio de Filella, al hacerfe Monge de Poblet, diò al Monafterio en franco alodio todo quanto tenia en Avingozar, y fus Terminos; la qual Donacion confirmò defpues año 1228. Pedro de Filella fu hermano. (8) Afsi que el apellido de nueftro Abad Don Arnaldo pudo fer de Patria, por haver nacido en el Caftillo, y Lugar de Filella, eftando en èl domiciliados fus padres Serrallongas, venidos de el Condado de Roffellòn. Y pudo tambien fer de fangre, porque fus Afcendientes trafplantados à Cataluña, tal vez conquiftaron, ò adquirieron el dicho Caftillo, y Lugar de Filella, y de èl tomaron el apellido, fegun el eftilo de aquellos tiempos, como queda advertido arriba. *Differt. 3. num.* 2. con que viene à fer cofa muy verifimil, que à nueftro Abad lo llamaffen yà Don Arnaldo de Serrallonga, yà Don Arnaldo de Filella, apellidos todos de igual nobleza.

8 Por efta circunftancia juzgo que le eftavan aficionados los Cavalleros, tanto, que fiendo Abad de Poblet, movidos unos de fu egemplo, renunciaron el figlo, y tomaron el Habito en efta Real Cafa, otros eligieron Sepultura en el Monafterio, y otros le aumentaron la renta con liberalidades. Yà en el año 1215. fe hizo Monge de Poblet Don Berenguer de Manrefa, y Don Bernardo fu hermano fe hizo Converfo, cediendo à favor de el Convento todos los derechos que tenian en el Molino de el Pafto, la Viña

(8) El mifmo Archivo, Cajòn 43. intitulado *Filella*, ligarza L.

Viña de Matacarnera, la mitad de el derecho, y alodio, que poſſehìan en Villagraſſa, y demàs amàs 20. ſueldos Barceloneſes cenſuales dentro los Terminos de Cervera, y Villagraſſa. Al primero de Julio de el ſiguiente año 1216. Don Ramon de Montpalau, Señor de Beltall, eligiò Sepultura en Poblet, y le hizo donacion de un Molino, que poſſehìa en el Termino de la Villa de Vimbodì. Y à 27. de el miſmo mes, y año Don Arnaldo de Ribelles pidiò tambien ſer aqui ſepultado, y dejò al Abad y Convento para deſpues de los dias de ſu Muger lo que poſſehìa en Monſuàr. En el Julio de el año 1219. Don Arnaldo de Timòr, de conſentimiento de Guillen de Zaguardia, diò à Poblet todo el derecho, que tenia en un Molino à la Ribera de Francolì, Termino de la Eſpluga, y añadiò 50. ſueldos para pitanza de el Convento en el dia aniverſario de la Sepultura de Guillen ſu hermano. En el miſmo año Arnaldo Oſtalèr ſe hizo Religioſo de Poblet, legando al Monaſterio un Campo, y un Huerto en el Termino de Vimbodì, y 6. dineros cenſuales: al Hoſpital de Pobres legò una Viña, y un Campo, paraque ſe tenga en èl perpetuamente una Lampara encendida: à la Sacriſtìa 30. ſueldos, y al Convento 80. ſueldos.

9 Año 1220. Don Guillen de Montoliu diò à Poblet 300. ſueldos para acabar de conſtruìr las Canales de Riudeabella. Y Pedro de Menargues le hizo donacion de una Heredad fuera de los muros de Balaguer. Pedro de Zaſala eligiò Sepultura en el Monaſterio, legandole el Caſtillo, y Villa de Valclara, con todo el dominio y derechos, que en ellos poſſehìa, y 100. ſueldos de renta annuales por el alma de ſu hijo. Y en fin Don Guillen de Zaguardia le hizo donacion de un Honor, que tenia en el Termino de la Eſpluga de Francolì, contiguo al Molino, que yà de antes havia dado al Monaſterio, todo franco en alodio, ſin reſervarſe coſa alguna: indicios todos de la mucha aficion

que tenian los Cavalleros al Monasterio de Poblet en tiempo de nuestro Abad Don Arnaldo.

10 Con estos acontecimientos se hallava esta Real Casa muy adelantada, no solo en bienes espirituales, sino tambien en bienes temporales: de manera que el Abad Don Arnaldo en tiempo de su govierno comprò muchos Lugares, Terminos, y possessiones con que enriqueciò al Monasterio. Yà en el año 1215. comprò de Bernardo de Vedrena, y Elisenda su muger por precio de 60. sueldos Jaqueses una pieza de tierra, que tenian en franco alodio en el Termino de Balaguer. Y de el Abad, y Convento de Belpuig de las Avellanas una Viña en la Huerta de Balaguer por precio de 200. sueldos Jaqueses. En el siguiente 1217. comprò de Don Gombaldo de Ribelles toda la Señoria, jurisdiccion, y derechos, en proprio y franco alodio, en Rufea, y su Termino por precio de 500. Morabatines. Y despues comprò de Pedro de Zasala el Castillo, y Villa de Velusell, con todos sus Terminos, y pertenencias, por precio de 3000. Mazmudinas. Y en el de 1218. el Abad, y Convento de Poblet dieron à Guillen de Cervellòn 50. Morabatines por la definicion que les hizo de todos los derechos, que le pertenecian en las Decimas de el Castillo de Menargues.

11 El noble Don Bernardo de Grañana, Señor de Montesquiu, y otros Lugares, havia mandado construir en Poblet un Hospital, para remedio de las necessidades de los Pobres; y yà à 25. de Noviembre de el año 1207. lo dotò con la Señoria de las tierras, Viñas, Molinos, y demàs derechos, que posseìa en Tarrega, y su Termino, reservandose solamente el Castillo, y dominio de los Cavalleros, que por èl lo tenian en feudo. Diò poco despues el Molino, y Viña, que possehia en el Termino llamado *la Sinoga*; y en fin en su ultimo Testamento año 1212. legò al dicho Hospital de Pobres un Campo, y una Viña junto

ro à Beliana. En el año pues de 1218. asignò el Abad, y Convento de Poblet al dicho Hospital todo el Honòr, que en Lerida, y sus Terminos havia sido de Fr. Ramon de Vallebrera Monge de Poblet. Y haviendo vendido los Molinos de Tarrega, con que havia dotado al Hospital de Pobres el dicho Don Bernardo de Grañana, por precio de 100. doblones, en recompensa de ellos año 1220. asignaron perpetuamente al dicho Hospital todo lo que el Monasterio possehìa en Fulleda, y sus Terminos, y entre otros derechos, la Señoria que fuè de Don Arnaldo de Badajors. Y antes de acabar el año comprò de el Abad, y Convento de las Avellanas, el Castillo, y Lugar de Bellcayre, por precio de 1100. Morabatines, como se dijo arriba *num.* 5. indicios todos, de que el Monasterio de Poblet en tiempo de el Abad Don Arnaldo se hallava muy rico, y opulento.

12 Muriò, como digimos, el Serenissimo Señor Rey Don Pedro de Aragon el Catolico à fuerza de su destino, dejando de su Esposa la Reyna Doña Maria de Mompellèr à su hijo legitimo el Infante Don Jayme, que hallandose à la sazon en poder de el Conde Simon de Monforte, quedò como prisionero de el vencedor de el Rey su padre. No queria el Conde soltar al Infante, pero compelido por el Papa Inocencio III. lo huvo de entregar al Cardenal Benaventano, Legado Apostolico, el qual por el mes de Agosto de 1214. en la Ciudad de Narbona hizo que lo jurassen por su Rey, y Señor los Aragoneses, y Catalanes, que alli se hallavan, y luego hicieron lo mismo en la Ciudad de Lerida, donde teniendolo en sus brazos Don Asparago de la Barta, Arzobispo de Tarragona, hicieron omenage, y prestaron juramento de fidelidad al Infante, reconociendolo, y aclamandolo por su Rey, y Señor: ceremonia, que no haviendose jamàs practicado con ningun Predecessor, se introdujo desde entonces, y se guardò despues cõ los Reyes,

que le sucedieron. Tomò, pues, el Infante el nombre de Rey, y possession de el Reyno de Aragon, y Condado de Barcelona en el mismo mes de Agosto de 1214. de edad de 6. años y medio, segun la opinion mas probable de Guillen de Puiglaurent, natural de un Lugar assi llamado en el Lenguadoc, Autor coetaneo al Rey Don Jayme, y que escriviò por los años de 1245. que afirma haver nacido el Infante Don Jayme à 1. de Febrero de 1208. Algunos años anduvo combatido de sus dos Tios los Infantes Don Sancho, Conde de Rossellòn, y Don Fernando, Abad de Montaragon, pretensores de la Corona: pero en fin uno tras otro vinieron à reconocerlo por su verdadero Rey y Señor natural.

13 Fuè el Serenissimo Señor Rey Don Jayme I. de este nombre, llamado despues *el Conquistador*, por los muchos Reynos que quitò à los Moros, gran Bienhechor de este Real Monasterio de Poblet, y tuvo las cosas de el Convento en la estimacion que las suyas proprias, como lo manifiestan los muchos Privilegios y Donaciones con que lo engrandeciò durante su largo Reynado, y tratarèmos en el discurso de la Historia. El Ilustrissimo Fr. Angel Manrique refiere, que assistiò nuestro Abad Don Arnaldo al Rey Don Jayme en Barcelona, quando instituyò la Orden de la Merced. No me opongo; porque si se instituyò en el año 1218. conforme à la opinion de muchos Autores, bien pudo hallarse en ella nuestro Abad Don Arnaldo; pero si sucediò año 1223. como sienten otros, huvo de ser el Successor Don Ramon de Ostalrich el que assistiò al Rey Don Jayme.

14 Memorable quedò à toda la Christiandad el año 1215. por el celebre Concilio Lateranense, en que presidiò personalmente el Papa Inocencio III. con tan grande concurso de Prelados, que fuera de los Patriarcas de Constantinopla, y de Gerusalen, se contaron presentes 70. Ar-

zobifpos, 400. Obifpos, 11. Generales de Religiones, y 800. Abades, y Priores, entre los quales, aunque no puede afirmarfe con certeza, que eftuvieffe nueftro Abad Don Arnaldo, pero puede razonablemente prefumirfe de la eftimacion, que de èl hizo el Succeffor Honorio III. el qual, exaltado à la Cathedra de San Pedro por muerte de Innocencio III. à 17. de Julio de 1216. enterado de las prendas de nueftro Abad Don Arnaldo, à 19. de Marzo de el año segundo de fu Pontificado, que correfponde al de 1217. de la Encarnacion de el Señor, lo nombrò Conjudice con el Obifpo de Huefca, fobre cierta lite, que fe vertia entre los Cavalleros de el Temple, y de San Juan. Y à 4. de Junio de el año quarto de fu Pontificado, que correfponde al de 1219. de Chrifto, lo nombrò Conjudice en otra Caufa, junto con el Prior de Efcala Dei.

15 Hallavafe en Roma la Reyna Doña Maria de Mompeller, Viuda de el Sereniffimo Señor Rey Don Pedro II. de Aragon, y madre de el Rey Don Jayme, defde que fuè à aquella Corte por caufa de el litigado Matrimonio, fobre la qual obtuvo favorable Sentencia de el Papa Innocencio III. año 1213. poco antes que el Rey murieffe. Fuè muy eftimada por fu mucha virtud y fantidad, no folo de el Papa Innocencio, fino tambien de el Succeffor Honorio III. en cuyo Pontificado año 1218. fobreviniendo à la Reyna fu ultima enfermedad, y eftando yà en el articulo de la muerte, confiderando el eftado en que quedava el Rey fu hijo, fiendo tan niño, y en un Reyno alterado con las parcialidades de los Infantes, dejò encomendada al Papa Honorio la perfona de el Rey, fus tierras, y Eftados, y muriendo con nombre de Chriftianiffima Reyna, fuè fepultada en la Iglefia de San Pedro, junto al Tumulo de Santa Petronila.

16 Por la renunciacion que hizo de la Prefectura de Cifter el Beato Arnaldo año 1217. fucediò en ella el Beato

to Conrado Abad XIX. de aquella Iluſtriſsima Caſa, deſde la Abadia de Claraval. Mandò celebrar por toda la Orden la Fieſta de Santa Urſola, y Compañeras, y la de los Santos Martyres Juan, y Pablo. Y deſpues de haver inſtituido algunas Leyes concernientes al eſtado de la Religion Cisterciense, fuè creado Obiſpo Cardenal Portuenſe por el Papa Honorio III. año 1219. en cuya eminente Dignidad egerciò muchas Legacias, celebrò Concilios, en que promulgò ſantiſsimas Conſtituciones: y haviendo comprometido en èl, y otros dos Cardenales la eleccion de Sumo Pontifice, por muerte de Honorio III. como los dos quiſieſſen deſignarlo Pontifice, jamàs pudieron recabar de ſu Eminencia la acceptacion. Y en fin, haviendo poco deſpues fallecido en el mes de Setiembre de 1227. fuè ſepultado en Claraval.

17 Yà dejamos probado arriba *num. 4.* que nueſtro Don Arnaldo permanecia aun en la Abadia de Poblet en el mes de Febrero de el año 1220. Nueſtros Manuſcritos Domeſticos, el Iluſtriſsimo Fr. Angel Manrique, (9) y nueſtros dos Eſcritores modernos añaden, que, deſeoſo de la quietud, renunciò la Abadia; mas como ni unos, ni otros ſeñalan fundamento alguno para afirmar aquella ceſsion, juzgo, que la opinion de eſſos Autores, aunque graviſsimos, no deve obligarnos à reprobar la de el Reverendiſsimo P. M. Fr. Gregorio de Argaiz, (10) que refiere haver ſido promovido al Obiſpado de Elna, con eſtas palabras: *Entrò immediatamente en lugar de Don Ramon de Villallonga Don Arnaldo Serrallonga, que por el apellido parece deudo ſuyo, y entrambos de mucha nobleza, y antiguedad en*

Ca-

(9) Manrique Append. ad tom. 3. Annal. pag. 63. *Præfuit Arnaldus::: & quietis appetens, Præfecturam abdicavit anno 1220.*

(10) Argaiz *Soledad laureada tom. 2. Theatro Monaſtico de la Provincia de Tarragona, cap. 45.*

Cataluña, originarios Cavalleros de Francia, como escrive Beuter, alegando à Mosen Tomich. Fuè Monge tambien de Cistèr, y Abad de nuestra Señora de Poblet, y D. Fr. Angel Manrique le llama Arnaldo de Filella. Puede ser que un apellido sea por la sangre, y otro por la patria: siendo Obispo, adquirió para sì, y para los Successores los derechos de el Castillo de Salier el año 1223. à 30. de Marzo. Murió el año siguiente de 1224. En las quales palabras no hallo que emendar, sino el que sucediesse immediatamente à Don Ramon de Vilallonga; porque, segun tocamos arriba *Dissert.* 8. num. 22. año 1217. se hallava Obispo de Elna Don Galtero, al qual, y no à Don Ramon huvo de suceder nuestro Don Arnaldo. Y assi, corregida la noticia de el P. M. Argaiz, se reduce à que el Abad de Poblet Don Arnaldo de Filella, ò de Serrallonga sucedió à Don Galtero en el Obispado de Elna año 1221. y que murió en el de 1224. Ni es de admirar que los Manuscritos Domesticos digan que año 1220. renunció la Abadia de Poblet; porque es muy verisimil que los primeros Escritores Domesticos supiessen, que Don Arnaldo no havia faltado de la Abadia, por razon de haver muerto; y no sabiendo tampoco su promocion al Obispado de Elna, por estar tal vez en aquel Catalogo con nombre de Don Arnaldo de Serrallonga, y en el de los Abades de Poblet con el de Don Arnaldo de Filella, digessen que havia renunciado la Abadia al tiempo, que hallaron al Successor.

XV.
DON RAMON DE OSTALRICH,

ABAD XV. DE POBLET.

Año de Christo 1221.

18 Lenò la vacante, que dejò en la Iglesia de Poblet el Obispo de Elna, por lo menos, desde los

los primeros dias de el año 1221. Don Ramon de Oſtalrich, Abad XV. de Poblet; pues conſta de Eſcritura autentica de el Archivo, que al primero de el mes de Abril de dicho año el Abad Don Ramon, y Convento de Poblet hicieron eſtablecimiento de aquel Campo, y Viña, que Arnaldo Oſtaler havia legado año 1219. al Hoſpital de Pobres, y conſignaron los reditos de dicho eſtablecimiento al miſmo Hoſpital, como redito de ſus bienes. (11) Deſpues en el mes de Enero de el miſmo año Doña Guillelma de Caſtelvel, y ſu hijo Don Guillen de Moncada hicieron Donacion al Abad, y Convento de Poblet de la Decima, que percibian los Vecinos de Puigdezpì, y de Cunillera. Año 1223. Don Ramon de Ribelles, hijo de Marqueſa de Ribelles, diò à Poblet la Torre de la Fuliola, Termino de Balaguer, con la Señoria que tenia Ramon de Palerols, y la confirmò el Conde de Urgel, y el miſmo Don Ramon de Ribelles, que en ſu Teſtamento, otorgado en el mes de Abril de el miſmo año, añadiò la quarta parte de el diezmo, que percibia en Proprios de Torredà. A 10. de Mayo de el ſiguiente año 1224. comprò nueſtro Abad à Ramon de Miravè los Lugares de Juncoſa, Torms, y Soleràs, por precio de 1200. Morabatines de oro Alfonſinos. Dejo de referir otras Donaciones, que obtuvo nueſtro Abad Don Ramon de Oſtalrich, no obſtante el poco tiempo que governò al Monaſterio, pues no paſsò de el dicho año 1224. que ſi havia de eſcrivirlas todas, ſeria canſar à los Lectores. Solo harè memoria de los Privilegios, que alcanzò de el Rey Don Jayme, para que ſe conozca la mucha eſtimacion, que de èl hizo ſu Mageſtad, aſsi por el conocimiento de ſus virtudes, como por los meritos de ſu ſangre.

19

(11) Archivo de Poblet, Cajòn 13. intitulado *Vimbodì*, ligarza 34. ibi: *Ego Raymundus Abbas Populeti. Et infra: Actum Calend. Aprilis, anno Incarnat. Dom. 1221.*

CENTVRIA I. DISSERT. IX. 233

19 Fuè nuestro Don Ramon de Ostalrich de la noble, y antigua Familia de esse apellido, tan conocida en Cataluña, que yà por los años de Christo 1113. Ramon de Ostalrich fuè con los Condes de Cerdaña, y Ampurias, con los Vizcondes de Rocabertì, y de Bas, y otros Cavalleros de la primera nobleza à la Conquista de Mallorca, à favor de el Conde de Barcelona Don Ramon Berenguer el III. (12) Y despues año 1323. Pedro de Ostalrich à la de Cerdeña, sirviendo al Principe Don Alonso, hijo de el Serenissimo Señor Rey Don Jayme II. de Aragon. (13) Y en fin año 1420. Berenguer de Ostalrich, junto con el Arzobispo de Tarragona, y los Obispos de Barcelona, y de Leon, el Conde de Cardona, y Vizconde de Illa, aprobò la Sentencia, que diò el Serenissimo Señor Rey Don Alonso V. de Aragon, y IV. en Cataluña, contra el Conde de Urgel. (14) Siendo pues nuestro Abad Don Ramon deudo de los mencionados Cavalleros, no es mucho que lo favoreciesse tanto el Rey Don Jayme.

20 Yà en el año 1221. expidiò un mandato Real à todos sus Bayles, y Ministros de Justicia, que castigassen à qualquiera, que se atreviesse molestar al Monasterio de Poblet. En el mes de Junio de 1222. que se hallava el Rey Don Jayme en el Assedio de Castellòn, acompañado de los Condes de Rossellòn, y de Ampurias, de Don Guillen de Moncada, Don Guillen de Cervellò, Don Guillen de Claramunt, Don Ramon de Alamany, Don Guillen de Cervera, Don Bernardo de Peramola, Don Bernardo de Sanahuja, Don Bernardo de Cervera, Don Bernardo de Belvìs, y otros Cavalleros, despachò un Real Decreto, à peticion de el Abad Don Ramon, que llama *Beato*, y

Gg *ama-*

---

(12) Don Narciso Feliu de la Peña *Anales de Cataluña*, lib. 10. cap. 11.
(13) El mismo, *lib. 2. cap. 11.*
(14) El mismo, *lib. 15. cap. 3.*

amado suyo, en que tomó debajo de su Real amparo los Castillos de Verdú, y de Preixana, y las Señorias que fueron de Don Guillen de Cervera; y poco despues, estando en la Ciudad de Lerida por el mes de Setiembre de el proprio año, confirmó todos los Privilegios, concedidos hasta entonces al Monasterio de Poblet, mandando expressamente à todos sus Bayles, y Ministros, que mantengan, protejan, y defiendan todos los bienes de el Monasterio, como los proprios de su Magestad; y paraque ninguno pueda alegar ignorancia, se pongan Pendones Reales en todos los Castillos, Villas, y Lugares pertenecientes al Monasterio de Poblet, como puede leerlo el curioso en el *Apend. cap. 1. num. 13.*

21 No solo se vió nuestro Abad Don Ramon favorecido de Cavalleros principales, y de el Serenissimo Señor Rey Don Jayme, sino tambien hasta de el Papa Honorio III. como lo demuestran los sucessos que refiero. El Concilio Lateranense celebrado año 1215. entre otras Constituciones, decretò, que de las tierras que de alli adelante adquiriessen los Religiosos, diviessen pagar Decimas à las Iglesias, à las quales pagavan antes por razon de propriedad. En fuerza de esta disposicion, pretendieron los Curas vecinos al Monasterio, y Granjas de Poblet, que se les pagassen Decimas de las tierras, que dava à cultivar à los Renteros. Pero haviendo el Abad, y Convento acudido al Papa Honorio III. alegando que estavan en possession de mas de 40. años, de no pagar Diezmos, ni Primicias de dichas tierras, aunque las diessen à renta, por razon de que el Monasterio, y sus Granjas no estavan en Parroquia de Iglesia alguna, sino de sola la de Poblet: el Papa à 10. de las Calendas de Enero (que es à 23. de Deciembre) de el año 4. de su Pontificado, que corresponde al de 1219. de la Encarnacion de el Señor, hizo Comission à los Abades de Cardona, y de Bellpuig, y al Prior de Gualter

ter en el Obispado de Urgel, paraque averiguada la verdad, si les constava ser de la manera que informavan el Abad, y Convento, les diessen la licencia, que pedian de proseguir en su essencion, y no permitiessen que alguno les molestasse, y compeliessen con censuras Eclesiasticas á los contrafactores. Puestos los Comissarios Apostolicos en Poblet á 26. de Marzo de 1221. hicieron solemne, y juridica averiguacion, y constandoles por ella, que el Monasterio de Poblet, esto es el Lugar donde está situado, con sus Granjas de la Pena, Castellfullit, Tillàr, Riudeabella, Milmanda, Servoles, y la Fumada, con sus Terminos, y pertenencias, no estavan en termino de Iglesia Parroquial, y todas las estava el Monasterio posseyendo pacificamente por espacio de mas de 40. años, sin dár Decimas, ni Primicias à Iglesia alguna, y recibiendolas la de Poblet de los Labradores, que las tenian à renta: Por tanto decretaron unanimes, y conformes, con asistencia de los Venerables Abad, y Prior de Ripoll: Que el Abad, y Convento de Poblet pudiesse dár à cultivar à Renteros, segun fuesse conveniente al Monasterio todas las dichas tierras, reteniendose las Decimas, y Primicias, sin que en adelante deviesse pagarlas à otro alguno, excomulgando à los Contradictores, y à quantos presumiessen perturbar dicho Decreto; al qual confirmò despues el mismo Papa Honorio III. à 31. de Mayo de el 6. año de su Pontificado, que corresponde al de 1222. de la Encarnacion, como se lee en el *Apend. cap. 2. num. 5.*

22 Entre tanto el mismo Papa à 3. de las Nonas de Mayo (que es à 5.) de el año 4. de su Pontificado, y 1220. de la Encarnacion, havia concedido al Abad, y Convento de Poblet una Bula de Proteccion, y Salvaguarda Apostolica, como la que año 1201. les concediò el Papa Inocencio III. Y porque en la presente vàn nombradas las heredades, que à la sazòn posseìa el Monasterio, me ha

parecido no defraudar à la curiosidad de los Lectores de lo mas principal de dicha Bula, que buelta en Castellano, suena afsi:

Honorio Obispo, Siervo de los Siervos de Dios: à los amados Hijos Abad, y Religiosos de el Monasterio de Santa Maria de Poblet &c. Despues de mandar que se mantengan enteramente los bienes, que à la sazòn possehia el Convento, añade: *En los quales nos ha parecido expressar por sus proprios nombres los siguientes. El Lugar, en que el sobredicho Monasterio està situado, con todas sus pertenencias: Las Granjas de Milmanda: de Codòz: de Riudeabella: de Teillar: de Castelfullit: Mitjana: de la Peña: de Doldellops: de Servoles: la Nueva, ò Fumada: de Ferràn: la Torre de Bernardo Estopañano: de Viveròl: de Torredà: de Figuera: de Rocavert: de Barbens: y todos los derechos que tiene en los Lugares de Vimbodì, Velusell, Aviñòn, Montblanquet, Monsuar, Faneca, Vallmaña, Manresana, Avingaña, Torre de Orens, Torre de la Huerta de Balaguer, Rubioncel, Mas de Bas, Rufea; las Casas, y Possessiones, y otros bienes que tiene en la Ciudad de Lerida, en Menargues, Balaguer, Alguaire, Albesa, Alfarràz, Tamarit, Albela, Balbastro, Monzòn, Huesca, Fraga, Aytona, Tortosa, Montblanch, Espluga de Francolì, Cervera, Tarrega, Anglesola, Camarasa, Alòs, Agramunt, Berga, Gerona, Castellò de Ampurias, Villafranca de Panadès, Tarragona, Vinaixa, Omells, de Tarrega, y de Nagaya, Guardia de Prats, Conesa, Vallclara, Terrès, Fulleda, Verdù, y Torres de Ramon de Cervera, Puertos de Cerdaña, y possessiones, y rentas que Berenguer, Galceràn, Guillen, y Vmberto de Preixens dieron al Monasterio, con los Prados, Viñas, Tierras, Bosques, Vsages, y Pasturas en Bosques y llanos, en aguas y Molinos, en caminos publicos, y sendas, y todas las otras libertades, è immunidades de el Monasterio de Poblet.* Confirmandolo todo con autoridad Apostolica, y tomandolo bajo la proteccion de la Santa Sede.

23 Luego à 8. de el mismo mes de Mayo de 1220. expidiò el Papa Honorio III. un Rescripto Apostolico al Arzobispo de Tarragona, à los Obispos Sufraganeos, y à los demàs Prelados de la Provincia Tarraconense, mandandoles que excomulguen à quantos presumieren exigir Decimas de las possesiones adquiridas antes de el Concilio Lateranense, assi de los Monges de Poblet, como de sus Renteros. Y en fin como bien informado de los meritos de nuestro Abad Don Ramon de Ostalrich, concediò al Monasterio de Poblet una Bula, eximiendo de pagar Diezmos no solo de las possesiones, que cultivassen los Religiosos por sì proprios, sino tambien de las que diessen à renta, expedida à 23. de Marzo de el año 6. de su Pontificado, que corresponde al de 1221. de la Encarnacion. Y aun despues de confirmado en la Dignidad de Obispo de Elna, à que lo promovieron los Canonigos de aquella Santa Iglesia año 1224. le concediò por Bula despachada à 7. de Abril de 1226. la Confirmacion de la merced de el Castillo de Salier, que à 30. de Marzo de 1223. havia obtenido su Predecessor Don Arnaldo, como se dijo arriba *num.* 17.

24 La promocion que acabo de tocar de nuestro Abad Don Ramon de Ostalrich al Obispado de Elna, yà la refieren los Manuscritos Domesticos, aunque con tan sucinta noticia, como decir: *En el quinto año de su Abadiato fuè elegido Obispo de Elna: muriò à 11. de Octubre.* El Ilustrissimo Fr. Angel Manrique (15) la dà mas bien averiguada, con las palabras de la margen, que corresponden à estas:

Des-

---

(15) Manrique *Append. ad tom. 2. Annal. Cisterc. pag. 36. Raymundus, post quadriennium exactum in Populeto, in Elnensem Episcopum promotus est circa annum Christi 1224. ut laudabiliter priorem Ecclesiam rexerat, ita in secunda sanctè consummatur. Dies obitus ejus fuisse dicitur 11. Septembris. Annus ex Elnensi Ecclesia petendus erit.*

Despues de haver cumplido quatro años en la Iglesia de Poblet, fuè promovido à Obispo de Elna cerca de el año 1224. y assi como havia regido loablemente la primera Iglesia, en la segunda acabò santamente. Dicese que fuè su muerte à 11. de Setiembre. El año se ha de inquirir de la Iglesia de Elna.

25 La noticia mas extensa que yo he visto de el Obispado de nuestro Abad Don Ramon de Ostalrich, es la que trae el Reverendissimo P. M. Fr. Gregorio de Argaiz, (16) que me ha parecido conveniente trasladarla. *Sucediò (dice) à Don Arnaldo Don Fr. Raymundo de Ostalrich, quarto de este nombre. Fuè tambien Monge de San Benito de la Congregacion de Cistèr. Recibiò el Habito en el Monasterio de Poblet. Llegò à ser Abad, y en esta Dignidad alcanzò de Honorio III. Bula de essencion de los Diezmos, assi de las heredades que labrassen los Monges, como de las que diessen à renta expedida, à 23. de Mayo de el año 1222. En la Dignidad de Elna, que comenzò el año 1224. se governò con mucho cuidado, y el año 1226. alcanzò la Confirmacion de la merced de el Castillo de Salièr à 7. de Abril. Vivia el Obispo el año 1227. y en èl muriò.* A cuya relacion juzgo se deve estàr, por ser conforme no solo à las noticias de los Manuscritos Domesticos, y de el Ilustrissimo Manrique, sino tambien con la de los Reverendissimos PP.MM. Montalvo, (17) y Vaquero, (18) que hicieron memoria de nuestro Obispo.

26 Por la promocion de el Beato Conrado al Cardenalato año 1219. havia sucedido en la Prefectura general de la Orden el Beato Gualtero, Abad XX. de Cistèr, al qual el Papa Honorio III. embiò à pedir Monges para

Apos-

---

(16) Argaiz *Soledad laureada*, tom. 2. de el *Theatro de la Provincia de Tarragona*, cap. 45.

(17) El P. M. Fr. Bernabè de Montalvo *Histor. de S. Bernardo*, lib. 2. cap. 31.

(18) El P. M. Fr. Francisco Vaquero *Apologia de la Santa Regla*, motivo 28. §. 2.

Apostoles de Livonia, y Prusia año 1220. y en el siguiente 1221. le recomendò mucho al Obispo Vvaldemaro, hijo de Canuto Rey de Dania, que havia tomado el Habito de la Orden. En el de 1222. fuè el Abad General Gualtero embiado por el Papa à Felipe Rey de Francia, que andava desavenido con el Obispo de Paris. Y en fin, despues de poco mas de quatro años que governava la Orden, descansò en el Señor año 1223. y luego fuè subrogado el Beato Jayme, Abad XXI. de Cistèr, que obtuvo de el Papa Honorio III. el insigne Privilegio de la essencion de los Abades Cistercienses año 1224. y cerca de el de 1227. renunciò la Dignidad, con grande opinion de Santo.

DISSERTACION X.

DON RAMON DE CERVERA, ABAD XVI. DE Poblet; Pariente de el Arzobispo de Tarragona Don Asparago, y de el Rey Don Jayme I. de Aragon: Donaciones hechas al Monasterio: Compras hechas por el Abad: Muerte de el Papa Honorio III. y eleccion de Gregorio IX. Renunciacion de el Beato Jayme, y eleccion del B. Guillen, Abad XXII. de Cister. Venida de el Rey à Poblet. Muerte de el Abad Don Ramon: Sucedele Don Arnaldo de Gallard, Abad XVII. de Poblet, insigne en virtud, y nobleza. Don Guillen de Cervera, Monge de Poblet: Sus grandezas: Otros Cavalleros toman el Habito: Otros mandan ser enterrados en el Monasterio. Estada de el Rey en Poblet, donde tratò con el Abad varias materias graves: Prosigue el Rey en privilegiar al Monasterio. Es el Abad Don Arnaldo promovido al Obispado de Agen, y de ahì al Arzobispado de Aqs en la Galia Narbonense.

1 Pro-

PROMOVIDO à la Iglesia de Elna nuestro Abad Don Ramon de Ostalrich, le sucedió en la de Poblet Don Ramon II. de este nombre, cuyo apellido de *Cervera* viene à ser la mas calificada prueba de su Nobleza, segun vimos arriba *Dissert.* 4. *num.* 6. y verèmos en la presente, al tratar de su Pariente Don Guillen de Cervera. Tambien era nuestro Don Ramon Primo hermano de el Arzobispo de Tarragona Don Asparago de la Barca, y siendo èste Tio de el Rey Don Jayme I. de Aragon, venia à tener tambien parentesco con el mismo Rey: circunstancias que agregadas à la mucha virtud, y santidad que resplandecian en nuestro Abad Don Ramon de Cervera, lo hicieron estimadissimo de los sobredichos Guillen de Cervera, Arzobispo de Tarragona, y Rey Don Jayme, como lo demostrarán los sucessos, que irèmos refiriendo en su Abadia.

XVI.
DON RAMON II. DE CERVERA,

ABAD XVI. DE POBLET.

Año de Christo 1224.

2 **C**Omo no se sabe fijamente en què mes de el año 1224. comenzó Don Ramon de Ostalrich à regir la Iglesia de Elna, tampoco puede saberse de cierto el que comenzó à governar la de Poblet el Successor Don Ramon de Cervera; porque como las Escrituras de dicho año no expressan el apellido, sino solo el nombre de *Ramon*, comun à los dos Abades, no puede afirmarse con certeza qual Escritura fuè otorgada al Antecessor, y qual al Successor. Sin embargo podemos presumir razonablemente

mente, que la Donacion que Don Ramon de Cervera otorgò à Don Ramon Abad de Poblet en 19. de Enero de 1224. confirmando la que antes año 1196. havia hecho al Monasterio de 100. sueldos censuales anuales sobre la Señoria de la Guardia; y en que de nuevo añade unas Granjas sitas en los Terminos de la Guardia, y Montblanch, que se lee en el Archivo de esta Santa Casa, (1) fuè otorgada al Abad Don Ramon de Cervera, por ser tan al ultimo de el año 1224. (en que se dice haver sido el Antecessor promovido al Obispado) que solo faltan dos meses para llegar al año 1225. de la Encarnacion.

3 Muchas fueron las Donaciones, que en los cinco años que governò la Abadia, hasta el de 1229. obtuvo el Monasterio de Poblet de Cavalleros principales, aficionados à la Nobleza, y virtud de nuestro Abad Don Ramon de Cervera: tocarèmos una ù otra, por no cansar à los Lectores. Don Arnaldo de Timòr, al otorgar su Testamento à 5. de los Idus de Agosto (que es à 9.) de el año 1225. dispuso ser enterrado en Poblet, y legò al Abad, y Convento su cavallo, y armas; 300. Morabatines para la Obra de el Refectorio de los Conversos (que en aquel tiempo no comian en el de los Monges); y todo quanto le pertenecia, y podia pertenecer en el Castillo de Montblanquet. A 6. de las Calendas de Marzo (que es à 24. de Febrero) de el año siguiente 1226. el Arzobispo de Tarragona Don Asparago de la Barca, Primo de nuestro Abad Don Ramon (como lo afirma el mismo Arzobispo en la Escritura) concediò al Abad, y Convento de Poblet, que de todas las possessiones, ò Tierras de el Termino de Vimbodi, que diesse à cultivar à Renteros, se detuviesse la mitad de la Primicia, y la otra mitad quedasse para el Capellan de la Igle-

___

(1) Archivo de Poblet, Cajòn 10. intitulado *Montblanch* &c. ligar. 63. ibi: *Fr. Raymundo Dño Abbati Populeti.* Et infra: *Actum 14. Cal. Febr. anno Dom. Incarnat. 1224.*

Iglesia de Vimbodì por el derecho Parroquial. En el de 1227. Don Pedro de Pous consignò à Poblet para despues de los dias de Raymunda su muger, una Casa que tenia en la Ciudad de Tortosa, que correspondia al Monasterio una Mazmudina de censo. En el de 1228. Bernardo Bellers, al hacerse Donado de Poblet, le consignò 1000. sueldos Barceloneses, que le devia su hermano Ramon, como tambien la mitad de la Señoria, que havia comprado de Berenguer de Villafranca sita en el Termino de Montblanch.

4 Con las muchas rentas, que ivan cada dia aumentando los devotos Cavalleros, se hallava tan opulento el Monasterio de Poblet en tiempo de el Abad Don Ramon de Cervera, que gastò sumas considerables en diversas compras de possessiones utiles al Convento. A 3. de las Calendas de Febrero (que es à 30. de Enero) de el año 1226. pagò el Monasterio de Poblet à Don Geraldo Conde de Urgèl, y Vizconde de Ager 600. Morabatines de oro, 87. caìzes, y 7. hanegas de trigo, y la quarta parte de los frutos anuales de Valmagna, la qual cantidad devia el Monasterio à la quondam Marquesa su madre. En el de 1227. comprò à Don Berenguer de Montpahò por precio de 500. sueldos todo el derecho, que tenia en tres Molinos sitos en el Termino de la Espluga de Francolì. Y à Don Guillen de Cervera, pariente muy cercano de nuestro Abad (de el qual se hablarà mas adelante) pagò el Abad, y Convento de Poblet 3000. Morabatines Alfonsinos para la venta perpetua que le hizo de el Castillo, Villa, y Termino de Verdù en puro, libre, y franco alodio con todos sus juros, y derechos, y quanto en ellos gozava como Señor; todo lo qual tenia yà empeñado al Monasterio de Poblet desde el año 1203. por precio de 1000. Morabatines, que el Monasterio le diò para la Jornada, y expidicion de Gerusalen, y 1400. sueldos, y 5. Morabati-

nes

nes, que pagò à sus Acreedores. A la presente Escritura de venta perpetua de dichos Castillo, Villa, y Termino de Verdù, puso su Real Decreto el Sereníssimo Señor Rey Don Jayme, y la aprobò tambien el Papa Gregorio IX. en Rescripto Pontificio, que confirmava quanto el Abad, y Convento de Poblet gozava en Verdù, y en los otros Lugares, que havian sido de Don Guillen de Cervera. Y finalmente año 1229. pagò el Abad, y Convento de Poblet à Don Guillen de Bojadors, y Ponce de Corregò su nieto 400. Morabatines contrahechos de Miramomelin por la venta de el Castillo, y Villa de Corregò, y todos sus Terminos, jurisdiccion, y Señoria en puro, franco, y libre alodio, como todo consta de las Escrituras de el Archivo.

5 Havia en el interin descansado en el Señor à 18. de Marzo de el año 1227. el Papa Honorio III. despues de 10. años, y 8. meses de Pontificado: al qual fuè promovido à 22. de el proprio mes y año Gregorio IX. que antes se llamò Ygolino, descendiente de los Condes de Anagnia, Sobrino de el Papa Inocencio III. hallandose Cardenal Obispo de Ostia, y governo la Iglesia universal mas de 14. años, passando à mejor Silla à 22. de Marzo de 1241. En el mismo año 1227. que, como yà digimos, renunciò la Prefectura General de la Orden el Beato Jayme, havia sido subrogado en ella el Beato Guillen III. de este nombre, y Abad XXII. de Cistèr, al qual en el año 1229. el Papa Gregorio IX. diò Comission Apostolica, paraque mandasse satisfacer las injurias, que se havian hecho al Arzobispo de Leon de Francia, y lo embiò Legado à concordar los Reyes de Francia, y de Ingalaterra, que estavan entre si muy opuestos. En el año 1232. obtuvo de el Papa algunos Privilegios: recibiò de orden suyo algunos insignes Monasterios bajo el Instituto, y obediencia de Cistèr; y en el siguiente 1233. hizo Concordia con los quatro pri-

meros Abades sobre ciertas pretensiones, que se havian suscitado. En el de 1236. restituyò, y mantuvo por Comission Apostolica à Vvillelmo Abad Premostratense, que estava injustamente depuesto de la Abadia: y diò Sentencia contra el Rey Don Fernando el Santo sobre el Priorato de Calatrava à favor de el Abad de Morimundo; y en fin año 1237. siguiendo el egemplo de su Predecessor, cediò la Prefectura, retirandose al Monasterio de Claravàl su Madre, donde poco despues diò el alma à su Criador en el proprio año 1237.

6 Antes de passar à otra cosa, toquemos algo de lo mucho que favoreciò à nuestro Abad Don Ramon de Cervera el Serenissimo Señor Rey Don Jayme. Hallandose este valeroso Monarca en el Sitio de Peniscola, acompañado, entre otros Cavalleros, de Don Ramon de Cervera, pariente de nuestro Abad, y de Fr. Pedro de Tarrega, Prior de Poblet, en el mes de Setiembre de el año 1225. diò para el servicio de el Convento un Sarraceno en Peniscola, y otro en Cervera: concediò que apacentasse libremente todos sus Ganados en los Terminos de Peniscola, de Cervera, de Chivert, y de Polpiz, y en toda la demàs tierra que en adelante conquistasse de el poder de los Sarracenos. Y viniendo despues el Rey à esta su Real Casa de Poblet, demostrò tal afecto y devocion, que se dignò assistir en el Aula Capitular entre los Monges, y en ella hizo donacion de 200. Morabatines Alfonsinos para ayuda de costa de la Fabrica de los Claustros: de la qual consigna hizo memoria en la Villa de Hariza en Escritura de el mes de Julio de 1226. en que confiessa deverlos al Monasterio de Poblet. Y hallandose despues en la Ciudad de Barcelona, despachò su Real mandato al Bayle, y Universidad de la Villa de Montblanch, en que, despues de agradecerles la fidelidad, que hasta entonces havian guardado al Monasterio de Poblet, segun estava informado por sus

Mon-

Monges, les manda que continuen en adelante, y que mantengan, ayuden, y defiendan todas las cosas de Poblet, como las proprias de su Magestad.

7 A las Cortes, que convocò el Rey Don Jayme en la Ciudad de Barcelona año 1228. para tratar de la Conquista de el Reyno de Mallorca, acudieron entre los Prelados de Cataluña, su Tio Don Asparago, Arzobispo de Tarragona, Don Guillen Obispo de Vique, Don Guillen Obispo de Gerona, y Don Ramon de Cervera Abad de Poblet, con el qual comunicò su Magestad la empresa de la Conquista, con intento de que le ayudasse en la jornada, ofreciendole parte de los despojos, y bienes raizes, que confiava ganar, paraque en aquel Reyno se fundasse un Monasterio de la Orden Cisterciense: todo lo qual se cumplió conquistada la Isla, como verèmos en adelante. Antes de partir el Rey à la Conquista, vino à este Monasterio à bendecir sus Vanderas, y à hacer dueño de sus aciertos à nuestra Señora de Poblet: noticias ambas, que sobre ser tan dignas de memoria, fuè tanta la desidia de nuestros Domesticos, que las ignoraron, ò las omitieron como à otras muchisimas, y devemos agradecerles à los Escritores Estraños, el Doctor Juan Dameto, y el P. Fr. Antonio de Santa Maria. (2) Y en fin hallandose el Rey Don Jayme en la Ciudad de Tarragona à 9. de Agosto de el año 1229. concediò al Abad, y Convento de Poblet el censo, ò tributo, con toda la Señoria, y derecho, que tenia en los Molinos sitos en el Puente de Goy, segun Escritura autentica de nuestro Archivo, (3) que por expressar el nombre

---

(2) Dr. Juan Dameto *Historia General de el Reyno Balearico,* lib. 2. §. 4.

Fr. Antonio de S. Maria *España Triunfante,* cap. 28.

(3) Archivo de Poblet, Cajòn 7. intitulado *Doldellops &c.* ligar. 15. ibi: *Et vobis Venerabili Fr. Raymundo Abbati &c.* Et infra: *Datum apud Tarraconem 5. Idus Augusti, anno Dominicę Incarnat.* 1229.

bre de Ramon Abad de Poblet, concluye patentemente, que por lo menos hasta entonces permanecia en aquella Dignidad Don Ramon de Cervera.

8 Refieren uniformes los Manuscritos Domesticos, el Ilustrisimo Fr. Angel Manrique, y nuestros Modernos sus Emendadores, que haviendo nuestro Abad Don Ramon de Cervera partido al Reyno de Francia, le sobrevino su ultima enfermedad en el Monasterio de Firmitate, donde falleció à 30. de dicho mes y año, y fuè alli sepultado: Noticia que conforma bien con la de hallarse yà el Successor en la Abadia à 14. de Setiembre, como luego diremos.

XVII.
DON ARNALDO III. DE GALLART,

ABAD XVII. DE POBLET.

Año de Christo 1229.

9 SAbida la muerte de el Abad Don Ramon de Cervera, se congregaron los Monges de Poblet para elegir Successor; y entre los muchos que à la sazòn ilustravan al Convento, eligieron para su Abad, y Prelado à Don Arnaldo de Gallart III. de los de este nombre, y XVII. Abad de Poblet: Sugeto no menos insigne en virtud, que en nobleza, de Familia tan ilustre, que yà en el año 1220. Arnaldo de Gallart, (ahora fuesse nuestro mismo Abad, ahora fuesse otro Cavallero de el proprio nombre) subscrivió entre otros en el acto de Concordia, que entre sì otorgaron Don Nuño Sanchez, Conde de Rossellòn, y Cerdaña, y Don Hugon Conde de Ampurias: Por los años de 1271. Fr. Ramon de Gallart era Comendador de la Merced en la Casa de Perpiñàn: y en el de 1301. lo era Fr. Bernardo de Gallart: y por los de 1376. Don Bernardo de Gallart de el Militar Orden de S. Juan
de

de Gerusalen era Comendador de la Casa de Aygua viva, y Regente la Encomienda de Mallorca: y en fin año 1398. el Rey Don Martin de Aragon hizo su Procurador à Don Francisco de Gallart (4): acontecimientos todos, que califican bastantemente la nobleza de aquel Linage.

10 Regìa yà la Iglesia de Poblet el Abad Don Arnaldo de Gallart, por lo menos à 18. de las Calendas de Octubre (que es à 14. de Setiembre) de el año 1229. segun Escritura autentica de el Archivo de esta Real Casa, (5) que contiene la Donacion, que de el Señorìo, que tenia en el Castillo, y Termino de Verdù en un Lugar llamado *Recod*, le hizo el Noble Don Arnaldo de Verdù al hacerse Monge de Poblet: la qual, por expressar el nombre de Arnaldo Abad de Poblet, prueba que por lo menos yà entonces obtenia la Dignidad. Luego à 7. de los Idus de Deciembre de el mismo año 1229. el Noble Don Guillen de Bojadors le hizo promesa de que haria que su Nieto Arnaldo de Corregò firmasse la Escritura de venta de el Castillo, y Termino de Corregò, que èl mismo, y su Nieto Ponce de Corregò havian de antes otorgado al Monasterio: y para assegurar el cumplimiento de dicha promesa, se impuso el dicho Don Guillen la pena de 400. Mazmudinas, obligando à eviccion de la venta yà hecha los Castillos de Terrès, Fulleda, y Torrelles, y dando por fiador à Don Bernardo de Filella.

11 De el Testamento que hizo Don Guillen de Cervera, siendo Novicio de Poblet, à 27. de Julio, y de su Profession Monastica hecha à 11. de Noviembre de 1230. se deja inferir, que havia tomado el Hábito por lo menos en

─────────

(4) El P. M. Fr. Manuel Ribera *Mil. Mercen. pag. 392. n. 373. pag. 301. num. 45. y pag. 392. num. 372.*

(5) Archivo de Poblet, Cajòn 31. intitulado *Verdù*, ligarza... ibi: *Vobis D. Arnaldo Abbati.* Et infra: *Actum 17. Cal. Octobr. anno ab Incarn. Dom. 1229.*

en el Noviembre de 1229. Y aunque fuè Monge particular, sin obtener Dignidad alguna; pero haviendo sido tan gran bienhechor de Poblet, seria notable ingratitud no dàr tal qual noticia de sus hechos. Fuè Don Guillen de Cervera Señor de Tarrega, de Verdù, de Juneda, de Casteldasens, y otras Villas, Mayordomo mayor, y muy privado de el Serenissimo Señor Rey Don Jayme I. de Aragon; à cuyo Serenissimo Padre el Señor Rey Don Pedro havia servido con tal fidelidad, qual se demuestra en el agradecimiento hecho por medio de la Donacion de los Lugares, Castillos, y Terminos de Benifazà, Valmagranèr, Fredes, Rossell, Bojar, Castel de Cabres, y Bel, que le otorgò en el año 1208. Casò dos veces, la primera con Doña Laura de San Jultano Proenzana, muy poderosa, en quien tuvo un hijo, que llamò Fulcòn de Pantoves. Muerta Doña Laura, y hallandose Viuda la Condesa de Subirats Doña Elvira, por muerte de el Conde de Urgel Don Armengol, que falleciò en el año 1208. haviendo dejado sus Estados à Doña Aurembiax su unica hija, y à Don Guillen de Cervera por uno de sus Testamentarios; con esta nueva ocasion casò segunda vez Don Guillen con la Condesa Viuda Doña Elvira, (6) y no con la hija Doña Aurembiax, como dijo engañado el Analista de Cataluña. (7) Hallòse con otros Cavalleros Catalanes año 1212. en la Batalla de Ubeda, ò de las Navas de Tolosa en servicio de el Señor Rey Don Pedro II. de Aragon. En las Cortes generales de Huesca fuè nombrado Embajador al Sumo Pontifice Inocencio III. para suplicarle mandasse al Conde Simon de Monforte, que entregasse al Infante Don Jayme: y el Papa lo nombrò uno de los quatro principales, à quienes se fiò todo el Consejo Real, en cuyo empleo sirviò
mu-

---

(6) Geronymo de Zurita *Anales de Aragon*, lib. 2. cap. 57.
(7) Don Narciso Feliu de la Peña *Anales de Cataluña*, lib. 11. cap. 4.

muchos años al Rey Don Jayme. Difunta yà su muger Doña Elvira, Condesa de Subirats año 1228. vino Don Guillen en el siguiente 1229. à este Monasterio, donde, renunciando las grandezas de el mundo, tomò el Habito, y Cogulla Cisterciense, hizo su Testamento à 27. de Julio, y su Profession Monastica à 11. de Noviembre de 1230. renunciando à favor de Poblet todos los Lugares, Terminos, y Castillos, y quantos derechos, honores, y voces tenia, y le pertenecian en ellos, segun la donacion, que de ellos havia otorgado al Monasterio en 4. de Junio de 1229.

12 Aun despues de Monge professo, no consintiò el Serenissimo Señor Rey Don Jayme, que se apartasse de su lado, por el sumo aprecio que hacia de sus consejos, y de ohìr su voto en los negocios mas arduos de la Monarquìa. De manera que el mismo Rey en su Historia pondera como cosa muy singular, que en el año 1231. passò à Mallorca para defenderla de el Rey de Tunez, no obstante que Fr. Guillen de Cervera, Monge de Poblet, y el Arzobispo de Tarragona Don Asparago de la Barca su Tio eran de parecer que no passasse à la Isla, sino que sin exponer su Real Persona, embiasse allà su Armada, comandada por el Conde de Rossellòn Don Nuño Sanchez su Tio. En el de 1232. nombrò el Rey Don Jayme Tutores de su hijo el Infante Don Alonso (jurado su universal heredero para despues de sus dias) al Arzobispo de Tarragona, à los Maestres de el Temple, y de el Hospital de Gerusalen, y Fr. Guillen de Cervera, Monge de Poblet, encargando à este con singularidad la educacion de el Infante, señalando el Castillo de Monzòn, paraque alli residiesse el Infante, junto con Fr. Guillen de Cervera: à cuyas instancias en el siguiente 1233. diò el Rey al Abad, y Convento de Poblet todo quanto le tocava en el Castillo de Benifazà, paraque alli se fundasse un Monasterio Cisterciense, como

dirè:

dirèmos en adelante. Año 1235. eſtavan deſavenidos el Sereniſsimo Señor Rey Don Jayme, y ſu Tio Don Nuño Sanchez, ſobre los Condados de Cerdaña, y Conflent, Vizcondado de Narbona, el Señorìo de Bergadàn, el Honor de Trencavello, y la Ciudad de Carcaſſona, y ſu diſtrito; y fueron nombrados Juezes arbitros de eſta Cauſa Fr. Guillen de Cervera por parte de el Rey Don Jayme; y Don Lope Diaz de Haro, Señor de Vizcaya, por parte de Don Nuño Sanchez, haviendo jurado el Rey, y Don Nuño en manos de el Arzobiſpo de Zaragoza, que eſtarian à lo que dichos Juezes declaraſſen. Finalmente conſiderando Fr. Guillen de Cervera, que, ſegun ſu edad muy avanzada, no podia eſtar muy diſtante ſu ultimo fin, pidiò que ſe le celebraſſe un Aniverſario perpetuo para ſufragio de ſu alma: y haviendo para eſte efecto recurrido à Ciſtèr, ſu Capitulo General de el año 1243. diò licencia paraque ſe le celebraſſe el Aniverſario, como hoy dia ſe celebra. Muriò lleno de meritos, y de dias à 26. de Deciembre de 1245. y fuè ſepultado en el Clauſtro, de donde por los años de 1669. fuè traſladado à un Sepulcro de piedra (en que yacen tambien algunos de ſus Predeceſſores, y Deſcendientes de ſu Familia) al Portico de la Igleſia mayor de Poblet, llamado la Galilea, y es el primero que ſe encuentra à mano izquierda, ſaliendo por la parte de la Igleſia.

13 Al egemplo de Don Guillen de Cervera, viſtieron el Habito de Poblet muchos Cavalleros en tiempo de nueſtro Abad Don Arnaldo, y otros en las Abadias ſiguientes. Yà vimos *num.* 10. que al primer ingreſſo de Don Arnaldo de Gallart en la Abadia, viſtiò el Habito de Poblet Don Arnaldo de Verdù año 1229. Ahora en el de 1230. ſe hallavan Novicios de Poblet Don Berenguer de Buccenit, Señor de el Lugar de eſte nombre en el Condado de Urgel, que al hacer ſu Teſtamento, legò al Monaſterio la

mi-

mitad de la Cosecha de el Lugar, y Termino de Buccenit, con tal que de ella se satisfaciessen las injurias, que èl huviesse hecho antes de tomar el Habito, y se diesse à su hijo Don Ramon alguna cantidad de trigo todos los años. Y Don Pedro de Montserè, que confirmò la Donacion, que antes havia hecho al Monasterio de los Diezmos de el Castillo, y Terminos de Buccenit. Y en el siguiente de 1231. Bartolomè Pellicèr, que diò al Abad, y Convento de Poblet 23. sueldos, y 6. dineros de censo, que percibia todos los años sobre algunas casas sitas en Villafranca. Otros yà que no vistieron el Habito, quisieron ser sepultados en Poblet, como Don Arnaldo de Vilanova, que año 1230. dejò en su Testamento al Abad, y Convento de Poblet 300. sueldos annuales de censo sobre los Molinos de Vilanova de Prades, y Don Bernardo de Rocafort, que en el de 1231. le diò tres Vassallos, y unas Casas que possehìa fuera los muros de Balaguer.

14. Fuè nuestro Abad Don Arnaldo tan estimado de el Sereniſsimo Rey Don Jayme, que mereciò hospedarle por muchos dias en esta su Real Casa. Despues de la Conquista de Mallorca año 1230. partiò el invicto Monarca desde la Ciudad de Tarragona para este Monasterio à celebrar la Festividad de Todos los Santos, y à dàr à Dios las gracias por las Victorias, que havia conseguido de los Sarracenos. Estuvo su Magestad en Poblet toda la Octava, y desde aqui diò aviso à todas las Iglesias de sus Reynos, paraque diessen gracias à Dios nuestro Señor por tan felices sucessos. (8) Estando en este Real Monasterio se moviò una gran diferencia entre el Rey, y el Obispo de Bar-

---

(8) Bernard. Gomesii Miedes *Histor. Regis Jacobi Expugnatoris* lib. 7. cap. 18.
    Pedro Abarca *Anal. de Aragon* tom. 1. fol. 254. num. 14.
    Don Juan Dameto *Historia General de el Reyno Balearico*, lib. 2. §. 3.

Barcelona, y los otros Prelados de la Provincia Tarraconense, à los quales havia mandado convocar, para tratar de el nuevo Obispado que pretendia fundar en la Isla de Mallorca. El Obispo de Barcelona con su Cabildo pretendian que no se podia instituir nueva Iglesia Cathedral, porque (segun decian) pertenecia à su Diocesis de Barcelona, à quien antiguamente se havia hecho donacion de la Isla, y havia sido confirmada por la Sede Apostolica, à peticion de el Conde de Barcelona, y con el consentimiento de el Arzobispo de Tarragona. Pareciendole pues al Rey Don Jayme, que aquel negocio se havia de poner en manos de algunas Personas Eclesiasticas, las quales lo determinassen, y decidiessen, segun Dios, y sus conciencias; se comprometiò la Causa en poder de nuestro Abad Don Arnaldo, y de otros Prelados. (9) Con esto queda patente la mucha honra, que el Serenissimo Señor Rey Don Jayme hizo al Monasterio de Poblet con su Real presencia, y comitiva de tan ilustres Personages; como tambien el alto concepto, que tenia formado de las prendas de nuestro Abad en fiarle materias de tanto peso.

15 Por el mes de Julio de 1231. se hallava su Magestad en Barcelona, acompañado de el Obispo de aquella Ciudad, y de los nobles Don Nuño Sanchez, Conde de Rossellòn, Don Miguel de Moncada, Don Bernardo de Santa Eugenia, Don Bernardo de Fojà, Don Sancho de Orta, Don Pedro Maza, y Don Garcia de Orta; y prosiguiendo su aficion al Monasterio de Poblet, le confirmò todas las Donaciones, y Legados, que le havia hecho Guillen de Botet en su Testamento, y concediò que lo tuviesse el Monasterio, y lo posseyesse todo franca y libremente: y mandò à todos sus Bayles, y Ministros, y à todos sus Lugartenientes, que lo mantuviessen en la possession de
todas

---

(9) *Don Juan Dameto en el lugar citado.* Zurita *Indic. Rerum Aragoniæ lib. 1. ad fin.*

todas las dichas cofas, y no permitieſſen que alguna perſona inquietaſſe al Abad, y Convento de Poblet, pena de ſu Real indignacion, haciendo de ello Eſcritura autentica, en que, llamando à nueſtro Abad *ſu amado Don Arnaldo*, indica la mucha aficion que tenia à ſu Perſona.

16 Haſta ultimos de el año 1231. continuan las memorias de el Abad Don Arnaldo en Eſcritura autentica de el Archivo (10) de data de 4. de las Calendas de Febrero, (que es à 29. de Enero) de dicho año 1231. la qual contiene el Eſtablecimiento, que hizo à Deodato, Capellan de la Igleſia de Vimbodì, y otros Vaſſallos de aquella Villa, de una pieza de tierra para plantar una Viña: la qual Eſcritura, por expreſſar el nombre de Arnaldo Abad de Poblet, convence que haſta entonces governava el Abad Don Arnaldo de Gallart la Igleſia de Poblet.

27 De eſta fuè promovido en el miſmo año 1231. à Igleſia Obiſpal, ò Arzobiſpal, ò à una, y otra ſucceſſivamente, ſegun la variedad de noticias de los Manuſcritos Domeſticos, de los Reverendiſſimos Padres Maeſtros Montalvo, y Vaquero, y de el Iluſtriſſimo Manrique. El Maeſtro Fr. Franciſco Vaquero (11) ſolo dice *Arnaldo Monge Obiſpo de Creturia.* Y explicandoſe mas el Maeſtro Fr. Bernabè de Montalvo (12) refiere, que *Arnaldo Monge, y Abad de Poblet, fuè de ahi ſacado primero para Obiſpo de Egena, y luego traſladado à la Ciudad de Creturia.* Yo no he podido averiguar què Ciudad ſea eſta, como tampoco la de Egena, menos que por Egena quiſieſſe decir Agen, Ciudad Obiſpal en la Aquitania, ò Agde, ò Adde ſita entre Tolofa,

(10) Archivo de Poblet, Cajòn 13. intitulado *Vimbodì*, lig. 10. ibi: *Ego Arnaldus Abbas Populeti.* Et infra: *Actum 4. Cal. Februarii anno Incarn. Dom.* 1231.
(11) Vaquero *Apologia de la Santa Regla*, mot. 27. §. 3.
(12) Montalvo *Hiſtoria de la Orden de San Bernardo*, lib. 2. cap. 31. pag. 286.

Tolosa, y Burdeos. Si quiso decir Obispo de Agen, conforma con los Manuscritos Domesticos de el año 1678. que dicen: *Año 1231. fuè elegido Obispo Agense en la Galia Narbonense.* Y si quiso decir Agde, ò Adde, conforma con los de el año 1583. que dicen: *Al segundo año de su Abadiato fuè hecho Obispo de Adde, que esta entre Tolosa, y Burdeos.* Tal vez por esta indiferencia dijo el Ilustrissimo Fr. Angel Manrique (13): *Año 1231. fuè promovido en Obispo en una de las Iglesias de la Galia Narbonense (no sè qual) donde despues de algunos años, passando al Capitulo General de Cistèr, se dice haver alli fallecido à 22. de Setiembre de año incierto.* Pero su Emendador nuestro Moderno Domestico afirma absolutamente, que fuè promovido al Arzobispado de Aux en la Proenza, parte de la Galia Narbonense, y despues de algunos años, que con satisfacion de todos presidia en aquella Iglesia, haviendo ido à Cistèr para el Capitulo General, à donde entonces ivan todos los Arzobispos, y Obispos de la Orden, alli muriò à 22. de Setiembre. Assi que parece determinò la Iglesia de la Galia Narbonense (que no señalò Manrique) à que fuè promovido nuestro Abad Don Arnaldo.

18 Yo, entre la diversidad de estas noticias, pongo las congeturas siguientes. En el Catalogo, que de los Arzobispos de Aux, ò Auchs compuso Jacobo Severino se dice, que año 1227. governò aquella Iglesia Amaneo por por espacio de 13. años, hasta el de 1240. con que, si hemos de dàr credito al Catalogo, no tuvo lugar en el año 1231. y siguientes nuestro Abad Don Arnaldo. En el Catalogo, que compuso el mismo Autor de los Arzobispos de Aix, ò Aqs (Ciudad Arzobispal en la Gascuña, grande Provincia de Francia) se halla Ponce en el año 1056. y hasta el año 1257. en que se halla Hugon, no se refiere Arzobispo alguno en aquellas dos centurias: assi que cabe

(13) Manrique *Append. ad tom. 2. Annal. pag. 36.*

be haverlo fido año 1231. y tal vez hasta el de 1257. nuestro Don Arnaldo, y no haver tenido el Autor noticia de èl, assi como no la tuvo de sus Predecessores desde 1056. Por esso podemos razonablemente juzgar, que el Moderno Emendador de Manrique, por la gran similitud de los nombres de las Ciudades Arzobispales Auchs, ò Aqs, ò Aix equivocasse el nombre. Y assi me parece, que sin oponerme à los Manuscritos Domesticos, y Autores citados, puedo afirmar que nuestro Abad Don Arnaldo año 1231. fuè Obispo de Agen, y de ahi promovido al Arzobispado de Aqs en la Gascuña, y que despues de algunos años, passando al Capitulo General de Cistèr, muriò en aquel Ilustrissimo Monasterio, y fuè en èl sepultado.

DISSERTACION XI.

DON VIDAL DE ALGUAYRE, ABAD XVIII. DE Poblet, subscrive en el Testamento de el Rey Don Jayme el Conquistador: Don Pedro de Albalate Obispo de Lerida, y Arzobispo de Tarragona gran Bienhechor de Poblet, no Monge: Donaciones hechas al Monasterio por diversos Cavalleros, algunos de ellos Monges de Poblet: Pleytos de el Monasterio con el Obispo, y Cabildo de Lerida: con el Obispo, y Cabildo de Vique: con el Señor de la Espluga de Francolì: con los Vecinos de la Villa de Prades. Bulas de el Papa Gregorio IX. à favor de Poblet: Donaciones, y Privilegios de el Rey Don Jayme. Muerte de el Abad Don Vidal de Alguayre.

1 **E**L descuydo de los Historiadores en la Chronologia, y razon de los tiempos les hace tropezar en absurdos gravissimos, que se van experimentando cada dia en algunos Anales, y Chronicas: ni ocasiona menos errores lo poca critica en que algunos Autores transcriven las noticias, recogiendo todas las que conducen à sus fines, sin dicernir conductos debiles, y falsos rumores. El Reverendissimo P. M. Fr. Bernabè de Montalvo, (1) Autor que escriviò por los años de 1600. refiere, que Don Pedro de Albalate, Monge de Poblet, fuè de ahi sacado para Arzobispo de Tarragona año 1232. y que de esta noticia se halla hecha mencion en el Archivo de Poblet. Esta noticia, aunque falsa, la transcriviò sin mas critica el P. Fr. Francisco Vaquero (2) por los años de 1615. y los dos ocasionaron el tropiezo à los posteriores, que siguieron incautos aquella noticia. Muy siniestramente cita el P. M. Montalvo la memoria de nuestro Archivo, para atribuir à Don Pedro de Albalate el Monacato, que no tuvo, y para anticiparle el Arzobispado, que obtuvo mucho despues de lo que afirma, como verèmos à su tiempo; porque ninguna de las dos noticias se refieren en aquella memoria, que solo contiene los hechos de el Arzobispo Don Pedro de Albalate (que fueron grandes y famosos) conforme al Arquiepiscopologio de Tarragona desde los años 1238. hasta 1251.

2 Para impugnar los errores de Montalvo, bastaria sin duda el Arquiepiscopologio, que afirma la muerte de el Antecessor Don Asparago de la Barca à 3. de Marzo de 1233. y que le sucediò Don Guillen de Mongrì electo año 1234.

(1) Montalvo *Historia de la Orden de San Bernardo,* lib.2.cap. 31. pag. 280.
(2) Vaquero *Apologia sobre la Regla de S. Benito,* mot. 28. §. 3.

1234. como tambien la corriente de las Historias, (3) según las quales éste permanecia electo de Tarragona año 1236. en el mes de Octubre, asistiendo à las Cortes, que tuvo el Serenisimo Señor Rey Don Jayme en la Villa de Monzòn; asi que Don Pedro de Albalate no pudo hasta despues de dicho año ser Arzobispo de Tarragona. Y por si acaso respondiere, que tambien pudo engañarse el Autor de el Catalogo, y aun los Historiadores, quiero demostrar la verdad con Escrituras autenticas, ya que al mismo passo prueban la Abadia de Poblet de nuestro Don Vidal de Alguayre.

XVIII.
DON VIDAL II. DE ALGUAYRE,

ABAD XVIII. DE POBLET.

Año de Christo 1232.

Vacando la Abadia de Poblet por la promocion de Don Arnaldo de Gallart à la Iglesia de Agen, los Monges, à quienes tocava por este tiempo la eleccion de Prelado, eligieron en Abad à Don Vidal II. de este nombre, llamado de Alguayre: al qual descubro en la Abadia de Poblet, y muy favorecido de el Serenisimo Señor Rey Don Jayme el Conquistador à primeros de Mayo de 1232. Agradecido à la Divina Magestad este invicto Monarca por las Victorias que havia conseguido contra Infieles, quiso legitimar al Infante Don Alonso su hijo, havido en la Reyna Doña Leonor de Castilla su Esposa, de la qual fuè por Sentencia Apostolica separado, por razon de el parentesco que havía entre ellos. Passò à la Ciudad de Tarragona à primeros de Mayo de 1232. y estando en el Castillo, y Camara Arzobispal, acompañado

(3) Geronymo de Zurita *Anales de Aragon lib. 3. cap. 26.*

de el Arzobispo Don Asparago su Tio, de nuestro Abad Don Vidal, y de nuestro Monge Fr. Guillen de Cervera, y otros Personages, que subscrivieron como testigos, otorgò su Testamento el dia antes de las Nonas de Mayo (que es à 6. de el dicho año 1232. en el qual no solo legitimò al Infante, y lo instituyò heredero de sus Reynos para despues de sus dias, sino que nombrò tambien, entre otros Testamentarios, à su Tio el Arzobispo, y à su amado Fr. Guillen de Cervera, eligiò Sepultura en este Monasterio de Poblet, y le legò 3000. Morabatines por su alma; como todo es de vèr en dicho Testamento, cuyo Transunto se conserva en el Archivo de esta Real Casa (4): y de èl se convence que en dicho dia 6. de Mayo de 1232. era no solamente Abad de Poblet Don Vidal de Alguayre, sino tambien Arzobispo de Tarragona Don Asparago, y no Don Pedro de Albalate.

4 Consta asimismo de Escritura autentica de el Archivo, (5) que à 8. de las Calendas de Marzo (que es à 22. de Febrero) de el año 1232. de la Encarnacion, y 1233. de el Nacimiento de Christo, era toda via Arzobispo de Tarragona Don Asparago, y Sacrista de la Iglesia de Lerida Don Pedro de Albalate. La Escritura contiene la aprobacion, y confirmacion, que el dicho Arzobispo hizo al Abad, y Convento de Poblet de cierto cambio, que entre sì havian hecho, dando al Arzobispo diez hanegas de

ce-

---

(4) Archivo de Poblet, Cajòn 1. intitulado *Privilegia Regia*, ligarza 29. ibi: *Actum est hoc Tarraconæ pridie Nonas Maii, anno Domini 1232. Sig✠num Jacobi, Dei gratia, Regis &c. Ego Sparagus Tarracon. Archiep. ut testis subscribo. Sig✠num Fr. Vitalis Abbatis Populeti.*

(5) Archivo de Poblet, Cajòn 18. intitulado *Montblanquet*, ligarza 6. ibi: *Nos Sparagus, miseratione Divinâ, Archiep. Tarracon. Vobis D. Vitali Abbati Populeti.* Et infra: *Actum est hoc 8. Cal. Martii, anno Domini 1232.* Et inferius: *Ego M. Petrus de Albalato, Illerdensis Sacrista, subscribo ut testis.*

cevada, y los derechos sobre la Decima de Montblanquet por otras diez anegas, y demàs derechos que Poblet tenia sobre los Molinos de Vilavert: todo lo qual reconoce, y confiessa de nuevo en Escritura de dicho dia 22. de Febrero de 1232. de la Encarnacion, y 1233. de el Nacimiento de Christo, y la atesta entre otros el M. Pedro de Albalate, Sacrista de Lerida: por la qual se convence contra Montalvo la permanencia de Don Asparago en el Arzobispado de Tarragona, y la de Don Pedro de Albalate en la Dignidad de Sacrista de Lerida: la qual obtuvo desde el año 1228. hasta el de 1236. que sucediò en el Obispado de Lerida à Don Berenguer de Eril: (6) como tambien consta, que siendo Obispo de Lerida año 1237. por el mes de Deciembre hizo una celebre Constitucion sobre el Estado de la Iglesia, Dignidades, Canonicatos, y Administraciones: (7) ni es menos cierto, que en el mismo mes y año Don Pedro de Albalate Obispo de Lerida, y aquel Ilustre Cabildo vendieron al Monasterio de Poblet por precio de 2660. sueldos Jaqueses todo el Honor, y censo, que Bernardo de Tarascò tenia en la Villa, y Termino de Belcayre. (8) Y en fin que à 1. de Junio de 1238. era solamente electo Obispo de Tarragona, segun la Sentencia arbitral, que hizo entre Poblet, y Berenguera de Cirera sobre la Torre de Aspa. (9)

5   Uno de los Escritores Modernos, que hizo tropezar el año de Montalvo acerca de el supuesto Monacato de Don Pedro de Albalate, fuè uno de nuestros Domesticos de el siglo presente, que procurò emendar el Catalago de el Ilustrissimo Manrique, el qual, no obstante el haver corregido el yerro, que descubriò en la Chronologia, y

(6) Archivo de el Cabildo de Lerida, *Libro verde, fol. 133.*
(7) El mismo Archivo, y lugar.
(8) Archivo de Poblet, Cajòn 42. intitulado *Bellcayre*, lig. 6.
(9) El mismo Archivo, Cajòn 56. intitulado *Juncosa*, lig.

anticipacion de el Arzobispado, sin embargo abrazò con demasiada credulidad el supuesto Monacato, diciendo: *Año 1235. saliò de los Claustros de Poblet, para regir la Santa Iglesia, y Obispado de Lerida un Monge llamado Don Pedro de Albalate: de el Claustro fuè llamado à la Mitra de Lerida, passando de alli algunos años despues al Arzobispado de Tarragona.* Y aunque và refiriendo los grandes, y famosos hechos de el Arzobispo, sacados de la Historia de el Canonigo Blanch, ninguna prueba, ò congetura insinua de el asserto Monacato. Mas de donde havia de sacarla, si la incompatibilidad de el Monacato està de manifiesto en en Escrituras autenticas? Yà vimos *num.* 4. que desde el año 1228. hasta el de 1236. en que sucediò à Don Berenguer de Eril en el Obispado de Lerida, obtuvo la Dignidad de Sacrista de aquella Santa Iglesia: que en el de 1237. perseverava aun en aquel Obispado: y que en el de 1238. en el mes de Junio se hallava yà electo Arzobispo de Tarragona. Asignen pues el tiempo en que fuè Monge de Poblet. Y mientras no lo hagan los sequaces de tan supuesta noticia, no presumo perjudicar à las grandezas de Poblet, que no necesita de usurpar agenas honras, (10) desengañando à los Lectores, de que Don Pedro de Albalate no fuè Monge de Poblet; bien que siempre le tuvo mucha devocion, y profesò con el Monasterio tan estrecha amistad, como lo atestiguan las Cartas de donacion, que se conservan en el Archivo, de que se harà mencion à su tiempo, y no menos el que deseando que ni la muerte lo separasse de los Monges, que tanto havia amado en vida, mandò le sepultassen en Poblet, donde falleciò con no poca opinion de Santo. Y quizà la noticia de haver aqui fallecido, y tener aqui Sepultura, diò motivo à

---

(10) Manrique in Prologo ad tom. 1. Annal. Cister. *Non sumus ii, qui aliorum dispendio quæramus laudem: non indiget (*Populetum*) furtivis honoribus.*

à penſar que havia ſido Monge de Poblet, y divulgar fin mas criſi la noticia. Bolvamos pues à nueſtro Abad Don Vidal, y à los progreſſos de el Monaſterio en tiempo de ſu govierno.

6 Determinado el Noble Don Pedro de Angleſola de viſitar à Santiago de Compoſtela, acordandoſe, que havia entrado violentamente en la Villa de Verdù, y acarreado muchos daños al Monaſterio de Poblet, vino à 21. de Marzo de 1233. à pedir perdon al Abad, y Convento de el mal que havia hecho; al qual reconcilió el Prior de orden de el Abad delante de las puertas de la Igleſia, y en preſencia de los ſobredichos, y de otros muchos que aſſiſtieron à la funcion, jurò dicho Don Pedro, que nunca mas haria daño al Monaſterio de Poblet. En el mes de Noviembre de el año 1234. al hacer Don Guillen de Guardia ſu Teſtamento, mandò que lo ſepultaſſen en Poblet, y legò entre otras coſas à la Enfermeria de los Pobres el Caſtillo de Monteſquiu con ſus Terminos, y pertenencias en proprio y franco alodio: 50. Morabatines à la Obra de el Refectorio de los Converſos, y confirmò todas las Donaciones, que èl, y ſus Anteceſſores havian hecho al Monaſterio.

7 Con tanta prudencia, ſatisfaccion, y aplauſo governava el Abad Don Vidal, que fueron muchiſſimos los Cavalleros que en ſu tiempo viſtieron el Habito de Poblet; muchos los que mandaron ſer aqui ſepultados, y muchos los que con ſus Donaciones ivan aumentando la renta al Monaſterio. Hallavaſe Novicio año 1234. Fr. Ramon de Vives, que hizo donacion al Abad, y Convento de todo quanto tenia en Montſuàr, y ſu Termino: como tambien Fr. Ramon de Aſpa, Señor de el Caſtillo, y Lugar de aquel nombre, que en el mes de Abril de dicho año 1234. diò al Abad, y Convento la Torre de Aſpa, con todo ſu Honor, Terminos, y pertenencias. Y en el de

1235.

1235. se hallava Novicio Fr. Guillen de Gualter, Señor de Peñafiel, y Oliola, que tambien hizo varias Donaciones al Monasterio. El Infante Don Fernando, Monge de Poblet, y Abad de Montaragon devia 1100. sueldos à Don Pedro de Hugon, y èste los condonò con titulo de limosna al Monasterio de Poblet año 1234. Don Bernardo Ramon de Ribelles año 1235. confirmò al Abad, y Convento de Poblet todas las Donaciones, que le havian hecho sus Antecessores acerca de el Castillo, y Termino de Monsuàr: y en el mismo año Don Gombaldo de Ribelles legò al Monasterio cinco caìzes de trigo, y cinco de cevada censuales, sobre los reditos de el Honor, que possehìa en el Termino de Balaguer. Omito otras infinitas Donaciones, que se ivan haciendo en Poblet en este tiempo, como tambien algunas compras que hizo el Abad Don Vidal por de poca consideracion, porque falta que referir sucessos mas principales.

8 Havia nuestro Monge Fr. Guillen de Cervera año 1234. restituìdo, y definido à Don Berenguer, Obispo de Lerida, y al Cabildo de aquella Santa Iglesia todos los diezmos de Casteldasens, y de Juneda, y sus Terminos, exceptuando la tercera parte, que dicho Fr. Guillen tenia por el Rey: y el Obispo le remitiò todo lo que hasta entonces havia percibido de aquellos Diezmos. Moviòse luego question entre el Obispo, y Cabildo de Lerida de una parte, y el Abad, y Convento de Poblet de otra, sobre los Diezmos, que el Monasterio percibia en los dichos Terminos de Casteldasens: y comprometieron las Partes en Bernardo de Tragò, Arcediano de Benasque, y Fr. Ordoño Monge de Poblet, à 13. de Junio de 1235. Sin embargo al primero de Setiembre de el proprio año escriviò el Abad, y Convento sobre la dicha question al Obispo, notificandole con toda urbanidad, como por estàr èl, y su Convento bajo la proteccion de la Sede Apostolica, havia

ape-

apelado viva voce al electo de Tarragona, y que ahora lo declarava en escrito, requiriendo, que se le observassen los derechos, è immunidades Apostolicas. Pero en fin, hallandose en este Monasterio el Abad de Fuen-Fria en el mes de Mayo de 1236. se puso fin à los debates con una amigable composicion entre las Partes, la qual confirmò despues el Papa Alejandro IV. à 12. de las Calendas de Julio de el año quinto de su Pontificado, que fuè à 20.de Junio de 1259.

9 Mas reñido pleyto tuvo el Abad Don Vidal, y Convento de Poblet con Don Guillen Obispo de Vique, y su Cabildo, sobre el Patronato de la Iglesia Parroquial de la Villa de Verdù en el territorio de la Segarra: la qual decia el Monasterio pertenecerle como Successor de Don Guillen de Cervera, Señor de dicha Villa, Monge de Poblet, cuyos Progenitores havian dotado aquella Iglesia. Muerto el Obispo de Vique D. Guillen año 1233. fuè promovido à aquella Sede el Abad de Santas Cruces San Bernardo Calvò, el qual prosiguiò el pleyto con toda instancia. El Metropolitano de Tarragona cometiò el juizio de esta Causa al Maestro Don Pedro de Albalate, Sacrista de la Santa Iglesia de Lerida, cuyas ocupaciones, y continuas instancias de las Partes fueron causa, que de comun consentimiento de ellas subdelegasse à Bernardo de Tragò, Arcediano de Benasque en su misma Iglesia, y al Maestro Matheo, Arcediano de Tarragona: los quales, examinados los testigos, y demàs pruebas producidos por ambas Partes, declararon, y sentenciaron pertenecer dicho Patronato al Obispo, è Iglesia de Vique, concediendole facultad para poner en la de Verdù el Presbytero, que bien visto le fuesse, y poniendo silencio perpetuo en esta pretension al Abad, y Monasterio de Poblet. Y aunque se publicò esta Sentencia à 31. de Agosto de el año 1235. pero no se aquietò el Abad Don Vidal con ella, antes bien
juz-

juzgandola gravatoria, apelò luego de ella al Papa Gregorio IX. el qual comitiò la revista à los Priores de Scala Dei, y Escornalbou, y à Guillen Gatèl, Canonigo de Tarragona. Por los quales, vistos los motivos de la primera Sentencia, declararon haver sido bien pronunciada à favor de la Iglesia de Vique, y mal interpuesta la apelacion por parte de el Abad, y Convento de Poblet, publicando esta segunda Sentencia à 16. de Julio de el siguiente año 1236.

10   Otro pleyto tuvo tambien el Monasterio de Poblet contra Simon de Palacio, Señor de la Espluga de Francolì: pero reconocido este Cavallero, à 16. de Marzo de el año 1235. hizo amable Concordia con nuestro Abad Don Vidal sobre todas las questiones, y demandas, que havia movido à los Vecinos de Montblanquet, y de otros Lugares de el Monasterio, respecto de el Termino de la Espluga, cediendo al Abad, y Convento por sì, y por los suyos todas las acciones Reales, y personales, y demàs derechos, que podian pertenecerle en dichas demandas. Y aun confirmò todas las Donaciones, y legados, que hasta entonces havian hecho sus antecessores al Monasterio en Escritura autentica de 17. de las Calendas de Abril (que es à 16. de Marzo) de dicho año 1235. firmada por dicho D. Simon de Palacio, y por Don Guillen de Guardia, garante, y fiador de dicha Concordia, y por parte de el Monasterio por Fr. Pedro de Llor Prior de Poblet.

11   Mas reñida fuè la contienda que tuvo el Abad, y Convento de Poblet con los Vecinos de la Villa de Prades, no obstante el haver favorecido al Monasterio el Serenissimo Señor Rey Don Jayme de Aragon, y el Papa Gregorio IX. Fuè el caso, que no obstante de haver confessado judicialmente los Vecinos de dicha Villa año 1226. delante de los Jueces Apostolicos, q̃ no tenian derecho alguno en los Terminos, y Montañas señaladas al Monasterio de Poblet

blet por el Conde de Barcelona, y que en caso de tener alguno, lo cedian, y remitian al Monasterio, en fuerza de la qual confession, prohibieron los dichos Jueces à los Vecinos de Prades el contravenir à ello, bajo la pena de excomunion, y de mil monedas de oro; y no obstante tambien que el Papa Gregorio IX. mandò al electo de Tarragona, y al Rey Don Jayme los compeliessen à observar aquella Sentencia: sin embargo de todo esto, movieron otra vez la controversia en el año 1234. Hallandose pues el Rey Don Jayme en la Ciudad de Tarragona en el mes de Enero de dicho año, en que yà corria el de 1235. de el Nacimiento de Christo, despachò su Real Decreto, en que declarò, que conforme à los alegatos de Poblet, y de los Vecinos de Prades, el Bosque pertenecia especialmente al Monasterio; y que èste devia posseerlo pacificamente: por lo que establecò, y mandò, que dichos Vecinos no entrassen en el Bosque, por motivo de cortar, ni sacar leños, bajo la pena de 20. sueldos al que lo sacasse à ombros, y de 100. sueldos al que lo sacasse con cavalleria, la qual pena deviesse exigir el Bayle de la misma Villa siempre que fuesse requirido por parte de el Monasterio. Sin duda que los de Prades devieron de contravenir à esse orden, porque en el mes de Mayo de 1235. el Prior de Santas Cruces, y el Arcediano de Benasque, delegados de los Priores de la Cartuja, y de Estany, Jueces Apostolicos, los excomulgaron, y pusieron entredicho en la Villa; hasta que reconocidos à 19. de Deciembre de 1237. confessando lo mal obrado, y jurando no hacer daño al Monasterio en adelante, fueron absueltos por el Preposito, el Arcediano, y el Cabiscol de Tarragona, de Comission de el Papa Gregorio IX.

12 Fuè tanta la aficion de este Sumo Pontifice al Monasterio de Poblet, que lo favoreciò con diferentes Bulas, y Privilegios en tiempo de nuestro Abad Don Vidàl. En

las Nonas de Mayo de el año 7. de su Pontificado, que fuè à 7. de Mayo de 1234. siguiendo el egemplo de sus Predecessores Eugenio III. Alejandro III. Inocencio III. y Honorio tambien III. recibiò al Monasterio de Poblet bajo la proteccion de la Sede Apostolica. Poco despues le confirmò las Decimas de el Lugar de Juncosa, y las possessiones que tenia el Monasterio por donacion de Guillen Botet, y la Granja de Aspa por Donacion de Don Ramon Berenguer de Ager; las tierras, y otros bienes, que tenia en las Villas de Verdù, y Buccenit, en el Castillo de Corregò, y Lugares contiguos: y 20. Morabatines de censo, que havia dado à Poblet el Serenissimo Sr. Rey D. Jayme. Diò facultad al Abad de Poblet para nombrar à qualquiera de de sus Monges Sacerdotes para ohìr las Confessiones, y administrar los demàs Sacramentos (sin perjuizio de los Parrochos) à todos los Seglares moradores en el Monasterio en servicio de el Convento. Y asimismo concediò al Abad autoridad de absolver à sus Religiosos de la Excomunion que huviessen incurrido, por haver echado la mano violentamente à algun Clerigo. Finalmente à 2. de las Nonas de Junio de el año 9. de el Pontificado, que es à 4. de Junio de el mismo año 1236. concediò al Abad, y Convento de Poblet, que no pudiessen ser convenidos por qualesquiera Letras Apostolicas, sino hacian expressa mencion de la Orden Cisterciense: como es de vèr en su Bula copiada en el *Apend. cap. 2. num. 6.*

13 El Serenissimo Señor Rey Don Jayme, que favoreciò à nuestro Abad Don Vidàl desde los primeros principios de su Abadia, prometiendo en sus manos sepultarse en el Monasterio, como yà vimos arriba *num. 3.* y defendiendo los derechos de el Monasterio, como se dijo *num. 11.* no omitìa ocasion en que pudiesse mostrarle su Real voluntad. Assi que en el año 1233. le hizo donacion de el Castillo de Benifazà, y otros Lugares vecinos en el Reyno

no de Valencia para fundar alli un Monasterio, cuya Fundacion egecutò luego nuestro Abad Don Vidàl, como diremos al ultimo de la Dissertacion. Porque no obstante de ser acontecimiento tocante à esta Abadia, por no cansar tanto à los Lectores, me pareciò tratarla à parte, como lo hicimos en la de el Monasterio de Santa Maria de Piedra. Y en fin año 1234. le confirmò todas las Donaciones, y Concessiones, que hasta entonces le havian hecho, y en adelante le hiciessen los de la noble Familia de Puigvert, sobre los derechos que tenian en los Castillos de Vinaixa, y Omells, à fin de que los tuviesse el Monasterio perpetuamente en puro, libre, y franco alodio.

14 Las memorias de el govierno de nuestro Abad Don Vidal se descubren por Escrituras autenticas de el Archivo hasta 16. de Marzo de 1235. en que èl, y todo el Convento de Poblet hicieron la amigable composicion con Don Simon de Palacio, que se tocò arriba *num.* 10. y devo citar en esta ocasion, para prueba de su duracion en la Abadia. (11) Y aunque los Manuscritos Domesticos, y el Ilustrissimo Fr. Angel Manrique, de relacion de ellos dicen, que en el año 1236. renunciò la Abadia (12); yo soy de parecer que esta vacò por muerte natural de el Abad, que ciertamente falleciò antes de 17. de Deciembre de dicho año 1236. conforme à Escritura de aquella Data, que se lee en nuestro Archivo (13); la qual refiere, que Don Pedro de Monsoriu recibiò de el Abad, y Convento

---

(11) Archivo de Poblet, Cajòn 11. intitulado *Espluga*, ligar. 19. ibi: *Et Nos Vitalis Abbas Populeti.* Et infra: *Actum* 17. *Cal. April. anno Incarn. Dom.* 1235.

(12) Manrique Append. ad 2.tom. Annal. pag. 37. ibi: *Pertæsus curas, & solius quietis appetens, cessisse legitur anno* 1236.

(13) Archivo de Poblet, Cajòn 15. intitulado *Albesa*, lig. 2. ibi: *A Vitali quondam Abbate Populeti.* Et infra: *Actum* 15. *Cal. Januarii anno Dom. Incarn.* 1236.

de Poblet 100. Mazmudinas de oro por la definicion, que les hace de la compra, que havia hecho de el quondam Don Vidal Abad de Poblet de todos los cenſos, y rentas, que el dicho Monaſterio percibia en Albeſa, y ſus Terminos.

APENDICE
A LA DISSERTACION XI.

FVNDACION DE EL REAL MONASTERIO DE Santa Maria de Benifazà en el Reyno de Valencia, Caſa-Hija de el Monaſterio de Poblet: Su primer Abad Don Juan: Algunos Succeſſores en la Abadia hijos de la Caſa-Madre Poblet: Promocion de algunos Hijos de aquel Monaſterio à diverſas Dignidades. Otras memorias: Catalogo de ſus Abades.

1 AL culpable deſcuydo de nueſtros Notadores Domeſticos, que, como dejamos advertido arriba en el *Apendice à la Diſſert. 6. num. 1.* no hicieron mencion alguna de las Fundaciones de los Monaſterios de Piedra, Benifazà, y Santa Maria la Real de Mallorca, ſobre ſer Filiaciones de Poblet, y poder con ſus noticias engrandecer à ſu Madre con glorias proprias, ſin uſurpar las agenas, podemos atribuìr la diverſidad de opiniones en que ſe dividen aſsi los Hiſtoriadores Eſtraños, como los Eſcritores de la Orden; porque como no hallaron noticia alguna en nueſtros antiguos Domeſticos, que les precedieron, ni tampoco llegaron à ſus ojos las Eſcrituras de Fundacion, y Dotacion de el Monaſterio de Santa Maria de Benifazà, parece que cada qual opinò preocupado

CENTVRIA I. APENDICE A LA DISS. XI. 269

pado de la unica noticia, que subministrò à los primeros su proprio discurso, y à los demàs el credito à los que antes havian escrito lo que ellos copiavan. Mas no por esso devemos disculpar el error à los que por no atender à la Chronologia, y razon de los tiempos, se desviaron no solo de la verdad, sino aun de si mismos.

2   El Doctor Pedro Antonio Beuter escrive la Fundacion de Benifazà con estas breves palabras: (1) *El Monasterio de Benifazà fundado año* 1232. Pero mas adelante (2) ò no acordandose de su proposicion, ò faltandose à si mismo, dice: *El Rey Don Jayme viendo la disposicion de la tierra de Morella, y sus contornos, pareciòle que era dispuesto lugar para hacer alli un Convento. Y como en el pleyto, q̃ con Doña Teresa Gil de Vidaure tenia, le huviesse revelado la Confession el Obispo de Gerona, diciendo publicamente, que el Rey mismo le digera que se era prometido con la dicha Doña Teresa, confessandose con èl; por lo que el Rey le mandò cortar la lengua, como à revelador de la dicha Confession, y por ello le fuè mandado al Rey Don Jayme, quando le absolvieron, que fundasse un Convento de la Orden de San Bernardo: diò comission al Abad, y Convento de Poblete, que fundasse un Monasterio en aquel Termino de Morella en un Lugarcico llamado Benifazà, y diò el Lugar aquel à Poblete para aquel efecto.* Sobre la primera proposicion no cometiò el Doctor Beuter anacronismo alguno en señalar la Fundacion de Benifazà al año 1232. porque yà refiere en aquel proprio año la Conquista de Morella. Pero es cierto, que si no le concedemos, que afirmò la Fundacion en profecìa, se desviò tanto de la verdad, que hizo yà existente al Monasterio, quando aun no se havia hecho la Donacion de el terreno para fundarlo; pues no la expediò el Rey Don Jayme hasta 22. de Noviembre de el siguiente año 1233. como verà el Lector

---

(1)   Beuter *Chronica de España lib. 2. cap.* 18.
(2)   El mismo Beuter *lib. 2. cap.* 23.

tor en la Escritura, que và copiada abajo *Apendice cap. 1. num.* 14.

3 La segunda proposicion de Beuter supone, que el Rey Don Jayme hizo cortar la lengua al Obispo de Gerona su Confessor, por el motivo de haver revelado al Papa la obligacion, que el Rey tenia à Doña Teresa Gil de Vidaure, à la qual dice havia prometido casamiento: y sobre este presupuesto, afirma, que quando lo absolvieron de aquel delito, le mandaron en penitencia fundar al Monastario de Benifazà.

4 Antes de entrar en lo que es materia principal de nuestro argumento, nos pone Beuter en ocasion de haver de tratar el successo que presupone; porque siendo un caso tan ruidoso, y recayendo el delito en el Rey Don Jayme Monge de Poblet, con mas motivo que su Chronista Gomez Miedes, (3) devo ocurrir al rumor popular de el crimen cometido contra el Obispo, con la explicacion de el motivo para el excesso, de la absolucion que de èl obtuvo, y de la penitencia que hizo publicamente; y al referir la substancia de el caso, para hacer menos molesta la proligidad, propondrè à los curiosos Lectores alguna reflexion sobre las relaciones de los Autores.

5 Siguieron de el todo la opinion de Beuter los successores el Ilustrissimo Don Bernardino Gomez Miedes, (4) el P. Juan de Mariana, (5) Gaspar Escolano, (6) Fr. Abrahan Bzovio, (7) Fr. Alonso Fernandez, (8) Odorico
Ray-

---

(3) Gomez Miedes *Vita Regis Jacobi cap.* 14.
(4) Idem Gomez Miedes *lib.*6. *cap.* 10. *lib.*10. *cap.*4. & 8. & *lib.*15. *cap.*20. & 21.
(5) Mariana *Historia General de España lib.*13. *cap.* 6.
(6) Escolano *Historia de Valencia lib.*5. *cap.*6.
(7) Bzovio *tom.*13. *Annal. Baronii, anno* 1246. *num.*10.
(8) Fernandez *Concert. Predicator. contra Hareticos anno* 1246. *num.* 4.

Ráynardo, (9) y otros Modernos, añadiendo algunas circunſtancias tan repugnantes, que buelven dudoſo, yà que no inveriſimil, el acontecimiento, como irèmos notando.

6 Los Autores mas coetaneos al ſuceſſo, como el Anonymo, que eſcriviò los Hechos de los Condes de Barcelona cerca de el año 1290. que ſe leen pag. 537. de la Marca Hiſpanica: Montaner, que eſcrivia año 1253. Tomich año 1448. Carbonell año 1495. Marineo Siculo año 1533. y Garibay antes de 1571. y Bernardo Deſclot, que acaſo es mas antiguo que los ſobredichos; todos eſtos Autores precedieron à Bernardino Gomez Miedes, que eſcriviò año 1572. y parece ſer el mas antiguo deſpues de Beuter, que ſiguiendolo, confirmò la noticia de aquel ſangriento caſtigo, como motivado de la revelacion de el Matrimonio oculto con Doña Tereſa; y deſpues han ſeguido ſin mas averiguacion los Autores citados arriba *num.* 5. Es harto reparable, que ninguno de aquellos Autores antiguos tocò la eſpecie de el inſulto de el Rey Don Jayme contra el Obiſpo, no obſtante que los mas tratan expreſſamente de las mugeres de el Rey, y aun de los hijos havidos en Doña Tereſa: y lo que mas es, el Maeſtro Diago, (10) al referir la vida de el Obiſpo Don Fr. Berenguer de Caſtelbisbal (à quien, ſegun relacion de los Eſcritores modernos, huvo de ſuceder el inſulto) ninguna mencion hace de tal ſuceſſo. Y en fin, ſegun afirma el P. Pedro Abarca, (11) ſe corriò el gran Zurita de haver eſcrito el ſuceſſo en la primera edicion de ſus Anales; y en la ſegunda edicion, como tambien en ſus Indices Latinos,

lo

---

(9) Raynard. *tom.* 13. *Annal. Baronii,* anno 1246. *num.* 47.

(10) Fr. Franciſco Diago *Hiſtoria de la Provincia de Aragon, lib.* 2. *cap.* 4.

(11) Abarca *Anales de Aragon, en el Rey Don Jayme, cap.* 5. *num.* 15.

lo passò en silencio acaso como fabuloso, ò destituído alomenos de pruebas suficientes.

7 Si atendemos al obgeto motivo de el insulto, que señalan comunmente los Historiadores, se halla poca, ò ninguna verisimilitud en el sucesso. Todos los que he visto conspiran à que el Rey Don Jayme mandò cortar la lengua al Obispo de Gerona, porque sospechò que havia revelado el secreto de la obligacion en que estava con Doña Teresa, de la qual tenia yà dos hijos, en fee, y palabra de matrimonio, que sabia el Obispo por sola Confession sacramental. La substancia de el caso assi propuesto, nada tiene de inverisimil; pero las circunstancias con que lo visten los Escritores tienen mucho de repugnante: porque conforme à la relacion de unos, huvieron de ser los tratos de el Rey con Doña Teresa año 1219. segun otros, en en el año 1229. segun otros año 1234. y finalmente conforme à otros año 1254. Por consiguiente el Obispo atropellado huvo de ser conforme à unos Autores, Alemando de Aquaviva, segun otros, Berenguer de Castelbisbal, y segun otros, Pedro de Castelnou.

8 El Doctor Beuter (12) dice, que antes de casar el Rey con la Infanta Doña Leonor de Castilla, con quien se desposò à 6. de Febrero de 1221. estava yà embuelto en los amores de Doña Teresa, à la qual, segun fama, havia prometido casamiento, y advierte que no tenia entonces el Rey 15. años. Quanto à la edad de el Rey, dijo bien; porque si naciò à 2. de Febrero de 1208. como sienta el mismo Beuter, (13) es cuenta cabal, que à 6. de Febrero de 1221. tenia 13. años, y 4. dias. Lo que no es facil de componer, es lo que afirma en el cap. 4. que el dia de San Lorenzo 10. de Agosto de 1218. era el Rey de 15. años y meses: porque quien podrà componer, que el Rey año

(12) Beuter *Chonica de España lib. 2. cap. 4.*
(13) El mismo *lib. 2. cap. 1.*

año 1221. no tuvieſſe aun 15. años, y que tres años antes en el de 1218. tuvieſſe yà 15. y meſes? Mas vamos al caſo en queſtion. A la cuenta de Beuter tenia el Rey 13. años y quatro dias, quando ſe deſposò con la Infanta Doña Leonor de Caſtilla. Pregunto ahora: Quando comenzò ſu trato amoroſo con Doña Tereſa, quantos años tendria? Havia forzoſamente de tener menos. Quien pues ha de creer, que antes de caſar con Doña Leonor, con la qual, deſpues de ocho meſes de matrimonio, no pudo ſer hombre, como el miſmo Rey confeſsò, lo huvieſſe ſido con Doña Tereſa, tanto que yà tuvieſſe en ella dos hijos?

9 Mas ſe acerca à lo veriſimil el Licenciado Gaſpar Eſcolano, (14) diciendo: que deſpues de declarado nulo el matrimonio de el Rey con Doña Leonor, puſo los ojos en una Señora llamada Doña Tereſa Gil de Vidaure, à la cuenta de el Rey ſolo por guſto, mas à la de ella, en fee y palabra de marido. Y mas adelante (15) refiere, que el Rey en el repartimiento general de Valencia, que de preciſo devia ſer en el año 1238. lo mas preſto, diò la Zaydìa à Doña Tereſa, y al hijo havido en ella. Con que todo vá conſiguiente à que el Rey deſde el año 1229. en que, como es notorio, fuè declarado nulo el Matrimonio con Doña Leonor, tuvo trato amoroſo con Doña Tereſa, (fueſſe, ò no con fee y palabra de marido) y que en ella tuvo los dos hijos Don Jayme, y Don Pedro, que deſpues año 1272. fueron declarados por legitimos; el qual trato deve creerſe ceſſaria año 1234. quando caſò el Rey con Doña Violante; à cuyo caſamiento ſe opuſo Doña Tereſa, haciendo grande eſfuerzo en que ella era ſu verdadera muger, y no Doña Violante, como lo refiere el miſmo Eſcolano *lib. 3. cap. 8. num. 2.* donde añade que ſe declarò en Rota à favor de Doña Tereſa, pero que el Rey apelò de aquella Declaracion.

(14) Eſcolano *Hiſt. de Valencia, lib. 3. cap. 8.* (15) *Lib. 5. cap. 8.*

10 Aunque Escolano no và señalando puntualmente los años à cada uno de los lances, que refiere; parece deducirse de su relacion, conforme à buena Chronologia: Què Doña Teresa se opuso año 1234. al casamiento intentado con Doña Violante: Que despues de casado el Rey con esta Infanta, prosiguiò en pretender se declarasse nulo aquel Matrimonio: Que haviendolo obtenido por Sentencia Rotal, el Rey apelò de aquella Sentencia, y continuò su Matrimonio con la Reyna; y en fin que continuando hasta el año 1246. favorable à Doña Teresa el semblante de la Causa, sospechasse el Rey, que el Obispo de Gerona havia influido aquella Sentencia Rotal, y achacandole que ninguno sabìa aquel secreto de la palabra de casamiento, sino el Obispo, que lo sabìa por Confession Sacramental, le hiciesse cortar la lengua, ò parte de ella. Por esto dige, que Escolano se acercava mas à lo verisimil: pero con todo se ofrecen algunas dificultades.

11 La primera, que comenzando el pleyto de Doña Teresa contra el Rey antes de el casamiento con la Infanta Doña Violante, parece que el Papa no havria consentido à este Matrimonio; y consta de las Historias, que no solo consintiò, sino que aun influyò mucho con èl, como dicen algunos Chronistas con el gran Zurita. La segunda, que dado caso, que el Papa no supiesse entonces el impedimento de el Rey para casar con la Infanta: pero haviendolo sabido en el año 1246. como se supone, por aviso de el Obispo de Gerona, parece que el Papa en la Carta responsiva de data de 22. de Junio de dicho año, que alegarèmos abajo *num.* 13. no solo havria exhortado al Rey à penitencia de el excesso cometido contra el Obispo, sino tambien al proposito de cumplir con la obligacion contraìda con Doña Teresa, y consecutivamente declarado por nulo el Matrimonio contraìdo con la Infanta Doña Violante, por mas que yà tuviesse en ella al Infante Don

Po-

Pedro; afsi como en el año 1229. declaró por nulo el Matrimonio de el mifmo Rey con la Infanta Doña Leonor de Caftilla, no obftante el tener en ella al Infante D. Alonfo. Y es tan al contrario, que ni en la citada Epiftola de el Papa, ni en otra pofterior, que defpues alegarèmos, fe lee palabra alguna de el Matrimonio actual de la Infanta Doña Violante, ni de el pretenfo de Doña Terefa, ni en fin el menor indicio de que el excefo de el Rey contra el Obifpo fuefe motivado de haver èfte revelado el oculto Matrimonio. Afsi que por lo menos atribuido à efte motivo, tiene poca, ò ninguna probabilidad el cafo tan ruidofo de el Rey Don Jayme contra el Obifpo de Gerona.

12 Y aun prefcindiendo de el dicho motivo inverifimil, que feñalan comunmente los Autores al fucefo, podria parecer harto dudofo, fi fe atendiefe à las confideraciones figuientes. La primera, que el citado Fr. Alonfo Fernandez haviendo referido al año 1246. el infulto cometido contra el Obifpo de Gerona (que, fegun lo advertido arriba *num.* 6. havia de fer precifamente Fr. Berenguer de Caftelbisbal, Religiofo de fu Orden de Predicadores) defpues en el Catalogo de Obifpos *pag.* 456. afirma, que el dicho Fr. Berenguer Obifpo de Gerona murió año 1253. fin que haga mencion alguna, (como tampoco la hizo el P. M. Diago, fegun que en dicho *num.* 6. dejamos advertido) de que jamàs le huviefe acaecido algun finieftro. Afsi que el no efcrivir palabra de fucefo tan fonado dos Autores de la mifma Orden de el Obifpo, que padeció la injuria, parece que buelven harto dudofo el fucefo. La fegunda, que afsi Fr. Abrahàn Bzovio, (16) como Fr. Alonfo Fernandez (17) efcrivieron, que Fr. Defiderio Penitenciario de el Papa, que como Delegado Apoftolico abfol-

(16) Bzovius *tom.* 23. *Annal.* anno 1246.
(17) Fernandez *Concertat. Prædicat.* anno 1246. *num.* 4.

absolviò al Rey Don Jayme, era Religioso de la Orden de Predicadores; y afsi el Papa, como el Rey en sus Letras, que despues alegarèmos, expressan ser Religioso de la Orden de los Menores. La tercera, que el P. Juan de Mariana, (18) Fr. Abrahàn Bzovio, (19) y Fr. Alonso Fernandez, (20) sequaces todos de el Ilustrissimo Gomez Miedes, dicen, que el Rey embiò à pedir perdòn al Papa, por medio de su Embajador Fr. Andrès de Albalate, Obispo de Valencia, con tan enorme anacronismo como resulta de el estar las Letras Apostolicas, y Reales sobre el sucesso, calendadas año 1246. y no haver sido Fr. Andrès de Albalate electo Obispo de Valencia hasta ultimos dias de 1248. en que su Antecessor Don Arnaldo de Peralta fuè promovido al Obispado de Zaragoza. Ciertamente que si estos Escritores huviessen callado el nombre de el Obispo, contentandose, como hicieron otros, con decir que el Rey embiò por Embajador al Obispo de Valencia, nadie podia cogerles en error; mas ahora se trasluce su engaño, en que el primero de ellos acaso escriviria Arnaldo Obispo de Valencia, indicandolo solo por la letra inicial, como se acostumbrava, y despues los demàs sin reflexion escrivieron Andrès en lugar de Arnaldo, aplicaron incautos à Fr. Andrès de Albalate el Hecho, que no pudo competirle, conforme à buena Chronologia. Quien pues, à vista de que los Autores que refieren el caso, yerran el nombre de el Obispo, que el Rey embiò al Papa, podrà estar seguro de que no errassen igualmente el nombre de el Obispo maltratado, ò el año, en que sucediò el Hecho? Ciertamente que siempre quedaria motivo para la duda, sino se hiciesse constar el sucesso por Monumentos fidedignos.

13

(18) Mariana *Histor. General de España*, lib. 13. cap. 6.
(19) Bzovius *loco supra citato*.
(20) Fernandez *ubi supra*.

13 Razon ſerà pues ſatisfacer yà à la expectacion de los Lectores con la verdad de la ſubſtancia de el caſo (pero dividida, y bien diſtante de la cauſa de aquel caſamiento) conteſtada por Cartas de el miſmo Rey Don Jayme al Papa Inocencio IV. y por las de eſte Pontifice reſponſivas al Rey Don Jayme, y por otras Eſcrituras concernientes al argumento. Es pues la ſubſtancia de el tragico ſuceſſo: Que el Rey Don Jayme I. de Aragon deſterrò de ſus Reynos à ſu Confeſſor Fr. Berenguer de Caſtelbiſbal, porque ſoſpechò (y acaſo ſe lo havrian ſugerido los Malſines) que le havia ſido traydor; que havia revelado coſas, que el Rey le havia deſcubierto en el Fuero de la Penitencia, y que havia levantado contra ſu Mageſtad otras muchiſſimas y graves maquinas: Que en fin haviendo deſpues el dicho Fr. Berenguer alcanzado el Obiſpado de Gerona, el Rey, arrebatado de la ira, lo hizo prender, y cortar parte de la lengua. Todo eſto ſe deja bien entender de la Carta de el Papa Inocencio IV. reſponſiva à la que el Rey le havia eſcrito confeſſando el delito, y pidiendo la abſolucion, dada en Leon de Francia à 10. de las Calendas de Julio de el año 3. de ſu Pontificado (que haviendolo comenzado à 24. de Junio de 1243. correſponde à buena cuenta à 22. de Junio de 1246.) la qual trae la diligencia de el P. Odorico Raynaldo, (21) ſacada, como èl eſtila, de la Libreria Vaticana, y de el libro tercero de las Epiſtolas de el Papa Inocencio IV. cuyo primer capitulo, por ſer el mas conſtante abono de la noticia, doy traducido en Caſtellano para inteligencia de todos.

Inocencio Obiſpo, Siervo de los Siervos de Dios, al Rey de Aragon eſpiritu de mas ſano conſejo. Recividas, y leidas tus Letras, ocupò à nueſtro animo un grandiſſimo aſſombro por la enormidad de el delito, que ellas expreſſavan. Pues afirmaſte, que nueſtro venerable Hermano Berenguer Obiſpo de Gerona,

(21) Raynaud. tom. 13. Annal. Baron. anno 1246. num. 44.

na, antes que lo fuesse havia alcanzado tanta autoridad en tu Corte, que era tenido como el mas honrado entre los mayores; pero que despues, como tu añades, siendo traydor contra ti, tuvo ossadìa de revelar cosas, que tu le havias descubierto en el fuero de la Penitencia, y tambien havia armado contra ti otras muchas y graves maquinas. Por lo qual le mandaste saliesse luego de tu Reyno: y haviendo èl alcanzado allì la Dignidad Episcopal, tu encendido con el calor de la ira, le hiciste prender, y con mandato sacrilego quitarle parte de la lengua. Asi nos pedias que mandassemos salir de tu Reyno à dicho Obispo, y à ti, y à los participes en consejo, y ayuda, ò egecucion se diesse la absolucion de tan gran delito.

Hasta aqui el primer capitulo de la Epistola. La suma de otros (que son largos para referidos, aunque bien llenos de elegantisima caridad) consiste en acordar al Rey la grandeza de sus virtudes y hazañas, y el amor, que por ellos, y por la de sus Predecessores le tenia el Papa sobre los demàs Principes Catolicos, y que à essa medida era el dolor de el escandalo presente: Que no devia su Real prudencia haver creido ligeramente un delito tan inverisimil de su Confessor, y no facil de probar; ni quando se probara, pedia ser castigado de el Rey, sino de el mismo Papa: Que no estava su Magestad en disposicion de recibir la absolucion, pues le durava el rencor contra el afligido Obispo. En fin lo exhorta al arrepentimiento de sus culpas, y à que conforme à los saludables consejos, que le daria el Penitenciario Fr. Desiderio que le remitia, satisfaciesse à Dios, y à la Iglesia, para no perder el Reyno eterno, por la sacrilega tiranìa de aquella sangrienta egecucion.

14 Bastaria sin duda este Documento, para dejar sentada como verdadera la substancia de el sucesso. Pero haviendo nuevamente mi diligencia, ò mi fortuna encontrado

CENTVRIA I. APENDICE A LA DISS. XI.   279

trado en el Archivo de esta Real Casa (22) una Copia de Escrituras de el Processo de la Reconciliacion de el Rey Don Jayme sobre el exceso cometido contra el Obispo de Gerona, tan antigua, que parece ser de el año 1300. las quales Escrituras me consta que corresponden legalmente à las que se hallan en el Archivo Real de Barcelona, haria notable injuria à los Lectores amantes de la antiguedad, si les defraudasse de su noticia. Y asi las irè produciendo por su orden para aclarar con ellas toda la sèrie de el sucesso.

15 Recividas las Letras exhortatorias de el Papa referidas arriba *num.* 13. propuso el Rey seguir los saludables consejos de su Penitenciario Fr. Desiderio, haciendo publico el reconocimiento de el delito cometido, y el proposito de satisfacer à la Iglesia, con Escritura, que otorgò en la Ciudad de Valencia à 5. de Agosto de 1246. la qual buelta de Latin en Castellano, suena assi.

Nos Jayme, Rey de Aragon. Por consejo y exhortacion de Fr. Desiderio, Penitenciario de el Señor Papa, reconocemos haver excedido gravemente en el hecho de la mutilacion de la lengua de el Obispo de Gerona, y haver enteramente ofendido à nuestra Madre la Iglesia. Por tanto doliendonos de lo hecho, contritos, y humillados pedimos perdon à Dios, y al Sumo Pontifice su Vicario en la tierra. Y en señal de nuestra verdadera contricion, prometemos, que por nuestras Letras patentes pedirèmos devotamente perdon al dicho Obispo ofendido, y suplicarèmos por nuestras Letras al Señor Papa, que no obstante nuestras Letras, y suplicas, en que le pediamos que mandasse al Obispo continuasse en el destierro de nuestros Reynos, haga su Santidad lo que le pareciere mas conveniente, que Nos lo tendrèmos à bien: y por la injuria, que hicimos à la Iglesia de Gerona, darèmos satisfaccion, haciendo una de estas cosas. Construirèmos un Hospital, ò acabarèmos la Abadìa de Benifazà

(22) Archivo de Poblet, Cajòn 28. intitulado *Valencia.*

faza de la Orden Cisterciense yà comenzada, ò concluirèmos el Hospital de San Vicente en la Ciudad de Valencia, ò señalarèmos algunos reditos à la Iglesia de Gerona, segun lo que pareciere al Señor Papa, que mejor convenga. Y porque muchos de nuestros Reynos creen, que Nos estamos indignados contra la Orden de Predicadores, y dejan de hacerles beneficios, por temer que por la familiaridad con ellos incurririan nuestra malevolencia, prometemos reconciliarnos con ellos, y reducirlos à nuestro pristino amor; y convocados el Pueblo, y el Clero, significarèmos, que Nos en ninguna cosa estamos ofendidos de la Orden de Predicadores, antes los queremos amar, honrar, y promover, y mandarèmos à todos los nuestros que hagan lo mismo. Y convocarèmos Junta de Prelados, Nobles, y Ciudadanos de nuestros Reynos, y delante de ellos reconocerèmos nuestra culpa sobre el referido delito, humillandonos de manera, que assi como les dimos materia de escandalo en la magnitud de el pecado, assi, concediendolo Dios, les darèmos materia de edificacion con nuestra muy grande humillacion. Dada en Valencia à las Nonas de Agosto.

En la Escritura se vè claramente que el excesso de el Rey Don Jayme contra el Obispo de Gerona fuè haver mandado cortarle parte de la lengua. Se vè tambien, que haviendolo estrañado de sus Reynos, havia suplicado al Papa, que le mandasse continuar en su destierro; pero ahora yà arrepentido le escriviria que hiciesse lo que mejor le pareciere, y propone pedir perdon al Obispo, y à su Orden de Predicadores, con los quales creían algunos, que el Rey estava indignado; y en fin se vè la determinacion que tomò su Magestad de satisfacer à la Iglesia, por los medios que expressa en el Instrumento.

16 Todo lo que propuso en la referida Escritura, lo participò el Rey al Papa Inocencio IV. por sus Letras dadas en Valencia el mismo dia 5. de Agosto, en las quales respondiendo à la Carta que recibiò de el Papa, de data de

Leon

Leon de Francia de 22. de Junio, alegada arriba *num.* 13. le embia à pedir perdon, y la abfolucion de el excesso cometido por medio de fu Embajador Fr. Arnaldo de Peralta Obifpo de Valencia, que traducidas de Latin en romance, fon de el tenor figuiente.

Al Santifsimo en Chrifto Padre, y Señor, y à fu carifsimo Pariente Inocencio, por la Divina Providencia, Sumo Pontifice de la Sacrofanta Iglefia Romana, Jayme, por la gracia de Dios, Rey de Aragon, Mallorca, y Valencia, Conde de Barcelona, y Vrgel, y Señor de Mompeller, la devida reverencia y honor. De parte de Vueftra Santidad havemos recibido Letras fobre el Hecho, por lo qual haviamos incurrido la Defcomunion, cofa que fentimos mucho, porque nunca tuvimos voluntad de incurrir por alguna caufa tan grande peligro: pero tenemos la mayor confianza en aquel que nos permite vivir y reynar en la tierra, que, mediante fu auxilio, y el de Vueftra Santidad, obrarèmos de manera, que fe quitarà de nueftros ombros efta carga, y nunca mas bolverèmos à incidir en cofa femejante. Y aunque à algunos parecieron afperas y duras las palabras de vueftra Carta, pero Nos las recibimos benignamente, y eftimamos vueftra correccion por grande amor y gracia; y abrazando como hijo obediente vueftro confejo, proponemos reverenciar fiempre à Vueftra Santidad, y à la Iglefia fobre todas las cofas, y no defviarnos de fu camino, ni efcandalizarla en algo. Damos à Vueftra Santidad muchas gracias, porque condefcendiendo con nueftras Suplicas, nos embiafteis à Fr. Defiderio vueftro Penitenciario, Varon provido, y difcreto, que con fus palabras nos manifeftò, que eftais aparejados para hacernos toda gracia, y honor, quanto comodamente podeis. Por tanto fuplicamos humilmente, que confiderando nueftra buena voluntad, que fiempre tuvimos à la Iglefia de Jefu-Chrifto, nos feais favorables y benignos en el articulo prefente; pues fabeis, y podeis confiderar confidentemente, que acerca de el daño de la Iglefia eftamos prontos à fatisfacer, exponiendo nueftra Perfo-

na, en quanto pudieremos, contra los que la combaten, ò pretenden perturbarla, y proponemos sugetarnos à la muerte por vuestra eviccion, y libertad de la Iglesia. Y dando credito al venerable, y Amado Arnaldo Obispo de Valencia, y al dicho Fr. Desiderio en estas cosas, y otras, que les pareciere proponeros de nuestra parte, os digneis remitir el beneficio de la absolucion à Nos contritos, y humillados, y aparejados à satisfacer humilmente por el grande excesso cometido, segun lo expusimos à viva voz al dicho Religioso. Atendiendo à que, fuera de el dicho excesso, no sabemos que jamàs hayamos ofendido en algo à la Iglesia, ni la ofenderèmos en adelante, concediendolo Dios. Suplicamos tambien que por el mismo Fr. Desiderio, por medio de el qual quisisteis con benignissima piedad mirar por el bien de nuestra alma, remitais tambien el beneficio de la absolucion; si fuere de vuestro agrado, à Nos, y à los que estuvieren con Nos; porque nos ha parecido, que su saludable consejo nos ha dirigido al camino de la salud. Dada en Valencia, à las Nonas de Agosto.*

17 Recibiò el Papa estas Letras, y haciendose cargo de la Real sumission, de la detestacion de el excesso cometido, de el rendido recurso à su Paternal misericordia, y de la cabal satisfaccion, que ofrecia assi en estas Letras, como de palabra, por medio de su Embajador Obispo de Valencia, y de el Penitenciario Fr. Desiderio, los quales tal vez llevarian por instruccion la Escritura de reconocimiento, y propositos, alegada arriba *num.* 15. se dignò su Santidad transmitirle unas Letras Apostolicas, dadas en Leon de Francia à 10. de las Calendas de Octubre de el año 4. de su Pontificado, que à buena cuenta corresponde à 22. de Setiembre de 1246. que bueltas en romance, suenan assi.

Inocencio Obispo, Siervo de los Siervos de Dios, al Ilustre Rey de Aragon, espiritu de mas sano consejo. Omitido el Prologo bastantemente difuso, dice: *Haviendo entendido, que por*

por instigacion de el enemigo de el Genero Humano havias excedido gravemente contra nuestro venerable Hermano Obispo de Gerona; como la Iglesia te tenga por especial entre los otros Principes de el mundo, no pudimos dejar de dolernos por lo enorme de el excesso, ni dejar de turbarnos en tu misma turbacion: y reconociendote el mundo por Rey hasta aqui virtuoso, no pudimos dissimular el solicito cuidado de la salud de tu alma; porque dissimulado el excesso, induciria sin duda grande peligro, pero reprobado, induce remedio sempiterno. Por tanto de consejo de nuestros Hermanos, determinamos embiarte al amado hijo Fr. Desiderio de la Orden de los Menores, nuestro Penitenciario, Varon honesto, provido, y discreto, con nuestras Letras, paraque, mediante sus exhortaciones, ò propriamente nuestras, procurasse reducirte al gremio de la Iglesia. Y segun afirmavan tus Letras, y mostrò tambien la relacion hecha delante de Nos, y de nuestros Hermanos, recibiste con animo agradecido las palabras que te propusieron, de lo qual nos alegramos en el Señor. Y pues, procurando tu satisfacer al agraviado, exponiendote à ulterior satisfaccion, pediste con corazon contrito y humillado el beneficio de la absolucion; transmitimos de consejo de dichos Hermanos à nuestro venerable hermano Obispo Camerinense, y al dicho Fr. Desiderio de la Orden de los Menores, nuestro Penitenciario, paraque te confieran el beneficio de la absolucion, segun la forma de la Iglesia. Esperando que assi como hasta aqui fuiste constante en la fidelidad, y sincero en el amor, allegado à la Iglesia Romana, y à Nos devota, y fielmente, deva en adelante dirigirse siempre tu intencion, para agradar à los ojos de la Divina Magestad por obras de piedad; pues por ello se te darà aumento de dias, y se te conferirà la Corona de la eterna Gloria. Queda assegurado de la gracia, y favor nuestro, y de la Sede Apostolica, que no nos olvidamos de tu devocion, y fidelidad, y tenemos en el animo proseguir las bendiciones de benevolencia especial segun Dios al afecto de tu sinceridad. Dada en Leon á 10. *de las Calendas de Octubre*, año 4. *de nueſtro Pontificado.*

18 Llegaron con eſtas Letras Apoſtolicas los Legados de el Papa, Felipe Obiſpo Camerinenſe, y Fr. Deſiderio á la Ciudad de Lerida, donde ſe hallava el Rey Don Jayme en el mes de Octubre de 1246. para darle la abſolucion de la Excomunion que havia incurrido: pero el Rey antes de recibir la abſolucion, hizo en la Igleſia de los Menores de dicha Ciudad el acto de perdon, y reconciliacion con el Obiſpo de Gerona; como es de vèr en Eſcritura otorgada á 17. de dicho mes y año, que traducida en romance, dice aſsi.

Antes de nueſtra abſolucion delante de los cariſsimos, y venerables, y diſcretos Varones Obiſpo Camerinenſe, y Fr. Deſiderio, Nuncios de el Sumo Pontifice, y congregada toda la multitud aſsi de Prelados, como de otros en la Ciudad de Lerida, en la Caſa de los Frayles Menores, perdonamos de puro corazon al Obiſpo de Gerona, ſobre todas las coſas, por las quales havia incurrido nueſtra ofenſa: y al miſmo damos en adelante entera ſeguridad. En teſtimonio de lo qual roboramos con nueſtro Sello la preſente Eſcritura. Dada en Lerida á 16. de las Calendas de Noviembre, año de el Señor 1246.

19 Tambien ofreció el Rey la ſatisfaccion á la Igleſia que luego referirèmos, y la aceptaron los Comiſſarios Apoſtolicos, mandandole ſu cumplimiento en virtud de juramento, antes de darle la abſolucion, que la recibió ſu Mageſtad, (como èl miſmo lo afirma en la Carta, que eſcrivió al Papa, y darèmos abajo *num.* 20.) el dia 14. de Octubre de 1246. Bien que el Inſtrumento publico, que de todo eſto ſe hizo, no ſe otorgó haſta el dia 20. de dichos mes y año, como es de vèr en la Copia de èl, que buelta en Caſtellano, es de el tenor ſiguiente.

Sepan todos, que Nos Felipe Obiſpo Camerinenſe, y Fr. Deſiderio de la Orden de los Menores, Penitenciario de el Señor Papa:

Papa: Por la autoridad que tenemos de el Señor Papa sobre la absolucion de Vos Jayme, Rey de Aragon, de la Excomunion que incurristeis, por razon de la ofensa cometida contra la Persona de el Obispo de Gerona; mandamos, en virtud de el juramento que haveis prestado, que en adelante no echeis, ni hagais echar temerariamente por otro manos violentas à Clerigos, ò Personas Religiosas, exceptuados los casos permitidos por el Derecho. Y acceptamos la satisfaccion que ofrecisteis espontaneamente por la dicha ofensa. Conviene à saber, que al Monasterio de Benifazà de la Orden Cisterciense, por Vos felizmente comenzado, lo acabeis, dotandolo, y edificandolo de tal manera, que no pudiendo al presente mantener mas de veinte y dos Monges, pueda comodamente sustentar quarenta; y que gasteis ducientos Marcos de plata en la Iglesia de aquel Monasterio: y que al Hospital de San Vicente de Valencia, tambien por Vos comenzado, lo doteis de tales possessiones, que tenga anualmente los reditos de seiscientos Marcos de plata: y que establezcais de vuestros reditos un Sacerdote, que perpetuamente sirva, y celebre en la Iglesia de Gerona. Dada en Lerida, año de el Señor 1246. à 13. de las Calendas de Noviembre.

20 Absuelto yà de las Censuras Eclesiasticas, significò el Rey al Sumo Pontifice su gratitud, por Carta dada en Lerida à 18. de Octubre de el mismo año, en la qual, despues de rendir à su Santidad las devidas gracias por la absolucion, le refiere la publicidad que entrevino en aquel acto, y la satisfaccion ofrecida à sus Comissarios Apostolicos, como queda arriba expressada: Todo lo qual es de vèr en su copia, que traducida en Castellano, suena asi:

Hacemos à Vuestra Santidad magnificas acciones de gracias, porque no solo procurasteis con pastoral solicitud bolver al rebaño de la Iglesia à Nos vuestro Hijo, y devoto, desviado de el camino de la rectitud, sino que con afluencia de vuestra acostumbrada piedad, nos embiasteis con provida dignacion à los carísimos Obispo Camerinense, y Fr. Desiderio vuestro Penitenciario, Varones providos, y discretos, à conferirnos misericordiosamente el beneficio de la absolucion. Por tanto hacemos manifiesto por la sèrie de las presentes Letras à Vuestra Santidad, y à todos los que las vieren, que Nos año de el Señor 1246. el dia antes de los Idus de Octubre, estando en el lugar de los Frayles Menores de Lerida en presencia de los venerables el Arzobispo de Tarragona, y los Obispos de Zaragoza, Urgel, Huesca, y Elna, y congregada toda la muchedumbre de otros Prelados, Barones, Religiosos, y Seglares, de voluntad y mandato de dichos vuestros Nuncios, haviendo antes reconocido, segun la devida forma humilmente, y como plugo al Señor concedernos, el excesso cometido contra el Obispo de Gerona, prometimos debajo de juramento estàr à los mandatos de la Iglesia. Y vuestros Nuncios nos mandaron en virtud de el juramento que haviamos prestado, que de aqui en adelante no echemos, ni hagamos echar temerariamente manos violentas en Clerigos, ò Personas Religiosas, sino en los casos exceptuados por el Derecho. Y Nos, por satisfaccion de la ofensa cometida contra la Persona de el Obispo de Gerona, y en remission de nuestros pecados, ofrecimos nuestra satisfaccion, que aceptaron vuestros Nuncios, en esta forma: Que à nuestros gastos acabemos la Abadia de Benifazà de la Orden Cisterciense, de la Diocesis de Tortosa, que està por Nos nuevamente comenzada, y que à la Fabrica de la Iglesia de dicha Abadia demos ducientos Marcos de plata; y al Hospital de Pobres de San Vicente de Valencia, que comenzamos, asignemos seiscientos marcos de plata perpetuamente, en reditos, de los quales se sustenten alli Pobres, y Peregrinos, y se depute cierto numero de Sacerdotes, y Clerigos al servicio de su Iglesia; y que instituyamos un Sacerdote perpetuamente en la Iglesia de Gerona, que assista continuamente à los Oficios Divinos, y ruegue por Nos al Señor. Dada en Lerida, à 15. de las Calendas de Noviembre, año de el Señor 1246.

21 A vista de los sobredichos Documentos, yà no puede dudarse de la substancia de el tragico sucesso. Y devemos persuadirnos, que por no haver llegado su noticia à los Escritores antiguos arriba citados lo passaron en silencio: como tambien que el haverlo despreciado como fabuloso, ò destituido de pruebas suficientes el gran Zurita, fuè porque dudò prudentemente de los Monumentos, que de el Archivo de Benifazà citavan solo à bulto el Doctor Beuter, el Ilustrisimo Gomez Miedes, y otros Escritores que le precedieron. Pero quanto al motivo, que excitò al Rey Don Jayme à cometer tan grave sacrilegio, como no se prueba de los referidos Monumentos, que fuesse la sospecha de que el Confessor huviesse revelado el secreto matrimonio con Doña Teresa Gil de Vidaure, sino solo el haver sospechado que le havia revelado cosas comunicadas en el fuero de la Penitencia; devemos sentar conforme à la Chronologia, y razon de los tiempos, que el obgeto motivo no fuè la sospecha de que huviesse revelado aquel casamiento, sino de haver comunicado al Infante Don Alonso, Primogenito de el Rey Don Jayme, la desapacible distribucion de la Corona, que el Rey tenia premeditada.

22 Para total inteligencia, presupongo, de relacion de los Historiadores de mejor nota, que el Rey Don Jayme desde el año 1255. muerta la Reyna Doña Violante, hasta el de 1263. tratò como à propria muger à Doña Teresa, y fuè reputada por tercera muger de el Rey, el qual en el proprio año 1255. le hizo donacion de la Villa de Egerica para el hijo, que le pariesse, segun Instrumento autentico, que alega Zurita: señal evidente que huviesse ò no tenido trato con aquella Señora antes de casar con la Reyna Doña Violante, como afirmò Escolano, no tuvo por lo menos hijo alguno en ella hasta dicho año 1255. Que año 1260. le hizo tambien donacion de el

Palacio de la Zaydìa de Valencia, que hoy dia es Monasterio de Religiosas Cistercienses: Que las Actas de las Cortes de Zaragoza de el año 1264. hablan de Doña Teresa, como de actual muger de el Rey, en el qual tenia yà los dos hijos Don Jayme, y Don Pedro, y les havia dado tierras en honor, segun se quejavan de ello los Ricos-Hombres; que todo indica haverla el Rey tratado hasta entonces como à legitima muger, cuyos hijos declarò legitimos en el Testamento hecho en Monpeller año 1272. Y como por otra parte es constante, que el Rey no la admitiò mas à su compañia desde que le pleyteò el Matrimonio, que seria al año 1267. en que enredado el Rey en los amores de Doña Berenguela Alfonso, pretendiò repudiar à Doña Teresa, queriendo no haver estado casado con ella, viene à ser evidente que el pleyto de el Matrimonio no pudo en manera alguna influir en el sangriento castigo de el Obispo, asserto al año 1246. ni la materia de la ira contra su Confessor pudo ser la sospecha de que huviesse revelado el casamiento oculto con Doña Teresa.

23 Presupongo assimismo, que la distribucion premeditada de la Corona, que tuvo el Rey en secreto, por considerarla desapacible à los hijos, se publicò año 1246. segun la corriente de las Historias. Y presumiendo el Rey, que el Obispo de Gerona, à quien lo havia comuicado en el fuero de la Penitencia, lo havia antecedentemente declarado al Principe Don Alonso su Primogenito, y persuadido que no diesse su consentimiento à tal distribucion; al vèr el Rey Don Jayme, que el Infante Don Alonso, dandose por ofendido de su Padre, se retirò à Calatayud, desfogò el Rey su enojo contra el Obispo, mandandole prender, y cortar parte de la lengua. De donde parece deducirse con la mayor verisimilitud, que por no oponerse à la Chronologia, y razon de los tiempos, la substancia de el tragico sucesso, sacada de las Cartas assi

Rea-

Reales como Pontificias, deve afirmarse motivada de haver sospechado el Rey, que el Obispo havia divulgado el secreto de la distribucion de la Corona, que intentava hacer entre sus hijos, y no que huviesse revelado el matrimonio prometido à Doña Teresa Gil de Vidaure.

24 Escandaloso fuè sin duda el delito de el Rey Don Jayme: pero lo recompensò con egemplarissimo arrepentimiento, y penitencia publicamente impuesta, que su Magestad aceptò con humilde resignacion, y cumpliò con Regia magnanimidad; que es lo unico de el sucesso, que concierne à nuestro argumento principal.

25 Compungido el Rey Don Jayme de tán enorme sacrilegio, embiò al Obispo de Valencia al Papa Inocencio IV. pidiendo de parte de el Rey la absolucion. Gozoso el Papa de tan Real demonstracion, diò el orden, y la comission conveniente à su Penitenciario, el qual, junto con otro Legado Apostolico, Obispo Camerino, llegaron à la Ciudad de Lerida por el mes de Octubre de 1246. y en la Iglesia de San Francisco, dia 14. saliò el Rey à la publica presencia de los dos Legados Apostolicos, delante de muchos Obispos, Abades, y multitud assi Eclesiastica, como Seglar, y confessando claramente su delito con lagrimas, y detestandolo con las palabras, que le fueron señaladas en Cedula, fuè reprehendido, absuelto, y penitenciado, con la obligacion, que cumpliò, de acabar con magnificencia, y dotar con renta de ducientos Marcos de plata al Convento de Benifazà de la Orden de Cistèr, de perficionar en Valencia, con Fabrica y renta de seiscientos Marcos de plata al Hospital de San Vicente, y en fin de destinar en la Iglesia Cathedral de Gerona un Sacerdote, que rogasse à Dios por el mismo Rey: Todo lo qual consta de las Escrituras alegadas desde el *num.* 15.

26 De esta relacion consta claramente el engaño de Beuter, en haver dicho, que mandaron al Rey Don Jayme

fundar al Monasterio de Benifazà, en vez de decir, dotar al Monasterio yà fundado. Pero aun en su presupuesto falso, no puedo dejar de hacerle cargo de el anacronismo, que es la materia de mi argumento. Si el Rey Don Jayme fundò al Monasterio de Benifazà, por haverselo mandado quando fuè absuelto de el delito referido, no pudo fundarlo año 1232. como dijo antes el Doctor Beuter; porque el año 1232. precede por espacio de 14. años al de 1246. en que, conforme à la opinion de todos los Autores que refieren el sucesso, se le diò la absolucion con toda solemnidad en la Iglesia de Lerida: ò si fundò al Monasterio en dicho año 1232. no pudo aquella Fundacion ser efecto de la penitencia. Yà sè que los defensores de Beutèr diràn, que no se contrapuso à sì mismo, ni cometiò anacronismo alguno en afirmar, que el Monasterio fuè fundado año 1232. y que fuè en cumplimiento de la penitencia impuesta por aquel delito, porque el dicho Autor (23) fuè de opinion, que el caso de cortar la lengua al Obispo de Gerona sucediò en el año 1227. con que haviendo precedido por cinco años el caso à la Fundacion de el Monasterio, ni hay contraposicion, ni anacronismo. Pero yo repongo, que no solo consta de la comun relacion de los Autores, haver sucedido el caso año 1246. sino que la Carta Pontificia convence, que el Obispo no se llamava Alemando, que muriò año 1227. sino Berenguer, y èste, segun el Decreto de eleccion, y confirmacion, (24) sucediò en la Iglesia de Gerona à Don Guillen de Cabanillas à 6. de Enero de 1245. de la Encarnacion, y 1246. de el Nacimiento de Christo.

27 Los demàs Autores, que despues de Beuter hicieron mencion de el delito, y penitencia de el Rey Don Jayme, aunque no tropezaron en el engaño de decir, que

(23) Beuter *Chronica de España, lib. 2. cap. 23.*
(24) Ex Tabulario Archivii Tarraconen.

le fuè mandado fundar al Monasterio de Benifazà, sino dotarlo despues de fundado, tampoco acertaron con el tiempo de su Fundacion. El P. Juan de Mariana (25) viene à poner la Fundacion de Benifazà al año 1226. diciendo: *La penitencia fuè, què à sus expensas acabasse el Monasterio Benifaciano, que con advocacion de nuestra Señora de los Montes de Tortosa, veinte años antes de esto, luego que se tomò el Pueblo de Morella, se comenzara, y se edificava poco à poco.* La penitencia refiere el proprio al año 1246. Luego si la Fundacion de el Monasterio de Benifazà se comenzò veinte años antes, tuvo à buena cuenta su principio año 1226. cosa totalmente inverisimil, por no haverse conquistado Morella hasta el año 1232.

28 El Licenciado Gaspar Escolano, (26) al querer emendar à Beuter, y à los demàs, que engañados escrivieron, que el Monasterio de Benifazà fuè fundado por el Rey Don Jayme, por haverselo dado por penitencia, arguye assi: *Tambien se le mandò, que hiciesse otro tanto en el Monasterio de Benifazà en este Reyno de Valencia, cuyo Edificio le havia comenzado catorce años despues de la toma de Morella, y que le dotasse de ducientos Marcos de plata. De aqui consta el engaño de los que escrivieron, que el Monasterio de Benifazà lo levantò de cimientos el Rey, por haverselo dado por penitencia.* Yo por lo menos no alcanzo el desengaño. La toma de Morella refiere Escolano (27) al año 1233. Luego si el Edificio de Benifazà se comenzò catorce años despues, huvo de comenzarse año 1247. conforme à su opinion, y en el de 1246. en la de los que adelantan la toma de Morella al año 1232. Como pues presume Escolano hacer patente el desengaño de los que escrivieron, que el Rey Don Jayme levantò de cimientos al Monaste-

---

(25) Mariana *Histor. General de España, lib. 13. cap. 6.*
(26) Escolano *Hist. de Valencia, lib. 5. cap. 6. num. 5.*
(27) El mismo Escolano *Lib. 3. cap. 4.*

rio de Benifazà, por h averſelo impueſto por penitencia, con probar que ahora ſe conquiſtaſſe Morella año 1232. ahora en el de 1233. el Edificio, que comenzò 14. años deſpues de la Conquiſta, huvo de comenzarſe año 1247. y lo mas preſto año 1246. que es el miſmo de la penitencia de el Rey? Què repugnancia pudo hallar Eſcolano en que el Rey Don Jayme levantaſſe de los cimientos al Monaſterio de Benifazà, por haverſelo dado por penitencia, quando èl proprio afirma que ſe comenzò un año deſpues de la abſolucion?

29 Los Chroniſtas de la Orden andan tambien diſcordes entre sì ſobre la Fundacion de el Monaſterio de Benifazà; de manera que el Iluſtriſsimo Fr Juan Alvaro (28) la refiere al año 1246. como efecto de la penitencia impueſta al Rey Don Jayme, poſponiendola por eſpacio de trece años à ſu verdadero principio, que fuè año 1233. como luego verèmos: Y el Iluſtriſsimo Fr. Angel Manrique (29) no ſeñala año determinado, antes duda ſi fuè el Abad Don Ramon Donato, ò ſi fuè Don Vidal III. de eſte nombre (al qual llama Segundo, por no haver tenido noticia de el Segundo Abad de Poblet Don Vidal, à quien dirigiò la Bula de Proteccion el Papa Eugenio III.) el que la puſo en egecucion: pero en qualquiera hypoteſis la pone deſde el año 1239. al de 1242. poſtergandola por lo menos 6. años.

30 El Catalogo de los Monaſterios de la Orden Ciſtercienſe deſcrive al año 1235. no ſolo la Fundacion de el Monaſterio de Benifazà, ſino tambien la de el Real de Mallorca; aquella à 4. de los Idus de Enero (que es à 10.) de 1235. y èſta à 12. de las Calendas de Abril (que es à 21. de Marzo) de el proprio año: que con toda eſſa
pun-

(28) Alvaro *Fundaciones de los Monaſterios Ciſtercienſes de la Corona de Aragon.*

(29) Manrique *Append. ad tom. 2. Annal. Ciſterc. pag. 37.*

puntualidad se dice estar la Chronologìa en aquel Catalogo. Assi estuviera conforme à la verdad, de la qual se desvia, atrassando por dos años la Fundacion de Benifazà, y adelantando por quatro la de Mallorca, como se convencerà en sus proprios lugares. Bien creo, que à los que no huvieren leìdo mi Libro primero de la Fundacion de Poblet, en que èsta se convence efectuada por lo menos à 6. de Mayo de 1151. les parecerà demasiado arrojo el decir, que tan proclamado Catalogo se desvia de la verdad: pero yà que la ocasion se ha venido sin buscarla, quiero que sean Jueces de lo dicho los mayores Escritores de la Orden. El Ilustrissimo Fr. Angel Manrique, (30) al qual para formar los vastos Anales Cistercienses, le fuè preciso investigar la verdad de las Chronologias de las Fundaciones, dijo: *Yo juzgaria haverse de corregir aquella Chronica de Monasterios Cistercienses, que retardando al año* 1119. *el principio, y Fundacion de Buenaval, fuè ocasion de errar à muchos: sino que como està hirviendo casi de tantos errores como años señala, quizà seria mas facil borrarla, que corregirla:* Y despues de haver demostrado su acertado juizio con egemplo de diez Fundaciones erradas, concluye: (31) *Paraque vea el Lector que de solo el Catalogo, como de un tiro, se han cogido diez errores, y de este jaèz son tantos los muchos otros que hay, que casi contiene tantos como Monasterios.* Y aunque el otro celebre Escritor Carlos de Visch (32) intentò

sua-

(30) Idem Manrique *tom.1. Annal. Cisterc. anno* 1118. *cap.2. num.7. ibi: Corrigendum censerem Chronicon Cisterciensium Cœnobiorum, quod Bonævallis initia, & fundationem in annum* 1119. *differens, multis aliis errandi occasio fuit. Nisi tot ferè erroribus scatens, quot annos signat, facilius fortè deleas, quàm emendes.*

(31) Idem ibidem: *Quò videat Lector, vel ex eo solo quasi uno ictu deprehensos decem errores: atque hujus generis tam multa alia sunt, ut tot ferè contineat, quot Monasteria.*

(32) Visch *In Præfat. ad Catal. Abbatiar. Cister.* ibi: *Quæ censura (Manrique videlicet) tametsi aquo rigidior videatur, reverà tamen negari non potest, eandem Chronologiam in multis esse erroneá,*

suavizar el rigor de la Censura de el Iluſtriſsimo Manrique, ſin embargo confieſſa, aunque por fuerza, no poder negarſe, que es erronea la dicha Chronologia. Y al Reverendiſsimo P. M. Fr. Antonio de Yepes (33) le pareciò neceſſario dejarnos la advertencia ſiguiente: *Como ſon ahora los principios de las Fundaciones de los Monaſterios Ciſtercienſes, quiero advertir una coſa importante para ahora, y para adelante. Eſta es, que muchas Abadìas no eſtàn en el Catalogo de los Monaſterios Ciſtercienſes en el miſmo año en que ſe fundaron, ò por deſcuydo de los que fundaron en algunas Provincias, que no ſe acordavan de dar relacion à Ciſtèr de los Monaſterios fundados, ò porque alli ſe deſcuidavan de ponerlo en el proprio año de ſu Fundacion.* Con que ſi en eſtas circunſtancias ſe deve dàr fee al Catalogo, juzguenlo los imparciales. De lo dicho ſe infiere, que, ſegun la diverſidad de opiniones, cabe à diverſos Abades de Poblet la Fundacion de el Monaſterio de Benifazà, cuya verdad convenceràn Inſtrumentos autenticos de nueſtro Archivo contra el engaño de los mencionados Hiſtoriadores.

31 Yà vimos arriba *Diſſert.* 10. *num.* 11. que el Sereniſsimo Señor Rey Don Pedro II. de Aragon hizo à Don Guillen de Cervera donacion de los Lugares, y Caſtillos de Benifazà, Valmagranèr, Fredes, Roſsèl, Bojàr, Caſteldecabres, y Bel, los quales el dicho Don Guillen de Cervera, al otorgar ſu Teſtamento, ſiendo Novicio año 1229, legò enteramente à Poblet. Ahora pues à 13. de Agoſto de 1233. ſe hizo ſobre ellos una Concordia entre las Partes de el Obiſpo, y Canonigos de Tortoſa, y el Abad, y Monges de Poblet; y entre otros pactos, ſe concordò, que ſi Poblet quiſieſſe fundar un Monaſterio en el diſtrito de aquellos Lugares, lo pudieſſe libremente hacer, ſin que el Obiſpo, y Canonigos de Tortoſa ſe lo embarazaſſen. De el qual Concordato ſe infiere, que yà entonces tratavà

Po-

(33) Yepes *Chronica de San Benito,* cent. 7. anno 1120. cap. 4.

Poblet de su proprio motivo fundar alli un Monasterio: luego à 17. de el mismo mes y año, hallandose el Rey Don Jayme en la Ciudad de Lerida, le suplicò Fr. Guillen de Cervera, que sin reservarse cosa alguna en los dichos Castillos, Lugares, y Terminos, hiciesse de ellos absoluta Donacion al Monasterio de Poblet, como en efecto lo hizo, obligado de las suplicas de su amigo Fr. Guillen: Y en fin estando el Rey en la Ciudad de Tortosa à 22. de Noviembre de el proprio año 1233. concediò su Real Privilegio, paraque se efectuasse la Fundacion en Instrumento, que por demostrar la Filiacion de el Monasterio de Benifazà, và copiado en el *Apend. cap. 1. num.* 14.

32 Haviendo pues el Abad Don Vidal, y el Convento de Poblet entendido la santa intencion, loable voluntad, y católica devocion de el Rey Don Jayme, tan conforme à la que ellos llevavan, de fundar al Monasterio, egecutaron luego el Real mandato, passando immediatamente à elegir Abad, y Convento para el nuevo Monasterio de Benifazà, de manera, que, segun el Catalogo de Abades, que se guarda en el Archivo de aquella Real Casa, el Abad Don Juan, que fuè el nombrado para governarla, se hallava yà con su Colonia en el proprio año 1233. en el lugar de su destino, que fuè el Castillo de Santa Escolastica, distante de el de Benifazà menos de media milla, donde hicieron mansion hasta el año 1250. Por lo menos es constante, contra los que engañados pospusieron la Fundacion al año 1235. y al de 1246. que à 10. de Deciembre de 1234. estava yà en aquel Lugar el Convento formado; pues à èl, y à su primer Abad Don Juan hizo el Serenisimo Señor Rey Don Jayme donacion de una Casa, y Viña en la Ciudad, y Termino de Tortosa, como consta de Escritura de el Archivo de aquel Monasterio, con otras siguientes de data de 25. de Agosto de 1235. de 10. de Enero de 1236. y de 1. de Octubre de 1237.

1237. De muchas noticias, que refiero, soy testigo ocular, por haver residido algunos años en aquel insigne Monasterio, leyendo Filosofia à los Monges Jovenes. Las demàs tienen la certeza conveniente, como sacadas de el Archivo de aquella Real Casa.

33 Està situado el Monasterio de Benifazà en territorio muy frio, y aspero, dentro de el Diocesis de Tortosa, distante de aquella Ciudad unas seys leguas, y otras tantas tambien de las Villas de Vinaròs, San Mateo, y Morella de el Reyno de Valencia. Tiene muy buenos Edificios, especialmente el Templo, que es muy hermoso, y si se acabàra la Fabrica de èl conforme à la Planta comenzada, seria de los mas suntuosos de la Congregacion. Entre las Reliquias de Santos, que en èl se adoran, tiene especial estimacion una Estola, que usò nuestro Padre San Bernardo, celebrando el Santo Sacrificio de la Missa. Tiene el Templo quatro Capillas, una dedicada à nuestro Padre San Benito, otra à San Bernardo, otra à San Jayme, y otra à Christo crucificado. Fuera de el Altar mayor dedicado à la Virgen Santissima con nombre de Santa Maria de Benifazà, segun los Estatutos de la Orden, hay otro pequeño dedicado à la misma Virgen, con titulo de la Concepcion, y otro à Santa Escolastica: y en el Claustro hay una Capilla con su Altar dedicado à la Virgen de el Rosario. Demàs de la Iglesia mayor, hay otra pequeña à la Puerta principal de el Monasterio, dedicada à San Juan Bautista; y en ella oyen Missa las mugeres, sin tener necesidad de entrar en la Iglesia mayor. La Casa, y habitacion de el Abad de muchos años à esta parte està à la pimera entrada de el Monasterio, dentro de su cercado, muy capàz, y tiene una Galeria muy hermosa: ni son menos suntuosas las Oficinas de Libreria, Archivo, y otras.

34 El Abad, y Convento de Benifazà gozan diferentes prerogativas, y una dilatada jurisdiccion en muchos Lugares

gares, y Vaſſallos, y la Cura de el Priorato de Santa Ana, cerca de la Villa Moſquervela en el Reyno de Aragon, que rige ſiempre un Monge de aquel Convento. Y en la Ciudad de Tortoſa tiene una Caſa muy capàz con ſu Oratorio para habitacion de el Sindico de el Monaſterio, y para Hoſpicio de los Monges que vàn à aquella Ciudad. El Abad concurre al Oficio de Diputado Ecleſiaſtico, y à otros Empleos honorificos, que ſegun ſu eſtado ſortèa en el Reyno de Valencia. Es Capellan de la Reyna, y Conſervador de la Igleſia de Santa Maria de Fuen-Salud en el territorio de Traiguera de el Reyno de Valencia, y ſiemre que quiere reſidir en Tortoſa, tiene Silla en el Coro de aquella Cathedral, y recibe ſus diſtribuciones como los demàs Canonigos. Los Reyes de Aragon, y los de Eſpaña ſus Deſcendientes han conſervado al Monaſterio, y à todo quanto poſſee con muchos Privilegios de Salvaguarda, y proteccion Real. Es ſu Conſervador el Arzobiſpo de Tarragona, y ſu Protector el Conde de Aranda. En fin, aunque el Monaſterio no es de los mas numeroſos, pues nunca ha excedido al numero de 30. Religioſos, ha tenido no obſtante muchos Hijos, que en todos tiempos lo han iluſtrado, obteniendo diverſos Empleos fuera de el Monaſterio bien merecidos por ſus grandes talentos de virtud, y letras, como ſe verà en la ſèrie de Abades, que governaron aquel Monaſterio deſde ſu Fundacion haſta al preſente.

CATALOGO

DE LOS ABADES DE EL REAL MONAS-
terio de Santa Maria de Benifazà,
Casa-Hija de Poblet.

35 AL Real Monasterio de Santa Maria de Benifazà governaron Abades Perpetuos, Trienales, y Quadrienales. Los Perpetuos desde su Fundacion hasta el año 1554. Los Trienales desde 1554. hasta 1620. y desde 1620. en que se hallava yà erecta la Congregacion de Monasterios Cistercienses de la Corona de Aragon, lo governaron Abades Quadrienales, como à los demàs de la Congregacion, por el orden que se sigue.

ABADES PERPETUOS DE BENIFAZà desde el año 1233. hasta el de 1554.

I.
DON JUAN.

36 Antes de concluirse el año 1233. llegò al Castillo de Santa Escolastica la Colonia de los Monges de Poblet con su Abad Don Juan (cuyo apellido nos ocultò el descuydo de aquellos tiempos) nombrado por el Abad de Poblet Don Vidal de Alguaire, Abad-Padre, y Fundador de el nuevo Monasterio de Banifazà. Fuè sin duda Sugeto de los mas insignes en virtud, y letras, que à la sazòn ilustravan al Monasterio de Poblet, como escogido para plantar la Religion Cisterciense en parage tan recien conquistado de el poder de los Enemigos de Christo. Haviendo presidido al Convento poco mas de seys años, y aceptado las

Donaciones hechas al Monasterio de Benifazà, referidas arriba *num.*12. falleció con gran opinion de santidad año 1240.

II.
DON ARNALDO.

37 Sucedióle Don Arnaldo, (cuyo sobre nombre nos sepultó tambien el olvido) uno de los doce Monges, que fueron à la Fundacion, el qual desde el año 1241. que comenzò su govierno, tuvo diversos pleytos con el Obispo de Tortosa, y con el Castellòn de Amposta, à los quales, como tan deseoso de la paz, y quietud Monastica, diò fin con una Concordia, y Sentencia arbitral, que hizo Don Pedro de Albalate Arzobispo de Tarragona à 10. de Febrero de 1243. y despues de 7. años de Prelacìa, descansò en la paz de el Señor en el Monasterio de la primera mansion año 1248.

III.
DON GULLEN DE ALMENARA.

38 Es muy verisimil, que en el discurso de estos 15. años huviessen fallecido los Monges mas antiguos, que de Poblet passaron à Benifazà: por cuyo motivo al difunto Don Arnaldo fuè subrogado Don Guillen de Almenara Monge de Poblet, que aun residia en èl año 1236. como verèmos adelante *Dissert.*12.*num.*6. passando por Abad de Benifazà en el de 1248. el qual luego en el siguiente 1249. obtuvo de Don Guillen de Moncada la Donacion de el Lugar de Refalgari, que roborò en el mismo año el Serenissimo Señor Rey Don Jayme. Y en el de 1250. dia primero de Noviembre trasplantò el Convento al nuevo Monasterio de Benifazà, sito en el Castillo de este nombre, donde hoy dia persevera, aunque muy aumentado en edificios, y en èl acabò su mortal peregrinacion en el mismo año 1250.

IV.
DON PEDRO JULIÀ.

39 Aunque en el Catalogo de el Monasterio de Benifazà nada se cuenta de este Abad, sino que obtuvo la Dignidad desde el año 1250. y que murió en el de 1254. fuè el Abad à quien los Hospitalarios de San Juan de Gerusalen pusieron aquel celebre pleyto sobre la possesion de el Lugar llamado *Rossell*, de que se hace mencion en el Derecho Canonico, Cap. *Abbate sanè 3. de Sententia, & re judicata in 6.* y à quien el Abad de Poblet Don Berenguer de Castellots embiò de nuevo la Escritura de Donacion de dicho Lugar, y demàs Terminos de Benifazà, segun lo confessò el mismo Abad D. Pedro Julià en Escritura de 13. de Agosto de 1251. y despues à 25. de Setiembre de 1254. el Abad de Poblet Don Arnaldo de Preixens le hizo nueva Donacion de el Lugar de Benifazà, y de la Villa de Rossell, y sus Terminos, como consta de nuestro Archivo.

V.
DON BERENGUER.

40 No solamente se ignora su apellido, sino que ninguna memoria se descubre, fuera de la noticia de haver sido Abad, y fallecido dentro de el año 1255.

VI.
DON ARNALDO (II) DE MANRESANA.

41 Desde 1255. que comenzò à empuñar el Baculo, cuydò mucho de aumentar la substancia de el Monasterio: à cuyo efecto compró de el Lugar de Valderobles una pieza de tierra llamada las Fajas, y murió despues de cinco años en el de 1260.

VII.
DON GUILLEN (II) SAVARTES.

42 En el ingresso à su Abadiato año 1260. obtuvo de el Serenissimo Señor Rey Don Jayme Privilegio de nom-

nombrar, y crear Notario, y Escrivano Real para los negocios pertenecientes al Monasterio à qualquiera de sus Monges; y en el siguiente 1261. pobló las Granjas de Magraner, Fredes, Ballester, y la Pobla, y luego en el proprio año acabó los suyos.

VIII.
DON BERENGUER (II) DE CONCABELLA.

43 Año 1262. sucedió en la Abadia de Benifazà Don Berenguer de Concabella, de la noble Familia de los Cavalleros Catalanes de este apellido, de que se hizo mención *Dissert.7. num.20.* donde el Lector erudito podrà hacer juicio, si fuè Hijo de la Casa-Madre Poblet, ò de la Casa-Hija Benifazà. Lo que no admite duda es, haver sido Sugeto de loables memorias. Obtuvo de el Rey Don Jayme Confirmacion de todos los Privilegios, que hasta entonces se havian concedido al Monasterio, y donacion de 25. Morabatines de oro sobre los reditos de el Lugar de Benifallet, y de 100. sueldos por la celebracion de un Aniversario. Comenzò la Fabrica de la Iglesia mayor, y puso la primera piedra dia 15. de Agosto de el mismo año 1262. En el de 1267. alcanzò de el Principe Don Pedro, hijo mayor de el Rey Don Jayme, gracia de Salvaguarda en todos los Lugares, y Granjas de el Monasterio. En su tiempo se proseguia el mencionado pleyto acerca de la possession de el Lugar de Rossell, à 22. de Setiembre de 1268. por intervencion de el Rey Don Jayme, hicieron Concordia el Abad, y Convento de Benifazà con el Gran Maestre de la Orden de San Juan, en la qual se dispuso, que cediendo el Convento la possession de el Lugar de Rossell, cediesse el Maestre à favor de Benifazà todos los derechos que tenia en la Granja de Chalamera, los quales hoy dia possee el Monasterio; y esta Concordia aprobò en el mismo año el Serenissimo Señor Rey Don Jayme, el qual deseando manifestar mas su devocion al Monasterio

que havia fundado, lo redotò año 1272. haciendole donacion de todos los reditos, que percibia de los frutos de los Lugares de Valbona, y Erbèsllusans. Terminò el Abad el pleyto que pendia entre su Monasterio, y el de Escarpe de el Principado de Cataluña, sobre la possession de el Lugar de Corachà, conviniendo por Concordia que el dicho Lugar quedasse para Benifazà, pagando à Escarpe la cantidad de 1500. sueldos. En fin despues de haver governado tan loablemente casi 22. años, diò fin à los suyos en el de 1283.

IX.
DON GUILLEN III.

44 No se sabe el sobre nombre de Don Guillen Abad IX. de Benifazà, que entrò en el proprio año 1283. si solo que teniendo la mira à subvenir à las necessidades de el Convento, comprò tres piezas de tierra en la Granja de Chalamera muy utiles al Monasterio, no obstante el haver gastado en su compra casi 1000. Morabatines de oro. Muriò año 1289.

X.
DON PEDRO (II) VILARNAU.

45 Sobre haver regido la Abadia de Benifazà cinco años desde 1289. hasta 1294. no quedò de èl noticia memorable.

XI.
DON RAMON BERNAT.

46 Empuñò el Baculo en el proprio año 1294. y luego en el siguiente 1295. obtuvo de el Serenissimo Señor Rey Don Jayme II. de Aragon, Nieto de el Fundador, Confirmacion de todos los Privilegios, y en el de 1296. nueva Donacion de el Lugar de Refalgarì, y acabò su govierno passando à la eternidad año 1300.

XII.
DON BERENGUER (III) DE BELTALL.

47

CENTVRIA I. APENDICE A LA DISS. XI. 303

47 Sucediò en el proprio año 1300. y en el de 1304. comprò los Lugares de la Aldea, y Benicharob, con sus Terminos, y pertenencias, por precio de 1000. sueldos, y muriò en el siguiente 1305.

XIII.
DON RAMON (II) COMPANY.

48 Electo en dicho año 1305. y antes de dos años de govierno comprò el Mas llamado de Fragimeno de el Abad y Convento de Santa Maria de Rueda de el Reyno de Aragon, por precio de 13500. sueldos, y descansò en el Señor año 1311.

XIV.
DON PONCE DE COPONS.

49 Aunque el Catalogo de Benifazà no expressa que Don Ponce de Copons era Monge professo de la Casa-Madre Poblet, quando fuè promovido à la Abadia de Benifazà, pero està bien averiguado por Escritura de nuestro Archivo, que à 28. de Febrero de el año 1299. firmò entre otros Monges de Poblet en la de arrendamiento, que el Abad Don Egidio de Rossellò hizo à Berenguer de Moix de cierta possession en el Termino de Piera. Fuè pues ò elegido por los Monges de Benifazà, ò embiado por el Abad de Foblet Don Pedro de Alferic año 1311. Hizo fabricar la Aula Capitular, y en el año 1316. passò de la Abadia de la Casa-Hija, à ser Abad de la Casa-Madre Poblet.

XV.
DON BERNARDO PALLARèS.

50 Promovido Don Ponce de Copons à la Iglesia de Poblet, sucediò en la de Benifazà Don Bernardo Pallarès, natural de la Ciudad de Tortosa, de el qual faltan muchas noticias en el Catalogo de aquel Monasterio; pues solo cuenta que año 1323. obtuvo de el Rey Don Jayme II. confirmacion, y aprobacion de la compra, que de el Lu-

gar

gar de la Aldea hizo año 1304. su Predecessor Don Berenguer de Beltall, y que murió año 1347. Pero yo añado, que fuè por sus grandes talentos tan estimado de el Rey Don Jayme II. y de Don Gastòn de Moncada Obispo de Valencia, que año 1319. lo embiaron à hacer la citacion, y requirimento de el Maestre de Calatrava, à fin de que la gravedad de el Sugeto obligara al dicho Maestre à condescender en passar à la Ciudad de Valencia, para la Fundacion de la nueva Orden de Montesa, conforme al Decreto de el Papa Juan XXII. como lo egecutò, logrando de aquel Cavallero, que diesse poder al Comendador de Alcañiz paraque obrara en su nombre, y no quedara mas tiempo suspensa la Fundacion de la Orden. Fuè testigo en la Escritura de dicha Comission, y passò con el Comendador à Barcelona à verse con su Magestad, y assistiò tambien con el Rey, con el Obispo de Barcelona, con los Abades de Santas Cruces, y de Valdigna, y muchos Cavalleros Militares à la solemnissima Fundacion de Montesa.

XVI.
DON GUILLEN (IV) LLONC.

51 En el proprio año 1347. comenzò à presidir al Convento de Benifazà Don Guillen Llonc, natural tambien de Tortosa, el qual, despues de muchos pleytos, especialmente con los Vecinos de la Villa de Morella, obtuvo Sentencia Real à favor de el Monasterio, dada por el Rey Don Pedro IV. de Aragon, y III. en Cataluña, año 1358. y Real Provision paraque no pudiesse ser en adelante molestado por dichos Morellanos. Muriò en el Monasterio de Benifazà à 24. de Junio de 1359.

XVII.
DON PEDRO (III) TORRES.

52 Sentòse en la Silla Abadial à 28. de Julio de el proprio año 1359. Comenzò la Fabrica de los Claustros,

y

y de las Camaras Abadiales, harto hermofas y magnificas obras. Y como los Morellanos huviessen otra vez suscitado pleytos contra el Convento, y fatigassen con ellos à los Monges, pusose el Abad Don Pedro Torres en presencia de el Rey Don Pedro, que estava en Almunia de Aragon año 1361. de el qual recibido con especial benignidad, obtuvo un Privilegio, en que prohibia à los Morellanos el atentar en adelante semejantes atrevimientos y desacatos: y despues de alcanzar otros Privilegios à favor de el Convento, aceptò en el año 1363. de Doña Estefanìa de Sahera el Priorato de Mosqueruela, que hasta hoy possee el Monasterio; y cansado de tantos trabajos, en 20. años de Prelatura, acabò sus dias en el de 18. de Julio de 1379.

XVIII.
DON BERNARDO. (II) FABREGAT.

53 Despues que padeciò 17. años continuos pleytos desde 1379. hasta 1386. fuè depuesto de la Abadia; y aunque no se dice por què causa, se presume seria efecto de la Cisma de los Papas Urbano VI. y Clemente VII. que comenzò en el año 1378. y no se acabò hasta el de 1429.

XIX.
DON BARTOLOME DE LLARDANOSA.

54 Entrò en la Abadia de Benifazà à 13. de Febrero de 1387. pero en el Octubre de 1389. la trocò con Don Bartolomè Llombart por la de San Bernardo de la Huerta de Valencia tambien de la Orden Cistercienfe (ahora Monasterio de Geronymos llamado San Miguel de los Reyes) de manera, que al tomar Llardanosa possession de aquella Abadia, la tomò Llombart de Benifazà.

XX.
DON BARTOLOME (II) LLOMBART.

55 No hay de este Abad otra memoria, sino que presidiò

sidiò al Convento de Benifazà desde dicho año 1389. hasta el de 1408. en que acabò su vida.

XXI.
DON PEDRO (IV) SARAXO.

56 Sucediòle à 30. de Mayo de el mismo año 1408. Don Pedro Saraxo, hijo de Benifazà, al qual el Rey Don Martin nombrò Capellan de la Reyna Doña Maria de Luna su Esposa: pero à 10. de Abril de 1413. renunciò la Abadia en manos de Don Pedro de Luna, que era obedecido por Papa con nombre de Benedicto XIII. y èste lo nombrò Abad de Santas Cruces en el Principado de Cataluña.

XXII.
DON BERNARDO (III) RIPOLL.

57 A 6. de Mayo de el proprio año 1413. fuè elegido Don Bernardo Ripoll, natural de la Villa de Morella, sin duda por el pretenso Pontifice, en cuyas manos se havia renunciado la Dignidad. Como quiera que fuesse el Abad despues de rehacer, y aumentar algun poco el ganado de el Convento, que estava muy deteriorado, muriò à 22. de Deciembre de el año 1425.

XXIII.
DON GILBERTO DEZBRULL.

58 En el proprio año 1425. empuñò el Baculo de Benifazà Don Gilberto Dezbrull, natural de la Ciudad de Tortosa, y en el de 1429. tuvo la dicha de hospedar en sus Camaras Abadiales al Rey Don Alonso V. de Aragon, y I. de Napoles con la Reyna Doña Maria su muger: los quales ofrecieron en la Missa, que mandaron celebrar cinco florines de oro, y en la que mandaron celebrar la mañana siguiente diez florines de oro. La sobredicha Reyna honrò segunda vez al Monasterio con su Real presencia año 1430. en el qual año falleciò el Abad.

XXIV.

XXIV.
DON BERNARDO (IV) LLORENS.

39 Natural de Tortosa, Varon digno de perpetua memoria, fuè electo à 22. de Julio de el proprio año 1430. Deseoso de aumentar la substancia de el Monasterio, comprò la Torre de la Carrova en el Termino de Tortosa, possession tan pingue, que abraza 20. jovadas, y es una de las mejores de aquel Termino: comprò assimismo las Granjas de la Cenia, y de la Vall, en las quales se coge mucho azeyte, y otros frutos: comprò finalmente la Baronìa de Cardò, y Sellèn, con sus Dominicaturas, y otra celebre Granja llamada Mas den Tosques. Acabò de fabricar la Nave principal de la Iglesia mayor, que tiempo havia estava comenzada: edificò una celebre Puente en el rio de la Cenia, cercana al Monasterio, y añadiò à las Camaras Abadiales una espaciosa Galeria: y cargado de años, despues de 38. de govierno, renunciò la Abadìa, procurando le sucediesse su Sobrino Don Juan Llorens año 1468.

XXV.
DON JUAN (II) LLORENS.

60 En efecto sucediò à su Tio el Sobrino año 1468. el qual no solo prosiguiò la Fabrica de la Iglesia, sino que la adornò de algunas alajas de plata; y despues de haver regido al Convento 17. años, renunciò la Dignidad año 1485.

XXVI.
DON BERNARDO (V) LLORENS.

61 Fuesse ò no pariente de sus dos Predecessores, governò con el mismo acierto desde el dia 1. de Julio de 1485. ganando muchos pleytos à favor de el Monasterio. Lo mas memorable que acontecio en tiempo de su Abadia fuè el haverse aparecido dos Demonios en forma de Cuervos, que atemorizaron no solo toda la vecindad de Benifazà,

fazà, sino tambien todo el Obispado de Tortosa, de manera, que assi el Convento de Benifazà, como la Ciudad de Tortosa, y los Feligreses de aquel Obispado tomaron voluntariamente varias penitencias para aplacar el enojo de Dios, y ahuyentar à los Demonios. El Abad, despues de haver presidido 33. años, diò fin à los suyos en el de 1518. siendo cosa reparable lo vividores que fueron los tres Abades de el apellido de *Llorens*; pues los tres solos, y aun haviendo los dos de ellos dejado la Abadìa, la governaron por espacio de 88. años, desde 1430. hasta 1518.

XXVII.
DON COSME JUAN DAROCA.

62 Fuè electo à 28. de Octubre de el mismo año 1518. Don Cosme Juan Daroca, natural de la Ciudad de Tortosa, Doctor graduado en Paris, al qual pusieron pleyto sobre la Abadìa de Benifazà los mismos Religiosos de el Monasterio: pero al cabo de 5. años con intervencion de el Obispo de Tortosa el Papa Adriano VI. (de quien fuè muy estimado) lo nombrò personalmente Abad de Benifazà, y governando ya pacificamente, hizo construir otra puente en el rio de la Cenia, no lejos de el Monasterio; y despues de 14. años de Prelacìa, muriò en el de 1532.

XXVIII.
DON GERONYMO SANZ.

63 Ultimo de los Abades Perpetuos de el Monasterio de Santa Maria de Benifazà: comenzò à presidir al Convento à 3. de Agosto de el proprio año 1532. Hizo construir el Dormitorio, el Refectorio, el Coro de los Monges, y la Casa de el Molino, distante de el Monasterio una legua. Padeciò muchas fatigas, y apremios de los Curiales de Roma sobre la paga de los Despachos Pontificios necesarios à las Abadias perpetuas; y deseando librar al Convento de semejantes molestias, solicitò de el Papa especial

cial Indulto para elegir en adelante Abades Trienales. Expidiò el Papa la Bula à 22. de Mayo de 1555. y en fuerza de ella se eligieron en adelante Abades Trienales. Antes de llegar la Bula muriò el Abad año 1554.

ABADES TRIENALES

desde el año 1554. hasta el de 1620.

64 AUnque quando muriò el Abad Don Geronymo Sanz no havia llegado à Benifazà la deseada Bula sobre la Trienalidad de las Abadias, pues no fuè despachada hasta 22. de Mayo de 1555. no obstante como yà constava à los Monges la mente, y consentimiento de el Papa acerca de las Elecciones de Abades Trienales, se comenzò yà el mismo año 1554. la Trienalidad por el orden que se sigue.

I. y XXIX.
DON JUAN (III) BARBERà.

65 El primer Abad Trienal, y en la sèrie de los Abades de Benifazà el XXIX. fuè Don Juan Barberà, natural de el Lugar de la Pobla de Benifazà, sugeto de grande utilidad al Monasterio, y tan agradable al Convento, que haviendolo elegido por tres años conforme à la Bula en el de 1554. sin embargo vino à ser Abad perpetuo, y à governar 25. años continuos; pues fuè de Trienio en Trienio reelegido por espacio de 8. Trienios desde 1554. hasta 1579. en que acabò su vida. Este Abad fuè el primero que obtuvo el Oficio de Diputado Eclesiastico en el Reyno de Valencia: empleo que hasta entonces solo havia obtenido el Arzobispo. Obrò mucho en utilidad de el Convento; cercò al Monasterio de muralla, acabò el Dormitorio, condujo al Monasterio una fuente muy copiosa, enriqueciò à la Iglesia con Ornamentos, hizo fabricar el

Orga-

Organo, y compró en la Ciudad de Valencia una Casa, que aun hoy dia possee el Monasterio. En fin despues de haver assistido à las Cortes de Aragon, falleció à 31. de Mayo de dicho año 1579.

II. y XXX.
DON MELCHOR BARBERà.

66 Sucediòle Don Melchor Barberà de el mismo Lugar de la Pobla de Benifazà (y sin duda alguna deudo de el Antecessor) electo à 10. de Junio de el proprio año 1579. Hizo trabajar la Cruz de plata para la Iglesia, y haviendolo reelegido en el año 1582. para otro Trienio, falleció antes de acabarlo à 10. de Noviembre de 1583.

III. y XXXI.
DON CHRISOSTOMO CARNICER.

67 Natural de la Torre de el Conde de el Reyno de Aragon, y Professo de el Real Monasterio de Santa Maria de Beruela de aquel Reyno; fuè electo à 20. de Noviembre de dicho año 1583. el qual haviendo hecho comenzar la fabrica de una gran fuente en la Granja de la Carrova, acabò su Trienio à 20. de Novlembre de 1586.

IV. y XXXII.
DON JUAN (IV) GISBERT.

68 Electo à 21. de Noviembre de el proprio año 1586. amplió las Camaras Abadiales, enriqueció la Iglesia con Ornamentos, y alajas de plata. En tiempo de su Abadia se declarò por Sentencia difinitiva, que los Monges de Benifazà, aunque no fuessen Regnicolas, pudiessen obtener la Abadìa de aquel Monasterio, y aun el empleo de Diputado Eclesiastico de el Reyno de Valencia. Los Conversos, y Criados de Benifazà cogieron presos à 16. Mahometanos, que entre otros que havian salido de el mar, se ocultavan emboscados en las cercanìas de el Monasterio; y haviendolos vendido el Convento; de el precio que sacò de ellos, hizo el Abad Don Juan Ornamentos

mag-

magnificos para el Sacrificio de la Missa. Y reelegido en 6. Trienios consecutivos, presidió al Convento 18. años hasta el de 1604. en que murió.

V. y XXXIII.
DON JAYME TALARN.

69 Al difunto Don Juan Gisbert sucedió en la Prelacia Don Jayme Talarn, natural de la Ciudad de Tortosa, à 12. de Noviembre de 1604. pero muriendo à 5. de Enero de el siguiente 1605. dejó antes de concluir el Trienio vacante la Abadia.

VI. y XXXIV.
DON FELIPE BONO.

70 Ocupóla desde 21. de Marzo de el proprio año 1605. Don Felipe Bono, natural tambien de Tortosa, el qual en solos tres años de govierno hizo trabajar muchos Ornamentos Pontificales. Celebró de Pontifical en la Villa de Morella, Diocesis de Tortosa, y otorgó Concordia con el Obispo, Capitulo, y Dignidades de aquella Santa Iglesia, que qualquier Abad de Benifazà tuviera Silla en el Coro de aquella Cathedral, y recibiera las Distribuciones como los demás Canonigos siempre que residiesse. Acabó su Trienio à 20. de Marzo de 1608.

VII. y XXXV.
DON ANDRES CABRERA.

71 Dia siguiente 21. de Marzo de 1608. fuè electo Don Andres Cabrera, asimismo natural de Tortosa, y haviendo hecho algunas alajas de plata, y otras obras necessarias al Monasterio, dió fin à su Trienio à 20. de Marzo de 1611.

VIII. y XXXVI.
DON PABLO BELTRAN.

72 Fuè electo à 21. de Marzo de 1611. Don Pablo Beltran de la Villa de Salsadella, Sugeto tan celebre en letras, que los Monasterios de Benifazà, de Escarpe, y de
Santa

Santa Fè, lo embiaron al General de Cistèr con la Comission de suplicar à su Ilustrissima los librara de las contribuciones, que solian pagar à la Curia Romana; y despues de haver desempeñado su Comission con admirable cuydado, diò fin à su Trienio à 20. de Marzo de 1614.

IX. y XXXVII.
DON ANDRES CABRERA.

73 Segunda vez electo à 21. de Marzo de 1614. hizo muchas alajas de plata, y Ornamentos para la Iglesia, y concluyò pacificamente su Trienio à 20. de Marzo de el año 1617.

X. y XXXVIII.
DON PABLO BELTRAN.

76 Electo segunda vez al primero de Abril de 1617. reedificò la Granja de el Molino, hizo trabajar el Retablo mayor. Fuè el ultimo Abad Trienal, que acabò en el ultimo de Marzo de 1620. por haverse yà eregido la Congregacion Cisterciense de los Monasterios de la Corona de Aragon. La qual en el Capitulo Provincial, que celebrò año 1618. en el Monasterio de Benifazà, eligiò por Rector de el Colegio de San Bernardo de la Ciudad de Huesca à Don Andres Cabrera, que yà havia sido Abad de Benifazà dos Trienios. Fuè el primer Rector de el Colegio, desde el año 1618. hasta 1620. y assimismo el primer Abad Quadrienal de Benifazà, electo por el Convento à 14. de Setiembre de 1620. como luego verèmos.

ABADES QUADRIENALES

desde el año 1620. hasta el de 1748.

75 ERegida la Congregacion Cisterciense de los Monasterios de la Corona de Aragon por Bula de el Papa Paulo V. quedaron suprimidas assi las Abadias Trie-

Trienales, como las Perpetuas; porque en fuerza de dicha Bula devian elegirse los Abades Quadrienales. De forma q̃ assi q̃ fueron vacando las Abadias de los Monasterios de la Congregacion, ò por muerte, ò por la Trienalidad de los ultimos Obtentores, se eligieron Abades Quadrienales.

I. y XXXIX.
DON ANDRES CABRERA.

76 Fuè el primer Abad Quadrienal, y en la serie de los Abades de Benifazà el 39. electo à 14. de Setiembre de el año 1620. despues de haver presidido à Benifazà dos Trienios, desde 1608. à 1611. y desde 1614. à 1617. y despues de haver regido el Colegio de San Bernardo de Huesca desde 1618. à 1620. como queda yà dicho. Assistiò al Capitulo Provincial, que celebrò la Congregacion en el mes de Octubre de el mismo año 1620. donde fuè elegido Comissario Diputado para el Capitulo General de Cistèr, en el qual obtuvo de el Abad General Indulto, paraque en su Monasterio se cantassen los Maytines de parte de tarde por todo el tiempo de Invierno. Llevò de Francia los Libros necessarios para el Rezo, y Canto de los Oficios; y en fin, concluida la Abadia de Benifazà à 14. de Setiembre de 1624. el Serenissimo Señor Rey Don Felipe IV. lo nombrò Abad de el Monasterio de Escarpe en el Principado de Cataluña.

II. y XL.
DON AGUSTIN VALLS.

77 Sucediòle à 14. de Setiembre de 1624. D. Agustin Valls, natural de Tortosa, que añadiò algunas alajas de plata para el adorno de la Iglesia. Fuè à las Cortes de Aragon, donde consiguiò de el Serenissimo Señor Rey Don Felipe IV. un Privilegio sobre la amortizacion, y concluyò su Abadia à 14. de Setiembre de 1628.

III. y XLI.
DON PEDRO (V) PIQUER.

78 Fuè natural de la Villa de San Mateo: havia sido Colegial de el Colegio de San *Bernardo* de Alcalà de Henares, y Sindico de *Benifazà* en la Ciudad de Tortosa, y el Abad Don Pablo *Beltràn*, Diputado Eclesiastico de el Reyno de Valencia, le subdelegò el Oficio de Diputado, y de Embajador al Rey Don Felipe III. empleos que cumpliò con loable desempeño. En fin electo Abad à 14. de Setiembre de 1628. hermoseò la Iglesia con muchos Ornamentos, y prosiguiò algunas obras comenzadas, y haviendo luìdo algunos censos, terminò su Abadia à los 14. de Setiembre de 1632.

IV. y XLII.
DON TEOFILO *BELTRAN*.

79 Natural de la Villa de Almasora, electo à 14. de Setiembre de 1632. prosiguiò las obras, y los pleytos de el Monasterio hasta 14. de Setiembre de 1636.

V. y XLIII.
DON MIGUEL FONT.

80 A quien otros llamaron Gabriel, electo à 14. de Setiembre de 1636. fuè natural de la Villa de Gandésa en Cataluña; prosiguiò los pleytos, hizo sobre ellos Concordia, y acabò en paz su Abadia à 14. de Setiembre de 1640.

VI. y XLIV.
DON AGUSTIN VALLS.

81 Despues de 12. años que havia sido Abad de Benifazà fuè segunda vez electo à 14. de Setiembre de 1640. terminò favorablemente algunos pleytos con los Vassallos sobre la jurisdiccion, para lo qual obtuvo Letras de el Serenisimo Señor Rey Don Felipe IV. y diò fin à la Abadia à 14. de Setiembre de 1644.

VII. y XLV.
DON THOMAS CAPELLADES.

82 Natural de la Villa de Ulldecona en Cataluña,

Lec-

Lector actual de Theologia, electo à 14. de Setiembre de 1644. aſsiſtiò à las Cortes de Valencia, para cuyos gaſtos le libró el Sereniſsimo Señor Rey Don Felipe IV. 300. libras de plata. Y ſin embargo que el Monaſterio ſe hallava muy anguſtiado por cauſa de el Sitio de la Ciudad de Tortoſa, hizo fabricar la Eſcala de el Dormitorio, y acabò ſu Abadia à 14. de Setiembre de 1648.

VIII. y XLVI.
DON BENITO CALDERÒ.

83   Sucediòle à 14. de Setiembre de 1648. Don Benito Calderò natural de Tortoſa; pero à ultimos de el mes de Octubre de el miſmo año dejò con ſu muerte vacante la Abadia.

IX. y LXVII.
DON PEDRO PIQUER.

84   Que, como queda dicho, havia governado yà deſde 1628. haſta 1632. entrò à llenar el reſiduo de el Quadrienio, electo por los Monges en el mes de Abril de 1649. pero antes de concluirlo, año 1651. acabò ſus dias, quizà afligido de los trabajos, que padeciò por aquellos tiempos el Monaſterio, por cauſa de las crueles guerras, que le ocaſionaron perdida de ſus ganados, deſtruccion de ſus Granjas, y diſsipacion de ſus frutos.

X. y XLVIII.
DON FRANCISCO MARQUES.

85   Lo que falta de el Quadrienio haſta 14. de Setiembre de 1752. cumpliò Don Franciſco Marques, natural de la Villa de Ulldecona, electo en el mes de Noviembre de dicho año 1651. Pero atendiendo los Electores al prudente govierno, letras, y virtud de eſte Sugeto, lo reeligieron por ſu Abad el ſiguiente Quadrienio.

XI. y XLIX.
DON FRANCISCO MARQUES.

86   Reelegido à 14. de Setiembre de 1652. governò

con la misma prudencia todo el Quatrienio, que acabò à 14. de Setiembre de 1656.

XII. y L.
DON DAMIAN FERRER.

87 Sucediòle à 14. de Setiembre de 1656. Don Damian Ferrer, natural de la Villa de Vinaròz, y concluyò à 14. de Setiembre de 1660.

XIII. y LI.
DON FRANCISCO MARQUES.

88 Electo tercera vez Abad de *Benifazà* à 14. de Setiembre de 1660. Concluyò su Quadrienio à 14. de Setiembre de 1664.

XIV. y LII.
DON ROBERTO CAVALLER.

89 No acabò el Quadrienio, porque muriò antes de el mes de Marzo de 1667. y para el residuo que faltava hasta 14. de Setiembre de 1668. fuè electo el que se sigue.

XV. y LIII.
DON JOSEPH ANTOLI.

90 Para lo que faltava desde 8. de Marzo de 1667. hasta 14. de Setiembre de el siguiente 1668. fuè electo D. Joseph Antolì, de el qual assi como de los demàs Abades de *Benifazà* desde el año 1640. apenas quedaron memorias por causa de las guerras, que infestaron estos Reynos.

XVI. y LIV.
DON DAMIAN FERRER.

91 Desde 14. de Setiembre de 1668. engrandeciò la Iglesia mayor. Levantò la Torre de las Campanas, y concluyò algunos pleytos con el Obispo de Tortosa, y con las Dignidades de aquella Iglesia, à favor de el Monasterio, y diò fin à su Abadia à 14. de Setiembre de 1672.

XVII. y LV.
DON JOSEPH ANTOLI.

92 Fuè segunda vez Abad de *Benifazà* desde 14. de Se-

Setiembre de 1672. hasta 14. de Setiembre de 1676.

XVIII. y LVI.
DON DAMIAN FERRER.

93 Tercera vez electo à 14. de Setiembre de 1676. fuè despues en el Capitulo Provincial de 1677. electo Vicario General de la Congregacion Cisterciense de los Reynos de la Corona de Aragon, y Navarra. Pero por haver muerto à 18. de Setiembre de el proprio año 1677. dejò vacantes las dos Dignidades de Abad de Benifazà, y de Vicario General de la Congregacion.

XIX. y LVII.
DON GERONYMO (II) CORDER.

94 Natural de la Ciudad de Tortosa, fuè electo Abad de Benifazà al primero de Noviembre de dicho año 1677. para el residuo de el Quadrienio, que terminò à 14. de Setiembre de 1680.

XX. y LVIII.
DON JOSEPH ANTOLI.

95 Electo tercera vez à 14. de Setiembre de 1680. obtuvo en el Capitulo Provincial de 1681. la Difinitura de la Congregacion por el Reyno de Valencia. Gastò considerables sumas en los pleytos contra los Vecinos de Morella, y diò fin à su Abadia à 14. de Setiembre de 1684.

XXI. y LIX.
DON AGUSTIN (II) LLORENS.

96 Natural de la Villa de Alcanàr, electo à 14. de Setiembre de 1684. prosiguiò con vigor los pleytos de el Convento con los de Morella, y acabò su Quadrienio à 14. de Setiembre de 1688.

XXII. y LX.
DON JOSEPH (II) DOMENECH.

97 Sucediòle Don Joseph Domenech, natural de la misma Villa de Alcanàr, despues que havia sido Rector de el Colegio de San Bernardo de Huesca. Entrò en la Abadia

dia de Benifazà à 14. de Setiembre de 1688. y en el Mayo año de el siguiente 1689. el Capitulo Provincial lo eligiò Definidor de la Congregacion por el Reyno de Valencia. Renovò, y engrandeciò el Organo; prosiguiò con actividad los pleytos con los de Morella, y con los Vassallos de el Monasterio hasta 14. de Setiembre de 1692. en que diò fin à su Abadia.

XXIII. y LXI.
DON FRANCISCO (II) CASTELL.

98 Ocupòla Don Francisco Castell, natural de la Villa de San Mateo à 14. de Setiembre de 1692. Sugeto de muchos talentos, Diputado Eclesiastico de el Reyno de Valencia, y Difinidor de la Congregacion por aquel Reyno, incansable en el manejo de los mencionados pleytos, cumpliò su Quadrienio à 14. de Setiembre de 1696.

XXIV. y LXII.
DON ROBERTO (II) FORNER.

99 Natural de la Villa de Vinaròz, entrò à governar à 14. de Setiembre de 1696. hasta 14. de Setiembre de 1700. en cuyo intervalo fuè asimismo Diputado Eclesiastico, y Difinidor, y alcanzò de el Consejo Supremo de Castilla Sentencia favorable al Convento.

XXV. y LXIII.
DON JAYME (II) SEGARRA.

100 Sucediò en la Abadia Don Jayme Segarra, natural de la Villa de San Mateo, à 14. de Setiembre de 1700. y en el Capitulo Provincial de el siguiente año 1701. Difinidor por el Reyno de Valencia: acabò su Quadrienio à 14. de Setiembre de 1704.

XXVI. y LXIV.
DON GREGORIO DE OLIVER.

101 Natural de la Ciudad de Tortosa, electo Abad à 14. de Setiembre de 1704. y en el Mayo de el siguiente año 1705. Visitador por el Reyno de Valencia. Apenas havia

un año que governava, quando por las alteraciones de el Principado de Cataluña, y de los Reynos de la Corona de Aragon, ocasionadas de la guerra, que moviò el Serenísimo Archiduque de Austria, Pretensor à la Monarquia de España, padeciò el Monasterio de Benifazà gravísimos daños asi en lo espiritual, como en el temporal; pues partiendose el Abad à la Ciudad de Barcelona, los mas de los Monges se esparcieron à diversos parages, quedando muy pocos en el Monasterio. Con la ocasion de estos distrubios, parece que la destruccion de el Monasterio de Benifazà que procuraron, y no pudieron conseguir los Demonios, quando como queda ya relatado, aparecieron en forma de cuervos por los años 1490. intentaron lograr ahora los Vecinos de la Villa de Morella, persuadiendo por medio de sus Sindicos à los pocos Monges que residian en Benifazà, que passassen à ser Canonigos, haciendo Colegiata à la Iglesia, en donde comiendo la renta de el Monasterio, y añadiendo Morella un tanto, les harian una congrua decente. Pero Dios, y su Santisima Madre, Patrona de la Orden, dispusieron que no consintiessen en ello los Monges, y desvaneciessen la pretension de los Morellanos. Fuera de las opresiones, que de los Miguletes padeciò el Monasterio, se añadiò, que conquistadas año 1708. las Plazas de Tortosa, y Morella, se viò precisado à hacer mucos regalos à los Generales, y abastecer al Excelentísimo Señor Duque de Orleans de nieve, y otras cosas necessarias, y à ofrecer al Rey en distintas pagas cerca de 4000. pesos por manos de el Governador de Morella: entre estos trabajos acabò el Abad su calamitoso govierno à 14. de Setiembre de 1708.

XXVII. y LXV.
DON ROBERTO FORNER.

102 Que havia presidido al Convento desde 1696. hasta 1700. fuè segunda vez electo à 14. de Setiembre de 1708.

1708. en cuya eleccion solo intervinieron cinco vocales. Cuidadoso el Abad de la restauracion de el Convento, intentò por todos medios congregar los Monges esparcidos. Pero los Vecinos de Morella no dejando passar ocasion tan oportuna para su antigua pretension, bolvieron à entablar otra vez à los Monges la Secularizacion de aquella Iglesia, valiendose no solo de promesas, sino tambien de alguna violencia, y de amenazas, que harian patente al Rey el mal estado de aquel Convento: mas à todo resistieron los Monges, por el cordial afecto à la Religion, y à *Benifazà* su Madre, y se desvaneciò la pretension de los de Morella. El Abad abrumado de trabajos, acabò sus dias antes de terminarse su Quadrienio, y antes de concluirse el año 1711.

XXXVIII. y LXVI.
DON EDMUNDO REVERTER.

103 Quedò vacante la Abadia por muerte de Don Roberto Fornèr cerca de un año, hasta 14. de Setiembre de 1712. en que no obstante las dichas turbaciones, fuè electo Don Edmundo Reverter, natural de la Villa de Alcanàr, el qual en el Mayo siguiente año 1713. fuè electo Visitador por el Reyno de Valencia, y acabò su Abadia à 14. de Setiembre de 1716.

XXIX. y LXVII.
DON FRANCISCO (II) CASTELL.

104 Despues de 24. años que havia comenzado à presidir al Convento, conviene à saber año 1692. fuè segunda vèz electo à 14. de Setiembre de 1716. Comenzò la insigne Fabrica de los Claustros, hermoseò la Iglesia de Ornamentos, dotò la Libreria de su peculio, siguiò los pleytos mas utiles al Monasterio, y concluyò su Abadia à 14. de Setiembre de 1720.

CENTVRIA I. APENDICE A LA DISS. XI.

XXX. y LXVIII.
DON JOSEPH (III) LLUCH.

105 Natural de Vinaròz, electo à 14. de Setiembre de 1720. profiguiò la Fabrica de los Clauftros, y fintiendo gravemente, que el Archivo, alajas de plata, y otros Ornamentos preciofos de el Convento eftuvieffen empeñados en Barcelona, las reftituyò al Monafterio defempeñadas, y con haver pagado al Acreedor 7800. libras, exoneró al Convento de efta grave carga. Acabò en fin fu govierno à 14. de Setiembre de 1724.

XXXI. y LXIX.
DON BERNARDO (VI) GARCIA.

106 A 14. de Setiembre de 1724. fuè electo Abad de Benifazà Don Bernardo Garcia, natural de la Ciudad de Valencia, el qual en el Capitulo Provincial celebrado en el mes de Mayo de 1725. fuè electo Vicario General de la Congregacion Cifercienfe de los Reynos de la Corona de Aragon, y Navarra. Reedificò una Granja de el Monafterio, que en las guerras paffadas havian affolado: moleftado con pleytos de el Obifpo de Tortofa, y de las Dignidades de aquella Cathedral, concluyò fu Abadiato, y Vicariato General en el mes de Mayo de 1729. y quedò Difinidor por el Reyno de Valencia.

XXXII. y LXX.
DON THOMAS (II) COVARSI.

107 Sucediòle en la Abadia de Benifazà Don Thomàs Covarsì, natural de la Villa de Vinaròz, electo en el mes de Junio de 1729. y aunque huvo algunos proteftos fobre fu eleccion, perfeverò en fu Abadiato, continuando con algunos pleytos con los Vaffallos hafta 14. de Setiembre de 1732.

XXXIII. y LXXI.
DON FRANCISCO (II) CASTELL.

108 Defpues de 40. años, que havia comenzado à fer Abad

Abad de Benifazà, fuè tercera vez electo à 14. de Setiembre de 1732. Comenzò las Bovedas de los Clauſtros, y rematò algunas habitaciones para los Criados de el Monaſterio, y diò fin à ſu Abadìa à 14. de Setiembre de 1736.

XXXIV. y LXXII.
DON VICENTE PASQUAL.

109 Natural de la Villa de Caſtellòn de la Plana, electo à 14. de Setiembre de 1736. y en el Capitulo Provincial de 1737. Difinidor por el Reyno de Valencia: concluyò ſu Abadìa à 14. de Setiembre de 1740. y la Difinitura en el mes de Mayo de el ſiguiente 1741.

XXXV. y LXXIII.
DON PLACIDO LANUZA.

110 Sucediòle en la Abadìa à 14. de Setiembre de 1740. Don Placido Lanuza, natural de Vinaròz. Fuè muchos años Confeſſor de las Religioſas Ciſtercienſes de la Zaydìa, y en el año 1729. fuè nombrado Rector de el Colegio de San Bernardo de Hueſca, por muerte de el P. M. Don Lorenzo Caldès, Profeſſo de el Real de Mallorca, Oficio que no quiſo aceptar, por no exponer con ſu auſencia à que el Monaſterio de Benifazà perdieſſe los grandes pleytos, que actualmente tenia con los Vaſſallos, en los quales obtuvo Sentencia favorable, ſiendo uno de ellos reſidenciar à los Lugares, no obſtante que ſolo tiene en ellos el Monaſterio la juriſdiccion Alfonſina; y el otro, ſobre las maderas, en que intereſſa mucho el Convento. Deſpues en el miſmo año 1729. por muerte de Don Nadal Reura, Abad de el Real de Mallorca, y Viſitador por Valencia, fuè nombrado Viſitador: empleo que aceptò, porque no impedìa ſu aſſiſtencia à dichos pleytos, y lo tuvo haſta el Mayo de 1733. En fin electo yà Abad de Benifazà à 14. de Setiembre de 1740. y en el Mayo de el ſiguiente 1741. Difinidor por Valencia, luyò en ſu Quadrienio 2000. peſos, y concluyò las Bovedas de los Clauſtros,

que

CENTVRIA I. APENDICE A LA DISS. XI. 323

que havia comenzado por los años 1734. el Abad Don Francisco Castell en su tercer Quadrienio. Acabò su Abadia à 14. de Setiembre de 1744. y su Difinitura en el mes de Mayo de el siguiente 1745.

XXXVI. y LXXIV.
DON FRANCISCO (III) GONZALEZ.

111 Sucediò en la Abadia Don Francisco Gonzalez de Castro, natural de la Villa de Vinaròz, electo à 14. de Setiembre de 1744. el qual comenzò un hermoso, y lucido Trassacrario, que si bien no pudo concluirlo por falta de materiales, no obstante por lo adelantada que dejò la Obra, puede con razon llamarse obra suya. Diò fin à su Abadia à 14. de Setiembre de el año 1748.

XXXVII. y LXXV.
DON MANUEL FERRER.

112 Natural de la Villa de San Mateo, electo à 14. de Setiembre de dicho año 1748. y en el Mayo de el siguiente año 1749. el Capitulo Provincial celebrado en el Monasterio de Poblet lo eligiò Visitador por el Reyno de Valencia.

DISSERTACION XII.

CONCVRRENCIA DE EL ABAD DE FVEN-FRIA EN Poblet: Eleccion de Abad hecha en Don Ramon de Sifcàr no admitida por electo: Nueva eleccion de Don Semeno, Abad XIX. de Poblet: Divorcio entre el Rey Don Jayme, y la Reyna Doña Leonor: Casamiento con Doña Violante: Donaciones al Convento de Poblet: Don Semeno Obispo de Segorbe, y Albarracin: Opinion de algunos, que lo hacen Religioso Mercenario, refutada: Hechos memorables, y muerte de el Obispo.

1 ES tan pesado el yugo de el govierno, que carga sobre los ombros de el Prelado, que muchos hombres cuerdos, sabios, y santos han procurado huirle, para vàcar à Dios mas desembarazados: y otros compelidos à admitirlo, despues lo renunciaron, para dàr à Dios lo que les restava de vida, y governarse à sì, despues de haver governado à los otros. Hallavase el Abad de Fuen-Fria en este Monasterio de Poblet à 29. de Mayo de 1236. en cuya presencia se hizo aquella Concordia entre el Monasterio de Poblet, y el Obispo, y Cabildo de Lerida, que se menciono arriba *Differt.* 11. *num.* 8. la qual es muy verisimil se hiciesse muerto el Abad Don Vidal, y electo el Successor, y confirmado por el dicho Abad de Fuen Fria, como Abad-Padre, y Presidente de la Eleccion, para la qual lo havrian avisado los Monges de Poblet, luego de muerto el Abad Don Vidal, cuyo fallecimiento, si bien por Instrumento de el Archivo citado arriba *Differt.* 11. *num.* 14. no consta hasta el Deciembre de

1236.

1236. pero sin duda que havia fallecido en el Abril de dicho año: y avisado de ello el Abad de Fuen-Fria, vino à Poblet, donde se hallava en dicho dia 29. de Mayo, y electo el Successor, aunque la Escritura no lo expressa.

2 Como quiera que fuesse, congregados los Monges de Poblet en la Aula Capitular, presidiendoles el Abad de Fuen-Fria como Abad-Padre, para hacer eleccion de Prelado; inclinados à la conocida Santidad, Literatura, y Nobleza de Don Ramon de Siscàr, lo eligieron unanimes en Abad de Poblet: pero este sabio, cuerdo, y santo Monge no quiso aceptar la eleccion, que de èl havian hecho, por mas que con repetidas instancias se lo persuadieron los Electores, y el Abad de Fuen-Fria: por lo que fuè preciso el passar à hacer nueva eleccion de Abad. Pusieron luego los ojos en Don Semeno, Monge tambien de los mas insignes que à la sazòn ilustravan al Monasterio de Poblet, el qual acceptò la eleccion, y se cuenta el XIX. entre los Abades, è immediato Successor de Don Vidal de Alguaire.

3 La falta de las noticias de haver elegido Successor de el Abad Don Vidal al mencionado Don Ramon de Siscàr, y por no haver èste aceptado la eleccion, haver subrogado à Don Semeno, ocasionò alguna confusion en los Manuscritos Domesticos antiguos, en los quales se vèn assignadas con tal indecission las Abadias desde el año 1236. hasta el de 1245. que sin determinar tiempo fijo de govierno à cada uno de los Abades Don Semeno, Don Ramon de Siscàr, Don Ramon Donat, Don Vidal, y Don Domingo Semeno, concluyen, que solo se sabe, que estos seys Abades governaron al Monasterio de Poblet desde el año 1236. hasta el de 1245. en que obtuvo la Abadia Don Berenguer de Castellots. Con mas confusion las escriviò el Ilustrissimo Fr. Angel Manrique, como se irà reparando en adelante: Y aunque nuestro Domestico su Emendador

dador refiere con tal qual diftincion el govierno de dichos Abades, confundiò muchas noticias por falta de averiguacion, que dejarèmos emendadas con feñalar el difcurfo de tiempo de cada Abadia en particular por Efcrituras autenticas de el Archivo.

XIX.
DON SEMENO,

ABAD XIX. DE POBLET.

Año de Chrifto 1237.

4 POr no haver querido aceptar la eleccion de Abad Don Ramon de Sifcàr, fuè, como dige, puefto en fu lugar Don Semeno, fegun fe demueftra por Efcrituras autenticas de el Archivo, efpecialmente por dos otorgadas en el año 1237. que citarèmos en adelante, que expreffan el nombre de Semeno Abad de Poblet: nombre que fin difcrepancia le dàn todos los Manufcritos Domefticos antiguos, y los mas de los Autores, que hicieron memoria de èl, como Obifpo que fuè de Segorbe: afsi que no deve perjudicar à efta conftante Abadia de Don Semeno el defcuido de el Iluftrifsimo Manrique, (1) que no hace de èl mencion alguna en la fèrie de Abades de Poblet; quando pudo hallar la noticia no folo de la Abadia, fino tambien de el Obifpado de Segorbe en dichos Manufcritos, y en las Obras impreffas de los RR. PP. MM. Vaquero, (2) y Montalvo. (3)

5 El

---

(1) Manrique *Append. ad tom. 2. Annal. Cifterc. in ferie Abatum Populeti.*

(2) M. Fr. Francifco Vaquero *Apologia fobre la Regla de San Benito, motivo* 28. §. 3.

(3) M. Fr. Bernabè Montalvo *Hiftoria de la Orden de San Bernardo, cap.* 31. *del lib.* 2.

5 El Sereniſsimo Señor Rey Don Jayme, deſpues que en el año 1229. fuè declarado nulo el matrimonio con ſu primera muger la Reyna Doña Leonor de Caſtilla, y dada Sentencia de divorcio entre ellos, por el Papa Gregorio IX. quiſo que el Infante D. Alonſo, havido en aquella Reyna, ſe declaraſſe hijo legitimo, y que ſe ſuplieſſen qualeſquier defectos que pudieſſen obſtar à la legitimidad; como en efecto fuè declarado por legitimo por el Rey, y por el Papa, de manera que al otorgar el Rey ſu Teſtamento año 1232. nombrò al dicho Infante à la ſucceſsion de la Corona, como vimos arriba *Diſſert.* 11. *num.* 3. En el de 1235. por medio, è intervencion de el miſmo Papa Gregorio IX. ſe tratò caſamiento de el Rey Don Jayme con la Infanta Doña Yolante, ò Violante, hija de Andrès Rey de Ungria, con la qual ſe deſposò en la Ciudad de Barcelona à 17. de Mayo de 1236. En el mes de Octubre de el proprio año tuvo el Rey Don Jayme Cortes Generales en la Villa de Monzòn, en las quales haviendo aſsiſtido nueſtro Monge Fr. Guillen de Cervera entre otras Perſonas Ecleſiaſticas, y Religioſos muy notables, como refiere Zurita, (4) es de el todo veriſimil que no faltaria nueſtro Abad Don Semeno, tan eſtimado de el Rey Don Jayme, que ſiendo Obiſpo de Segorbe, y Albarracin, le aſsiſtiò continuamente en el Sitio de Valencia, como veremos en adelante.

6 Poco tiempo preſidiò el Abad D. Semeno à la Igleſia de Poblet; pues yà en el año 1237. eſtava governando la Obiſpal de Segorbe. Pero como ſe havia eſparcido tanto la fama de ſus virtudes, de la Santidad de D. Ramon de Siſcar, y de la ſingular obſervancia de otros Monges, que à la ſazòn iluſtravan al Monaſterio, era tanta la devocion, que tenian à Poblet los Fieles, que fueron muchas las limoſnas, y donaciones, que le hicieron en el breve diſcurſo

de

(4) Geronymo de Zurita *Anales de Aragon, lib.3. cap.26.*

de su Abadia. Mencionarèmos una ù otra, para afianzar la asserta Abadia de Don Semeno contra el silencio del Señor Manrique. A 7. de Enero de 1236. Don Jayme de Almenara al hacer su Testamento, librò à favor de el Monasterio de Poblet, y señaladamente à beneficio de su hermano Fr. Guillen de Almenara, Monge entonces de Poblet, y despues Abad de Benifazà, como se ha visto en el *Apend. à la Dissert.* 11. *num.* 38. el Castillo, y Villa de Valvert, y todo quanto posseìa en Castellserà, y sus Terminos. La qual Donacion, aunque su Escritura no expressa el nombre de Semeno Abad, no pudo menos que haverse otorgado en su tiempo, constando, como consta de lo dicho arriba *Dissert.* 11. *num.* 14. havia yà sucedido al difunto Abad Don Vidal de Alguayre. A 29. de Mayo de el siguiente año 1237. Don Berenguer de Aguilòn en el Testamento, que dispuso antes de partir à la expidicion de Valencia contra los Sarracenos, legò al Abad, y Monasterio de Poblet todas las Decimas, que tenia en el Castillo, y Villa de Cugùl, y consignò al Hospital de Pobres el Mas llamado *den Vives* en el Termino de Valvert. Y en fin Armengol Tornèr, y Guillen su hermano, que havian tenido algunas diferencias con el Monasterio de Poblet sobre ciertos derechos, que pretendian en Corregò, cedieron à todas sus pretensiones, haciendo definicion al Monasterio.

7 Como à los que principalmente buscan el Reyno de Dios, les añade su Magestad los bienes temporales, no le faltavan estos al Monasterio de Poblet en el tiempo en que vamos; pues à 15. de las Calendas de Julio (que es à 17. de Junio) de el proprio año 1237. comprò de Doña Beatriz de Ribelles, y de Don Pedro Ramon su marido, por precio de 85. Morabatines Alfonsinos de oro, el Derecho, que percibian en el Lugar, y Termino de Montsuàr, como consta de Escritura autentica de el Archivo,

(5) que devo acotar en este passo, porque expressa el nombre de Don Semeno Abad, y de Fr. Pedro de Llor, Prior de Poblet, que la signò como Escrivano, y Archivero de el Monasterio. Immediatamente à 13. de las Calendas de Julio (que es à 19. de Junio) la Condesa Doña Miracla, hermana de Don Armengol Conde de Urgel, hizo al Abad Don Semeno, y Convento de Poblet definicion de ciertas possessiones en el Termino de la Sentiù, en Escritura autentica de el Archivo, (6) en que el nombre de el Abad Semeno se expressa con sola la S. inicial, por la qual, segun la Escritura antecedente, se deve entender Semeno, de el qual nombre consta mas adelante à 5. de Agosto de el proprio año 1237. en Escritura autentica de el Archivo, (7) que contiene una Protesta que hicieron el Abad Don Semeno, y Convento de Poblet à Pedro Mascarell, y sus Consortes, de que nunca les havian vendido el Castillo de Golifars, que dichos Mascarèll, y Consortes havian dado al Monasterio, y que el hallarse Abad, y Convento desposseìdos de èl, era porque el Conde de Urgèl havia sacado violentamente los Monges que estavan en èl, y se tomò el trigo, y demàs cosas pertenecientes à dicho Castillo. De todas las quales Escrituras consta legitimamente contra el Ilustrissimo Fr. Angel Manrique la existencia de el Abad Don Semeno, y su continuacion en la Abadia por lo menos hasta 5. de Agosto de 1237.

(5) Archivo de Poblet, Cajòn 37. intitulado *Montsuàr*, lig. 4. *Vendimus vobis D. Semeno Abbati Populeti.* Et infra: *Actum 15. Cal. Julii anno Domin. Incarnat. 1237.* Et tandem: *Fr. Petrus de Lauro, Prior Populeti, qui hoc scripsit &c.*

(6) El mismo Archivo, Cajòn 42. intitulado *Belcayre*, ligar. 15. *Vobis Fr. S. Abbati Monasterii Populeti.* Et infra: 13. *Cal. Julii, anno ab Incarnat. Domini* 1237.

(7) El mismo Archivo, Cajòn 42. intitulado *Belcayre*, lig. 15. *Fr. Semenus Abbas Populeti cum omni Conventu, dicimus, protestamur &c.* Et infra: *Actum Nonas Augusti, anno ab Incarn. Dñi* 1237.

8 De aqui adelante yà no se hallan memorias de el Abad Don Semeno en Escrituras de el Archivo; de manera que à 19. de Setiembre de el proprio año 1237. en el acto de absolucion, que se hizo à los Vecinos de Prades de la Excomunion, que havian incurrido año 1235. por los agravios hechos al Monasterio de Poblet, que referimos arriba *Dissert. 11. num. 11.* no se expressa Abad de Poblet: como tampoco en Escritura de 1. de Noviembre, en que Fr. Pedro Prior de Poblet hizo un mandato à los Vecinos de Bellcayre, paraque entregassen los frutos de aquella Granja, porq̃ el Monasterio la havia yà comprado. Lo mismo se repara en Escritura de 14. de dicho mes y año, en que Pedro de Boldù hizo definicion al Monasterio de Poblet de todos los derechos, y acciones que pensava tener en algunas possessiones de el Termino de Montmùr. De donde parece muy verisimil que nuestro Abad Don Semeno se hallava yà por esse tiempo electo Obispo de Segorbe, y Albarracin, y que estava vacante la Abadia; lo que persuade tambien una Escritura de nuestro Archivo (8) con data de 9. de el dicho mes de Noviembre, que contiene la venta, que Don Pedro de Albalate, *Obispo* de Lerida hizo al Convento de Poblet de una possession en el Termino de Bellcayre por precio de 2660. sueldos Jaqueses, dirigida à Fr. Pedro de Llor Prior, Vicegerente de Abad de Poblet: la qual no solo prueba estar vacante la Abadia, sino tambien hallarse rico el Monasterio, pues compró aquella possession por precio tan considerable en aquellos tiempos.

9 Lo que no admite duda es, que nuestro Abad Don Semeno fuè provisto de el Obispado de Segorbe, y Albarracin,

---

(8) El mismo Archivo, Cajòn 42. intitulado *Belcayre*, ligarza 6. ibi: *Vobis Petro de Lauro Priori Populeti Vicesgerenti Abbatis &c.* Et infra: *Actum 5. Idus Novembris, anno Incarn. Dom.* 1237.

cin, Iglesias entonces unidas, dentro de el año 1237. como lo refiere Don Francisco de Villagrassa, (9) fundado en que à 19. de el mes de Abril de 1238. el Rey Don Vicente Belvìs (llamado antes Ceit Abuceit) estando en Albarracin, le havia yà confirmado la Donacion, que dos años antes havia otorgado en la Ciudad de Teruel à favor de su immediato Antecessor Don Guillen, y à su Iglesia Segobricense. No digo que el Doctor Villagrassa afirme, que Don Fr. Semeno (al qual tambien llama Don Fr. Eximinio, Don Fr. Ximeno, Don Fr. Simon, Don Fr. Eximeno, y Don Fr. Simon Ximeno, y otros lo llaman Don Fr. Simon Ximenez, que en mi dictamen todo es una misma cosa, y como si digera Fr. Semeno de Semeno) fuè promovido à la Iglesia de Segorbe, y Albarracin desde la Abadia de Poblet; antes, aunque siempre le dà el titulo de Religioso, no solo no dice que fuesse de Poblet, ni Cisterciense, pero ni explica de què Religion era: como tampoco lo expressan el Abad Don Martin Carrillo, (10) el P. M. Fr. Francisco Diago, (11) y el Licenciado Gaspar Escolano. (12) Pero si dirè, que siendo, como lo es, constante la promocion de Don Semeno Abad de Poblet à la Iglesia de Segorbe en todos los Manuscritos Domesticos de el siglo XVI. y en las Obras impressas de los RR. PP. MM. Fr. Bernabè de Montalvo, (13) y Fr. Francisco Vaquero, (14) que salieron à luz por los años de 1602. y 1615. no deve perjudicar à verdad tan contestada el silencio de dichos Autores, de los quales pudieron algunos haver leido en ellas la noticia.

(9) Villagrassa *Catalogo de los Obispos de Segorbe*, cap. 18.
(10) Carrillo *Vida de San Valero. Catalogos de los Obispos de Albarracin.*
(11) Diago *Anales de Valencia*, lib. 7. en diversos Capitulos.
(12) Escolano *Historia de Valencia*, lib. 8. cap. 12.
(13) Montalvo *Historia de la Orden de S. Bernardo*, lib. 2. c. 31.
(14) Vaquero *Apolog. sobre la Regla de S. Benito*, mot. 28. §.3.

10 Pero aqui se nos ofrece una grave dificultad: y es, que los RR. PP. MM. Fr. Marcos Salmeròn, y Fr. Manuel Mariano Ribera, Autores graves de la Orden de la Merced, sobre haver podido leer la noticia en las dichas Obras impressas de Montalvo, y Vaquero, afirman absolutamente, y con toda claridad, que Fr. Simon Ximenez Obispo de Segorbe fuè Religioso de su Orden, y aun el Maestro Ribera lo confirma con autoridad de el Bulario de aquella Religion. Quiero producir las mismas palabras de estos Autores, no solo para cumplir con la mas exacta legalidad en la materia, sino tambien paraque viendo el Lector erudito, que nada oculto de lo que puede esforzar la opinion de los citados PP.MM. Mercenarios, forme sobre ella su juicio.

11 El P. M. Salmerón (que pienso es el mas antiguo que publicó la noticia) dice assi: (15) *Don Fr. Simon Ximenez presumo que fuè el primer Obispo que tuvo la Religion. Fuè natural de Barcelona, y hijo de el Convento de aquella Ciudad. Era sugeto consumado en letras y virtud, muy conocido de todos en aquel Principado. Quiso Dios empleasse todo este caudal en nuestra Orden, y assi recibió el Habito de nuestro Padre San Pedro Nolasco. Tuvo grandes noticias de este Sugeto el Rey Don Jayme I. de Aragon, y le pareció seria conveniente ponerle en parte, adonde luciesse mas el caudal y talento; y à instancia de el Rey el año de 1238. el Cabildo de la Iglesia de Albarracin, y Segorbe, que estavan unidas, le eligió por su Obispo, como lo refieren Autores graves de dentro y fuera de la Orden. Partió de esta vida el año de 1241. y diòsele sepultura en su Iglesia de Albarracin*; y concluye: *Y assi parece que Don Fr. Simon Ximenez fuè Obispo de Albarracin por el tiempo referido, y el primer Obispo de la Orden.* Con toda essa distincion escrive el P. M. Salmerón.

12 El Padre Maestro Ribera en su Real Patronato

(16)

(15) Salmerón *Recuerdos Historicos*, siglo 1. recuerdo 16. §. 3.

(16) lo numera entre los Obispos de su Orden en los titulos de Albarracin en Aragon, y de Segorbe en Valencia. Y en su Milicia Mercenaria lo trata con estas palabras: (17) *Fr. Simon Ximenez fuè hijo de la Casa de Barcelona, y fuè provisto de el Obispado de Albarracin, y Segorbe por el Papa Gregorio IX. y muriò año* 1241. Pero sobre la vaga noticia de que lo refieren Autores graves de dentro y fuera de la Orden, que dijo Salmeròn, añade: *Leese pag.* 2. *de el ultimo Bulario de la Merced.* Y paraque vean que en efecto concuerda la noticia de el P.M.Ribera con la de el Bulario, que và à la margen, (18) doy la clausula literalmente traducida en Castellano: *El mismo Pontifice* (esto es Gregorio IX.) *al año* 1238. *creò Obispo de Albarracin en el Reyno de Aragon, y de Segorbe en el de Valencia à Don Fr. Simon Ximenez, hijo de nuestro Real Convento de Barcelona, el qual muriò año* 1241. *y fuè sepultado en su Sede.*

13 No parece que hay mas que desear en abono de que Don Fr. Simon Ximenez, Obispo de Albarracin, y Segorbe, fuè Religioso de la Orden de la Merced, y no Monge Cisterciense, y menos Abad de Poblet, por mas que lo refieran nuestros Manuscritos Domesticos, y lo confirmen los RR. PP. Maestros Montalvo, y Vaquero; mayormente si se hace reflexion, que los citados Autores Mercenarios, no obstante que escrivieron despues de los Cistercienses, sacaron à luz su opinion tan afianzada. Yà dige que la dificultad era grave; y no serà mucho que à otros parezca gravisima: pero discurriendo sin passion, facilmente se averiguarà la verdad.

14

(16) Ribera *Real Patronato, pag.* 444. *num.* 30.
(17) El mismo *Milicia Merçen. cent.* 1. *p.* 1. §. 71. *num.* 1135.
(18) Bullar. Mercen. pag. 2. ibi: *Idem Pontifex ad ann.* 1238. *creavit Episcopum Albarracinen. in Regno Aragoniæ, & Segorbicen. in Regno Valentiæ D. Fr. Simonem Ximenez Regalis Conventus nostri Barchinonen. filium, qui obiit anno* 1241. *sepelitur in sua Sede.*

14 Viendo yo que la relacion de los PP. MM. Mercenarios no podia ajustarse con las Escrituras que he citado de nuestro Archivo de Poblet, que demuestran à evidencia, que Don Fr. Simon Ximenez, ò Don Semeno, antes de ser Obispo de Segorbe, era Abad de Poblet, estuve por echar el fallo, y juzgar que la noticia de los que afirmaron haver sido Religiosos de la Orden de la Merced se havria tal vez introducido con ligereza por algun Escritor de aquella Orden, que con aplicacion à sus Escrituras, quizà descubriò que por aquellos mismos años de 1238. havia en el Convento de la Merced de Barcelona un Religioso llamado Fr. Simon Ximenez, Sugeto, como dijo Salmeròn, consumado en letras y virtud; y hallando despues en las Historias, que por aquellos mismos años fuè provisto de el Obispado de Albarracin, y Segorbe un Religioso llamado Fr. Simon Ximenez, sin explicarse por los Chronistas de què Religion era, es muy verisimil que atribuyesse congeturalmente la promocion al Obispado à aquel Religioso de su Orden, y que una vez introducida la noticia, la transcriviessen sin alguna critica, como suelen, los Successores, hasta llegar à publicarla el P. M. Salmeròn en sus Recuerdos Historicos impressos año 1646. y aun à introducirse en el ultimo Bulario de la Orden de la Merced. Pero haciendo madura reflexion sobre el complexo de la relacion, y sobre sus puntos en particular, considerando que la noticia de haver el Obispo Don Fr. Simon Ximenez fallecido en el año 1241. como afirman los Autores Mercenarios, y Bulario, tampoco concordava con las Escrituras de el Archivo de la Iglesia de Segorbe, citadas por el Doctor Don Francisco Villagrassa, que asseguran, que despues que el Serenissimo Señor Rey Don Jayme entrò como Donatario en la Ciudad de Segorbe año 1245. acudiò el Obispo Don Fr. Simon Ximenez à tomar possession de su antigua Silla, como relatarèmos

mas

mas abajo *num.* 16. y en fin reconociendo, que la afferta Profefsion Mercenaria de el mencionado Obifpo Don Fr. Simon Ximenez la paffaron en filencio los dos gravifsimos PP. MM. Chroniftas mas antiguos de la Orden de la Merced, Fr. Alonfo Ramon, y Fr. Bernardo de Vargas, tuve por tan liviana la relacion de los Modernos, que me ratifiquè en mi dictamen de que fe havia introducido aquella noticia fin fundamento.

15 En fin para poder falir mejor de la duda, confultè la materia con el Rmo. P. M. Fr. Jofeph Nicolàs Cavero, Sugeto el mas celebre que tiene hoy la Religion de la Merced en la Corona de Aragon, el qual explicò fu dictamen en efta forma: *Digo con pura verdad (que es el alma de la Hiftoria) que no veo fundamento razonable para decir, que Fr. Simon Ximenez, à quien fe atribuye el Obifpado de Segorbe, que lo era juntamente de Albarracin, fueffe de nueftra Orden. Dicenlo fi Berual en la pag. 2. de el Bulario, y Ribera pag. 444. num. 30. de el Libro de el Patronato; pero no dàn prueba alguna, fiendo afsi que para ello fe necefsitava de Documento, ò de Autor de mas que mediana antiguedad, porque fe trata de un hecho de cinco figlos arriba, pues fuponen que fuè hecho Obifpo en tiempo de Gregorio IX. Salmeron en los Recuerdos Hiftoricos lo dice, y quiere apoyarlo con la cita ciega de graves Autores fuera y dentro de la Orden. Y yo no hallo ninguno, pues antes de èl efcrivieron Ramon, y Vargas, y nada dicen de tal cofa en la Hiftoria de la Orden. Concluyendo digo, que no hallo fundamento alguno, ni aun de mediano pefo, para afirmar que la Orden tuvo tal Obifpo.* Sobre las quales palabras nada hay que añadir, por fer tan conforme el juicio de efte celebre Mercenario, al que yo havia formado, y tengo hafta aqui propuefto.

16 Paffemos ya à referir algunas memorias de nueftro Obifpo, que fe hallan bien afianzadas en el Catalogo de el Doctor Villagraffa, que afirma haverlas facado de

el

Archivo de la Iglesia de Segorbe. Don Guillen Obispo de Albarracin, y Segorbe fuè gran parte en la Conversion de el Rey Moro de Murcia, llamado Ceit Abuceit, à quien instruyò en la Fè, y bautizò año 1235. llamandose de alli adelante Don Vicente Belvis, el qual hizo voto de recobrar la Ciudad de Segorbe, paraque en ella residiesse el Obispo, que tenia la Sede en Albarracin: (19) y à 19.de Abril de 1238. estando en Albarracin, confirmò à nuestro Don Fr. Semeno Obispo de Segorbe los Terminos, que en aquel Obispado havia dado antes à su Predecessor Don Guillen. Partieronse luego de Albarracin el Rey, y el Obispo para assistir al de Aragon Don Jayme, que estava en sus Reales contra la Ciudad de Valencia, que Zaen havia usurpado al Rey Ceit Abuceit, ahora Don Vicente Belvis, confederado con el Rey Don Jayme. Durante el Sitio hizo el Rey Don Jayme merced à nuestro Obispo de Segorbe de una Casa en Valencia, y ciertas Heredades que havian sido de Mahomad Aymailol, y despues le hizo donacion de el Lugar de Navajas, media legua distante de Segorbe.

17 Era entonces el Obispado de Segorbe Sufraganeo de el Arzobispado de Toledo, y por esso nuestro Obispo, como Procurador suyo, todo el tiempo de el Sitio defendiò la jurisdicion de el de Toledo, pretendiendo que la Iglesia de Valencia havia de ser de su jurisdicion, por el derecho que desde el tiempo de los Godos le pertenecia. Y aunque se le oponia siempre Don Pedro de Albalate Arzobispo de Tarragona, favorecido de el Rey Don Jayme, que por ser la Iglesia de Tarragona la Metropoli de todos sus Reynos, deseava que tambien se le agregasse la Iglesia de Valencia, no obstante nuestro Obispo Segobricense, que juzgava estar la razon de parte de su Metropolitano el Arzobispo de Toledo, egerciò por el, y en su nom-

---

(19) Diago *Anales de Valencia*, lib. 7. cap. 14.

nombre todos los actos que pudo para introducirlo en la possession. Durante el Sitio de Valencia celebrò la primera Missa, que se dijo en la Iglesia antigua de San Vicente Martyr, fuera los muros de la Ciudad, en el camino que và à Jativa, ò Ciudad de San Felipe. Por el mes de Junio de 1238. se hallò nuestro Obispo en la Tienda de el Rey Don Jayme con la Reyna Doña Violante, quando se resolvió ayudar al Papa Gregorio IX. contra el Emperador Federico. (20) Y haviendo tambien asistido al otorgarse la Concordia entre el Rey Don Jayme, y el Rey Zaen de Valencia en el mes de Octubre de el proprio año, para entregarle la Ciudad, (21) prueba claramente que nuestro Obispo asistió siempre al Rey en el Sitio de Valencia, hasta el dia 9. de Octubre de 1238. que entrò triunfante en ella el Rey Don Jayme.

18 Despues de ganada la Ciudad de Valencia, prosiguiò el Obispo D. Semeno con la misma solicitud en egercitar funciones de possession, como Procurador de el Arzobispo de Toledo. Celebrò la primera Missa en la Iglesia de San Miguel, y diò Sepultura al primer cuerpo difunto en la que fuè Mezquita mayor ya erigida en Cathedral: en todos los quales actos protestava, y requeria se le recibiessen Escrituras publicas de que tomava possession como Procurador de el Arzobispo de Toledo, como se narra largamente en el Processo que se llevò ante el Juez Delegado Apostolico de el Papa Gregorio IX. entre Don Pedro de Albalate Arzobispo de Tarragona, y Don Rodrigo Gimenez Arzobispo de Toledo, sobre el Derecho Metropolitano de el Obispado de Valencia

19 Havia nuestro Obispo instado varias veces al Rey Don Jayme paraque sacasse su Iglesia principal de Segorbe de poder de Infieles, que se la tenian cautiva; porque si

---

(20) Escolano *Historia de Valencia*, lib. 3. cap. 6.
(21) Diago *Anales de Valencia*, lib. 7. cap. 25.

bien el Rey de Segorbe Don Vicente, que la poſſehia, era Chriſtiano; pero como no ſe demoſtrava tal entre los Moros ſus Vaſſallos, eſtos lo tenian ſiempre por Moro, y por eſſo no era el Obiſpo admitido en la Ciudad, ni podia egercer acto alguno. Laſtimado pues de eſto, y de que haviendoſe conquiſtado de los Infieles algunos Lugares, que havian ſido de ſu Dioceſi, los Conquiſtadores los havian agregado à otro Obiſpado, diò aviſo de ello al Papa Gregorio IX. el qual eſcriviò al Rey Don Jayme, recomendandole el Obiſpado Segobrienſe, exhortandole, y rogandole, que aſſi como fueſſe ganando à los Moros los Lugares, que antiguamente pertenecian al Obiſpado de Segorbe, los entregaſſe à ſu proprio Paſtor, en quanto à la juriſdiccion, y dominio eſpiritual Y porque las Letras Pontificias dirigidas al Rey Don Jayme ſon prueba inconteſtable de que al tiempo de ſu Data eſtava la Ciudad de Segorbe en poder de Sarracenos, contra las inadvertencias de Geronymo de Zurita, (22) que eſcriviò haverla conquiſtado el Rey Don Jayme año 1235. y el Dr. Pedro Antonio Beuter, (23) que refiere haverla rendido año 1237. me ha parecido traducirlas en Caſtellano. Dicen aſſi.

Gregorio Obiſpo Siervo de los Siervos de Dios, al cariſsimo Hijo en Chriſto Iluſtre Rey de Aragon, ſalud y Bendicion Apoſtolica. Quanto mayores anguſtias, y trabajos padece por la Fè de Chriſto la Igleſia de Segorbe, tanto mas nos compadecemos en ſu tribulacion, y nos condolemos en ſu dolor. Y como, ſegun nos ha demoſtrado en ſu peticion el Venerable Hermano nueſtro Obiſpo Segobricenſe, la dicha Igleſia tomada ahora poco ha por los Enemigos de la Cruz de Chriſto, y detenida aun en la captividad, eſtà ſufriendo grave daño, aſsi en lo eſpiritual como en lo temporal, aunque haya recuperado algo, rogamos, amoneſtamos, y exhortamos aſentamente à tu Real Excelencia, que
ſi

---

(22) Zurita *Indic. rer. Arag.* lib.2. anno 1235.
(23) Beuter *Chronica General de Eſpaña*, lib.2. cap.32.

si obrando el poder de Dios llegaren á tus manos algunas cosas de su Diocesi, hagas por reverencia de Dios, y de la Sede Apostólica, y nuestra, que se le corresponda en ellas de lo espiritual, de suerte que merezcas conseguir de Dios el premio, y de los Hombres la alabanza. Dadas en Letran à 16. de las Calendas de Junio, año 13. de nuestro Pontificado. Cuya data, que corresponde al año 1239. y lo menos al de 1238. de Christo, prueba que antes de dicho año no estava conquistada por el Rey Don Jayme la Ciudad de Segorbe.

20 El Rey Ceit Abuceit, y Christiano Don Vicente Belvis, Señor de la Ciudad y Castillo de Segorbe año 1245. en egecucion de los conciertos hechos entre èl, y el Rey Don Jayme, y cumplimiento de su palabra, se los entregò espontaneamente; assi que el Rey Don Jayme entrò como Donatario en Segorbe en dicho año 1245. con singular alborozo correspondiente al gran deseo, que havia tenido de posseerla; y dejando por entonces en el Castillo guarnicion de Christianos, se quedaron los Moros con su Mezquita dentro de la Ciudad, y en el Arraval algunos pocos Christianos. Apenas tuvo noticia el Obispo Don Semeno que ya la Ciudad de Segorbe estava por el Rey Don Jayme, acudiò à ella para tomar possesion de su antigua Silla. En una Casa de Christianos, que se llamava *el Baño*, dijo la primera Missa, y tomò la possesion de su Obispado: Y como los Infieles oyeron sonido de Campana, se alborotaron de manera, que le fuè forzoso al Obispo salirse de la casa donde estava, temiendo no le sucediera algun siniestro. Dentro pocos dias acabò los suyos este zeloso Prelado, despues de haver defendido varonilmente assi los derechos de su Obispado Segobricense, como los de su Metropolitano el Arzobispo de Toledo, y añadido à la Mensa Episcopal el Lugar de Tramacastiel en Aragon, que comprò por 200. escudos Alfonsinos à Teresa de Cascante, y Martin Gil su hijo en el año 1239.

Mucho deseó gozar de su antigua Silla, pero solo quiso Dios dejarle tomàr la possesion, con no pequeños sobresaltos, y llevòle à gozar en el Cielo la que tenia merecida por sus fatigas, y santa vida. Passò de esta à la eterna en los ultimos dias de el año 1245.

DISSERTACION XIII.

SAN BONIFACIO ABAD XXIII. DE CISTER: DON Ramon de Siscàr Abad XX. de Poblet: Obispo de Lerida: Sus Hechos memorables: Su muerte, Exequias, y Sepultura. Muerte de el Papa Gregorio IX. y eleccion de Celestino IV. Por su fallecimiento dentro 17. dias vaca la Silla Apostolica mas de 20. meses: Eleccion de el Papa Inocencio IV. Don Ramon Donat Abad XXI. de Poblet, Fundador do el Monasterio de Santa Maria la Real de Mallorca: Sus hechos, y memorias.

1   POR la dejacion que de el Generalato de la Orden hizo en el año 1237. el Beato Don Guillen III. de este nombre, como se dijo arriba *Dissert.* 10. *num.* 5. fuè elegido Abad XXIII. de Cistèr San Bonifacio, bien conocido por sus virtudes y hechos memorables. En el mismo año 1237. establecio, que las Abadessas, y Religiosas Cistercienses no acudiessen personalmente al Capitulo General. En el siguiente 1238. decretò, que las Comemoraciones de San Benito, y San Bernardo, que se hacian en el Oficio Parvo de nuestra Señora, se hiciessen en el Oficio Canonico. Mas adelante dispuso que se rezassen todos los Viernes de el año los siete Psalmos Penitenciales, y que cada dia se cantasse

la Salve despues de Completas. Fuè tan estimado de los Reyes de Francia, que la Reyna Doña Blanca, y sus hijos San Luìs, y Carlos le concedieron ciertos reditos anuales para ayuda de los gastos de el Capitulo General. Acudiendo al Concilio General de Leon de Francia, especialmente llamado de el Papa Gregorio IX. año 1240. no solo este Santo Abad, sino tambien el de Claraval, y otros, y aun dos Cardenales Cistercienses, fueron presos por el Emperador Federico II. que à la sazòn tenia cruel oposicion à la Iglesia, que sintiò gravemente la prision, que duròpor espacio de tres años, al cabo de los quales el Emperador les diò libertad. Y si es verdad lo que refieren graves Autores, citados por Odorico Raynaldo, (1) y parece lo tuvo por cierto el Ilustrissimo Fr. Angel Manrique, (2) que el dicho Emperador, despues de tantos excessos año 1250. inspirado de la Divina Gracia, admirablemente compungido, muriò no solo absuelto de las Censuras, y reconciliado à la Iglesia, sino tambien Religioso Cisterciense, no deja de resultar al Santo Abad Bonifacio especial gloria de Conversion tan admirable.

2 Apenas vacò la Abadia de Poblet por la promocion de el Abad Don Semeno à la Iglesia de Segorbe año 1237. quando congregados los Monges en la Aula Capitular, eligieron otra vez en Abad de Poblet à Don Ramon de Siscàr: el qual por mas que resistiò como la primera vez, al cabo se rindiò à las gravissimas persuasiones de su Antecessor ya Obispo de Segorbe, que le protestò ser de el servicio de Dios la eleccion, que de èl se havia hecho, admitiendo con la mas profunda humildad el empleo, segun

----

(1) Guillelm. à Podio Laurenti. *Chron. cap. 49.* Bernard. *Chron. Rom. Pont.* M.S. Bibliot. Vatican. *fol. 1960.* apud Odoric. Raynald. tom. 13. *Annal. Eccles.* ann. 1250. num. 33.

(2) Manrique *Append. ad tom. 1. Annal. Cisterc. in ser. Abbat. Cisterc.*

gun la comun tradicion, y memorias de los Manuscritos Domesticos. En efecto no hay Escritura alguna desde el mes de Noviembre de 1237. (en que como vimos arriba *Dissertacion* 12. *num.* 8. estava vacante la Abadia) hasta el mes de Agosto de el siguiente 1238. (en que como verèmos adelante, ya era Don Ramon de Siscàr Obispo de Lerida) que expressa el nombre de *Ramon Abad*, ni aun el apelativo de Abad de Poblet, como se demostrarà en las que se iràn refiriendo en su lugar; pero como el argumento negativo no basta à convencer la materia, y dé más à más no hay algun motivo, parece que devemos estàr à la tradicion, y memorias de los Manuscritos.

3 Lo que se sabe es, que Don Ramon de Siscàr fuè hijo de nobles padres de la Familia de Siscàr, bien distinguida en Cataluña, por las hazañas de algunos Cavalleros de este linage: de los quales Don Guillen de Siscàr fuè uno de los Cabos principales que por los años de 1302. passaron à Grecia embiados de el Rey Don Jayme Segundo de Aragon, en defensa de el Imperio Griego, contra la invasion de los Turcos. (3) Umberto de Siscàr fuè embiado de el Rey Don Pedro IV. de Aragon por los años de 1349. por Cabo principal à reforzar la Isla de Menorca contra el Rey Don Jayme de Mallorca. (4) Y Don Pedro de Siscàr en el de 1412. fuè por Embajador à Caspe à la publicacion de el Rey Don Fernando I. de Aragon. (5) Y en fin Don Guillen de Siscàr en el año de 1444. era Obispo de Huesca, y governò loablemente aquella Iglesia hasta el de 1451. (6) Pero lo que mas sobresalia en nuestro Don Ramon de Siscàr era la virtud

---

(3) Don Narciso Feliu de la Peña *Anales de Cataluña*, lib. 12. cap. 8.
(4) Geronymo de Zurita *Anales de Aragon*, lib. 8. cap. 34.
(5) El mismo Zurita *lib. 11. cap. 89.*
(6) Don Martin Carrillo *Catalogo de los Obispos de Huesca*.

tud, y religiosidad hermanada con muchas letras y doctrina, de manera que motivò à los Monges à elegirlo una y otra vez por su Abad, y Prelado.

XX.
DON RAMON III. DE SISCAR,

ABAD XX. DE POBLET.

Año de Christo 1237.

4 EN el presupuesto pues de haver Don Ramon de Siscàr admitido la Abadia de Poblet vacante por la promocion de su Antecessor al Obispado de Segorbe, devemos señalarle principio, y fin de su govierno. El Ilustrissimo Fr. Angel Manrique (7) comienza à contarle la Abadia año 1236. Y aunque està de manifiesto la equivocacion, porque entonces entrò Don Semeno Successor immediato de Don Vidal de Alguayre, como vimos arriba, *Dissert.* 12. *num.* 4. pero fuè consiguiente al descuydo, que tuvo en omitir la Abadia de el dicho Don Semeno, el comenzàr à contar en aquel año la de Don Ramon Siscàr, que presumiò ser el immediato Successor de dicho Don Vidal. Lo que causa notable admiracion es la noticia, que añade, que el Abad Don Ramon de Siscàr, despues de conquistada la Ciudad de Valencia, aceptò la Donacion de el terreno para fundàr el Priorato de San Vicente Martyr fuera los muros de dicha Ciudad; no tanto por la incompatibilidad de el sucesso con la Abadia de Don Ramon, que yà antes de la Conquista de Valencia era Obispo de Lerida, como luego verèmos, como porque en el año 1238. tenia yà aquel Priorato muchos años de antiguedad de Fundacion, como demostrarèmos adelante en la Abadia de Don Bernardo de Cervera.

5 Uno

(7) Manriq. *Append. ad tom. 2. Annal. Cist. in ser. Abb. Pop. p. 37*

5. Uno de los doctos Escritores Domesticos, que emendaron en parte el Catalogo de el Ilustrisimo Fr. Angel Manrique, el qual, como digimos arriba *Dissert.*12.*n.*3. escrivió con alguna distincion las Abadias de Don Semeno, y Don Ramon de Siscàr, y las demàs hasta la de Don Berenguèr de Castellots, que entró año 1245. no comienza à contar la Abadia à Don Ramon hasta el de 1238. y se la continua hasta el de 1240. en que dice lo eligieron Obispo de Lerida: y en esta inteligencia, añade, que à ultimos de Julio de 1239. se halló en Mallorca, aceptó la Donacion, que le hizo Don Nuño Sanchez, para fundar alli un Monasterio, y que en efecto embió Abad y Monges à formar el Convento. Parece que nuestro Domestico Emendador cuydó muy poco de averiguar con exactitud los sucessos, y los confundió inadvertido, atribuyendo à Don Ramon de Siscàr lo que fuè proprio de el Successor Don Ramon Donato, como lo demostrarà la verdad, contestada por Escrituras autenticas.

6. Confiesso que no las hay, para probar la Abadia de Don Ramon de Siscàr en el año 1237. pero no haviendolas tampoco para persuadirla en el siguiente 1238. devemos estar à la tradicion, y no introducir sin motivo una vacante desde 9. de Octubre de 1237 en que consta vacava la Abadia hasta 25. de Marzo de el siguiente 1238. Menos fundamento se descubre para atribuir al Abad Siscàr la aceptacion de el terreno en Mallorca, que para fundar un Monasterio dió el Conde Don Nuño Sanchez en 30. de Junio de 1239. pues yà se hallava Obispo de Lerida, por lo menos desde el Agosto de 1238. segun Escritura autentica de el Archivo, (8) en que èl, y todo el Cabildo de aquella Santa Iglesia confiessan haver comprado de el Monasterio de Poblet la Torre de Aspa, por precio de 1000. Morabatines, y desobligan al Convento

(8) Archivo de Poblet, Cajòn 55. intitulado *Albages*, lig. 33.

vento de la garantìa de dicha Torre. Circunſtancia que ſe compone bien con la de hallarſe el Anteceſſor Obiſpo de Lerida Don Pedro de Albalate, Arzobiſpo de Tarragona por lo menos deſde 1. de Julio de el proprio año 1238. conforme à otra Eſcritura de el Archivo; (9) que contiene la Sentencia Arbitral que hizo como Juez arbitro entre las partes de el Convento de Poblet, y de Berenguela de Cirera, ſobre la Torre de Aſpa. Aſsi que no puede quedàr alguna duda acerca de el tiempo que Don Ramon de Siſcàr preſidiò à la Igleſia de Poblet, que fueron coſa de 6. meſes, deſde el Deciembre de 1237. haſta el Julio de el ſiguiente 1238.

7 En la Abadia fuè tan egemplar Prelado, que mas que con palabras mandava con el egemplo; porque primero egecutava en sì miſmo la Obſervancia, y mortificaciones, que havia de mandar deſpues à ſus Subditos. De manera, que divulgandoſe la fama de el Abad, y Convento de Poblet, iva creciendo la aficion de los devotos al Monaſterio. Yà antes de concluìr el año 1237. à 22. de Febrero, movidos de la grande Obſervancia, y Religion, que ſe guardava en el Monaſterio, Guillen, y Ramon de Paganell cedieron à las pretenſiones, que havian tenido contra èl ſobre ciertos derechos en el Honor, y Viñas de Queraltil, y Ganalor, y otros en la Ribera de Ciò, y de voluntad de Eliſenda ſu madre lo difinieron todo à favor de Abad, y Convento de Poblet. Y lo miſmo egecutò à 25. de Mayo de el ſiguiente año 1238. Don Pedro de Solèr, definiendo todo el derecho, que preſumia tener en Corregò, y ſus Terminos. Las quales Donaciones, y Definiciones, aunque ſus Eſcrituras no expreſſan el nombre de Ramon, ni Abad de Poblet, devemos atribuir al tiempo de la Abadia de D. Ramon de Siſcàr, no conſtando de ſu promocion al Obiſpado de Lerida haſta el mes de Agoſto de dicho año 1238.   Xx   8 Don

(9) El miſmo Archivo en el lugar citado.

8 Don Guillen de Mongrì, que defde la muerte de el Arzobifpo Don Afparago de la Barca fe hallava electo de Tarragona, y nunca quifo fer confagrado, defeando eximirfe de tan alta Dignidad, configuiò en fin año 1237. que el Papa Gregorio IX. le aceptaffe la renunciacion de el Arzobifpado, al qual fuè luego promovido Don Pedro de Albalate, que defde el año 1236. prefidia à la Iglefia de Lerida, y continuò en ella por lo menos hafta el mes de Deciembre de 1237. en que confta (10) hizo una celebre Conftitucion fobre el Eftado de la Iglefia, Dignidades, Canonicatos, y Adminiftraciones. Y haviendo elegido en Obifpo de Lerida à nueftro Abad D. Ramon de Sifcàr, no queria admitir la Dignidad, proteftando que era indigno de ella, y que de mas à mas eftava de el todo inutil por fu mucha vegèz. Pero el nuevo Arzobifpo de Tarragona Don Pedro de Albalate, que fabìa los meritos de el Abad Don Ramon, le proteftò, que con negarfe à la eleccion, que de fu Perfona fe havia hecho, refiftia à la voluntad de Dios, de cuya alta providencia devia confiar, que fobre fus flacas fuerzas, y pefo de los años le daria valor para cumplir con las obligacionos de Obifpo, à que lo llamava. De las quales razones, y repetidas inftancias convencido Don Ramon de Sifcàr, admitiò con profundifsima humildad el Obifpado, que governò fantamente hafta el año 1247.

9 La Dignidad elevada de Obifpo de Lerida no le embarazò los progreffos en fu Regular Obfervancia, en la qual continuò de el mifmo modo que fi eftuviera en los Clauftros de Poblet, fin que jamàs ufaffe lienzo, comieffe carne, ni omitieffe algun ayuno de Regla, viftiendo fiempre la Cogulla Monacàl, fin quitarfela de dia, ni de noche. Tenia en fu Palacio Obifpal un Apofento pequeño, donde ninguno de fu familia entrava, y en aquel retiro fe recogia

(10) Archivo de el Cabildo de Lerida, *en el Tumbo, ò Libro verde.*

gía en una pobre cama, tratandose no como rico Obispo, sino como pobre Monge. Conservò siempre el afecto à esta Real Casa, de manera, que à 20. de Octubre de 1241. le concediò todos los bienes, que legassen los Difuntos que se enterrassen en la Iglesia de Poblet, reservandose solo la Decima para la de Lerida: y en el de 1245. diò facultad à los Monges de Poblet, para celebrar los Divinos Oficios en la Capilla de la Casa, que tenia el Monasterio en la Ciudad de Lerida: y al disponer su Testamento, legò al Convento de Poblet su Capilla con Ornamentos, un Incensario de plata, y 1000. sueldos, con algunas otras cosas, que despues fueron adjudicadas al Successor, por Sentencia de el Arzobispo Don Pedro de Albalate, como todo consta de Escrituras de el Archivo.

10   Despues de haver el Papa Gregorio IX. governado la Silla Apostolica casi 13. años y medio, y padecido no pocos trabajos por la cruel persecucion de el Emperador Federico II. descansò en la paz de el Señor à 21. de Agosto de 1241. y à 23. de Setiembre de el proprio año fuè electo Successor Gaufrido Castilioneo Monge Cisterciense, muy docto y virtuoso, à quien el Predecessor havia creado Presbytero Cardenal de San Marcos, y despues Obispo Cardenal de S. Sabina, y tomò nombre de Celestino IV. pero à 17. dias de electo, y antes de ser coronado, falleciò à 9. de Octubre de 1241. Sintieron tan grave perdida los Cardenales; y pareciendoles, que en ocasion que estavan algunos de sus Hermanos detenidos en la carcel por el Emperador Federico, no devian elegir Papa, estuvo vacante la Sede Apostolica por espacio de mas de veinte meses, hasta que haviendo el Emperador dado libertad à los presos, eligieron en Successor de Celestino IV. à 24. de Junio de 1243. à Sinibaldo Flisco assimismo Monge Cisterciense, hijo de Hugòn, de la Familia de los Condes de Lavaña, hombre muy docto en ambos Derechos, al qual

Gregorio IX. havia creado Cardenal, y Vicecancelario de la Santa Iglesia Romana, y con nombre de Innocencio IV. tuvo la Suprema Silla mas de 11. años, passando à la Bienaventuranza à 13. de Deciembre de 1254.

11 Nuestro Santo Obispo Don Ramon de Siscàr cumpliendo con las obligaciones de buen Pastor, asistiò personalmente en todos los Concilios Provinciales, que celebrò el Arzobispo Don Pedro de Albalate desde el año 1240. hasta al mes de Mayo de 1246. (11) En el de 1240. hizo Constituciones para el buen govierno de su Iglesia. (12) En el de 1243. promulgò Sentencia arbitral entre el Obispo de Valencia, y el Maestre de Montesa, sobre pretensiones de Patronato de la Rectoria de Cilla, y otros Derechos. (13) Y estando en diferencias los Canonigos de Lerida, y los de Roda, sobre el numero de Electores, que cada Cabildo havia de entrevenir en la Eleccion de Obispo de Lerida, quando se ofreciesse estàr vacante la Sede, se vinieron al cabo à concertar, y comprometieron en Don Pedro de Albalate Arzobispo de Tarragona, y en nuestro Don Ramon de Siscàr Obispo de Lerida, para que lo que ellos determinassen fuesse inviolablemente observado. Las quales, en virtud de este Compromisso, à 26. de Marzo de 1244. dieron Sentencia, que la tercera parte de los Electores fuessen de la Iglesia de Roda, y que en haviendose de hacer eleccion de Obispo, huviessen los Canonigos de Lerida de dàr aviso al Prior, y Convento de Roda. (14) En el año 1245. obtuvo Confirmacion de las Decimas de su Obispado; y en el siguiente 1246. el Serenissimo Señor Rey Don Jayme le hizo gracia de la Decima de los passages, y Lezdas, assi de la tierra, como de la

agua

(11) Constit. Synodal. Tarrac. de anno 1704.
(12) Libro verde de el Archivo Cap. de Lerida fol. 133. y sig.
(13) Samper *Montesa ilustrada*, tom. 2. part. 4. num. 334.
(14) Diago *Historia de la Provincia de Aragon*, lib. 2. cap. 5.

agua de la Ciudad de Lerida, confeſſando el Rey en la Eſcritura de Donacion, que hacia aquella gracia en agradecimiento de los muchos ſervicios, que havia recibido de nueſtro Obiſpo. (15) Paſſando finalmente al Reyno de Francia, yà fueſſe para aſsiſtir al Capitulo General de Ciſtèr, al qual acoſtumbravan acudir los Obiſpos de la Orden, yà fueſſe embiado unicamente de el Rey Don Jayme à la Ciudad de Leon, donde reſidia à la ſazòn el Papa Innocencio IV. que havia celebrado el Concilio General contra los exceſſos de el Emperador Federico, falleciò en dicha Ciudad à 20. de Agoſto de 1247.

12 De aqui conſta el engaño de el Reverendiſsimo P. M. Fr. Bernabè de Montalvo, (16) que anticipò la muerte de nueſtro Obiſpo al año 1244. quando ſu ſobrevida haſta al de 1246. eſtà manifieſta en el numero antecedente. Tampoco acertò el Iluſtriſsimo Fr. Angel Manrique (17) en alargarla al año 1248. porque es indubitable que el Obiſpado de Lerida eſtava vacante antes de el mes de Deciembre de 1247. pues por no haverſe podido concordar los Electores en la nominacion de Succeſſor de Don Ramon de Siſcàr, havian acudido al Papa Innocencio IV. al qual, eſtando yà en Leon los embiados por el Cabildo, aviſò el Arzobiſpo Don Pedro de Albalate, que à èl, y no à los Canonigos tocava la eleccion de Obiſpo, por no haverlo elegido ellos en el tiempo, que el derecho les concedia. Por lo qual el Papa determinò, que el dicho Arzobiſpo Don Pedro de Albalate, San Ramon de Peñafort, y Fr. Miguel Fabra de la Orden de Predicadores nombraſſen Obiſpo, embiandoles para ello ſu Bula, dada en

---

(15) Archivo del Cabildo de Lerida *Libro verde citado*.

(16) Montalvo *Hiſtoria de la Orden de San Bernardo*, lib. 2. cap. 31. pag. 287.

(17) Manrique *Append. ad tom. 2. in ſerie Abbatum Populetanor.* pag. 337.

en Leon à 9. de las Calendas de Enero de el año quinto de su Pontificado, que haviendo comenzado en 24. de Junio de 1243. corresponde à buena cuenta al dia 24. de Deciembre de 1247. como podrà vèr el curioso en la Historia de el P. Maestro Diago, que la trae por entero. (18)

13   Descansò pues en la paz de el Señor à 20. de Agosto de 1247. nuestro Santo Obispo Don Ramon de Siscàr. Nada lo demudò la muerte, porque la havia esperado con alegria exterior, testigo de la interior, en que se recreava su Alma. No saliò de su Cadaver hedor alguno, antes si un olor muy suave, de que depusieron muchos testigos. Luego se divulgò por la Ciudad de Leon, que el Obispo difunto era Santo; y movidos de essa fee un Ciego, y un Enfermo de calenturas, fueron devotos à besarle la mano, y pedirle salud: y el uno de ellos cobrò la vista, y el otro se hallò sin calentura. La Iglesia Cathedral de Leon, despues de haverle celebrado magnificas Exequias, recibiò en deposito el Cadaver, y le conservò en su Presbyterio hasta el año 1249. en que bolviendo de el Capitulo General de Cistèr el Abad de Poblet Don Berenguer de Castellots, lo trajo consigo à darle aqui Sepultura, conforme lo havia dispuesto el Obispo en su Testamento. Y haviendo nuestro Señor por el camino obrado algunos milagros à la presencia de su Cadaver, quando llegò à Poblet, creyendo todos, que yà su bendita Alma gozava de Dios en el Cielo, se le cantò para el Entierro Missa de Angeles, concluyendo con un Responsorio general por las Almas de todos los Fieles difuntos. Pusose tambien el Cuerpo en Sepultura elevada de tierra, (y fuè la primera que se viò en tal forma en Poblet) delante de la Capilla de N. P. S. Benito, en tumulo de yesso, que vino despues à caerse de de viejo año 1572. y entonces fuè depositado en la Tumba

(18) Diago *Historia de la Provincia de Aragon*, lib. 2. cap. 5.

ba de el Principe Don Carlos de Viana, mientras se disponia hacerle nuevo Sepulcro. Sacaronlo año 1638. de la Tumba de el Principe, y colocado en medio de el Presbyterio sobre una mesa cubierta de brocado, y las insignias Pontificales sobre el Tumulo, muy rodeado de luces, se cantò Missa, y luego le colocaron en una Caja cubierta de grana en el mismo sitio donde estuvo antes en Sepulcro de yesso. Advierto para remate de mi argumento, que todas las noticias, en cuya comprobacion no huviere citado algun Autor, ò Escritura de el Archivo, constan de comun tradicion, y de una memoria antigua, que se conserva aun en la Sepultura de nuestro Santo Obispo, segun la costumbre de aquellos tiempos.

XXI.
DON RAMON (IV) DONATO,

ABAD XXI. DE POBLET.

Año de Christo 1238.

14 PRomovido à la Iglesia de Lerida el Abad Don Ramon de Siscàr, que como queda dicho arriba *num.* 6. yà presidia en aquella Iglesia en el mes de Agosto de 1238. eligieron los Monges de Poblet por su Abad, y Prelado à Don Ramon Donat, assi nombrado en todos los Manuscritos Domesticos, y en la sèrie impressa de el Ilustrissimo Fr. Angel Manrique: (19) el qual siguiendo à dichos Manuscritos afirma que en breve renunciò el Baculo, sin dejar de sì otra memoria. Y aunque en una y otra noticia se engañò el Ilustrissimo Chronista; porque no fuè tan breve su Abadiato, que no durasse por lo menos dos años

---

(19) Manrique *in Append. ad tom. 2. pag. 37. ibi : Raymund. alius 4. suffectus est cognomento Donatus ad annum 1239. qui tamen brevi Baculo abdicato, nullam aliam relinquit sui memoriam.*

años y medio, que corren desde el Enero de 1238. hasta el Agosto de 1241. como luego manifestarèmos, y dejò memorias harto celebres de algunos sucessos, y entre otros de la Fundacion, que egecutò de el Monasterio de la Real de Mallorca, como se verà luego en el *Apendice à esta Dissert.num.4.* pero esto provino de haver seguido à los Manuscritos, y no haver llegado à su noticia las Escrituras, que luego alegarèmos.

15 Con estraña novedad escriviò el docto Domestico Emendador de Manrique acerca de la presente Abadia estas palabras. *El Ilustrissimo Angel Manrique dice, que à Don Ramon de Siscàr le sucediò en la Abadia de Poblet Don Ramon Donat, de quien escrive, que no sabe otra cosa, sino que dentro poco tiempo renunciò la Abadia. Mas yo presumo, que no huvo tal Abad. Porque sobre no manifestarse en Escritura alguna que sea autentica, ni leerse en manuscrito, que sea mas antiguo que los Libros de Angel Manrique; me persuado, que este Autor hizo dos Abades de uno, y que la renunciacion que dice de este Don Ramon, es la que hizo primero Don Ramon de Siscàr, que llegaria à su noticia en confuso, y se la atribuyò à este que nunca fuè. Ni me hace fuerza el Apellido, que le dà de Donato, que he pensado seria de el Abad siguiente, de quien solo se halla el nombre de Pila, que fuè Don Vidàl, y las Escrituras de este nombre empiezan desde el principio de el año immediato à la promocion de el Abad Siscàr al Obispado de Lerida; porque se halla yà assi firmado el año 1241. à 17. de Febrero, y continua de el mismo modo hasta 10. de Octubre de 1242.* Hasta aqui nuestro Domestico, el qual como entendiò, que el Abad Don Ramon de Siscàr no fuè promovido al Obispado hasta el año 1240. discurriò consiguientemente, que à èl ivan dirigidas todas las Escrituras, que hasta dicho año expressan el nombre de Ramon Abad: y como por otra parte hallò Escritura de el año 1241. que expressa el nombre de Vidal Abad, tuvo por cosa llana, que

en-

entre Don Ramon de Sifcàr, y Don Vidàl no pudo mediar otro Abad Ramon. Pero essa preocupacion se originò de el poco cuydado en averiguar las noticias de las Escrituras de el Archivo; de una de las quales consta, que Don Ramon de Sifcàr era yà Obispo de Lerida en el Agosto de 1238. como vimos arriba *num*. 6. y de otras, que luego alegarèmos, consta que en el mes de Mayo, y aun en el de Julio de 1241. era todavia Abad Don Ramon y no Don Vidàl, las quales no pueden atribuirse, aun en opinion de nuestro Domestico, al Abad Don Ramon de Sifcàr, por suponerlo yà Obispo en el año antecedente.

16 Lo que causa admiracion es, el afirmar que no se manifiesta en Escritura alguna, que sea autentica, ni se lee en Manuscrito que sea mas antiguo que los Anales de Manrique la Abadia de Don Ramon Donat; porque luego alegarèmos Escrituras autenticas de los años 1238. 1239. 1240. y 1241. con nombre de Ramon Abad, y ninguna de ellas puede en buena Chronologia atribuirse à Don Ramon de Sifcàr. Y fuera de esto en todos los Manuscritos Domesticos, especialmente en dos que se escrivieron por los años de 1590. y aun por los de 1550. (que precedieron por espacio de 50. y aun 90. años à la edicion de los Anales de Manrique) he leido el nombre, y sobrenombre de *Don Ramon Donat*. Ni es menos estraña la congetura, de que la noticia de la renunciacion, ò no admission de la Abadia, que hizo Don Ramon de Sifcàr, llegaria al Ilustrissimo Chronista en confuso, y se la atribuiria à Don Ramon Donato, porque, ni clara, ni en confuso pudo llegar al Ilustrissimo Manrique la noticia, que devemos à sola la relacion de el Escritor Demestico, pues por no haverla tenido nuestros Mayores, primero ponen la Abadia de Sifcàr, que la de Semeno, al qual, segun la noticia del Domestico, ponemos por immediato Successor de Don Vidal de Alguaire. De donde se concluye, que el Señor Fr. Angel Manrique

no hizo de uno dos Abades, antes si que el Emendador hizo de dos uno, por falta de averiguacion. Bolvàmos yà à nuestro argumento principal.

17 Tengo por muy verisimil, que desde 15. de Agosto de 1238. (en que yà vimos que era Obispo de Lérida Don Ramon de Siscàr, se hallava yà Abad de Poblet el Successor Don Ramon Donat, y que deven à èl atribuirse los sucessos siguientes, sacados de Escrituras autenticas de el Archivo, q̃ dejo de acotar, porq̃ no expressan el nombre de el Abad, y solo hacen verisimil la congetura. A 15. pues de Agosto de 1238. pagò el Convento de Poblet à Jayme de Torre, Vecino de la Villa de Tarrega 22. Mazmudinas de oro, y 50. sueldos por la definicion, que le hicieron de todos los derechos, que presumia tener en Monsuàr, como tambien à 23. de el proprio mes y año pagò 35. anegas de trigo à Pedro de Torms, y à sus hijos, por la definicion que le hicieron de todos los derechos, y demandas sobre el Castillo, y Termino de Carrozumat. Y à 14. de Noviembre de el mismo año Miròn Decano, Capellan de Agramunt, hizo donacion al Convento de Poblet de un Huerto en el Termino de Tarassò.

18 Lo que no admite duda es, que por lo menos à 29. de Enero de dicho año 1238. era Abad de Poblet Don Ramon Donat; pues consta de Escritura autentica de el Archivo, (20) que estando desavenidos èl, y Doña Isabel, Abadesa de el Monasterio de Vallbona, por algunas pretensiones sobre el Castillo, y Villa de Montesquiu, hicieron Compromisso en manos de el Abad de Santas Cruces, de el Abad de la Bax, de Fr. Guillen de Cervera, y de Fr. Pedro de Selga, los quales por Sentencia Arbitral adjudicaron dichos Castillo, y Villa al Convento de Vallbona, con la condicion de que èste pagasse al de Poblet 400.
Mo-

---

(20) Archivo de Poblet, Cajòn 18. intitulado *Montblanquet*, ligarza 19.

Morabatines: y que èſte ſe retuvieſſe los frutos de dicho Lugar, haſta que huvieſſe cobrado la ſobredicha cantidad. Conſta aſsimiſmo de Eſcritura autentica de el Archivo, (21) que à 2. de Mayo de el ſiguiente año 1239. el Abad Don Ramon, y Convento de Poblet arrendaron à Pedro de Gerp, y otros Compañeros una Caſa, y Bodega en la Villa de Cubells, con la obligacion de que huvieſſen de hoſpedar à los Religioſos de Poblet, y tener en la Bodega el vino de el Monaſterio, y correſponderle todos los años en dia 15. de Agoſto un ſueldo de cenſo. A 30. de Junio de el miſmo año ſe hallava el Abad en la Iſla de Mallorca, donde el Conde de Roſſellòn Don Nuño Sanchez, Primo de el Rey Don Jayme, le hizo donacion de cierto territorio de aquel Reyno, llamado *el Reyal*, para fundar en èl un Monaſterio: En Eſcritura autentica, que pondrèmos por entero en el *Apendice cap.1.num.*15. y à 30. de Setiembre de el proprio año compraron el Abad, y Convento de Poblet de Guillen Eſcudèr, y ſu muger Arſenda, por precio de 150. ſueldos una pieza de tierra en el Termino de la Granja de Barbens; (22) Y à 21.de Noviembre de el miſmo año pagaron 450. Mazmudinas à Doña Berenguela Cirera, y à ſu marido Don Guillen de Alentorn, los quales prometieron retornar al Monaſterio, en caſo que la Señora murieſſe ſin legitimos hijos. (23)

19 A 30. de Setiembre de el ſiguiente año 1240. compraron el Abad, y Convento de Pedro de Hueſca por precio de 260. ſueldos una pieza de tierra en el Termino de Angleſola. (24) A 6. de Octubre pagaron 80. ſueldos à

Jay-

(21) El miſmo Archivo, Cajòn 36. intitulado *Caſtellſerà*, ligarza 25.
(22) El miſmo Archivo, Cajòn 55. intitulado *Barbens*, ligar.
(23) El miſmo Archivo, Cajòn 35. intitulado *Albages*, ligarza 33.
(24) El miſmo Archivo, Cajòn 35. intitulado *Barbens*, ligar.

Jayme de Viudes, por la definicion que hizo al Convento, y especialmente à su hermano Fr. Ramon, de todo el derecho, que le competia en el Lugar de Grayolò. (25) Y à 11. de el proprio mes y año compraron de Ramon Moratò por precio de 50. sueldos un Corràl en la Villa de Menargues. (26) Y en fin à 7. de Julio de el siguiente año 1241. pagaron el Abad, y Convento de Poblet à Arnalda de Corregò 70. sueldos Barceloneses, como à heredera de Guillen de Corregò, conforme à la disposicion de su Testamento. (27) Todas las quales Escrituras autenticas prueban à evidencia la Abadia de Don Ramon Donat, por no poderse atribuir en buena Chronologia à Don Ramon de Siscàr, porque se hallava yà Obispo de Lerida desde el año 1238. ni tampoco al Successor Don Vidàl, por estàr expresso el nombre de Ramon, y al mismo tiempo persuaden que haviendo el Abad Don Ramon Donat obrado tanto en beneficio de el Monasterio de Poblet, por lo menos desde 29. de Enero de 1238. hasta poco antes de 21. de Agosto de 1241. en que se hallava yà el Successor en la Abadia; (yà fuesse por haver fallecido Don Ramon despues de 7. de Julio, yà fuesse por haver renunciado, conforme à la relacion de los Manuscritos) no es justo se diga que no huvo tal Abad, ni que en breve renunció el Baculo, sin dejar de sì otra memoria. Lo mas principal, que es el haver dilatado la Orden hasta el Reyno de Mallorca, fundando en èl un Monasterio, ofrezco à los curiosos Lectores en el Apondice siguiente.

APEN-

(25) El mismo Archivo, Cajon 37. intitulado *Monsuàr*, lig.
(26) El mismo Archivo, Cajon 50. intitulado *Menargues*, lig.
(27) El mismo Archivo, Cajon 13. intitulado *Vimbodì*, ligar. 35.

APENDICE
A LA DISSERTAION XIII.

FVNDACION DE EL MONASTERIO DE EL REAL de Mallorca, Casa-Hija de Poblet. Opiniones sobre su Fundacion impugnadas, y la verdadera demostrada por Instrumentos. Catalogo de todos sus Abades, y sucessos de sus goviernos. Grandezas de el Monasterio.

1 CON la misma variedad con que discurrieron los Autores, afsi Estraños, como de la Orden, acerca de las Fundaciones de el Monasterio de Piedra en el Reyno de Aragon, y de el de Benifazà en el de Valencia, por no haver nuestros Domesticos dejado noticia alguna en sus Manuscritos antiguos, discurrieron tambien sobre la Fundacion de el Monasterio de el Real en el Reyno de Mallorca. Las Tablas Chronologicas de Cistèr la señalan à 21. de Marzo de el año 1235. de la Encarnacion, en que corria yà desde 25. de Deciembre el de 1236. de el Nacimiento de Christo. El Ilustrisimo Fr. Angel Manrique, (1) aunque no siguiò la puntualidad de el dia, ni de el mes, la refiere en el mismo año 1235. dando por Fundador al Serenisimo Señor Rey Don Jayme, y al Abad de Poblet Don Vidal de Alguayre. El Ilustrisimo Fr. Bernardino Gomez Miedes, Obispo de Albarracin (2) la señala desde el año 1232. hasta el de 1235. en que dice vino la Infanta Doña Violante à casarse con el Rey Don Jay-

---

(1) Manrique *Append. ad tom. 2. Annal. in serie Abbatum Populet. pag. 37.*

(2) Miedes *Histor. Regis Jacobi, cap. 7. lib. 10.*

Jayme. Y en fin el Doctor Juan Dameto, Chronista de el Reyno de Mallorca, (3) la refiere egecutada desde el año 1232. en que refiere, que el Rey Don Jayme diò licencia à su Primo Don Nuño Sanchez, Conde de Rossellòn, para dotar al Monasterio, que havia de fundarse, hasta el de 1237. en que dice, que confirmò la Fundacion el Papa Gregorio IX.

2 De esta diversidad se origina haverse de atribuir à diferentes Abades de Poblet el haver embiado allà la Colonia de Abad, y Monges à formar el nuevo Convento: porque en la opinion de el Señor Manrique, cabe essa funcion al Abad Don Vidal de Alguayre, que diò fin à su Abadia año 1236. y en la de el Doctor Dameto pudo competir al Abad Don Vidal de Alguayre, y à sus dos immediatos Successores Don Semeno, y Don Ramon de Siscàr, que lo fueron hasta el de 1238. con que para determinar à què Abad de Poblet se deve la gloria de la Fundacion de el Monasterio de el Real, es necessaria una exacta averiguacion de el año en que fuè fundado, que procurarè descubrir, aunque en sombras, por la poca luz que ofrecen las Historias de Aragon, cuyos Chronistas, aun al referir la Conquista de Mallorca hecha por el Rey Don Jayme, no se detienen en mencionar las Fundaciones de los Monasterios, que en èl se hicieron.

3 Acuerdo à los Lectores lo que dejamos escrito arriba *Dissert.* 10. *n.*7. que quando en el año 1228. determinò el Serenissimo Señor Rey D. Jayme passar à la Conquista de el Reyno de Mallorca, comunicò la empressa entre otros Prelados de el Principado de Cataluña, con el Abad de Poblet Don Ramon de Cervera, ofreciendole para despues de conquistado aquel Reyno, algun territorio, y renta para fundar alli un Monasterio de la Orden. Havian determinado aquella Conquista sus Predecessores, D. Ramon Berenguèr,
Con-

---

(3) Dameto *Historia de Mallorca,* lib.2. §.3.

Conde de Barcelona, y Principe de Aragon año 1147. el Rey Don Alonso II. de Aragon, y I. en Cataluña en el de 1178. el Rey Don Pedro II. de Aragon, llamado el Católico, año 1204. mas todos desistieron de la empressa, porque sin duda reservava el Cielo la gloria de tan grande hazaña para el invictisimo Conquistador el Rey Don Jayme, el qual consiguió sacar aquel Reyno de el poder de los Sarracenos à ultimos de Deciembre de el año 1229. de la Encarnacion, y principio de 1230. de el Nacimiento de Christo. (4) Ganada la Isla de Mallorca, se detuvo en ella el Rey hasta el Octubre de 1230. y de buelta à Cataluña, estuvo la Octava de Todos Santos en el Monasterio de Poblet, como digimos *Dissert.* 10. n. 14. y en tan buena ocasion no hay duda que el Abad Don Arnaldo de Gallard, despues de agasajar con la mayor grandeza à su Magestad, y agradecerle la honra que le hacia en ser su Huesped, le acordaria la promesa, que antes de partir à la Conquista havia hecho à su Antecessor D. Ramon de Cervera. Ello es cierto que no tardó mucho el Serenisimo Señor Rey Don Jayme à tratar de cumplir su palabra; pues procurando se señalassen algunos alodios, censos, y tierras en el Reyno de Mallorca, con que se fundasse alli un Monasterio con su Abadia, hizo donacion, y concession à su Primo Don Nuño Sanchez, Conde de Rossellòn, à 13. de Setiembre de 1232. dandole licencia, paraque en el lugar, que bien le pareciesse de el Reyno de Mallorca, pudiesse dar la porcion de su herencia, y señalar sitio, donde se construyesse un Monasterio Cistercienses, en que puedan mantenerse 13. Monges, y 13. Conversos, los quales con los bienes, que les señalare su Primo, quiso desde ahora para entonces gozassen perpetuamente assi de la libertad Ecclesiastica, como la franqueza Real, mandando à todos sus Bayles, y Ministros, que hagan observar, y observen inviolablemente aquella Donacion

(4) Dameto *Historia de Mallorca*, lib. 2. §. 12.

cion, y Concession. La Escritura de el Rey Don Jayme à su Primo el Conde Don Nuño, vertida de Latin en Castellano, es como se sigue.

4 *Sea manifiesto à todos, que Nos Jayme por la gracia de Dios, Rey de Aragon, y de Mallorca, Conde de Barcelona, y de Urgèl, y Señor de Monpeller, con esta presente Carta perpetuamente valedera por Nos, y nuestros Successores, damos, concedemos, y loamos à vos nuestro amado Pariente Ilustre Don Nuño Sanchez, que en el lugar que quisieredes podais dar la porcion de nuestra herencia, que teneis en el Reyno, ò Isla de Mallorca, y señalar lugar donde se construya, y se edifique un Monasterio de la Orden de Cistèr, en que puedan vivir y habitar trece Monges, y otros tantos Hermanos Conversos, con la familia que fuere necessaria para ellos, y para el dicho Monasterio. Y queremos, y concedemos por Nos, y nuestros Successores, que el dicho Monasterio, y los Monges, y el Convento de èl con todos los bienes, que les señalaredes, ò les diereis, gozen perpetuamente assi de la libertad Ecclesiastica, como de nuestra franqueza. Y mandamos à los Vicarios, Bayles, y à todos nuestros Oficiales, y subditos, assi presentes como venideros, que tengan, y guarden esta nuestra Donacion, y Concession, y en nada contravengan à ella, si confian de nuestra amistad, y gracia. Dada en Lerida en los Idus de Setiembre, año de el Señor 1232. Sig✠no de Jayme, por la gracia de Dios, Rey de Aragon, y de Mallorca, Conde Barcelona, y de Urgel, y Señor de Monpeller. Son testigos de esta Guillen de Cardona, Guillen de Anglesola, Berenguer de Eril, Ramon Berenguer de Ager, Guillen de Moncada, Pedro de Cornel, Rotlando Lain. Don Valero de Vergua. Sig✠no de Guillen Escrivano, que de mandamiento de el Señor Rey por Guillen Rabaza su Notario ha escrito esta Carta en el dia, y año yà dichos.*

5 Aunque haviendo el Rey Don Jayme ganado la Isla de Mallorca en el Deciembre de 1229. no expidiò la sobredicha carta hasta 13. de Setiembre de 1232. en que corrieron

rieron mas de dos años y medio, no me parece se le pueda culpar la dilacion, quando vemos, que no obstante de haver tratado de crear, y dotàr al nuevo Obispado, que pretendia fundar en aquel Reyno luego de conquistado, y aun despues de tener nombrado Obispo para aquella Cathedral, no despachò la Carta de Dotacion hasta el mes de Abril de el proprio año 1232. como es de vèr en el citado Doctor Dameto. (5) Mas notable fuè la tardanza de su pariente Don Nuño Sanchez, Conde de Rossellòn; pues no obstante la sobredicha licencia Real, tardò mas de 6. años, y nueve meses en hacer la dotacion de el Monasterio, que havia de fundarse, que no la otorgò hasta 30. de Junio de 1239. que hallandose con èl en aquel Reyno el Abad de Poblet, y convenidas todas las diferencias, hicieron su Escritura, por la qual quedò resuelta la Fundacion, y dotado el nuevo Monasterio, que se havia de fundar. La qual Escritura, aunque algo prolija, no puedo escusarme de poner por entero, por ser la mas evidente demostracion de ser aquel Monasterio Filiacion de Poblet, como tambien de haverse de atribuir aquella Fundacion al Abad de Poblet D. Ramon Donato, Successor de D. Ramon de Siscàr. Hallarà-la el curioso en el *Apendice de Instrumentos cap.*1.*num.*15.

6 En lo que toca à la etymologia de el nombre de *el Real*, ò *Santa Maria la Real*, con que se intitula hoy dia aquel Monasterio, dijo el Ilustrisimo Obispo de Albarracin Don Bernardino Gomez Miedes, (6) que fuè asi llamado, porque siendo el Conde Don Nuño Sanchez nacido de Sangre Real, bien pudo con justo titulo qualquiera Casa que edificasse llamarse *Real*. Pero yo, à vista de que el Lugar que señalò para la Fundacion el dicho Conde, se llamava yà Real, como lo expressa la misma Escritura de Dotacion, por la razon de que aquel Lugar, y sitio antes servia de Casa

---

(5) . Dameto *Historia General de Mallorca lib.*2. §.3.
(6) Miedes *Vita Jacobi Regis, lib.*10. *cap.*7.

Casa de Campo de el Jeque, ò Alcayde de Mallorca, y junto à èl assentò el Serenissimo Señor Rey Don Jayme sus Reales, como refiere el Doctor Dameto, (7) soy de parecer, que de ahì se originò el llamarse el *Real*, ò Monasterio de Santa Maria *la Real*.

7 En fin, convenida la Fundacion, y dotado el Monasterio, de la manera que puede verse por la Escritura sobrecitada; luego de buelto el Abad Don Ramon Donat à su Monasterio de Poblet, escogiò doce Monges de los que entre otros ilustravan à la sazòn esta Real Casa, y hecha eleccion de Abad en un Sugeto de iguales prendas, los embiò al Reyno de Mallorca à formar el Convento de el nuevo Monasterio de el Real. Fundado èste, no solo quedò con la sugecion de Casa Hija de Poblet, como sus dos Hermanas Piedra, y Benifazà, sino que estuvo como en pupilage mas de trecientos años. Porque si bien tuvo aquel Monasterio desde su primera Fundacion Abades proprios, que lo governaban, y Monges que alli residian bajo la obediencia de dichos Abades: pero assi estos como aquellos todos eran hijos de Poblet; y exceptuado el Abad, que era perpetuo en su Abadia, todos los demàs estavan alli residentes, durante el beneplacito de el Abad de *Poblet*, y no mas: de manera que estando aquel Monasterio mas separado de su Madre Poblet por la interposicion de el mar, venia no obstante à ser el mas unido por aquella singularidad con que hasta el año 1560. estuvo en Cabeza, y miembros agregado à Poblet. Permitanme que diga en esta ocasion, que recelando tal vez el Monasterio de Poblet, como prudente Madre, que tantas aguas interpuestas entre la Madre, y la Hija, podrian con mas facilidad entibiar el virtuoso fervor, que de sus pechos havian mamado los Hijos, que trasplantava al Reyno de Mallorca, quiso tenerlos siempre incorporados, paraque assi en los Monges,

---

(7) Dameʒo *Historia General de Mallorca*, lib. 2. § 4.

ges, como en los Abades, que aqui se criavan, y allà se remitian, pudiesse cada dia renovarle al Monasterio de el Real el fervor primitivo con que lo havia fundado. Y si bien parece que faltò al dicho Monasterio desde sus principios, hasta mas de tres siglos la gloria de que gozavan sus dos Hermanos Piedra, y Benifazà, que desde su Fundacion quedaron yà emancipados; pero se le recompensò essa prerogativa con otra mayor, que era no solo el concurrir todos los Monges de el Real à la Abadia, y demàs Oficios, Honores, y Empleos de Poblet, sino tambien el tomar este Monasterio por cosa propria suya el credito y defensa de el Real, exponiendo para ello sus rentas, y dandole siempre lo mejor de sus Hijos.

8 Para acertar mejor con las noticias concernientes à la Fundacion, Abadias, y Progressos de aquel Monasterio, las solicitè de el Reverendisimo P. M. Don Antonio Raymundo Pasqual, Monge de aquella Real Casa, Cathedratico de la Insigne Universidad de aquel Reyno, y Maestro de el numero de nuestra Congregacion Cisterciense, Sugeto de tanta literatura, como lo manifiestan sus Obras eruditas, que gozan yà la publica luz; el qual deseando que pudiesse yo historiar la Fundacion, y Abadias de su Monasterio, desfrutar lo correspondiente al assunto, me favoreciò con remitirme un Tratadillo Manuscrito, que havia compuesto en Latin para embiar à Cistèr año 1738. De el qual Manuscrito, y de algunos Documentos, que me ha subministrado nuestro Archivo Pobletano, propongo à la curiosidad de los Lectores las noticias siguientes. El Monasterio de el Real, advierte el citado P. Maestro, se llamò antiguamente *Fuente de Dios*, y aunque no explica el motivo de esta etymologìa, lo expressa el citado Doctor Dameto en estas palabras: *La amenidad de el Lugar donde està edificado este Convento, ò por ventura la singular Religion de sus primeros Monges, fuè causa que tambien se llamasse*

Fons

Fons Dei. Afsi lo nombra Gregorio IX. Pontifice Sumo, en la Bula en que confirma dicha Fundacion año 1237. Sobre las quales palabras es preciso advertir, que si bien es muy verisimil que se llamasse *Fons Dei,* por los motivos que el Autor discurre; pero que asi lo nombrasse el Papa Gregorio IX. año 1237. es manifiesta equivocacion de el Autor, ò de el Impressor, que por la gran facilidad de trasponerse los numeros, en lugar de escrivir Gregorio XI. año 1273. puso Gregorio IX. año 1237. Porque como la Escritura autentica de *num.* 5. convence, que en el año 1239. se hizo el contrato entre el Señor Don Nuño Sanchez, Conde de Rossellòn, y Don Ramon Abad de Poblet, sobre la Fundacion, que havia de hacerse, lo mas presto que puede afirmarse egecutada, es en dicho año 1239. à que no solo consiente el P. M. Pasqual, sino que aun añade, que no haviendo descubierto al primer Abad de aquel Monasterio hasta el año 1240. en que confirmò à algunos Emphiteutas los bienes, que el Conde Don Nuño les havia establecido, le parece que à la Fundacion se deve señalar el dicho año 1240.

9 Està situado el Monasterio en un Campo espacioso, y ameno, hermoseado de diversos arboles, que causan mucha recreacion; y en memoria de que desde sus principios estava rodeado de Selvas, dejaron de proposito los Padres antiguos à las espaldas de el Monasterio un pequeño Bosque, de cuya vista y vecindad se hace mas ameno el sitio. Dista de la Ciudad de Palma, Capital de el Reyno, cosa de media milla, y de los Montes cinco millas: y es tal su disposicion, que desde las puertas y ventanas de el Monasterio se mira la Ciudad como si estuviera debajo de sus pies, y se descubre el Puerto de el mar tan claro, que se divisan las Embarcaciones asi grandes, como pequeñas. Baña el contorno de el Monasterio el Rio Bastera, cuyas aguas saludables sirven no solo para la bevida, sino tambien

bien para el uso de las Oficinas, y Molinos, y aun para el riego de los campos. Los Edificios indican haverse hecho por necesidad, y no por suntuosidad. Son Obra de el penultimo Abad Perpetuo Don Onofre Pol por los años de 1590. el qual, conforme à la penuria que entonces padecia el Convento, solo atendiò à la comodidad y decencia. Verdad es que de entonces acà algunos Monges han construido Celdas harto capaces, y se ha fabricado la Camara Abadial dento la Cerca de el Monasterio; y ultimamente se comenzò à mejorar el Sobreclaustro con tal magnificencia, que si llega à rematarse, conforme à las dos partes que hay concluìdas, serà una hermosissima Fabrica. La Iglesia es harto larga, alta y ancha, y demàs de el Altar mayor dedicado à nuestra Señora con titulo de Santa Maria La Real, tiene quatro Capillas, una dedicada al Santo Crucifixo, otra à San Onofre, otra à San Sebastian, y otra à Santa Gertrudis Magna. Entre otras Reliquias se venera un pedazo de Lignum Crucis, parte de un Dedo de nuestro Padre San Bernardo, y parte de su vestido, y las Reliquias insignes, un Brazo de San Benito Martyr Obispo de Praga, y gran parte de la Canilla de San Sebastian.

10 El Abad y Convento es Señor directo de todo el districto, que para fundo, y vivienda les señalò el Conde Don Nuño Sanchez, de modo que tiene jurisdiccion civil sobre el Lugar de Dayà, La-Fuente, y Agua de Bastara, y Molinos, que estàn en su corriente, de las aguas de Esportules, Puchpuñent, y Buñoli, y sobre todos los Emphiteutas de dichos Terminos. Es llamado à Cortes por el Rey de Aragon, y en ellas tiene el segundo lugar entre los de el Reyno de Mallorca. Aun hoy, que es Quadrienal, està tan respetado de los Consules, Jurados, ò Regidores de la Ciudad de Palma, que suelen visitarlo en forma de Ciudad, de el mismo modo que lo practican con solos el

Go-

Governador General, y el Obispo de aquella Isla. Y quando el Abad los visita en la Casa de el Ayuntamiento, salen dos de ellos à recibirlo à la segunda puerta, y desde alli lo llevan en medio, hasta introducirlo en el Congresso, en el qual tiene la Silla despues de el Regidor Decano, y hace un Cuerpo con ellos: y al salir buelven dos Regidores à acompañarlo en la forma que antes, hasta la segunda puerta: honor que no se hace à otro Personage de aquel Reyno. Es el Abad Juez Conservador perpetuo de las quatro Ordenes Militares, Calatrava, Alcantara, Santiago, y Montesa en el Reyno de Mallorca, Juez egecutor perpetuo de cierto Privilegio Apostolico concedido à los Mallorquines, que no pueden ser expelidos de la Isla, sin que antes se conozca alli, y se decida la Causa; como tambien de otro Breve, que manda no se dèn à los Estrangeros los Beneficios Ecclesiasticos de aquel Reyno. Han favorecido al Monasterio con sus Privilegios no solo los Reyes de Aragon, y los de Mallorca, sino tambien los de España, como se verà en la memoria de los Abades, los quales hasta el año 1547. fueron hijos de la Casa-Madre Poblet, y nombrados por su Abad, de forma, que si alguna vez lo elegian los Conventuales de el Real, y el Abad de *Poblet* nombraba à otro, sucedian disturbios y pleytos, hasta que por los años de 1567. quedaron aquellos Conventuales con la libertad de elegirse Abad, como constarà de la serie de ellos, que es como se sigue.

CATA-

CATALOGO

DE LOS ABADES DE EL MONASTERIO de Santa Maria la Real de Mallorca, Casa-Hija de el Real Monasterio de Poblet.

1.1 TAN confusa se halla la noticia de los Abades, dice el yà citado P.M. Pasqual, que de poquissimos ha podido descubrirse el dia de su eleccion, y el de su fallecimiento: y la succession de ellos solo pudo congeturarse de los Instrumentos de el Archivo, y de algunos Libros antiguos de aquel Monasterio, de los quales se ha llegado à averiguar, que desde su Fundacion hasta el año 1637. en que comenzaron alli los Abades Quadrienales, lo governaron Abades Perpetuos por el orden siguiente.

ABADES PERPETUOS
desde el año 1240. hasta el de 1637.

I.
DON ARNALDO.

1.2 Hagome cargo en este lugar, de que al escrivir el Catalogo de Abades de Poblet, que està en Tablas patentes en el Claustro, al primer Abad de el Real embiado por Don Ramon Doñat Abad de Poblet, lo llamè Don Imberto, porque assi lo hallè nombrado en los Manuscritos de el Escritor Domestico, que corrigiò à Manrique; pero constando por Instrumentos, segun afirma el P. M. Pasqual, que desde el año 1240. hasta el de 1248. se halla Abad Don Arnaldo, no puede quedar duda que fuè su nombre Arnaldo, y no Imberto. Llegò pues al nuevo Monasterio de el Real por lo menos año 1240. y aunque su govierno durò hasta el de 1248. fuè de poca utilidad al Convento, por los perjuicios que padeciò la hacienda en la demasiada liberalidad de el Abad; pues hizo gracia à los Emphiteutas de el Lugar de Dayà, que conforme al Establimiento, que el Conde Don Nuño Sanchez les hizo, pagavan la quarta parte de todos sus frutos, que pagassen solo la octava parte: gracia, que por no atreverse à revocarla muchos de los Abades Successores, redundò en grave perjuicio de el Monasterio.

II.
DON BERENGUER.

13 Sucediòle Don Berenguer, ò Don Bartolomè (que con esta diversidad de nombres se halla en Notas de aquel Monasterio, originada sin duda de haver hallado en Escrituras solo la letra inicial, con que solian los Abades expressar en ellas su nombre) que obtenia la Dignidad año 1251. En el mes de Marzo de 1254. el Rey Don Jayme I. de Aragon, y Mallorca concediò Salvaguarda al Monasterio, de forma que tomò debajo de su Real amparo todos los Bienes, y Personas, y los Oficiales designados para egercer la jurisdiccion Civil, que el Abad, y Convento tienen sobre sus Vassallos, y prohibiò que nadie se atreviesse à capturar en las Casas, y Granjas de el Convento à hombre alguno, verter sangre, ò cometer semejante atentado. Duran sus memorias hasta el año 1256.

III.
DON JANUARIO.

14 Se descubre Abad desde el año 1258. hasta el de 1260. sin referirse de èl sucesso particular.

IV.
DON PEDRO JULIÀ.

15 Hallanse sus memorias desde el año 1260. hasta el

el de 1263. sin descubrirse otra memoria.

V.
DON IMBERTO.

16 Fuè el quinto Abad de el Real: ignorase su apellido, y solo se encuentra que era Abad año 1265.

VI.
DON PEDRO (II.)

17 Segundo de los de este nombre, se lee en Escritura de el año 1268. Abad de aquella Real Casa.

VII.
DON IMBERTO (II.)

18 Segundo de este nombre, no se halla hasta el año 1273. en que obtuvo de el Rey Don Jayme I. de Aragon, y Mallorca la Confirmacion de los Bienes, que su Primo Don Nuño Sanchez, Conde de Rossellòn, les havia concedido. En el mes de Octubre de 1276. cambiò con el Rey Don Jayme II. de Mallorca la Alqueria llamada Miramàr de el Lugar de Dayà con otra de el mismo Lugar, llamada *Matona*. Continuava en la Abadia año 1279.

VIII.
DON PEDRO (III) DE SERRETO.

19 Don Pedro III. de este nombre, llamado de Serreto, ò de Secreto, se encuentra Abad en el proprio año 1279. en que obtuvo de el Rey Don Jayme II. de Mallorca Confirmacion de los Bienes de el Monasterio. Estavan estos en notable menoscabo, por haverse el Obispo de Mallorca Don Fr. Ramon de Torrelles detenido injustamente la Alqueria de el Convento llamada Alcassèr, por espacio de 20. años: y como le huviesse sucedido D. Pedro de Muredine, solicitò el Abad Don Pedro recobrar lo usurpado por el Obispo difunto; mas no solo no pudo conseguirlo, sino que el nuevo Obispo continuò en usurparse los frutos de dicha Alqueria, y en cobrar violentamente las Decimas, no obstante la essencion Apostolica de que gozava

el Monasterio. De manera que el Abad se vió precisado à embiar à Roma à Fr. Pedro, Monge Conventual de aquella Casa, à pedir justicia al Papa. Continuan sus memorias en Instrumentos hasta el año 1281.

IX.
DON BERNABÈ.

20 Hallase Abad en Escritura de el año 1283. en que deseando evitar pleytos entre su Convento, y el Obispo, y Cabildo de Mallorca, hizo amigable composicion, concordando ambas Partes, en que el Monasterio diesse al Obispo, y Cabildo en lugar de Decima, la quadragesima quinta parte de todos los frutos, menos de las Huertas, y Jardines, y de setenta quarteradas de tierra al rededor de el Monasterio. En el siguiente 1284. anuló la gracia, que el primer Abad Don Arnaldo hizo à los Emphiteutas de el Lugar de Dayà, y los redujo à que pagassen la quarta parte de los frutos, conforme al Establecimiento, que les havia hecho el Conde Don Nuño Sanchez.

X.
DON RAMON.

21 Se descubre Abad de el Real desde el año 1286. hasta el de 1290. sin otra noticia especial: ni se descubre en Escrituras Abad alguno hasta el año 1300.

XI.
DON JUAN.

22 Obtenia la Abadia año 1300. en que el Rey Don Jayme II. de Mallorca le dió el Lugar de Miramàr, con la condicion, que en la Capilla de la Santissima Trinidad de dicho Lugar habitassen dos Monges, que celebrassen Missa quotidiana por su Alma, y la de sus Padres, añadiendo para el sustento de dichos Monges diez libras anuales de renta Real. Fuè tan estimado de dicho Rey, que no obstante la Real Pragmatica, de que los bienes Ecclesiasticos, que una vez huviessen passado à manos laicas

por

por enagenacion, no pudiessen bolver à manos Ecclesiasticas, alcanzò año 1301. un Real Diploma, en que le concedió facultad de recobrar los bienes de el Monasterio, que entonces estavan enagenados, y aun los que lo estuviessen en adelante.

XII.
DON PEDRO (IV) COLL.

23 Quarto de los de este nombre: parece haver tenide el mando mas de 30. años, porque fuera de hallarse Abad Pedro desde 1309. hasta 1338. no se encuentra Abad de otro nombre hasta el de 1340. Fuè muy estimado de el Rey Don Jayme II. de Mallorca, y de el Papa Juan XXII. porque yà antes de obtener la Abadia, fuè Procurador de el Rey, que en el año 1301. le hizo definicion de las cuentas, que en su nombre havia llevado. Y el Papa Juan XXII. año 1317. lo nombrò Egecutor Apostolico para recoger la Decima concedida por su Santidad al Rey de Aragon por espacio de quatro años. Hizó con el Rey cambio de la Granja de la Parroquia de Felanitg por la Fuente Bastera, y Molinos construidos en su corriente; y de esta permuta huvo Confirmacion de el Rey Don Sancho de Mallorca año 1321. Y aunque el Convento havia perdido la Granja, ò Alqueria de Miramàr, por haver contravenido à los pactos establecidos en la Concordia, por cuyo motivo devia restituirse al Real Patrimonio, sin embargo alcanzò el Abad Don Pedro año 1337. Confirmacion de dicha Alqueria de el Rey Don Jayme III. de Mallorca: de lo qual agradecido el Abad, remitiò al Rey las Casas, y Capilla de Miramàr, con un Jardin contiguo à las Casas.

XIII.
DON JUAN (II)

24 Don Juan II. de este nombre se encuentra Abad año 1340. y en el de 1351. se hallava Administrador de

el Monasterio Don Romeo Falquèr, que diò en emphiteusi la Granja de Manacor; sin que se sepa si lo era por estàr ausente el Abad, ò si por estár vacante la Abadia.

XIV.
DON BARTOLOMÈ.

25 No se encuentra de èl otra noticia, que haver governado desde el año 1353. hasta el de 1360.

XV.
DON NADAL DE ALGAYRE.

26 Fuè Abad 22. años: comenzò antes de el año 1365. pero el Abad de Poblet Don Guillen de Agullò, que llamado de los Conventuales de el Real, vino à visitar al Monasterio, viendo el menoscabo de los bienes de el Convento, condenò al Abad Don Nadal por quatro años à destierro de la Isla: Y haviendo recurrido à la Curia Romana el desterrado, fuè por autoridad Apostòlica reintegrado en su Abadia año 1368. y en el siguiente 1369. Juez Conservador Apostolico de el Derecho Parroquial de las Iglesias de Mallorca. Falleciò en el de 1375. Hallandose en esta ocasion en aquel Monasterio Don Pasqual de Corulio, Monge de el Real, y Abad por la Sede Apostolica de el Monasterio de Santa Maria de Belloc de la Ciudad de Nicosìa en la Isla de Chipre, fuè electo por los Conventuales Abad de el Real; pero el Papa irritò su eleccion, quizà por haverlo informado que la eleccion tocava al Abad de la Casa Madre Poblet.

XVI.
DON PONCE.

27 Sucediò pues à Don Nadal de Algayre Don Ponce, que à 13. de Enero de 1376. fuè bendecido por el Obispo de Gerona en su Cathedral; y siendo este proprio año llamado à las Cortes de Monzòn por el Rey de Aragon, y Mallorca Don Pedro IV. embiò Procurador suyo à Don Andrès Porta, Monge de Santas Cruces, y Capellan de el Rey

Rey de Aragon: y para otras Cortes, que se celebraron año 1382. nombró su Procurador à Don Guillen Deudè, Monge de Poblet, y Limosnero de el dicho Rey Don Pedro IV. Murió año 1385.

XVII.
DON GUILLEN DEUDÈ.

28 Tomò possession de la Abadia por su Procurador Don Lorenzo Frigola, Monge de el Real, à 27. de Marzo de 1386.

XVIII.
DON PEDRO (V)

29 Quinto de este nombre, se halla continuado en la Abadia desde 1389. hasta 1419. y que el Cardenal Pedro de Luna, pretenso Papa Benedicto XIII. le cometió algunas Causas. No haviendo hallado que lo nombrasse el Abad de Poblet, se puede presumir que lo nombrò el dicho pretenso Pontifice, que tambien nombrò à los Abades de Poblet Don Jayme Carbò año 1409. y Don Juan Martinez Mengucho año 1413.

XIX.
DON JAYME CARBÒ.

30 Despues de haver renunciado la Abadia de Poblet año 1413. el Abad Successor Don Juan Martinez Mengucho lo nombrò Abad de el Real por los años 1416. segun el P. M. D. Antonio Raymundo Pasqual, que dice se halla continuado desde dicho año hasta el de 1420. à cuya noticia se deve deferir contra la de el Ilustrissimo Manrique, y de nuestros modernos Domesticos sus Emendadores, que dicen que no pudo lograr aquella Abadia, porque aguardando en Barcelona Embarcacion para passar à Mallorca, falleció en el Priorato de Nazareth.

XX.
DON FRANCISCO ROIG.

31 Tampoco se sabe que fuesse nombrado por el Abad
de

de Poblet: aunque es cierto, que año 1419. era Prior de el Convento, y como tal se lee firmado en el Acto solemne de acceptacion de el Papa Martino V. sobre la abstinencia de carne: Y haviendole el Papa Eugenio IV. hecho Comission año 1431. para examinar y aprobar con autoridad Apostolica los Estatutos de la Cofadria de San Pedro, y y San Bernardo de los Clerigos de la Cathedral de Mallorca, puede presumirse, que lo nombrò Abad el Papa Eugenio IV. que tambien proveyò de la Abadia de Poblet año 1436. à Don Miguel Roures. Sus memorias llegan al año 1438. y despues fuè promovido à la Abadia de San Bernardo de la Huerta de Valencia (ahora Monasterio de Geronymos, llamado San Miguel de los Reyes.)

XXI.
DON PEDRO (VI) AGUELLS.

32 Sexto de los de este nombre, Monge de Poblet año 1437. electo Abad de el Real por los Monges Conventuales: y dudandose de la validad de su eleccion, por tocar èsta al Abad de Poblet, recurriò Don Pedro à la Sede Apostolica; y el Papa Eugenio IV. en el mes de Noviembre de 1444. cometiò la Causa al Sacrista de la Cathedral de Mallorca, mandandole, que si el dicho Electo era idoneo, confirmasse su eleccion, y cuydasse de que lo bendigesse qualquiera Obispo Catolico. Hallandole pues idoneo, fuè bendecido en la Iglesia de el Monasterio por Don Juan Terralva à 10. de Julio de 1446. Y no haviendose opuesto Poblet, continuò el Abad en su govierno diez y siete años, hasta 28. de Deciembre de 1463. en que muriò.

XXII.
DON JUAN (III) CORONES.

33 Tercero de los de este nombre, Monge de Poblet, año 1437. fuè electo por los Conventuales de el Real à 30. de Deciembre de el mismo año 1463. hallandose el

Monasterio en tan miserable estado, que solos tres Vocales concurrieron à su eleccion. Tuvo tan feliz principio, que yà en el proprio año llegaron Letras de el Papa Pio II. en que mandava restituìr al Convento los bienes enagenados: pero no correspondieron los progressos; porque enagenò la Granja de Esportules, ò por lo menos la estableciò casi por nada, y costò el establecimiento muchos pleytos, que se movieron sobre su anulacion, y una vez enagenada la Granja, no pudo jamàs recobrarse. Año 1464. le cometiò el Papa Pio II. la egecucion de un Breve, en que eximiò de toda sugecion de el Obispo de Mallorca à los Cofadres de San Pedro, y San Bernardo, y lo hizo Conservador de aquella Cofadria. Falleciò en el año 1474.

XXIII.
DON JAYME (II) ROIZ.

34 Segundo de los de este nombre, Monge de Poblet, Maestro en Santa Theologia, Confesegero, y Lugarteniente de Limosnero de el Serenisimo Señor Rey de Aragon. Fuè nombrado Administrador de el Monasterio de el Real por el Abad de Poblet Don Miguel Delgado cerca de el año 1475. Y años adelante se halla yà con nombre de Abad. Trabajò mucho en recobrar los bienes de el Monasterio: y por la amistad que tenia con el Rey de Aragon logrò el hacer avocar todos los pleytos de el Convento al Tribunal Real, paraque assi pudiesse mas facilmente alcanzar Sentencia favorable. A instancias de este Abad, el Rey Don Juan II. de Aragon, y Rey tambien de Mallorca à 10. de Setiembre de 1477. confirmò al Monasterio el insigne Privilegio de el Rey Don Jayme I. de que se hizo memoria arriba en la Abadìa de Don Berenguer año 1254. A 23. de Febrero de 1480. el Rey Don Fernando el Catolico concediò al Monasterio las Decimas de los bienes, que por la enagenacion pertenecian yà al Real Patrimonio. Hallanse continuadas sus memorias hasta el año 1485. sin
ha-

haverse podido averiguar el dia, mes, y año de su muerte.

XXIV.
DON JUAN (IV) VIñOLES.

35 Quarto de este nombre: fuè electo por los Conventuales de el Real, y solo se halla notado en las memorias, y monumentos de aquel Monasterio en el año 1497. Y conforme à esto, juzgò el P. M. Pasqual, que deviò de morir en aquel año, pues hallò que el Prior D. Leonardo Aram tenía por el Abad de Poblet plena facultad de administrar la Abadia. El Escritor Domestico refiere, que tuvo aquella Abadia muchos años, y que la renunciò à 21. de Noviembre de 1501. y que falleciò en Poblet. De estas noticias encontradas se hace verisimil, que el Abad de Poblet lo suspendiò de la Abadia año 1497. y diò la administracion al dicho Prior: y que buelto à Poblet, renunciò la Abadia à 21. de Noviembre de dicho año 1501. en que por la Vacante nombrò el Abad de Poblet al siguiente

XXV.
DON RAMON (II) DE YEBRA.

36 Segundo de los de este nombre, Prior de Poblet, nombrado por su Abad Don Antonio Buada el mismo año 1501. No se halla de èl otra memoria.

XXVI.
DON PABLO RUBERT.

37 No se hallan otras memorias, sino que año 1456. era Monge de Poblet, que lo nombrò Abad de el Real el Abad de Poblet à 25. de Julio de 1503. y vivia aun en el de 1505.

XXVII.
DON JAUME (III) SEDò.

38 Nombrado por el mismo Abad à 29. de Marzo de 1508. obtuvo de el Rey Don Fernando el Catolico confirmacion de el insigne Privilegio de el Rey Don Jayme I. que referimos en la Abadia de Don Berenguer año 1254. y
un

un Real Decreto despachado en Valladolid à 28. de Enero de 1513. en que mandò, que no compeliessen al Convento à pagar mas de 15. libras Barcelonesas por todos sus bienes: gracia que confirmò despues el Rey, y el Emperador Don Carlos à 30. de Octubre de 1522. Falleciò año 1517. à 12. de Noviembre.

XXVIII.
DON GASPAR MARTI.

39 Un deplorable Cisma comenzò en el Monasterio de el Real, por la eleccion de este Abad; pretendiendo tener derecho à la Abadia Don Antonio Riquer, Don Jayme Pujòl, el Cardenal Julio de Medicis, y Don Gaspar de Villalonga, Cavallero Mallorquin. Muerto el Abad D. Jayme Sedò antes que llegassen las Bulas, que havia solicitado de la Sede Apostolica, para hacer Coadjutor en la Abadia à su Sobrino Don Gaspar Martì, lo eligieron los Conventuales en Abad de el Real, y en virtud de esta eleccion tomò possesion de la Abadia à 13. de Noviembre de 1517. Luego que lo supo el Abad de Poblet, nombrò à 16. de Deciembre de 1517. à Don Antonio Riquèr, Monge de Poblet, Vice-Limosnero de el Rey Don Fernando el Catolico, y Capellàn mayor de la Reyna Doña Germana de Fox, anulando la eleccion de D. Gaspar Martì. Y haviendo Don Antonio Riquèr fallecido antes de llegar à Mallorca à 23. de Enero de 1518. nombrò el Abad de Poblet à 6. de Deciembre de el proprio año à Don Jayme Pujòl, Monge de Poblet, Maestro en Santa Theologia, Ex-Cathedratico de esta en la Universidad de Salamanca, y Confessor de las Religiosas Cistercienses de las Huelgas de Burgos, al qual, llegando à Mallorca à tomar possesion de la Abadia, le resistiò Don Gaspar Martì, patrocinado de el Virrey de Mallorca: con que no pudiendo lograr nada el dicho Don Jayme Pujòl, se retirò al Monasterio de las Huelgas, dejando interpuesto el pleyto contra el Abad

Don Gaspar Martì. Por haver muerto fuera de la Corte Romana el Abad Don Antonio Riquèr, havia el Papa Leon X. conferido aquella Abadia en Encomienda al Cardenal Julio de Medicis à 14. de Marzo de 1518. en cuyo nombre, y à fuerza de armas tomò possession Don Gaspar de Villalonga, Cavallero Mallorquin, expeliendo à Don Gaspar Martì. Hallavase el electo Don Jayme Pujòl en la Corte de el Emperador Carlos V. Rey de España, y agenciò Letras de su Magestad para el dicho Cardenal, y para el Papa; pero no pudo con ellas conseguir nada; porque el Cardenal renunciò la Abadia encomendada à favor de el dicho Don Gaspar de Villalonga, al qual favoreciò grandemente el Cardenal, promovido al Sumo Pontificado con nombre de Clemente VII. año 1523. paraque retuviesse la Abadia: pero recurriendo otra vez al Emperador Don Jayme Pujòl, mandò su Magestad al Virrey de Mallorca, que de todas maneras procurasse que Don Gaspar de Villalonga se abstuviesse de la pretension de la Abadia, el qual temiendo la Real indignacion, renunciò à todos los derechos, que podian competirle en aquella Dignidad. Vencidas estas dificultades el sobredicho Don Gaspar Martì, con el valimiento de el Virrey, se introdujo de nuevo en el regimen de el Monasterio de el Real; y viendo Don Jayme Pujòl quan dificil era expeler à un enemigo domestico, cuya eleccion con dificultad podia anularse, ò cansado tal vez de tan dilatados pleytos, vino à Concordia con D. Gaspar Martì, conviniendo en que despues de su muerte sucediesse Don Jayme en la Abadia. De lo qual se puede verisimilmente congeturar, que D. Jayme Pujòl, nombrado Abad de el Real por el de Poblet, hizo este convenio no solo con el Abad Don Gaspar, sino tambien con el Convento de el Real, para precaver, que muerto el Abad Don Gaspar, no procediesse à nueva eleccion.

XXIX.

XXIX.
DON JAYME (IV) PUJòL.

40 Muerto Don Gaspar Martì poco despues de el año 1523. obtuvo pacificamente la Abadia, en la qual tuvo mucho cuydado de conservar los bienes de el Convento, para cuyo fin alcanzò de el Rey, y Emperador Carlos V. Privilegio de Conservacion de la jurisdiccion, que el Convento havia hasta entonces tenido sobre sus Vassallos; y aunque para evitar el poder de los Nobles de aquel Reyno, que detenian los Bienes de el Monasterio, procurò avocar las Causas al Tribunal Real, con todo nada pudo recobrar.

XXX.
DON PEDRO (VII) RAUSICH.

41 Monge de Poblet, nombrado por su Abad Don Fernando de Lerin à 31. de Julio de 1537. Siendo yà electo asistiò con Procura de el Abad de Poblet à las Cortes, que celebrò en Monzòn el Emperador Carlos V. Y passando despues año 1547. de Mallorca à Barcelona, al llegar al Puerto, muriò repentinamente à 31. de Mayo de dicho año.

XXXI.
DON JUAN (V) BALLESTER.

42 Quinto de los de este nombre, Monge de el Real, fuè electo por los Conventuales de aquel Monasterio à 6. de Junio de 1547. à instigacion de los Consules, ò Jurados de Mallorca, que los persuadieron à ello, por vèr los daños, que havian acarreado al Convento los Abades Estraños. Pero luego que Don Pedro Boquès Abad de Poblet supo la muerte de Don Pedro Rausich, siguiendo la costumbre de sus Predecessores, nombrò à 7. de Junio de dicho año 1547. à Don Onofre Dassio, al qual los Jurados de Mallorca impidieron el desembarco: con que le fuè forzoso el bolverse, y buscar favor en otra parte: y en

efecto lo halló à los principios en el Rey de España, que hizo sus partes, y obtuvo tres Sentencias conformes, en virtud de las quales tomò possesion de la Abadia, y el Rey lo nombró Canciller de el Reyno año 1565. Apelò Don Juan Ballestèr, y reclamando tambien los Jurados de Mallorca, se contravertiò otra vez la Causa, y se diò Sentencia à favor de Don Juan Ballestèr, confirmada por segunda, y tercera año 1567. de la qual no pudiendo apelar su Competidor Don Onofre Dalsio, fuè nuevamente introducido en la Abadia Don Juan Ballestèr, que la obtuvo pacificamente hasta 31. de Agosto de 1583. en que falleciò. Y de aqui adelante, ò no cuydò mas el Abad de Poblet de nombrar Abades de el Real, ò aquellos Monges, como emancipandose de su Abad Padre, se usurparon la Eleccion.

XXXII.
DON ONOFRE POL.

43 Monge de el Real, electo por los Conventuales à 7. de Setiembre de 1583. de cuyas loables prendas se hizo Panegyrista Don Fr. Simon Bauza de la Orden de Predicadores, Obispo de Mallorca, en Carta que escriviò al General de Cistèr Don Nicolàs Boucherat I. escusandolo por sus achaques de la asistencia personal al Capitulo General de Cistèr, al qual embiò Procurador suyo à Don Pedro Mayans, que despues le sucediò en la Abadia. Fuè tan amante de la justicia, que para evitar que sus Oficiales cometiessen fraudes en la administracion de ella, establecio Leyes justas, y determinò salarios à cada uno de los Oficiales, correspondientes al trabajo de sus Oficios. Despues de muchos hechos ilustres, descansò en la paz de el Señor à 19. de Marzo de 1616.

XXXIII.
DON PEDRO (VIII) MAYANS.

44 Octavo de los de este nombre, Monge de el Real, electo

electo por los Conventuales à 24. de el proprio mes de Marzo de 1616. Como yà antes de su eleccion se huviesse tratado de reducir los Monasterios de la Corona de Aragon à una Congregacion, en la qual los Abades por disposicion de el Papa havian de ser Quadrienales, pretendiò la Congregacion nuevamente erecta, que su Abadia fuesse Quadrienal, y no Perpetua. Pusose pleyto en la Curia Romana, y saliò Sentencia à favor de Don Pedro Mayans, que fuesse Abad durante su vida. Fuè Sugeto de grandes prendas, y por su singular bondad y pericia en el manejo de los negocios, y excelente doctrina, lo embiò el Abad Don Onofre Pol al Capitulo General de Cister, como queda dicho; y despues à la Ciudad de Zaragoza à tratar los negocios acerca de la ereccion de la nueva Congregacion, donde hizo las partes de su Abad, y Convento, declarando en todas las ocasiones libremente su parecer, y disputò doctamente de los negocios que ocurrieron. Promovido à la Abadia, trabajò incessantemente tanto en orden à lo espiritual, como en orden à lo temporal, exonerando al Convento de muchas cargas, que lo oprimian. Recobrò la Granja de Dayà, y la hizo cultivar con tanto cuydado, que desde entonces diò copiosos frutos, de manera que aumentada en adelante por el cuydado de los Abades Successores, casi redditùa la vivienda al Convento. Falleciò despues de 20. años de acertado govierno, à 29. de Agosto de 1636.

ABADES QUADRIENALES
desde el año 1637. hasta el de 1748.

I. y XXXIV.
DON JUAN (VI) ORDINES.

45 EL primero de los Abades Quadrienales, y trigesimo quarto en orden de el Monasterio de Santa

ta Maria la Real de Mallorca, fuè Don Juan Ordines, Sexto de los de este nombre, electo à 18. de Junio de el año 1637. el qual acabò su Quadrienio à 14. de Setiembre de 1640.

II. y XXXV.
DON RAFAEL CABRER.

46 Electo à 14. de Setiembre de 1640. murió antes de concluìr su Quadrienio à 23. de Julio de 1644. y quedò vacante la Abadia hasta 14. de Setiembre.

III. y XXXVI.
DON ANTONIO RIBOT.

47 Presidió al Convento desde 14. de Setiembre de 1644. hasta el de 1648.

IV. y XXXVII.
DON JUAN (VI) ORDINES.

48 Primer Abad Quadrienal: despues de ocho años que acabò su Abadia, fuè segunda vez electo à 14. de Setiembre de 1648. pero falleció à 22. de Noviembre de 1649.

V. y XXXVIII.
DON ANTONIO RIBOT.

49 Fuè segunda vez electo para el residuo de el Quadrienio à 19. de Marzo de 1650. hasta 14. de Setiembre de 1652.

VI. y XXXIX.
DON RAFAEL (II) SUñER.

50 Segundo de los de este nombre, electo à 14. de Setiembre de 1652. hasta 14. de Setiembre de 1656.

VII. y XL.
DON MATIAS GALLUR.

51 Electo à 14. de Setiembre de 1656. hasta el de 1660.

VIII. y XLI.
DON RAFAEL (II) SUñER.

52 Segunda vez electo à 14. de Setiembre de 1660. falleció antes de un año à 17. de Agosto de 1661.

IX. y XLII.
DON BENITO MAYANS.

53 Continuò el Quadrienio desde 15. de Noviembre de 1661. hasta 14. de Setiembre de 1664.

X. y XLIII.
DON ANTONIO RIBOT.

54 Tercera vez electo, desde 14. de Setiembre de 1664. hasta 14. de Setiembre de 1668.

XI. y XLIV.
DON ANTONIO (II) ARBONA.

55 Segundo de los de este nombre, desde 14. de Setiembre de 1668. hasta el de 1672.

XII. y XLV.
DON BENITO MAYANS.

56 Electo segunda vez, desde 14. de Setiembre de 1672. hasta 16. de Junio de 1674. en que murió.

XIII. y XLVI.
DON VICENTE RIPOLL.

57 Fuè electo para el residuo de el Quadrienio à 20. de Febrero de 1675. hasta 14. de Setiembre de 1676.

XIV. y XLVII.
DON JAYME (V) PUJOL.

58 Quinto de los de este nombre, Maestro en Santa Theologia, electo à 14. de Setiembre de 1676. y en el Mayo de 1677. fuè Vicario General de la Congregacion, y diò fin à entrambos Oficios en el Mayo de 1681.

XV. y XLVIII.
DON GREGORIO SALVÀ.

59 Electo à 21. de Mayo de 1681. Fabricò la Casa Abadial dentro la cerca de el Monasterio, y concluyò su Quadrienio à 14. de Setiembre de 1684.

XVI. y XLIX.
DON THOMAS CARBONELL.

60 Governò defde 14. de Setiembre de 1684. hafta 14. de Setiembre de 1688.

XVII. y L.
DON GREGORIO SALVà.

61 Segunda vez electo, defde 14. de Setiembre de 1688. hafta el de 1692.

XVIII. y LI.
DON JAYME PUJOL.

62 Segunda vez electo à 14. de Setiembre de 1692. hafta el de 1696.

XIX. y LII.
DON VICENTE RIPOLL.

63 Fuè fegunda vez electo, defpues de algunas opueftas pretenfiones entre los Vocales, y governò hafta 14. de Setiembre de 1700.

XX. y LIII.
DON JOSEPH MATEU.

64 Maeftro en Santa Theologia, y Cathedratico en la Univerfidad Luliana de Mallorca, electo à 14. de Setiembre de 1700. hafta el de 1704.

XXI. y LIV.
DON BERNARDO ALGUER.

65 Defde 14. de Setiembre de 1704. hafta el de 1708. defde el qual hafta el de 1716. vacò la Abadìa; porque por caufa de las Guerras entre el Rey Don Felipe V. y Don Carlos Archiduque de Auftria, no pudo la Congregacion defpachar los Ternos; y fe governò el Monafterio por Priores Conventuales.

XXII. y LV.
DON ANTONIO VENTURA MAYOL.

66 Soffegados los difturbios, llegò el Terno de la Congregacion al Monafterio de el Real, y à 14. de Setiembre

bre de 1716. fuè pacificamente electo en Abad de aquel Monasterio, y en el mes de Mayo de el siguiente año 1717. en Definidor por el Reyno de Valencia. Acabò su Abadia à 14. de Setiembre de 1720.

XXIII. y LVI.
DON NADAL (II) REURA.

67 Segundo de los Abades de este nombre; fuè electo à 14. de Setiembre de 1720. hasta el de 1724.

XXIV. y LVII.
DON ANTONIO VENTURA MAYOL.

68 Segunda vez electo, desde 14. de Setiembre de 1724. hasta el de 1728. Edificò una parte de el Sobre-Clauſtro.

XXV. y LVIII.
DON NADAL (II) REURA.

69 Electo segunda vez desde 14. de Setiembre de 1728. hasta 19. de Deciembre de 1729. en que falleciò.

XXVI. y LIX.
DON JUAN (VII) BORDILS.

70 Septimo de los de este nombre: fuè electo à 10. de Octubre de 1730. hasta 14. de Setiembre de 1732.

XXVII. y LX.
DON FRANCISCO MAURO GINARD.

71 Maeſtro en Santa Theologia, electo à 14. de Setiembre de 1732. hasta el de 1736. Construyò la otra parte de el Sobre-Clauſtro.

XXVIII. y LXI.
DON MIGUEL SEGUI.

72 Desde 14. de Setiembre de 1736. hasta 27. de Junio de 1738. en que muriò.

XXIX. y LXII.
DON JUAN (VII) BORDILS.

74 Segunda vez electo à 6. de Deciembre de 1738. concluyò el residuo de el Quadrienio à 14. de Setiembre de 1740.

XXX. y LXIII.
DON JUAN BAUTISTA RIERA.

74 Defde 14. de Setiembre de 1740. hasta el de 1744.

XXXI. y LXIV.
DON JUAN (VIII) VEIN.

75 Octavo de los de este nombre, fuè electo à 14. de Setiembre de 1744. hasta el de 1748.

XXXII. y LXV.
DON JUAN BAUTISTA RIERA.

76 Segunda vez electo à 14. de Setiembre de 1748. que hoy dia govierna al Monasterio.

DISSERTACION XIV.

DON VIDAL ABAD XXII. DE POBLET: FAVORECIDO de el Rey Don Jayme. Como tambien Don Domingo Semeno Abad XXIII. de Poblet; antes Abad de Piedra, y despues de Fuen-Fria. Don Berenguer de Castellots, Abad XXIV. de Poblet. Donaciones hechas al Convento por el Arzobispo de Tarragona Don Pedro Albalate muy afecto al Monasterio, y por otros Cavalleros, que vistieron el Habito, ò se hicieron Donados de Poblet. Desafuero de los Vecinos de la Espluga de Francoli, y su egemplar castigo. El Abad, y Convento de Poblet favorecidos de el Papa Innocencio IV.

1 QUANTA observancia, virtud, y religion florecia en el Real Monasterio de Poblet por los tiempos en que vamos, lo demuestran bien las tres Abadias, que acabamos de referir de Don Semeno, Don Ramon de Siscàr, y Don Ramon Donat, si hacemos reflexion, que à Don Semeno, que sucediò en la Abadia

día, por no haver querido aceptarla Don Ramon de Sifcàr, lo llamaron los Canonigos de Segorbe, y Albarracin antes de un año à governar aquella Iluftrifsima Iglefia: à Don Ramon de Sifcàr, que aceptò la fegunda eleccion de Abad, que de fu Perfona hicieron los Monges, à repetidas inftancias de fu Predeceffor Obifpo yà de Segorbe, folo le permitieron los Canonigos de Lerida, y Roda governarla algunos feys mefes, eligiendolo por fu Paftor y Prelado, y procurando por medio de Don Pedro de Albalate, Arzobifpo de Tarragona, que admitieffe el Obifpado: y en fin no deja de fer evidente prueba de hallarfe el Monafterio de Poblet iluftrado de muchos Sugetos virtuofos y doctos el vèr que defpues de aquellas promociones, tuvo el Abad Don Ramon Donat baftantes Sugetos que efcoger entre los de fingular virtud y obfervancia, para embiar, como queda dicho, à formar el nuevo Convento de el Real en el Reyno de Mallorca, los quales haviendo de plantar la Religion Cifterciense en un Reyno ultramarino, y tan recientemente conquiftado de el poder de los Sarracenos, no hay duda que ferian Monges egemplarifsimos, y de virtud muy acreditada.

XXII.
DON VIDAL III.

ABAD XXII. DE POBLET.

Año de Chrifto 1241.

2 TAl feria tambien el que fucedió à los fobredichos en la Abadia de Pobler, ahora fueffe por muerte, ahora fueffe por renunciacion de el Abad Don Ramon Donat, llamado Don Vidal, que fuè el III. de los de efte nombre. Se ignora fu apellido; pero fe fabe, que yà prefidia al Convento de Poblet à 21. de Agofto de

1241. en que, segun Escritura autentica de el Archivo, (1) acensò à Ponce de Napoca dos possessiones en el Termino de Cervià, una pieza de tierra en el Termino de Agramunt, y una Casa en aquella Villa por censo de cinco sueldos, y quatro pares de gallinas en la Fiesta de San Miguel de Setiembre. Y à 27. de el proprio mes y año compró el Abad Don Vidal, y Convento de Poblet de Pedro de Solèr, y de su muger Elisenda la mitad de las Decimas de el Castillo y Villa de Boldù por precio de 500. Morabatines. Y en fin à ultimos de el proprio año Don Guerao de Valclara, que se hallava Novicio de Poblet, le hizo Donacion de todos los derechos, que le pertenecian en la dicha Villa de Vallclara. Al 1. de Octubre de el siguiente año 1242. Don Pedro de Montoliu hizo Donacion al Abad Don Vidal, y Convento de Poblet de todo el derecho, dominio, y parte que percibia en la Decima de los Molinos, que el Monasterio tenia en la Espluga de Francolì, y demàs à mas diò una Casa que tenia en la Villa de la Espluga baja cerca de la puerta à la parte de Montblanch, como es de vèr en el Archivo, (2) de las quales Escrituras prueban la Abadia de Don Vidal desde el Agosto de 1241. hasta el Octubre de el siguiente 1242.

3 Havian sucedido algunos desmanes de Cavalleros seglares contra el Monasterio de Poblet; de manera, que Don Galceràn de Pinòs tomò injustamente una Mula de la Granja de Barbens, possession de el Monasterio; Don Guillen de Bojadòs cincuenta Ovejas de un Vecino de

―――――――――――――

(1) Archivo de Poblet, Cajòn 44. intitulado *Agramunt*, ligarza 14. ibi: *Ego Vitalis Abbas Populeti, & Conventus ejusdem Monasterii &c.* Et infra: *Quod est actum 12. Cal. Septembris, anno Domini 1241.*

(2) El mismo Archivo, Cajòn 11. intitulado *Espluga de Francolì*, ligar. 20. ibi: *Et Vobis D. Vitali Abbati, totique Conventui Populeti &c.* Et infra: *Actum hoc Cal. Octob. anno Dom. 1242.*

de Vimbodì, Vassallo de el mismo Monasterio; y Don Guerao de Alentorn un Mulo dentro de el mismo Termino de Poblet; y haviendo el Abad Don Vidal representado al Serenissimo Señor Rey Don Jayme tan gran desacato, zeloso aquel Monarca de la manutencion de las prerogativas, y essenciones de Poblet, al qual queria se tuviesse el mismo respeto que à sus cosas proprias, luego à 6. de Deciembre de 1241. despachò un Mandato Real à todos sus Bayles, y Ministros de Justicia, paraque hiciessen dàr al Monasterio de Poblet la devida satisfaccion. Y poco despues à 18. de Marzo de el siguiente año 1242. deseando assegurar mas las cosas de el Monasterio, que estimava como proprias, despachò unas Letras, que por ser tan en gloria de Poblet, como en abono de la singular proteccion, que deviò al Serenissimo Señor Rey Don Jayme, pongo por entero traducidas en Castellano.

Jayme, por la gracia de Dios, Rey de Aragon, de Mallorca, y de Valencia, Conde de Barcelona, y Vrgel, y Señor de Mompeller; à nuestros amados fieles Vicarios, Bayles, y otros qualesquiera Lugartenientes nuestros, assi presentes, como venideros, salud y gracia. Aunque estamos obligados à guardar y defender à todas las Casas Religiosas, pero entre otras devemos favorecer con mas diligencia al Venerable Monasterio de Poblet. Por tanto mandamos por las presentes Letras à todos, y à cada uno de vosotros, que por ningun motivo permitais, que Persona alguna detenga, prende, ni impida las cosas, ò bienes pertenecientes al Monasterio de Poblet, mientras sus Religiosos estèn prontos à satisfacer en poder de el Juez à qualquiera que tenga queja contra ellos: mandandoos firme, y apretadamente, que si en adelante se atreviere alguno à prendar al dicho Monasterio, lo castigueis irremediablemente, y le obligueis no solo à restituir las prendas, sino tambien lo multeis con la pena de 200. Morabatines. Dadas en Lerida à 15. de las Calendas de Abril año 1242.

4 Despues de haver el Abad Don Vidal governado al Monasterio por lo menos mas de un año que corre desde el Agosto de 1241. hasta el Octubre de el siguiente 1242. passò à la immortalidad, quedando el Convento de Poblet en gravissimo desconsuelo por la perdida de tan amable Prelado. Y aqui devo advertir, que no obstante que no se descubren Escrituras anteriores al dia 23. de Noviembre de el año 1243. que expressen el nombre de el Abad Successor, no por esso se deve presumir que no falleció Don Vidal hasta dicho tiempo, sino que tardò el Abad nuevamente electo en tomar la possession de la Abadia. El motivo fuè, que como los Monges de Poblet quedaron tan desconsolados por la temprana muerte de D. Vidal, digno de mas largo govierno, se detuvieron en escoger Sugeto, que pudiesse suplir tan grande quiebra, despues de quatro Abades tan insignes, como Don Semeno Obispo de Segorbe, Don Ramon de Siscar Obispo de Lerida, Don Ramon Donat Fundador de el Real de Mallorca, y nuestro recien difunto Don Vidal. Y acordandose que Don Domingo de Semeno Varon egemplarissimo, y de los mas insignes de Poblet, havia passado año 1237. al Monasterio de Piedra, Casa Hija de Poblet, à regir aquella Abadia (como se refiere en el *Apend. à la Dissert.4. nnm.22.*) pusieron en èl los ojos, y lo eligieron por su Abad, y Prelado. Pero hallandose à la sazon Abad de aquel insigne Monasterio, y tan amado de aquellos observantissimos Hijos, es cosa muy natural, que sintiendo gravemente su perdida, le retardassen por algunos meses la venida à Poblet.

XXIII.

XXIII.
DON DOMINGO DE SEMENO,

ABAD XXIII. DE POBLET.

Año de Christo 1243.

5 Vino pues de la Abadia de Piedra, que governó algunos diez años, à governar la de Poblet Don Domingo de Semeno, cuyas memorias comienzan à descubrirse desde 23. de Noviembre de 1243. en Escritura autentica de el Archivo, (3) que contiene cierta definicion de Don Simon de Palacio, Vizconde de Bas, y Señor de la Espluga alta de Francolì, en que despues de ratificar la Concordia que hizo con el Abad Don Vidal de Alguayre año 1235. remitiò ahora al Abad Don Domingo de Semeno, y Convento de Poblet todas las demandas, que por qualquiera derecho podia hacerles sobre las aguas de la Fuente, y Rio de Francolì, que ivan à los Molinos de el Monasterio. Y el Abad, y Convento, como deseosos de la paz y quietud, estimaron tanto esta ratificacion de Concordia, que por ella dieron al dicho Vizconde 500. sueldos Barceloneses. Y parece que quiso el Cielo pagarles luego con aumento la cantidad que havian gastado por el amor de la paz, y buena correspondencia; pues en el mismo año 1243. Don Ponce de Cabrera, Conde de Urgèl, legò en su Testamento, que otorgò à 22. de Noviembre 500. Morabatines de oro Alfonsinos en pura limosna de el Monasterio de Poblet, para la Obra de el Dormitorio, que à

la

---

(3) Archivo de Poblet, Cajòn 11. intitulado *Espluga de Francolì*, ligar. 21. ibi: *Remittimus vobis Fr. Dominico Abbati Populeti, & Conventui &c.* Et infra: *Actum est hoc 9. Cal. Decemb. anno Domini 1243.*

la fazòn se estava edificando, y muriendo este mismo año, fuè sepultado en el Monasterio en la Capilla de S. Bernardo de Alzira, como se dijo *Tom. 1. Dissert. 22. §. 7. num. 6.* El Vizconde de Cardona Don Ramon Folch le confirmò todas las Donaciones hechas à Poblet por su Padre, y demàs Predecessores suyos, tomando à todas las cosas de el Monasterio bajo de su proteccion, y concediendole, que todos sus Ganados pudiessen apacentarse libremente en todas sus tierras. En el siguiente año 1244. hallandose Novicio de Poblet Fr. Pedro de Anglesola, antes de hacer la Profession en manos de nuestro Abad Don Domingo de Semeno, vinculò al Monasterio su Baronìa de Miralcamp, en caso que los hijos que dejava en el siglo muriessen sin hijos varones de legitimo matrimonio. Y à 1. de Junio de 1245. Don Alvaro, Conde de Urgel, à cuenta de el Serenissimo Señor Rey Don Jayme, pagò al Convento de Poblet diez mil sueldos Jaqueses.

6 Fuè nuestro Abad Don Domingo muy estimado de el Rey Don Jayme; pues pretendiendo el Bayle de Peniscola, olvidado tal vez de que su Magestad en el año 1226. huviesse concedido al Monasterio de Poblet, que pudiesse libremente apacentar sus ganados no solo en los Terminos de Peniscola, Cervera, Chivert, y Popiz, sino tambien en toda la demàs tierra, que en adelante conquistasse de el poder de los Sarracenos, como se dijo arriba *Dissert. 10. num. 6.* pretendiendo dicho Bayle cobrar alguna contribucion de el Monasterio, por razon de el pasto de sus ganados: avisado el Rey, que se hallava en el Sitio de Jativa, despachò luego à 16. de Febrero de 1240. un Mandato Real paraque desistiesse de su pretension, y no presumiesse bajo de ningun pretexto cobrar tributo alguno de el Monasterio por razon de los ganados. En fin se descubren muchas memorias de nuestro Abad Don Domingo hasta 21. de Febrero de 1245. en Escritura autentica de el Archivo,

chivo, (4) que demueſtra haver pagado à Don Arnaldo Abad de Santas Cruces 400. ſueldos legados por Pedro de Eſpigol, y que el Abad de Santas Cruces por la definicion que hizo al Abad de Poblet de todos los demàs bienes de dicho difunto, recibiò 80. ſueldos de el Abad de Poblet Don Domingo de Semeno.

7 Poco deſpues de 21. de Febrero de 1245. en que yà corria el de 1246. de el Nacimiento de Chriſto, fuè nueſtro Abad Don Domingo promovido à la Abadia de el Monaſterio de Fuen-Fria, Caſa-Madre de Poblet; aſsi que en el corto eſpacio de 14. años llegò à ſer Cabeza de tres Monaſterios, Piedra, Poblet, y Fuen-Fria, ſiendo indicio no pequeño de ſus admirables talentos el haver ſido deſeado de las tres Caſas, Hija, Madre, y Abuela. De eſto ſe infiere, que Don Domingo no renunciò la Abadia de Poblet, como dijo el Iluſtriſsimo Manrique, (5) de relacion de nueſtros Manuſcritos Domeſticos, como tampoco renunciò la de Piedra quando fuè llamado à la de Poblet, ſino que aſsi como entonces vacò por ſu promocion la Abadia de Piedra, en la qual ſucediò D. Saturnino de Juan, ahora por la promocion de Don Domingo à la Abadia de Fuen-Fria, quedò vacante la de Poblet, en la qual ſucediò

XXIV.
DON BERENGUER DE CASTELLOTS,
ABAD XXIV. DE POBLET.

Año de Chriſto 1246.

8 DEſcubrenſe ſus memorias deſde 5. de Abril de 1246. en Eſcritura autentica de el Archivo,

(6)

---

(4) Archivo de Poblet, Cajòn 23. intitulado *Veluſell*, ligarza... ibi *à vobis D. Dominico Abbate Populeti &c.* Et infra: *Actum 9. Cal. Martii, anno* 1245.

(5) Manrique Append. ad tom. 3. Annal. Ciſterc. pag. 37. ibi: *Dominicus Semenus ::: ſpontè ceſsiſſe memoratur.*

(6) que contiene una Definicion, que à èl, y al Convento de Poblet hizo Pedro de Locera de todos los derechos, que pretendia sobre el Castillo de Corregò. Ninguna noticia encuentro en las Historias de el apellido, y Familia de Castellots, bien que presumo la tomaron los Ascendientes de nuestro Abad Don Berenguer de un Lugar llamado Castellots, sito en el Principado de Cataluña en Urgel, entre las Villas de las Borjas, y Arbeca, como Señores de dicho Lugar, conforme à lo que dejamos notado arriba *Dissert. 3. num. 4.* Mas como quiera que sea, lo que no admite duda es, que fueron muy relevantes los meritos de nuestro Abad Don Berenguer, para cuya demostracion bastarà el saber, que haviendo acudido à los Capitulos Generales de Cistèr de 1247. y 1249. aquella Junta de Sugetos insignes lo nombrò Comissario Visitador de todos los Monasterios Cistercienses de Aragon, Cataluña, Valencia, y Mallorca, como verèmos mas abajo *num.* 14.

9 Las Donaciones hechas al Monasterio de Poblet en tiempo de este Abad por algunos Cavalleros, que tomaron el Habito, por otros que se hicieron Donados, otros que se mandavan enterrar en el Monasterio, y otros que, movidos de la devocion, ivan aumentando la dote de el Convento, fueron tantas, y tantos los sucessos que acaecieron en los años que governò la Abadia de Poblet Don Berenguer de Castellots, que si huviesse de referirlos todos, se haria de sola esta Abadia un grande volumen. Escogerè de ellos lo mas principal, para dàr fin à la primera Centuria. El noble Berenguer de San Martin en el mes de Deciembre de 1247. hizo donacion al Abad, y Convento de Poblet de el Castillo de Terrers, y sus Terminos, y de todo quanto en ellos tenia, con todas sus pertinencias, y consignò

---

(6) Archivo de Poblet, Cajòn 13. intitulado *Vimbodì*, ligar. 35. ibi: *Vobis D. Berengario Abbati Populeti &c.* Et infra: *Actum Nonis Aprilis anno* 1246.

nò al Hospital de Pobres de el Monasterio 1500. sueldos Barceloneses sobre la mitad de la Decima de la Plana, y Quadra de Guissonà: y despues en el año 1253. en que confiessa ser Donado de Poblet, le confirmò esta, y otras Donaciones, que hasta entonces le tenia hechas Fr. Bernardo de San Martin, Nieto de el dicho Don Berenguer, hallandose Novicio de Poblet año 1249. diò al Monasterio todos los derechos, que le pertenecian en los Lugares de Terrers, y Fulleda; y en el siguiente 1250. antes de hacer la Professeion en manos de nuestro Abad Don Berenguer de Castellots, renunciò à Poblet todos sus derechos en los bienes de Don Berenguer de San Martin su Abuelo. Imitò à su Sobrino Fr. Bernardo, Don Berenguer el Joven su Tio, hijo de Don Berenguer de San Martin el viejo año 1253. el qual admitido en Monge de Poblet, le difiniò todos quantos derechos pudiessen pertenecerle en los Lugares de Fulleda, y Terrers, y en todo lo demàs, que su Padre havia dado al Monasterio.

10   No fuè menos favorecido el Monasterio de Poblet de el Arzobispo de Tarragona Don Pedro de Albalate, pues à 15. de Mayo de 1247. le cediò las Decimas y Primicias, que le tocavan en algunos Lugares de Poblet, las quales consignò para las Fabricas de la Sacristia, y una Capilla en ella, de la Aula Capitular, de el Locutorio, de el Noviciado, y de el Dormitorio, cuyas Obras à la sazòn se ivan rematando: y contiene la Carta de Donacion tan finas expressiones, que entre otras clausulas dice assi: *Nos Pedro, por la gracia de Dios, Arzobispo de Tarragona, atendiendo que cada dia se administran incessantemente en el Monasterio de Poblet muchissimos bienes assi en los Sacrificios, y Oraciones, como en la hospitalidad, y otros egercicios agradables à Dios. Y considerando tambien la buena voluntad, y humilde devocion, que el dicho Monasterio tuvo siempre, y de presente tiene à nuestros Predecessores, y à la Iglesia de Tarragona, y à*

Nos, por todas las quales cosas elegimos en èl nuestra Sepultura; damos, concedemos &c. De cuyo contenido se sacan las noticias de haver mandado el Arzobispo de Tarragona D. Pedro de Albalate lo sepultàran en Poblet, y que por aquellos tiempos no estavan todavia acabados la Sacristia, Capitulo, Noviciado, y Dormitorio, para cuyas Obras consignava el Arzobispo las dichas rentas; y aun en el año 1249. Pedro de Guerra asignò 500. sueldos para el mismo efecto.

11   Diversas veces comprometiò el Monasterio de Poblet en el dicho Arzobispo sobre diferentes Causas que se le movieron. A 15. de Junio de 1248. hizo el Arzobispo Sentencia arbitramental entre Don Guillen de Barberàn Obispo de Lerida, Successor de nuestro Don Ramon de Siscàr, de una parte, y el Convento de Poblet de otra, sobre los Legados, que el difunto Obispo Don Ramon havia hecho al Monasterio: en la qual decretò, que la Capilla, y Lignum Crucis, que el difunto tenia en Lerida quedasse para el Obispo, y que el Incensario de plata, y 700. sueldos de los 1000. que havia legado el Obispo, quedassen para el Monasterio.

12   Algunos Vecinos de la Espluga alta de Francolì, no obstante las Concordias firmadas por su Señor Don Simon de Palacio, Vizconde de Bas, inquietavan al Monasterio, devastando sus Bosques de noche, y de dia: y en el año 1248. llegaron à desmandarse tanto, que con mano armada invadieron à los Monges, y Conversos, hiriendo à algunos de ellos. Por lo que Don Ramon de Moncada, Lugarteniente de el Serenisimo Señor Rey Don Jayme à 7. de Enero de dicho año promulgò contra ellos Sentencia, mandando, que el Monasterio de Poblet fuesse puesto en possession de los bienes de dichos Vecinos, hasta que huviessen pagado 500. Ducados de oro, en recompensa de el agravio que le havian hecho, y que jurassen en su poder,

que

que contra la voluntad de el Convento de Poblet no tocarian sus Bosques, ni otra cosa perteneciente al Monasterio. Pero despues las dos Partes de Poblet, y de dichos Vecinos hicieron Compromisso en manos de el dicho Arzobispo de Tarragona Don Pedro de Albalate, imponiendose pena de 200. Morabatines al contrafactor de el Compromisso. El Arzobispo pues à 11. de el proprio mes y año hizo Sentencia arbitramental, en que declarò, y mandò à los dichos Vecinos, bajo las penas de el juramento de 200. Morabatines, y de Excomunion, que nunca mas inquietassen al Monasterio de Poblet; y que por los Muchachos, que por defecto de edad no havrian prestado el juramento, huviessen de renovarlo de 15. en 15. años: fulminando desde luego contra los transgressores Sentencia de Excomunion. Y en fin mas adelante año 1250. reconociendo haver incurrido en la Excomunion, por la contumacia de no comparecer ante Fr. Arnaldo Sorès, Prior de Escala Dei, Juez delegado de el Papa Innocencio IV. fueron absueltos de ella por el dicho Juez, jurando en el mismo acto de absolucion de no contravenir en adelante, ni hacer daño en cosa alguna al Monasterio de Poblet.

13 Alcanzò nuestro Abad Don Berenguer de Castellots algunos Privilegios de el Papa Innocencio IV. con que engrandeciò al Monasterio de Poblet no solo con bienes temporales, sino tambien con espirituales. Havia el Capitulo General de Cistèr establecido, que los Monasterios tuviessen Oratorios, ò Capillas en las Granjas, y Casas que tenian en las Villas, y Ciudades; y para assegurar mejor el Abad esta prerogativa, obtuvo de el Papa Innocencio IV. Privilegio paraque pudiessen celebrar los Divinos Oficios en las Capillas, que tenia Poblet assi en las Granjas, como en las Casas, que possehia en las Villas, y Lugares. Obtuvo tambien otro Breve con data de las Nonas de Octubre de el año 4. de el Pontificado, conviene à saber, à

7. de Octubre de el año de Christo de 1246. por el qual mandò el Papa à todos los Prelados de las Iglesias, que defendiessen al Monasterio de Poblet, y lo mantuviessen en la essencion de no pagar Decimas de las possessiones adquiridas assi antes, como despues de el Concilio Lateranense; y otro de la misma data, en que concediò al Monasterio de Poblet, que pudiesse pedir, y retener libremente qualesquiera Bienes, que havrian heredado, si huviessen quedado en el siglo, aquellos que hicieron su Profession en el Convento.

14 Obtuvo assimismo de el Capitulo General de Cistèr Comission para visitar todos los Monasterios Ciscercienses de Aragon, Cataluña, Valencia, y Mallorca, afianzando el desempeño de aquel Ministerio en la acertada conducta de tan insigne Prelado; y es el primero de los Abades de Poblet, de quien se halla haver tenido semejante Comission; y aunque no por esso niego, que antes de èl la obtuviessen otros Abades, pero por lo menos es cierto que no se ha descubierto hasta ahora tal noticia: obtuvieronla en adelante casi todos los que sucedieron à nuestro Abad Don Berenguer de Castellots. Este celebre Abad en el año 1247. acudiò al Capitulo General de Cistèr, en compañia de su Santo Predecessor Don Ramon de Siscar, Obispo entonces de Lerida, que de buelta de el Capitulo falleciò en Leon de Francia à 20. de Agosto de el mismo año, de donde en el de 1249. en que tambien havia acudido al Capitulo General, lo trajò à Poblet, en donde se le hicieron las solemnes Exequias, que referimos arriba *Dissert.* 13. *num.* 13.

15 El Arzobispo de Tarragona Don Pedro de Albalate, de quien hicimos digna memoria *desde la Dissert.* 11. falleciò à 2. de Julio de 1251. en este Monasterio de Poblet, (7) donde es verisimil estava yà enfermo à 20. de Ju-

_____
(7) Constit. Synod. Tarrac. *in Catalolo Archiepiscopor.* §. 12.

Junio antecedente, en que su hermano Don Fr. Andrès de Albalate, Religioso de la Orden de Predicadores, y Obispo de Valencia, consagrò la Iglesia de Santa Catalina martyr, una de las que, segun la tradicion, hizo construir el Conde de Barcelona Principe de Aragon, despues que diò el Lugar de Poblet para fundar al Monasterio, en cuya funcion sucediò el hallazgo de la Sagrada Imagen de Maria entre las ramas de un Ciprès, llamada por esso Nuestra Señora de los Cipreses, como queda yà referido *Lib. 1. de la Fundacion de Poblet, Dissert. 22. §. 2. num. 7.* Lo cierto es, que nuestro Abad Don Berenguer le diò Sepultura en Poblet, conforme à lo dispuesto en su Testamento: y en efecto se mira hoy su Sepulcro elevado de tierra, y esculpidas en èl las Insignias Arzobispales, encajado en la pared de el Crucero de la Iglesia, al lado de la Capilla de San Benito, como se dijo en la citada *Dissert. 22. §. 10. num. 1.*

16 Por estos tiempos el Monasterio de Benifazà, Filiacion de Poblet, llevava en la Curia Romana un reñido pleyto contra los Cavalleros Hospitalarios de San Juan, sobre la possesion de el Lugar de Rossell de el Reyno de Valencia: y como al hacer el Serenissimo Señor Rey Don Jayme la Donacion de aquel Lugar para dote de dicho Monasterio dirigiò la Escritura al Abad de Poblet Don Vidàl, como se refiriò *en el Apendice à la Dissert. 11. num. 31.* embiò nuestro Abad Don Berenguer de Castellots à Don Guillen de Almenara, à la sazòn Abad de Benifazà, el Instrumento de Donacion de dicho Lugar de Rossell, paraque pudiesse hacer constar el titulo, por el qual le tocava el dicho Lugar, como tambien remitiò al Papa Innocencio IV. el Informe, que le havia pedido su Santidad sobre aquella Causa, de la qual se trata alli mismo *num. 39.*

17 El Ilustrissimo Fr. Angel Manrique (8) señala dia fijo

_____

(8) Manrique *Append. ad tom. 2. Annal. Cister. pag. 38.* ibi: *Migravit in pace anno 1252. die 17. Novembris.*

fijo de la muerte de nueſtro Abad Don Berenguer de Caſtellots al 17. de Noviembre de el año 1252. (y lo miſmo
aſsientan conformes los Emendadores de ſu Catalogo) ſi-
guiendo à los Manuſcritos antiguos de nueſtros Notadores
Domeſticos; pero la verdad es que vivia aun en el mes de
Setiembre de el ſiguiente año 1253. y quiza aun en el
de Agoſto de 1254. Y porque no baſta decir la verdad, ſino que es meneſter añadir prueba, que manifieſte el error
de los Autores, (9) deſempeñaràn mi propoſicion tres Eſcrituras autenticas de nueſtro Archivo, que convencen haver ſobrevivido en la Dignidad Abadial de Poblet D. Berenguer de Caſtellots haſta el mes de Abril, y aun haſta el
de Setiembre de el año 1253. Primeramente conſta de
Eſcritura autentica de el Archivo, (10) que à 9. de Abril
de dicho año 1253. Don Berenguer de San Martin admitido en Monge de Poblet, definiò à nueſtro Abad Don Berenguer, y à todo ſu Convento todos los derechos, que tenia, y podia tener en los Caſtillos, y Villas de Terrers, y
Fulleda, y generalmente en todas, y qualeſquiera coſas
que ſu padre Don Berenguer de San Martin huvieſſe dado
al Monaſterio de Poblet. Conſta mas adelante, (11) que
al primero de el mes de Setiembre de el proprio año 1252.
Guillen Morell de Rojals hizo donacion al Abad Don Berenguer, y Convento de Poblet de una Caſa en la Villa
de Montblanch, y dos poſſeſsiones en el Termino de aquella Villa, paraque de ſus reditos ſe mantuvieſſe una Lampara,

(9) Ariſtot. 7. Ethnicor. ibi: *Non oportet tantùm dicere verum, ſed cauſam falſi aſsignare.*
(10) Archivo de Poblet, Cajòn 19. intitulado *Fulleda*, ligar. 10. *Remitto & cedo vobis D. Berengario Abbati Populeti &c.* Et infra: *Factum eſt hoc 5. Idus Aprilis, anno Dom. 1253.*
(11) El miſmo Archivo, Cajòn 10. intitulado *Montblanch*, lig. 8. *Trado in continenti vobis D. Berengario Abbati &c.* Et infra: *Actum eſt hoc Calend. Septemb. anno Dom. 1253.*

para, que ardiesse de dia y de noche delante de el Altar de San Miguel: Y en fin consta con la misma certeza, (12) que el Serenissimo Señor Rey Don Jayme, estando en la Ciudad de Vique, concediò al Abad Don Berenguer, y y Convento de Poblet, que los Vassallos de la Villa de Verdù, como tambien qualesquiera otros de la jurisdiccion de el Monasterio, no devan por razon de querella alguna comparecer ante el Justicia de la Villa de Tarrega, sino solamente ante el de Cervera. De todo lo qual se deduce legitimamente la sobrevivencia de nuestro Abad D. Berenguer de Castellots por el discurso de nueve meses, al tiempo en que señalaron su muerte los Manuscritos Domesticos, el Señor Manrique, y los Emendadores de su Catalogo.

18 Ni es menos reparable, que sobre assegurar el dicho Ilustrissimo Manrique la muerte de el Abad Don Berenguer de Castellots à 17. de Noviembre de 1252. añade, que huvo de sufrir el desayre, que le hizo la Reyna Doña Violante, segunda Muger de el Serenissimo Señor Rey Don Jayme el Conquistador, quando no quiso elegir Sepultura en el Monasterio de Poblet; sino en el de Valbona de Religiosas Cistercienses. Es, como digo, reparable su inadvertencia ; porque constando, como consta, (13) que aquella Reyna otorgò su Testamento, (en que dispuso ser enterrada en el Monasterio de Valbona) en la Ciudad de Huesca, à 12. de Octubre de el año 1253. y consiguientemente haviendo muerto en dicho año, ò en el de 1254. como verèmos à su tiempo, no pudo hacer desayre, ò dàr repulsa al Abad Don Berenguer, que, conforme à su relacion, havia yà muerto en el mes de No-
viem-

_____

(12) El mismo Archivo, Cajòn 1. intitulado *Privilegia Regia*, ligar. 35. *Concedimus Venerabili & dilecto Fr. Berengario Abbati &c. Et infra: Dat. apud Vicum 8. Id. Septemb. anno Dñi 1253*.

(13) Geronymo de Zurita *Anales de Aragon*, lib. 3. cap. 46.

viembre de el año antecedente. Fuera de que no entiendo que deva llamarse desayre, ò repulsa de el Abad el haver la Reyna Doña Violante dispuesto ser sepultada en el Monasterio de Valbona, y no en el de Poblet, quando todas sus Predecessoras havian hecho lo mismo de mandar ser enterradas en otra parte; pues la Reyna Doña Petronila, que muriò año 1173. y sobreviviò al Conde de Barcelona Principe de Aragon, su marido, Fundador de el Monasterio de Poblet, fuè sepultada en la Ciudad de Barcelona; la Reyna Doña Sancha, muger de el Rey D. Alonso II. de Aragon, que sobreviviò al Rey su marido, no obstante el estàr èste sepultado en Poblet, fuè enterrada en el Monasterio de Sigena en Aragon; y en fin la Reyna Doña Maria, muger de el Rey Don Pedro II. fuè sepultada en Roma; y de ninguna de estas tres Reynas le ocurriò al Ilustrissimo Manrique decir, que havia dado repulsa al Abad de Poblet.

19 Concluyo pues la Dissertacion, y la Centuria con decir, que no haviendo descubierto por ahora Escritura posterior à la que acabo de alegar de 6. de Setiembre de 1253. que expresse el nombre de Berenguer Abad de Poblet; solo se puede afirmar con certeza, que despues de haver obtenido el mencionado Privilegio de el Serenissimo Señor Rey Don Jayme, sobre las muchas gracias, que havia alcanzado de el Papa Innocencio IV. diò glorioso fin à su mortal peregrinacion por lo menos antes de el mes de Setiembre de el año 1254. en que se halla yà el Successor en la Abadia, como verèmos, ayudando Dios, en la Centuria siguiente.

20 La obligacion, que esta Real Casa de Poblet ha tenido yà desde sus primeros principios à la Excelentissima de Segorbe, y Cardona, no permite rematar esta Dissertacion, sin hacer memoria de los antiguos Vizcondes, que en esta primera Centuria fueron en Poblet sepultados, à cuyo

cuyo egemplo fabricò la devocion de sus Nobles Descendientes los Vizcondes, Condes, y Duques de Segorbe, y y Cardona los insignes, y suntuosos Panteones, que, como yà vimos *Lib.*1. *Dissert.*22. siendo generosa emulacion de los Sepulcros Reales, estàn hoy à porfia adornando nuestra Iglesia. Todos los Vizcondes de Cardona miraron con singularisimo aspecto de benevolencia y devocion à este Real Monasterio de Poblet, y tan desde sus principios, que yà en el mes de Mayo de el año 1151. el Vizconde Don Ramon Folch, Septimo de los de este nombre, hijo de el yà difunto D. Ramon Folch el Sexto, y de su muger la Vizcondesa Doña Guillelma, Condesa de Melgòr, junto con su Madre, y sus dos Primos hermanos Don Ramon, y Don Guillen de Cardona hicieron donacion al Convento de Poblet de 104. cargas de Sal anuales, como queda yà referido *Lib.*1. *Dissert.*14. *num.*4. Y despues los Vizcondes D. Guillen Folch, y su muger Doña Geralda de Jorba añadieron quanta Sal necesitasse el Convento para su uso: Donaciones que fueron confirmando despues sus Descendientes Vizcondes, Condes, y Duques de Segorbe, y Cardona, como se dijo arriba *Dissert.*5. *num.*4.

21 La devocion de estos Excelentisimos Personages fuè correspondiente al afecto, con que miraron al Monasterio, eligiendolo para deposito de sus Cadaveres, à fin de que los Cuerpos quedassen hasta la fin de el Mundo, donde cariñosas havian asistido las Almas hasta la fin de su vida. Y aunque el tiempo ha sepultado en el olvido las noticias de muchos de aquellos mas antiguos, y por esto se ignora el puesto en que fueron sepultados; pero se sabe ciertamente que antes de el año en que vamos de 1253. fueron enterrados en Poblet en un Sepulcro grande de piedra, que se mira encajado en la pared de el Cimenterio à las espaldas de la Capilla de nuestro P. S. Bernardo, el Noble Don Berenguer, hijo segundo de el sobredicho Vizconde Don Ra-

Ramon Folch el Septimo, y de su muger Doña Isabel de Urgel, hija de Don Armengol VII. Conde de Urgel, y de su Esposa la Serenissima Doña Aldonza, Infanta de Aragon, el qual haviendo heredado el Vizcondado año 1175. eligiò Sepultura en Poblet en su ultima enfermedad, de que muriò en el año 1177. y el Vizconde Don Ramon Folch, el Octavo de este nombre, hijo de los dichos Vizcondes Don Guillen, y Doña Geralda, sugeto bien conocido en las Guerras, que tuvo el Serenisimo Señor Rey D. Jayme contra su Tio el Infante Don Fernando, Monge de Poblet, y Abad de Montaragon, que haviendo elegido Sepultura en Poblet año 1207. fuè en èl sepultado en el de 1233. pudiendose presumir razonablemente, que de los otros Ascendientes de esta Excelentisima Casa, que fallecieron dentro el espacio de la presente Centuria de 1151. à 1253. descansan los mas en la sobre mencionada Sepultura.

⁎

APENDICE AL TOMO SEGUNDO.

CAPITULO I.

DE LAS ESCRITURAS REALES, pertenecientes à la Historia de el Real Monasterio de Santa Maria de Poblet.

¶ *En el Libro Primero de la Fundacion de el Monasterio se pusieron enteramente las tres Escrituras de los años* 1149. 1150. *y* 1151. *tocantes à dicha Fundacion; por cuyo motivo no se repiten en este lugar: Veanse Tom.*1.*Lib.* 1.*Dissert.*12. *num.*3.*y* 7.*y Dissert.*19.*num.*4.

ESCRITURAS REALES.

I.

DONACION DE UN HONOR EN EL TERMINO DE GARCIA (Termino General de Tortosa) hecha por el Conde de Barcelona Principe de Aragon, al Real Monasterio de Poblet año 1155.

NOTUM sit omnibus hominibus, tam præsentibus, quàm futuris, quòd ego Raymundus, Comes Barchinonensis, Princeps Aragonensis, Dertosæ, Ilerdæque Marchio: & ego Guillelmus de Castrovetulo, & Arnaldus de Seiriano, & Petrus de Sancto Joanne, atque Guillelmus de Castrovetulo Junior, & ego Geraldus de Stelella: Donamus Domino Deo, & Sanctæ Mariæ de Popleto, atque Abbati ejusdem Loci,

Loci, videlicet Grimoardo, omnique Conventui, & Capitulo, & Successoribus in perpetuum illum nostrum Hortum de Bas, cum ipso fonte, cum suis tenedonibus, qui est in Termino de Carcheia; & donamus ei præterea omnem terram jam dicto Horto adjacentem, sicut aquæ pendent. Hæc omnia prædicta, ut dictum est, donamus Domino Deo, & Ecclesiæ de Pobleto, ejusque Successoribus in perpetuum, ad faciendum quidquid voluerint de hac die in antea liberè, & quietè per cuncta sæcula. Si quis hoc frangere voluerit, nihil valeat, sed in duplicem componat, & posta hoc firmum permaneat. Factum est hoc 18. Cal. Februarii, anno ab Incarnatione Domini M.C.LV. Sig✠num Raymundi Comes. Sig✠num Guillelmi de Castrovetulo. Sig✠num Arnaldi de Seiriano. Sig✠num Petri de Sancto Joanne. Sig✠num Guillelmi de Castrovetulo Junioris. Sig✠num Alberti de Castrovetulo. Sig✠num Guillelmi de Copons. Sig✠num Guillelmi Aimerici. Sig✠num Guillelmi de Sancto Justo. Sig✠num Geraldi de Stelella. Sig✠num Natalis, qui hoc scripsit die, & anno quo supra.

II.

Privilegio de el mismo Conde Principe de Aragon, paraque el Monasterio de Poblet pueda apacentar su ganado por las tierras de su Real Dominio, y paraque nadie pueda entrar por fuerza à las Casas, Granjas, ò Corrales de el Monasterio, concedido año 1160.

IN nomine Sanctæ, & Individuæ Trinitatis Patris, & Filii, & Spiritus Sancti. Ego Raymundus Dei gratiâ, Comes Barchinon. & Princeps Aragon. & Dertosæ Marchio: Facio hanc Cartam Donationis Deo, & Sanctæ Mariæ Populeti, & vobis Stephano Abbati ejusdem Loci, & fratribus vestris ibidem Deo servientibus, tam præsentibus, quàm futuris libenti animo, & spontanea voluntate, propter amorem Dei, & Sanctæ Mariæ, & pro animabus patris, & matris meæ, & omnium parentum meorum; Dono vobis, & concedo, ut ab hac die in antea nullus homo sit ausus Casas vestras, vel Grangias, vel Cabanas, quas modo in toto meo Regno habetis, vel habituri estis, violenter intrare, frangere, vel dirumpere, vel homines, vel ganatum, vel aliquod aliud per vim extrahere. Ita inquam præcipio, ut quicumque contra hanc meam voluntatem ire præsumpserit, perdat meum amorem, & pecabit mihi mille solidos; & insuper habebo inde quæ imoniam

niam, tanquam de invasione propriæ meæ domûs, & quantum de vestro acceperit vobis in duplum restituat. Si verò ganatum vestrum cum alio extraneo mixtum fuerit, & ab hac de causa cum vobis noluerit dare, mando ut in sola fide vestra, vel unius ex Fratribus vestris, absque alio Instrumento, donet vobis quantum dixeritis esse vestrum: & si quis pro aliqua re, vel calumnia vos inquietaverit, & ad judicium protraxerit pro magna, vel parva re; si res pergrandis fuerit, & Judices mei judicaverint, ut in solo verbo Abbatis; si verò mediocris, vel magna, vel parva fuerit, mando ut in sola veritate unius Monachi, vel Fratris vestri Ordinis absque alio juramento, & sine aliis testibus, vestra causa, & vestrum judicium diffiniatur, nisi per pesquissam veritas possit sciri. Ganatum verò vestrum similiter mando, ut securè pascat in tota terra mea, & nullus sit ausus ei pasqua prohibere, tanquam meo proprio. Hoc idem dono vobis, & concedo in montibus, & in sylvis, & in aquis, quæ sunt in tota terra mea. Dono etiam vobis, ut numquam de propriis vestris rebus, donetis portaticos, vel alios ullos usus in tota terra mea. Concedo etiam, si aliquis Miles, vel Pedonus nihil habens ad vos venerit, & vobis recipere placuerit, si alicui unquam aliquod forifecit, pro hoc non respondeatis; insuper recipio vos, & domus vestras, & ganatum vestrum, & omnem rem vestram in mea amparansa, & in meo guidonatico, & in mea defensione sicut meam propriam causam. Si quis verò hoc meum donativum dirumpere, vel anichilare voluerit, sit maledictus, sicut Judas, qui tradidit Christum, & ut super diximus, pecabit mihi mille solidos. Actum est hoc 2. Nonas Maii, anno Dominicæ Incarnationis 1160. Sig✠num Raymundi Comes. Sig✠num Raymundi de Podio-alto. Sig✠num Berengarii de Mumellis. Sig✠num Guillelmi Barchinonen. Episcopi. Petrus Dei gratia, Cæsaraugustanus Episcopus. ✠ Petrus Ausonensis Episcopus.

III.
Carta de el Señor Rey Don Alonso II. de Aragon, que manda no perturben al Monasterio de Poblet, por las injurias de Fr. Pedro de Queralt, Monge de dicho Monasterio, declarando, que no está obligado este à satisfacerlas año 1166.

AD notitiam omnium hominum perveniat, Abbatem de Populeto cum quibusdam de fratribus suis Monachis ad Curiam

riam noſtri Ildephonſi Regis Aragonum, & Comitis Barchinon. veniſſe talem coram præſentia mea quærimoniam proponentem, quòd illi cum quibus olim Petrus de Queralto, dum ſæculariter viveret contraxerat, quem ipſe Abbas in fratrem receperat, ipſam Domum de Populeto, & ipſum Abbatem ex ipſius contractibus lite pulſabantur, unde etiam Domum de Populeto pignorare, & inquietare graviſsimè minabantur. His itaque omnibus à me Rege, & tota Curia mea diligenter inſpectis, cognitum, ac rationabiliter approbatum fuit: Quòd Domus ipſa de Populeto Abbas, vel fratres ejus ex ipſius jam dicti Petri de Queralto contractibus ex quacumque cauſa naſcerentur, & ideò nec pignorari, nec inquietari debebant. Sed hii proculdubio tenentur, quos ipſe dictus Petrus ſibi hæredes inſtituit. Et propterea ego Rex omnibus hominibus totius terræ meæ regia auctoritate præcipio, quod ſub hujuſmodi prætextu, vel occaſione jam dicta: nullus unquam Domum ipſam de Populeto, Abbatem, vel Fratres ejus audeant ullo modo inquietare. Quod qui contra fecerit, ſciat revera ex hoc meam indignationem incurrere, & me graviſsimè vindicaturum. Actum eſt hoc menſe Junii. Anno ab Incarnat. Dñi M. C. LXVI.

IV.

Donacion abſoluta de la Villa de Vimbodì, hecha al Monaſterio de Poblet por el dicho Señor Rey Don Alonſo año 1172.

IN nomine Dñi noſtri Jeſu-Chriſti. Cognitum ſit omnibus hominibus præſentibus, atque futuris, quòd ego Ildephonſus Dei gratia Rex Aragonum, Comes Barchinon. & Marchio Provinciæ, pro amore Dei, & Beatiſsimæ ſemper Virginis Mariæ, & pro remedio animæ meæ, ac patris mei, omniumque parentum meorum cum hac præſenti Carta, & titulo perfectæ donationis: Dono, trado, & laudo Domino Deo, & Monaſterio Sanctæ Mariæ Populeti, & tibi Hugoni Abbati ejuſdem Monaſterii, & Succeſſoribus tuis, & Conventui prædicti Loci, præſenti, & futuro. Dono inquam illam Villam, quæ appellatur Avimbodin, quæ habet affrontationes ab Oriente in Termino de Eſpluga, ſicut deſcendit per Serram de Geminels, uſque ad rivum de Milans, & vadit uſque ad Terminum veſtrum, & ſic vadit per ipſam Pareladam, quæ vocant de Eſcoba per vallem fontis de Cudòs; de Meridie in Termino veſtro; de Occidente in Termino de Avinaixa; de Cirtio in Quadris Subiranes, quomodo aqua vergit uſque in Termino

de

de Terrès. Hoc tótum est Terminus de Avimbodin, quantum infra istas quatuor affrontationes includitur prænominatam Villam cum omnibus Terminis, & pertinentiis suis, cum ingressibus, & egressibus suis, cum pascuis, & nemoribus, cum aquæductibus, & reductibus, quantum ibi ulla voce habere debeo, vel habeo sine omni retentione, quam ibi ullam non facio; Dono & Laudo pro alodio franco Omnipotenti Deo, & supradicto Populeti Monasterio, quòd Pater meus felicis memoriæ pro hæreditate sua fundavit, & construxit ad honorem Dei, & Beatæ Mariæ, & Ordinis Cisterciensis. Si quis hoc donum meum infringere, vel irrumpere temptaverit, non valeat, sed in duplo componat, & hæc Carta sit firma & stabilis omni tempore. Salvis Decimis Tarraconen. Ecclesiæ, quas in præsenti accipit. Sitque manifestum quòd tu Ugo Abbas prædictus, & fratres tui Populeti redimistis supradictam Villam de tercentis Morabatinis, pro quibus illam in pignore miseram. Facta Carta 5. Calend. Julii apud Barchinonam M.C.LXXII. Sig✠num Ildephonsi Regis Aragonum Comitis Barchinon. & & Marchionis Provinciæ. ✠ Ego Guillelmus Tarraconen. Ecclesiæ Archiepiscopus, & Apostolicæ Sedis Legatus. Petrus Ausonen. Episcopus. Ego Bernardus, Barchinonen. Ecclesiæ electus subscribo. Sig✠num Guiraldi de Jorba. Sig✠num Gaucerandi de Pinòs. Sig✠num Guillelmi Raymundi Dapiferi. Sig✠num Raymundi de Moncada. Sig✠num Arberti de Castrovetulo. Sig✠num Raymundi Fulconis de Cardona. Sig✠num Berengarii de Cardona. Sig✠num Guillelmi de Claromonte. Ego Sanctius de Petra-rubea præcepto Domini mei Regis hanc Cartam scripsi, & hoc Sig✠num feci.

V.

Privilegio de el mismo Señor Rey Don Alonso, que entre otras gracias concede al Monasterio franqueza en alodio, en todos los Lugares, que possee, y posseerá en adelante, concedido año 1183.

IN nomine Domini, anno Incarnationis ejusdem 1183. Ego Ildephonsus, Dei gratia, Rex Aragonum, Comes Barchinon. Intuitu Domini nostri Jesu Christi, & ob remissionem peccatorum meorum, omniumque Parentum meorum, cum hac præsenti Carta, & titulo perfectæ donationis, dono, concedo, & laudo in perpetuum pro alodio franco Domino Deo, & Monasterio Sanctæ Mariæ Populeti, & tibi Stephano ejusdem Loci Abbati, omnibusque

que tuis Fratribus, meis Confratribus ibidem Deo famulantibus, præsentibus & futuris: Omnes illos honores, vel possessiones, quos, vel quas modo habetis, seu deinceps habituri estis, donatione, vel emptione cujuscumque Personæ Ecclesiasticæ, sæcularisve in tota terra mea, vel in aliis Locis, & nominatim Locum ipsius Abbatiæ, cum omnibus sibi pertinentibus, & cum suis Terminis, & affrontationibus, sicut in vestris Cartis continetur, Villam de Avimbodino, cum omnibus suis Terminis, & affrontationibus. Grangiam de Dolore Luporum, cum omnibus suis Terminis, & affrontationibus. Grangiam de Sorbolis, cum omnibus suis Terminis, & affrontationibus, sicut scriptæ sunt in Carta vestra. Grangiam de Avingania, cum omnibus suis Terminis, & affrontationibus. Turrem de Ferran cum suis Terminis, & affrontationibus. Grangiam de Urxeya, cum suis Terminis. Domos vestras omnes in Ilerda, cum suis affrontationibus. Grangiam de Torredano, cum Terminis suis, & affrontationibus. Honorem de Balageria, qui fuit Petri de Bellvis, cum suis affrontationibus. Grangiam de Rocavert cum Villa de Fanecha, & cum suis Terminis, & affrontationibus. Grangiam de Barbens, cum suis Terminis, & affrontationibus. Honorem, & Vineas de Tarrega, cum suis affrontationibus. Honorem de Apiera, qui debet ad vos reverti post obitum Petri de Podioviridi. Honorem de Tortosa. Portus de Peguera, & de Sardania. Omnes istos Honores supradictos cum omnibus suis Terminis & affrontationibus, sicut in vestris Cartis omnibus continentur, Dono, & concedo, & laudo vobis Confratribus de Populeto per allodio franco in perpetuum; quod si aliqua Persona Ecclesiastica, sæcularisve, vos, vel vestros super aliquo prædictorum honorum, vel aliorum vestrorum inquietare, vel placitare præsumpserit, mando, ut non ei respondeatis, nec cum eo causam intretis, nec ad judicium veniatis, nisi in præsentia mea, vel Successorum meorum, aut Archiepiscopi Tarraconen. Ego pro vobis, sic pro mea re propria faciam directum, & quod jus exiget omni Personæ, quæ de vobis, vel vestris Honoribus, seu possessionibus conquesta fuerit, mando etiam & dono vobis hanc libertatem in tota terra mea, ut de vestris rebus emendis, vel vendendis quæcumque fuerint, non donetis censûs, seu usaticos, vel Leudas, plusquam meæ propriæ res. Mando item, ut nullus absque fatigatione mea audeat invadere, vel violare Grangias vestras, vel Casas, seu alias res vestras quæcumque sint. Rursus mando, & dono vobis hanc libertatem, ut pro parva re, vel magna in tota

terra

terra mea nullus audeat, vel praesumat accipere à vobis, vel dare judicium juramenti; sed si res grandis fuerit in solo verbo Abbatis consistat; si res parva fuerit, mandet Abbas fieri suo per obedientiam, ut veritatem dicat, & in verbo illius fratris consistat, & nihil inde aliud repetatur. Quod si quis hæc præcepta mea transgressus fuerit, desido eum, tanquam invasorem meæ propriæ domus, & amplius non confidat in me, nec in suis rebus, & insuper peccabit mihi mille solidos, & hoc totum sicut superius supra scriptum est; mando teneri & observari omni tempore à meis propinquis. Sig✠num Ildephonsi Regis Aragonum, Comitis Barchinonæ, & Marchionis Provinciæ. Facta Carta apud Balbastrum anno & mense quo suprà. Sig✠num Petri Regis Aragonum, & Comitis Barchinon. qui hoc laudo, & firmo, & cum hoc meo signo superius scripta confirmo. Sig✠num Sanctii de Horta. Sig✠num Pelegrini. Sig✠num Guillelmi de Sancto Martino. Sig✠num Raynaldi, Capellani Domini Regis. Signum Geraldi de Jorba. Sig✠num Petri Balbi. Sig✠num Arnaldi de Samaçano. Sig✠num Stephani de Miramud. Sig✠num Raymundi Petri. Ego Guillelmus de Bassa, Notarius Domini Regis, feci hanc Cartam, & hoc Sig✠num.

VI.

Mandato de el mismo Señor Rey Don Alonso contra Hombres de Prades, y de Montblanch, paraque no hagan daño al Bosque de Poblet, expedido por los años de 1184.

Ildephonsus, Dei gratia, Rex Aragonum, Comes Barchinonæ, Marchio Provinciæ. Omnibus hominibus de Prades, & de Monteblancho salutem. Noveritis, quod multotiens vidimus clamantem Abatem domus de Populeto, & ejusdem domus Fratres, quoniam injustè, & sine ratione talatis illa nemora, & terras eis, quas Pater meus eis dedit, & ego similiter eis concedo, quod grave duximus. Ideo mandamus ut nullus vestrum sit ausus de cætero nemora eorum, & terras ingredere, nec talare. Quod si quis fecerit meum amorem perdere, & in me non habeat fiduciam, & mando Petro de Deo hoc idem, ut hoc faciat, & jubeat fieri, ut de cætero non audiam ullum clamum. Hoc similiter mando B. de Villafranca, ut jubeat fieri. Facta Carta apud Fragam.

VII.

Privilegio de el mismo Señor Rey Don Alonso, que confirma el Breve Apostolico de el Papa Urbano III. (que se lee mas abajo cap. 2. num. 4.) dado en el año 1186.

Ildephonsus Dei gratia Rex Aragonum, Comes Barchinonæ, & Marchio Provinciæ: Dilectis suis Illerdensi Justitiæ, & Bajulo; Justitiæ de Tamarit, & Bajulo; Justitiæ Tarraconensi, & Bajulo; Justitiæ de Tarrega, & Bajulo; Justitiæ Tarraconensi, & Bajulo; Justitiæ Dertosæ, & Bajulo; & aliis Justitiis, & Bajulis totius Regni nostri salutem. Dilectus noster Abbas Populeti, & alii Fratres ejusdem Monasterii ante nostram venientes præsentiam nobis Privilegium Romanum designaverunt, in quo continebatur: Quòd prædictus Abbas, & alii Fratres prænominati Monasterii, de quibuscumque laborationibus propriis manibus excolerent, & sumptibus; nullam darent Decimam, sive Primiciam. Nos autem assentientes præfato Privilegio, idem, corde bono, & animo, volenti concedimus, & simili modo in perpetuum possidere firmiter laudamus Decimas, atque Primicias, ut superius declaratum est de propriis laborationibus, quas ipsi propriis manibus excoluerint, vel sumptibus. Mandamus igitur firmius, quàm possumus, quod nullus confidens de Nobis, sive Clericus, sive Laycus aliquo modo præsumat infringere, vel corrumpere prædictum mandatum nostrum: Quoniam qui faceret, non solùm iram nostram incurreret, sed etiam mille solidos nobis pectaret. Tamen si aliquis à præfato Abbate, vel à Fratribus prælibati Monasterii quærimoniam aliquam habuerit, super hoc, vel super aliud ante nostri præsentiam, vel Archiepiscopi Tarraconen. justitiam complebunt. Aliter vobis supradictis Justitiis, & Bajulis nostris firmiter mandamus, quod teneri, & adimpleri supradicta faciatis: ita quod nullam quærimoniam de cætero ab Abbate, vel à Fratribus audiamus. Datum apud Castrum Rodæ, cum Dominus Rex illud teneret firmiter obsessum mense Novembris per manum Joannis de Beraxe. Æra millesima, ducentesima, vigesima quarta, ab Incarnato Dño M.C.LXXXVI.

VIII.

Donacion de el Castillo de Piedra, y otras tierras adjacentes hecha por el mismo Señor Rey Don Alonso al Abad de Poblet, para fundar un Monasterio año 1186.

Pateat omnibus tam futuris, quàm præsentibus, quod Ego Ildephonsus, Dei gratia, Rex Aragonum, Comes Barchinonæ,

& Marchio Provinciæ, ob remedium animæ meæ, meorumque parentum: Dono, concedo, & per hujus paginæ corroborationem autorizo Domino Deo, & Beatæ Mariæ de Populeto, & tibi Petro Abbati, & toti ejusdem Conventui in perpetuum, Castrum de Petra cum omnibus suis Terminis, & pertinentiis, atque Aldeam de Testos, cum omnibus suis Terminis, & pertinentiis. Dono insuper vobis in perpetuum infra Terminos Sanctæ Eulaliæ decem paraliatas terræ in subriguo, & triginta paraliatas in siccano, ita ut infra supradicta loca in honore Dei, & B. Mariæ Monasterium, ad celebrandum Divinum Officium Ordinis Cisterciensis ubicumque vobis placuerit, vel magis idoneum fuerit, ædificetis. Hæc itaque omnia supradicta dono, concedo, & autorizo vobis in perpetuum liberè, & absolutè, ac sine ullius hominis contradictione, & absque totius calumniæ objectione, ob remedium animæ meæ, meorum parentum, prout superius est declaratum. Concedo nec non vobis, juxta tenorem Apostolici Privilegii impetrati nullas prorsus decimas, aut primicias de vestris laborativis. Actum apud Rodam in obcessione ipsius Castri, anno M.C.LXXXVI. Æra millesima, ducentesima, vigesima quarta, mense Novembri. Hujus rei sunt Testes Peregrinus de Caste Insol. Artaldus de Alagon. Michael de Santa Cruce. Dñs Tarinus Alferis. Sanctius de Horta, Majordomus Regis. Dñs Marcus Ferriz. Dñs Dou Dalcalà. Garcia Ortiz. Sig✠num Ildephonsi, Dei gratia Regis Aragonum, Comitis Barchinon. & Marchionis Provinciæ, qui hæc supradicta omnia habeo facere firma, rata, libera, & absoluta in perpetuum. Sig✠num Petri de Blandis Literatoris Domini Regis, qui supradicta scripsi, mense, & anno, quo supra.

IX.

Donacion de el Mas llamado Gallicant, hecha al Monasterio de Poblet por la Señora Reyna Doña Sancha de Aragon, Viuda de el Rey Don Alonso II. y Madre de el Rey Don Pedro II. de Aragon año 1197.

IN Dei nomine. Sit notum omnibus, quod ego Sanctia, Dei gratia, Regina Aragonum, Comitissa Barchinonæ, Marchionissa Provinciæ, cum assensu, & voluntate Illustris mei filii Regis Aragonum, ob remedium animæ meæ, Dono, concedo, & laudo Deo, & gloriosæ semper Virgini Mariæ de Populeto, & Sacristiæ ejusdem loci, Mansum, qui de Raymundo Seger fuit in Galicant, quem verò Mansum, cum meis propriis denariis de prædicto Raymundo

mundo Seguer emi totum jus, quod ibi habebat, & tenebat: Sic Dono, & jure hæreditario Beatæ Mariæ, & Sacristiæ Populeti concedo in perpetuum, franchum, & liberum, cum introitibus, & exitibus suis, heremum, & populatum, cum aquis, & pascuis, & omnibus qui ad ipsum Mansum pertinent,& pertinere debent ad bonum intellectum, & absque omni contrarietate Dono, & concedo totum supradictum Mansum integrè, præter decimam, & primiciam: quam verò donationem sub tali conditione facio, ut de redditibus prædicti Mansi in Monasterio populeti ad laudem Dei fiat sacrificium in perpetuum. Supra nominatum verò Mansum teneat Raymundus de Mercadallo, & sui Successores per Sacristiam de Populeto, dando annuatim ipse,& sui Successores Monasterio Populeti unum keficium de tritico recipienti, & decem somatas vindemiæ. Nec dictus Raymundus, aut sui Successores licentiam habeant vendendi, vel inpignorandi ipsum Mansum, totum, aut in parte, nisi prius per triginta dies Sacristano Domus Populeti indicaverint, & si retinere voluerint minus aliis hominibus decem solidos retineant. Sin atque, & ipsi de Populeto retinere noluerint Raymundus de Mercadallo, & sui Successores, salvo jure Domus Populeti, possint vendere prædictum Mansum cui voluerint. Affrontationes autem ejusdem Mansi sunt ex parte Orientis in rivo de Idrella, & de fonte de Verdum, & sicut aqua versatur ad eundem Mansum; ex parte Occidentis affrontat in cacumine montis de Gallicant,& in honore Raymundi de Gallicant; à meridie in honore de Jordà, & de Menga; ex parte verò Circii in Serra, & sicut aqua versatur in eundem Mansum. Sicut igitur affrontat prædictus Mansus infra quatuor affrontationes damus ipsum bono animo,& bona voluntate,ut melius dici, & intelligi potest per sæcula cuncta. Facta Carta in Montealbo mense Martii. Anno ab Incarnat. Dñi M.C.XCVII. Adhuc etiam volumus, quod si Raymundus de Mercadello, aut successores supradictum censum dare nollent Populeto, Fratres Populeti habeant licentiam emparandi prædictū Mansum usque sint persoluti. Sig✠nū Assalti de Agual. Sig✠num Lupi de Beltran. Sig✠num Sanctiæ, Dei gratia, Reginæ Aragonum, Comitissæ Barchinonæ, Marchionissæ Provinciæ, quæ hæc, sicut superius dictum est, laudo, & firmo. Sig✠num Petri, Dei gratia, Regis Aragonum, & Comitis Barchinonæ filii ejus. Sig✠num Raymundi de Mercadalis, qui hæc laudo,& firmo. Sig✠num Arnaldi de Ascar. Sig✠num Boniti Dominæ Reginæ Notarii, qui hanc Cartam mandato Dominæ Reginæ fecit

cit cum litteris supra scriptis in linea 6. in fine, ubi dicitur: triticum, die & anno quo supra.

X.

Privilegio del Señor Rey Don Pedro II. de Aragon, en que confirma la Dotacion de el Monasterio de Poblet año 1206.

IN Christi nomine. Cunctis hoc audientibus notificetur, quoniam Ego Petrus, Dei gratia, Rex Arag. Comes Barchinonæ, & Dominus Montis Pessulani: bono animo, & spontanea voluntate facio hanc Cartam Donationis, & emparationis Dno Deo, & Monasterio Sanctæ Mariæ Populeti, pro redemptione animæ meæ, & omnium parentum meorum sub manu, & in præsentia Petri Abbatis ejusdem loci. Dono itaque Fratribus ipsius Monasterii præsentibus, & futuris ibidem Deo servientibus, & cum præsenti Carta concedo, omnes Terminos integriter ipsius Loci Populeti, in quo prædictum Monasterium est ad servicium Dei fundatum. Ita ut aliquis homo, vel fœmina, non audeat de cætero in nemore Populeti ligna cædere, vel succisa de ipso nemore, vel aliquid aliud extrahere: Insuper mando firmiter omnibus Bajulis, qui in præsenti sunt, vel in antea sunt futuri sc Montealbo, & Pradis, ut Locum Populeti, cum totis suis Terminis, & pertinentiis faciant Fratribus prædicti Monasterii in sana pace semper habere, & liberè possidere: itaut nullus homo, vel fœmina audeat in ipso nemore (sicut dictum est) ligna colligere, vel suis pecoribus exigere, vel demandare pascua. Quicunque contra hanc Cartam venerit, & eam infringere attentaverit, sententiam damnationis à Domino accipiat, & nostrum amorem perdat, & restituto prius damno, quod fecerit, nobis mille Morobatinos pectabit. Factum est hoc 14. Calend. Junii anno Domini M.CC.VI. Datum in Montealbo per manum Petri de Blandis Notarii Domini Regis. Sig✠num Petri, Dei gratia, Regis Aragonum, Comitis Barchinonæ, & Domini Montis Pessulani. Sig✠num Petri Ferràn Majoris domus Domini Regis. Sig✠num Arcaldi de Alagone. Sig✠num Berengarii de Podioviridi. Sig✠num Guillermi de Riba. Sig✠num Buscavida. Sig✠num Petri de Turre. Ego Ferrarius, Notarius Domini Regis testis subscribo. Non est indignum Berengarium ponere Sig✠num. Sig✠num Guillermi de Turre rubia Presbyteri. Sig✠num Petri de Blandis, Notarii Domini Regis, qui mandato ejus scribi fecit supradicta, mense, die, & anno, quibus supra.

XI.

XI.

Gracia especial de el mismo Señor Rey Don Pedro, paraque qualquiera Monge nombrado por el Abad de Poblet en Archivero de su Monasterio, tenga la misma autoridad que sus Escrivanos Reales, año 1207.

SIt notum cunctis, quod Ego Petrus, Dei gratia, Rex Aragonum, & Comes Barchinon. Attendens utilitatem Monasterii Populeti, quod multiplici ratione diligere, & ampliare teneor: Cum hac præsenti Carta perpetuò valitura, Signo & Sigillo meo munita, Dono, laudo, atque concedo eidem Monasterio, & Abbati, & Fratribus præsentibus, & futuris plenam licentiam, & liberam potestatem faciendi, & scribendi Instrumenta omnia ad dictum Monasterium pertinentia ullomodo: Mandamus, & statuens, quod omnia Instrumenta, sive testamenta, quæ infra ambitum Monasterii ejusdem, vel Grangiarum ipsius per manum Monachi Monasterii Populetensis scripta fuerint, sive de donis, sive de emptionibus, vel de aliis quibuslibet contractibus ad idem Monasterium pertinentibus rata semper & firma per totam terram meam, & alibi habeantur; & petpetuæ firmitatis robur obtineant, ac si scripta sint per publicum Notarium terræ; dummodo instrumenta illa, sive Testamenta debitas Testium habeant, & contineant subscriptiones, & alias Instrumentorum legitimas, & consuetas solemnitates. Datum in Montealbo 18. Calendas Decembris anno Domini M CC.VII. per manum Ferrarii Notarii nostri. Sig✠num Petri Dei gratia Regis Aragonum, & Comitis Barchinonæ. Testes hujus rei sunt Guillermus Episcopus Vicensis. Petrus Sacrista ejusdem. Guillermus de Cardona. Guillermus de Cervaria. Raymundus Gaucerandi. Guillermus Durfortis. Bernardus Amelii. Petrus de Blandis. & Columbus, Notarii Domini Regis. Ego Petrus Notarius Domini Regis hæc scribi feci mandato ipsius loco, die, & anno præfat.s.

XII.

Confirmacion de todos los Privilegios concedidos al Monasterio de Poblet, hecha por el mismo Señor Rey D. Pedro, año 1212.

IN Christi nomine. Sit notum cunctis, quod Nos Petrus Dei gratia Rex Aragon. & Comes Barchinon. Volentes inviolabiliter conservare ea, quæ à Prædecessoribus nostris domui Populetensi, & Fratribus, quos multum dirigere ampliare, & honorare multiplici ratione tenemur concessa sunt. Laudamus, concedimus,

&

DE LAS ESCRITVRAS REALES. 417

& confirmamus per Nos, & omnes noftros Succeffores in perpetuum omnes franquitates, & immunitates, five libertates eidem loco, & fratribus à Dominis. Raymundo (bonæ memoriæ) avo noftro, Comite Barchinon. & Ildephonfo patre noftro (felicis recordationis) Rege Aragonum, & Nobis ipfis datas, atque conceffas. Mandantes firmiter, & irrevocabiliter ftatuentes, ut de poffefsionibus illis, quæ fuerunt olim Guillelmi de Tous, Civis Ilerdenfis, & quas Abbas, & Monachi Populetenfes emerunt à Nepotibus ipfius Guillermi, filiis Dulciæ, filiæ ejufdem Guillermi in Civitate Ilerdæ, vel Terminis ejus; & quas Petrus de Tudinyano Cadonicus Ilerdæ per Monafterium Populetenfe nunc in beneficium tenet: homines Ilerdæ, vel Bajuli, aut Vicarii noftri, vel alii quilibet, non audeant quicquam de cætero exigere, vel demandare, vel in fuis tallis aliquatenus mittere, vel computare ratione quæftiæ, præftiti, fuccurfus, fervitii, vel alicujus cujuslibet vicinitatis, quæ dici, vel excogitari poteft, fed prædictæ poffefsiones ubicumque fint in Civitate Ilerdæ, vel extra, & omnes aliæ poffefsiones, quas idem Monafterium habet, & tenet, & pofsidet, vel in antea (Duce Deo) juftis modis poterit adipifci in eifdem locis, vel alibi fint falvæ, & fecuræ, & ab omni demanda, & exactione regali, & vicinali liberè, & quietè, & immunes, & pænitus alienæ per fæcula cuncta. Quicumque autem contra hujus noftræ confirmationis, & concefsionis cartam aufu ductus, & temerario venire atemtaverit, iram Omnipotentis Dei, & noftram femper incurrat, & infuper noverit fe à nobis, vel noftris in quingentis morobatinis proculdubio feriendum. Datum Tamariti Idus Octobris per manum Ferrarii Not. noftri, & mandato noftro & ipfius fcripta à Berengario de Parietibus. Æra millefima, quinquagefsima anno Domini 1212. Sig✠num Petri Def gratia Regis Aragoniæ, & Comitis Barchinonæ. Teftes hujus rei funt Berengarius Epifcopus Ilerdæ. Guillermus Epifcopus Vicen. Raymundus de Montecatano. Hugo de Turre rubea. Guillelmus de Cervaria. Pontius de Eril. Petrus Pardi. Arualdus de Eril. Raymundus Gaucerandi. Hugo de Mataplana. Bernardus de Portella. Ego Ferrarius, Notarius Domini Regis hoc fcribi feci mandato ipfius, loco, die, & Æra præfixis.

APENDICE XIII.

Privilegio de el Señor Rey Don Jayme I. de Aragon, en que confirma al Monasterio de Poblet todos los Privilegios, y gracias de sus Predecessores año 1222.

MAnifestum sit omnibus, tam præsentibus, quàm futuris, quòd nos Jacobus Dei gratia Rex Aragon. Comes Barchinonæ, Dominus Montis Pessulani, sequentes vestigia Parentum nostrorum, ob remedium animæ nostræ, & ad preces dilecti nostri Fr. Raymundi, venerabilis Abbatis Populetensis, & Conventus ejusdem loci. Quia plus solet timeri, quod specialitas pollicetur, quàm quod generali spontione concluditur; cum hac præsenti scriptura perpetuò valitura, renovamus, & reformamus, atque confirmamus indulgentias, & immunitates, Privilegia, Ducatus, & securitates omnes, tam à Prædecessoribus nostris, quàm à Nobis dicto Monasterio Populetensi concessas; & damus firmiter in mandatis omnibus Bajulis, & Vicariis, & aliis hominibus nostris statutis, & statuendis, ut res mobiles, & immobiles, & se moventes ad ipsum Monasterium modo aliquo pertinentes, & honores ipsius, cum omnibus eorum rebus habitis, & habendis tanquam nostra propria ubique manuteneatis, fideliter protegant, & defendant, si de nostri confidunt gratia, & amore nullo alio speciali mandato nostro, vel nostris litteris deinceps expectatis: Malefactores, & invasores ipsorum auctoritate nostra taliter puniendo, & prout justum fuerit compescendo, quod pœna unius, sit metus multorum. Constituimus insuper, & omnibus hominibus, & rusticis, & laboratoribus prædicti Monasterii mandamus, firmiter inhibentes, quod nulli hominum donent quæstias, vel exactiones, vel albergas, aut sivaras, vel aliqua alia cohacta servitia, aliqua ratione, vel causa. Verum si quis ausu temerario ductus ad hoc faciendum ipsos homines forte aliquando compelleret, statim ad nostros Bajulos, & Vicarios recurrant, qui auctoritate nostra ipsis malefactoribus se opponant, & de eisdem vindictam sumant competentem. Quicumque autem Vicariorum nostrorum, aut Bajulorum in hoc præsenti mandato nostro viriliter exequendo negligens fuerit, aut tepidus, vel remissus, pœnam malefactorum in ipsius caput retorquebimus, omni excusatione remota; & iram, & indignationem nostram semper incurret; Invasores quidem, & malefactores, qui spretis Privilegiis nostris, & parentum nostrorum prædictum Monasterium, vel homines, aut res ipsius molestare in aliquo, vel aggravare attemptaverit ullo modo; damno in

qua

qna duplum restituto pro pœna nobis sine remedio solvent mille morabatinos; & deinceps non confidant de nostri gratia & amore. Volumus etiam & mandamus, quod in Castris omnibus, & Villis, & Locis ad ipsum Monasterium pertinentibus, Pennones signi nostri ponantur, ut nullus de iguorantia se valeat excusare. Datum Ilerdæ Calendis Septembris, anno Dominicæ Incarnationis M.CC.XXII. Sig✠num Jacobi, Dei gratia, Regis Arag. Comitis Barchinon. & Domini Montis Pessulani. Hujus rei testes sunt Nuño Sanctii. Guillelmus de Montecatano. Raymundus de Montecatano. Otto Orella. Eximinus de Orreya. Pelegrinus de Castellasolo. Guillelmus de Alcalano. Bernardus de Castro-Episcopali. Bernardus de Monte Regali. Berengarius de Cervaria. Bernardus de Meala. Non. Octobris, anno Domini 1272. quia Sigillum aliud pendens Domini Regis prædicti, cum quo præsens Carta sigillata erat fractum esset, idem Dominus Rex mandavit hic præsens Sigillum majus apponi, & hoc hic scribi per manum Simonis de Sancto Felicio Scriptoris sui. Sig✠num Berengarii de Parietibus, qui mandato Domini Regis, & Pontii Archidiaconi Barchinon. Nott. sui hæc scripsit loco, die, & anno præfixis pro Berengario Episcopo Barchinonen. Cancellario Domini Regis.

XIV.

Donacion de el Castillo de Benifaza, y otros bienes, para fundar un Monasterio Cisterciense, hecha al Abad, y Convento de Poblet por el Rey Don Jayme I. de Aragon año 1233.

PAtriarca Jacob Dominum benedicens, eo quod cum eo adjutorium ejus prosperum fecerat obnoxium, se adscribens lapidem posuit in signum super quo Domus Domini est fundata. Non est ergo magnum, si hi qui mirabilia recepimus à Domino, à quo omne datum optimum, & omne donum perfectum est aliquid boni in acceptorum recognitionem ponamus. Nos igitur Jacobus Dei gratia Rex Aragonum, & Regni Majoricarum, Comes Barchinonæ, & Urgelli, & Dominus Montispelli, Prædecessorum nostrorum vestigia prosequentes, qui in diversis locis in remedium animarum suarum nobilia Monasteria construxerunt. Attendentes etiam quod Nos ad idem tenemur, cum quilibet nostrum quod seminat id, & metet, cum præsenti Carta perpetuò valitura, per Nos, & omnes Successores nostros, donamus, concedimus, laudamus, & etiam perpetuò confirmamus vobis dilectis nostris Fratri Vitali Abbati, & Fratri Guillelmo de Cervaria, totique Conventui

tui Domûs Populetensis, tam præsenti, quàm futuro, Castrum, & Locum de Benifazà cum omnibus Terminis, & pertinentiis suis, & Castrum, & Villam de Malgauèr, & Castrum de Fredes, & Locum, & totam terram de Boxàr, cum suis Vallibus, & planis, & Terminis, & totam terram de Rosel, & Castrum de Capris, & Castrum de Bel cum suis Terminis. Quæ omnia Castra, & Loca singula, cum vallibus, & montibus, & rupibus, & planis, & terris cultis, & incultis, cum omnibus Terminis, & pertinentiis, & affrontationibus suis, sicut pertinent, & pertinere debent aliquo modo unicuique Locorum, & Castrorum dictorum aliqua ratione, vel causa, cum pratis, etiam pascuis, herbis, nemoribus, venationibus, aquis, & lignis, cum furnis, & molendinis similiter universis, & cum omnibus hominibus, & fœminis, qui in locis prædictis fuerint populati, cum omnibus justitiis, & firmamentis, & stacamentis, cum trobis, & menis universorum metallorum, excepto auri, & argenti, habeatis de cætero, & teneatis, possideatis, & expletetis perpetuò francha & libera pacificè, & quietè ad vestras, vestrorumque oluntates omni tempore faciendas. Volumus tamen, & statuimus, ut ibi Monasterium Cisterciensis Ordinis construatis, ubi Domino Deo ad honorem sancti nominis ejus, & gloriosæ Virginis Matris ejus, in cujus honore & vocatione fundetur, afsiduis precibus & orationibus servi tur. Volumus etiam ut Conventus ad Monasterium antedictum de vestro Monasterio assumatur, & sit illa Domini Domus, sicut moris vestri Ordinis est filia Populeti. Quòd si fortè in hac Carta à Nobis cum prompta voluntate facta aliquid deest, quòd in posterum, & in præsenti possit in prædictis Locis, & Terminis prodesse, vel utile esse, tam præsentibus, quam futu is, plene, & sufficienter omnia intelligantur, ac si in præsenti Carta esset totum ab integro scriptum, & nominatim expresè; Promittentes perpetuò per Nos, & nostros fideliter omnia prædicta custodire, & observare. Et ad majorem firmitatem contra viol tores in aliquo prædictorum pœnam ponimus, & statuimus mille morabatinorum. Data apud Dertusam X. Kal. Decembris. anno Domini millesimo, ducentesimo, trigesimo tertio. Sig✠num Jacobi, Dei gratia, Regis Aragonum, & Regni Majoricarum, Comitis Barchinonæ, & Urgelli, Domini Montispelli. Testes hujus rei sunt Pontius Episcopus Dertusen. Petrus Cornelii, Artaldus de Alagone, Ferrandus Diaz, Majordomus Curiæ, P. Petri Justitiæ Aragon, Guillelmus de Montecatano, Raymundus de Sancto Minato, Guillelmus

mus de Aquilone. Sig✠num Guillelmi Scribæ, qui mandato Domini Regis pro Guillelmo Rabac Notario suo, hanc Cartam scripsit loco, die, & anno præfixis. Sig✠num Guillelmi, Domini Regis Scribæ, & Notarii, qui mandato ipsius hanc Cartam bullavit Bulla plumbea apud Valentiam quarto Nonas Madii, anno millesimo, ducentesimo, quadragesimo septimo.

XV.

Donacion de Territorio en la Isla de Mallorca para fundar en èl un Monasterio Cisterciense, hecha al Abad, y Convento de Poblet por el Conde de Rosellòn Don Nuño Sanchez Primo de el Rey Don Jayme I. de Aragon año 1239.

IN Nomine Dñi. Notum sit cunctis, quod Nos N. Santii Dei gratia Dominus Rossilionis, Vallis asperi, Conflentis, & Ceritaniæ, cum hac præsenti carta firmiter, & in perpetuum valitura consultè, & ex certa scientia, gratis, & spontanea voluntate, Divina spirante gratia in remissione peccatorum nostrorum, & Parentum nostrorum, offerimus Omnipotenti Deo, & Beatissimæ Virgini Mariæ, & omnibus Sanctis Concedimus, & Laudamus, & in præsenti tradimus per Nos, & per omnes, & Successores nostros totum jus quod nos habemus, & habere debemus aliqua ratione in illo loco qui dicitur Real, qui est satis prope Civitatem de Majorica ad construendum, & constituendum ibi Monasterium noviter Cisterciensis Ordinis in honorem Dei, & Beatissimæ Virginis Matris ejus, cum quodam molendino eidem loco continuo, quod dicitur de Rachon; P̄ dictum verò locum de Regali, ut dictum est & dictum Molendinum damus, & concedimus ad Monasterium prædictum ædificandum Domino Deo, & Vobis fratri Raymundo Dei gratia Abbati Populeti, & Conventui de Regali, & Abbati futuro ejusdem loci, & vestris Succesoribus in perpetuum cum suis pertinentiis, cum aquis, arboribus diversi generis, domibus, introitibus, & exitibus, & cum omnibus aliis ad dictum locum, & ad dictum molendinum pertinentibus, & pertinere debentibus; addimus adhuc huic dotationi, & constructioni jam dicti Monasterii illam Alchariam nostram de Dayano cum omnibus suis tenedonibus, & pertinentiis, sicut eam stabilivimus, & assensavimus ad quartum Bernardo de Scala, Petro, & Raymundo, & Bernardo de Vardera cum omnibus molendinis, quæ ibi sunt & fieri poterunt, vel antiquitùs ibi fuerunt, excepta illa parte, quam jam dedimus Petro Matono,

tono. Item addimus huic donationi, & vobis supradictis, & Monasterio sæpè facto Villam nostram, sive Alcheriam de Sportulis, & Alcheriam, quæ est juxta illam nomine Alpich, cum omnibus molendinis quæ ibi sunt vel fuerunt, & esse potuerunt, & cum omnibus earum pertinentiis, tenedonibus, & possessionibus, introitibus, & exitibus, & cum aquis, & æquæductibus, vineis, arboribus diversi generis; quæ quidam Villa, & Alcharia de Sportulis affrontat de tribus partibus in honore Raymundi de Clusa, quæ quondam fuit Raymundi Berengarii de Ager, à quarta verò parte scilicet ab Oriente affrontat in colle, qui est inter prædictum honorem, & Altheriã de Alchazet; Alcharia verò de Alpich affrontat ab Oriente in Alcharia, quæ dicitur de Vilela. Item addimus huic dotationi, sive donationi honorem nostrum de Sancto Laurentio cum omnibus suis pertinentiis, sicut ipsum habere, & tenere consuevistis exceptis Molendinis, quæ ibi nobis, & nostris retinemus. Item addimus huic dotationi, sive donationi nostræ in territorio de Falanig Alchariam nostram Benimahap, quæ dicitur de Collo cum Rafallo sibi continuo, quod dicitur Cemega, cum omnibus juribus suis, & pertinentiis, & tenedonibus universis. Item addimus prædictæ dotationi quasdam domos, quæ fuerunt quondam Goterdiez, quæ sunt infra moenia Civitatis Majoricam. sicut fuerunt asignatæ pro una de triginta hospitiis Capitalibus in captione Civitatis, videlicet totum jus, quod in ipso habemus, & habere possumus aliqua ratione; & affrontant dictæ domus ab Oriente in domibus Raymundi Tinellèr, à Meridie in via publica, sive Sequia, à Ponente in domibus *majoris filiæ Go*terdiez, & Platea; à Circio in domibus Raymundi Ferrarii, & Garciæ Arnaldi Militis quondam; supradictum verò locum, qui dicitur Reyal, videlicet totum jus, quod in ipso habemus, & habere debemus, & molendinum de Rachone, & Alchariam de Dayano cũ molendinis, & honorem supradictum de Sancto Laurentio, & honores prædictos de Sporles, cum molendinis supradictis, & Alchariam memoratam de Collo cum Rafallo, quæ est in temino de Falanig, & domos supradictas, quæ fuerunt den Goterdiez, scilicet totum jus, quod in ipsis habemus, consultè, & ex certa scientia damus, & offerimus Domino Deo, & vobis fratri Raymundo Dei gratia Abbati Populeti, & Abbati futuro de Regali, & Conventui ejusdem Loci, & successoribus vestris in perpetuum per nos, & per omnes successores nostros, cum omni proprietate, & sine omni nostra nostrorumque retentione, & cum omnibus

Ter-

Terminis, & pertinentiis suis, & cum omnibus juribus ad ipsos pertinentibus, & pertinere debentibus longe, & prope, exceptis molendinis supradictis de Sancto Laurentio, cum aquis molendinis, sylvis, garricis, nemoribus, cafsis, sive venationibus, pratis, pascuis, pascheriis, casis, casalibus, hortis, hortalibus, furnis, vineis, heremis, & condirectis, rupibus, petrariis, & montaneis; & generaliter cum omnibus hic expressis, vel non expressis ad hæc prædicta pertinentibus, & pertinere debentibus aliquo modo longe, & prope francha, libera, per franchum & liberum allodium, & quod nullo modo dictum Monasterium sit per nos, aut per nostros servitute aliqua irretitum, sed gaudeant in æternum plena, & libera franchitate, & sit ab omni exactione, & impositione nostra, vel nostrorum penitus immunitum. Volumus etiam, & constituimus, quod dictum Monasterium sit subjectum Monasterio de Populeto, secundum formam, & Regulam Ordinis Cisterciensis, & quod sit Abbatia, & Conventus completus; ita quod non possit esse numerus eorum minor XIII. Monachis cum Abbate, & quod habeat ibi suos Officiales, & Servitores, qui fuerint ibi necessarii. Concedimus enim eidem Monasterio usum pascuorum per totam terram Dominationis nostræ, atque districtus in dominicaturis nostris gratis sine aliqua retentione, vel pretio tercentis Ovibus, & triginta Vachis. Mandantes firmiter Bajulis nostris, & omnibus locum nostrum tenentibus, præsentibus, & futuris, quod omnia supradicta, & singula teneant, & observent, & observari faciant inconcussè, sicut melius & utilius potest dici, & intelligi ad utilitatem Monasterii sæpedicti. Et Nos Fr. Raymundus Dei gratia Abbas Populeti, & Conventus ejusdem Monasterii de Regali per nos, & per Abbatem futurum ejusdem Loci recipientes hanc dictam Dotationem, vel donationem à vobis Domino N. Sancio remittimus, & diffinimus vobis, & vestris omnes alias convenientias, & donationes, quas nobis primitus cum aliis Cartis, vel sine Cartis feceratis, tenentes nos per pactatos de istis, quæ nobis concessistis noviter in præsenti Carta. Promittentes Deo, & vobis quod faciemus Abbatiam in dicto loco de Regali, & quod sit Abbatia perpetua, & quod non quæramus vobis aliqua necessaria de cætero propter aliquam convenientiam nisi nobis bonum facere volueritis gratuito animo, & spontanea voluntate. Actum est hoc apud Majoricam secundo Kalendas Julii, anno Domini M.CC.XXX.IX. Sig✠num Domini N. Sancii, qui prædicta laudamus, & concedimus. Testes hujus rei sunt Frater Pontius,

Or-

Ordinis Prædicatorum Prior, Frater Arnaldus Ordinis Minorum, Fr. Gregorius de Ordine Prædicatorum, Fr. Bernardus de Ordine Minorum, Fr. Bertrandus de Calatrava, Gilabertus de Erozillo, Rotlandus Layn, Raymundus de Celleto, Raymundus de Podio, Fernandus Alamany, Garcia Gonzalius, Ferrarius de Alzeto, Berenzarius Burgueti, Bernardus de Alzeto, Raymundus Cortesius. Raymundus Carles mandato Domini N. Sancii, & Vice Magistri Joannis Notarii sui, hanc Cartam scripsit & hoc Sig✠num fecit. Sig✠num Magistri Joannis Notarii Domini N. Sancii, qui prædicta mandato suo scribi, & sigillari fecit loco, die, & anno præfixis.

CAPITULO II.

DE LAS ESCRITURAS APOSTOLICAS pertenecientes à la Historia de el Real Monasterio de S. Maria de Poblet.

§ *En el Lib. I. de la Fundacion de Poblet se puso enteramente la Bula de el Papa Eugenio III. de data de el año 1152. tocante à la dicha Fundacion; por cuyo motivo no se repite en este lugar. Veafe Tom. 1. Lib. 1. Differt. 20.*

ESCRITURAS APOSTOLICAS.
I.
BREVE DE EL PAPA ALEJANDRO III. QUE TOMA AL *Monasterio bajo de su proteccion Apostolica, y confirma las Possessiones proprias de Poblet año 1162.*

ALexander Episcopus, Servus Servorum Dei. Dilectis Filiis Stephano Abbati Monasterii de Populeto, ejusque Fratribus tam præsentibus, quàm futuris regularem vitam professis. In perpetuum. Apostolicæ Sedis auctoritate, debitoque compellimur Religiosas Personas diligere, & eorum loca protectionis Apostolicæ munimine roborare. Quocirca dilecti in Domino filii vestris justis postulationibus clementer annuimus, & præfatum Monasterium, in quo Divino mancipati estis obsequio

quio sub Beati Petri, & nostra protectione suscipimus, & præsenti scripti privilegio communimus. In primis siquidem statuentes, ut Ordo Monasticus, qui in vestro Monasterio secundum Dei timorem, & Beati Benedicti Regulam, & Cisterciensium Fratrum institutionem noscitur institutus perpetuis ibidem temporibus inviolabiliter observetur. Præterea quascumque possesiones, quæcumque bona idem Monasterium inpræsentiarum juste, & canonicè possidet, aut in futurum concessione Pontificum, Largitione Regum, vel Principum, oblatione fidelium, seu aliis justis modis, Deo propitio poterit adipisci, firma vobis, vestrisque successoribus, & illibata permaneant, in quibus hæc propriis duximus exprimenda vocabulis. Grangiam videlicet de Sorbulis cum omnibus pertinentiis suis, Grangiam de Avingania cum omnibus pertinentiis suis, Grangiam de Dolore Lupi cum pertinentiis suis; Hortum de Basso cum pertinentiis suis, Oliveta, & possesiones de Urgello. Sanè laborum vestrorum, quos propriis manibus, aut sumptibus colitis, sive de nutrimentis vestrorum animalium nullus omninò à vobis Decimas, vel Primicias præsumat exigere. Prohibemus autem, ut nulli Fratrum vestrorum liceat post factam in eodem loco professionem, sine Abbatis sui licentia de Claustro discedere, discedentem verò absque communium litterarum vestrarum cautione, nullus audeat retinere. Decernimus ergo, ut nulli omninò hominum liceat præfatum Monasterium temerè perturbare, aut ejus possesiones auferre, vel ablatas retinere, minuere, seu quibuslibet vexationibus fatigare, sed illibata omnia, & integra conserventur eorum pro quorum gubernatione, ac sustentatione concessa sunt usibus omnimoda, pro futura, salva Sedis Apostolicæ auctoritate. Si qua igitur in futurum Ecclesiastica, sæcularisve persona hanc nostræ constitutionis paginam sciens, contra eam temerè venire temptaverit, secundò, tertiòve commonita, nisi præsumptionem suam congrua satisfactione correxerit potestatis, honorisque sui dignitate careat, reamque se divino judicio existere de perpetrata iniquitate cognoscat, & à Sacratissimo Corpore, ac Sanguine Dei, & Domini Redemptoris nostri Jesu-Christi aliena fiat, atque in extremo examine districtæ ultioni subjaceat. Cunctis autem eidem loco sua jura servantibus, sit pax Domini nostri Jesu-Christi, quatenus & hìc fructum bonæ actionis percipiant, & apud districtum Judicem præmia æternæ pacis inveniant. Amen, Amen, Amen. ✠ Ego Alexander, Catholicæ Ecclesiæ Episcopus, ✠ Ego Gregorius Sabinensis Episcopus. ✠ Ego

Hubaldus Hostiensis Episcopus. ✠ Ego Gualterius Albanen Episcopus. ✠ Ego Ubaldus Presbyter Cardinalis, tit. Sanctæ Crucis in Hierusalem. ✠ Ego Joannes Presbyter Cardinalis tit. Sanctæ Anastasiæ. ✠ Ego Albertus Presbyter Cardinalis tit. Sancti Laurentii in Lucina. ✠ Ego Oddo Diaconus Cardinalis Sancti Nicolai in Carcere Tulliano. ✠ Ego Ardicio Diaconus Cardinalis Sancti Theodori. ✠ Ego Bolo Diaconus Cardinalis Sanctorum Cosmæ, & Damiani. ✠ Ego Cinthyus Diaconus Cardinalis Sancti Adriani. ✠ Ego Raymundus Diaconus Cardinalis Sanctæ Mariæ in Via Lata. ✠ Ego Joannes Diaconus Cardinalis S. Mariæ in Porticu. Dat. apud Clarum Montem per manum Hermani Sanctæ Romanæ Ecclesiæ Subdiaconi, & Notarii, Id. Augusti Indict. X. Incarnationis Dominicæ anno millesimo, centesimo, sexagesimo secundo, Pontificatus vero Dompni Alexandri Papæ III, anno tertio.

II.

Letras de el mismo Papa Alejandro III. dirigidas à Don Guillen, Arzobispo de Tarragona, y Obispus Sufraganeos, paraque hagan observar las immunidades de el Monasterio de Poblet, y paraque lo defiendan, y patrocinen, expedidas por los años 1173.

Alexander Episcopus Servus Servorum Dei. Venerabilibus VV. Tarraconæ Archiepiscopo, & suffraganeis ejus, salutem & Apostolicam benedictionem. Ad bonæ opinionis odorem, & ad commendationem pastoralis officii protinus Viros Religiosos fovere, & eis contra persequtores suos Apostolicæ protectionis præsidium ministrare, ut tanto liberius divinis obsequiis possint intendere & in majori otio, & quiete Deo servire, quanto plenius Pontificali fuerint præcautione muniti, & ab injuriis malignorum defensi. Inde est quod dilectos filios nostros Hugonem Abbatem, & Fratres Monasterii de Populeto, vel idem Monasterium charitati vestræ solicitè commendamus, rogantes, atque mandantes, quatenus Divini amoris intuitu, & pro reverentia Beati Petri, vel nostra, nec non etiam ex debito Officii vestri eundem Abbatem, & Fratres diligere, manutenere, & honorare curetis, & à pravorum incursibus jura sua viriliter defendatis. Cum autem de malefactoribus suis Parochianis vestris apud vos quærimoniam deposuerint, eis plenam de ipsis, & sufficientem justitiam, exibeatis, itaquod exinde studium vestræ sollicitudinis valeat non immerito commendari, & idem Abbas, & Fratres nostræ

træ protectionis auxilio fræti, jura sua liberè possint, & pacificè possidere. Dat. Tusculani XIII. Kal. Februarii.

III.

Letras de el mismo Papa Alejandro III. al Obispo de Urgel, à favor de el Monasterio de Poblet, contra Ramon Mirabal Presbytero, que tomò violentamente las Primicias de una Granja de el Convento, expedidas por los años 1174.

ALexander Episcopus, Servus Servorum Dei. Venerabili Fratri Urgellen. Episcopo, Salutem & Apostolicam Benedictionem. Dilecti filii nostri Abbatis, & Fratrum Monasterii de Populeto transmissa nobis conquæstione monstrarunt, quod Raymundus de Miravall Presbyter Grangiam eorum ausu temerario fregit, & inde Primicias violenter extraxit, unde quoniam prædictus Abbas, & Fratres beneficio Privilegiorum, quæ ipsis Apostolica Sedes indulsit sunt præmuniti, ut de laboribus, quos propriis manibus & sumptibus excolunt nulli Primicias, & Decimas solvere teneantur. Fraternitati tuæ per Apostolica scripta mandamus, quatenus rei veritate inquisita, & cognita, si ita esse invenis, præfatum Presbyterum instanter moneas, & districtè compellas, ut prænominato Abbati, & Fratribus damna illa resarciat, & ablatas Primicias reddat; & de injuria irrogata congruè satisfactionem ab eodem Abbate, & Fratribus de laboribus, quos propriis manibus, aut sumptibus excolunt, seu de nutrimentis animalium suorum de cætero Primicias, & Decimas exigere nullatenus audeat, nec ullam super his molestiam præsumat inferre. Si autem mandatum tuum adimplere contempserit, eum ab officio, & Beneficio suspendere non postponas. Dat. Tusculani XV. Kal. Februarii.

IV.

Breve de el Papa Urbano III. al Arzobispo de Tarragona, y Obispos Sufraganeos, paraque hagan mantener la essencion, que tiene el Monasterio de Poblet de pagar Decimas, despachado por los años de 1186.

URbanus Episcopus Servus Servorum Dei. Venerabilibus Fratribus Tarraconen. Archiepiscopo, & Suffraganeis ejus, salutem, & Apostolicam benedictionem. Quia plerumque veritatis integritas per minorem intelligentiam, aut malitiam hominum depravatur, non videtur incongruum, si ea, etiam quæ manifestè dicta videntur ad omnem ambiguitatis scrupulum amovendum evidentius exponantur, & turbatoribus veritatis omnis auferatur contradictionis occasio, quatenus ea, quæ dicta sunt aliqua valeant obumbratione fuscare. Accepimus autem, quod cum Abbati, & Fratribus de Populeto, sicut aliis omnibus Cisterciensis Ordinis, à Patribus, & Prædecessoribus nostris concessum sit, & à nobis ipsis postmodum confirmatum, ut de laboribus, quos propriis manibus, aut sumptibus excolunt nemini decimas solvere teneantur. Quidam ab eis nihilominus contra indulgentiam Sedis Apostolicæ decimas exigere, & extorquere præsumant, & sinistra interpretatione Apostolicorum Privilegiorum Capitulum pervertentes; asserunt de Novalibus debere intelligi, ubi de laboribus est inscriptum; quoniam igitur manifestum est omnibus, qui rectè sapiunt interpretationem hujusmodi perversam esse, & intellectui sano contrariam, cum secundum Capitulum illud, à solutione decimarum, tam de terris illis, quas deduxerunt, vel deducunt ad cultum, quam etiam de terris cultis, quos propriis manibus, vel sumptibus excolunt sint penitùs absoluti; ne ullus contra eos materiam habeat malignandi, vel quomodolibet ipsos contra justitiam molestandi, per Apostolica scripta vobis præcipiendo mandamus, quatenùs omnibus, qui vestræ sunt potestatis, auctoritate nostra prohibere curetis, ne à memoratis Abbate, & Fratribus de Populeto, vel à Fratribus aliorum Monasteriorum Cisterciensis Ordinis, qui in Episcopatibus vestris consistunt, de Novalibus, vel de aliis terris, quas propriis manibus, vel sumptibus excolunt, vel de nutrimentis animalium decimas præsumant quomodolibet extorquere. Nam si de Novalibus voluissemus tantùm intelligi, ubi ponimus de laboribus, de Novalibus poneremus, sicut in Privilegiis quorundam apponimus aliorum. Quia verò non est conveniens, ut contra instituta Sedis Apostolicæ temerè veniatur, quæ obtinere debent inviolabilem firmitatem; per Apostolica scripta vobis præcipiendo mandamus, ut siqui Canonici, Clerici, Monachi, vel Laici contra Privilegia Sedis Apostolicæ prædictos Fratres Decimarum exactione gravaverint, appellatione remota, Laicos excommunicationis Sententia percellatis, reliquos autem ab officio suo suspendatis, & tam excommunicationis, quam suspensionis sententiam faciatis, usque ad dignam satisfactionem inviolabiliter observari. Ad hæc præsentium vobis auctoritate præcipiendo mandamus, quatenùs, siqui in Fratres

res præscriptorum Monasteriorum manus violentas injecerint, eos accensis candelis excommunicatos publicè nuncietis, & faciatis ab omnibus, sicut excommunicatos districtiùs evitari, donec congruè satisfaciant pro dictis Fratribus, & cum litteris Diœcesani Episcopi rei veritatem continentibus Apostolico se conspectui repræsentent. Dat. Veronæ V. Idus Januarii.

V.

Bula de el Papa Honorio III. que confirma la Sententia que obtuvo el Monasterio de Poblet sobre la essencion de pagar Decimas de todo su Territorio, expedida año 1222.

Honorius Episcopus, Servus Servorum Dei. Dilectis Filiis Abbati, & Conventui Monasterii Populeti Cisterciensis Ordinis, Salutem & Apostolicam benedictionem. Justis petentium desideriis dignum est nos facilem præbere consensum, & vota, quæ à rationis tramite non discordant effectu prosequente complere. Sanè cum olim nobis ex parte vestra fuisset humiliter supplicatum, ut terras quasdam per quadraginta annos absque Decimarum, & Primiciarum onere, à vobis possessas, utpotè in nullius Ecclesiæ Parochiæ existentes dare vicinis Agricolis excolendas sine onere memorato, & quasdam simili modo jam datas illis dimittere, qui eas taliter receperunt, vel dare aliis si magis existeret opportunum cum eas propter sterilitatem ipsarum, & malitiam circumstantium utiliter non possetis excolere per vos ipsos, vobis de nostra permissione liceret, nos super hoc procedere cum debita maturitate volentes, dilectis filiis ... de Cardona, & de Bellopodio Abbatibus, & Priori de Galter Urgellen. Diœcesis nostris dedimus litteris in mandatis, ut si rem invenirent taliter se habere vobis licentiam tribuerent postulatam. Qui sicut nuper ex parte vestra fuit expositum coram nobis procedentes in commisso sibi negotio diligenter, quia eis præmissa constitit vera esse, vobis petitam licentiam concesserunt, prout in eorum litteris plenius continetur; quare nobis humiliter supplicastis, ut id Apostolico dignaremur munimine roborare. Nos itaque vestris supplicationibus inclinati, quod per eosdem Abbates, & Priorem super præmissa ritè, canonicè, ac providè actum est, & sicut in nullius Ecclesiæ præjudicium noscitur redundare, auctoritate Apostolica confirmamus, & præsentis scripti patrocinio communimus. Nulli ergò omnino hominum liceat hanc Paginam

ginam nostræ confirmationis infringere, vel ei ausu temerario contraire. Si quis autem hoc attentare præsumpserit, indignationem Omnipotentis Dei, & Beatorum Petri, & Pauli Apostolorum ejus se noverit incursurum. Datum Alatrii secundo Kalendis Junii, Pontificatus nostri anno sexto.

VI.

Bula de el Papa Gregorio IX. que concede no poder ser convenidos por Bulas Apostolicas, si no hacen expressa mencion de la Orden Cisterciense, expedida año 1236.

Gregorius Episcopus, Servus Servorum Dei. Dilectis filiis Abbati, & Conventui de Populeto Tarraconen. Diœcesis Cisterciensis Ordinis, Salutem & Apostolicam benedictionem. Cùm Cisterciensis Ordinis Titulus per Dei gratiam adeò sit insignis, quod vix credatur ab hiis, qui contra vos litteras impetrant, sine malitia subticeri: Nos illorum fraudibus obviare, ac innocentiam vestram volentes favorabiliter confovere, auctoritate vobis præsentium indulgemus, ut nequeatis per Litteras Apostolicas conveniri, quæ de Cisterciensis Ordine non fecerint mentionem. Nulli ergò omninò hominum liceat hanc Paginam nostræ concessionis infringere, vel ei ausu temerario cantraire: si quis autem hoc attemptare præsumpserit, indignationem Omnipotentis Dei, & Beatorum Petri, & Pauli Apostolorum ejus se noverit incursurum. Dat. Perusii secundo Nonas Junii, Pontificatûs nostri anno nono.

***

LAUS DEO.

Lightning Source UK Ltd.
Milton Keynes UK
UKHW030703060521
383241UK00009B/784